OTTOMAN
EMPIRE

黄维民

著

奥斯曼帝国

土耳其人的辉煌往事

中国国际广播出版社

一本 7 世纪的拜占庭医书

奥斯曼帝国重装骑兵

1522 年罗得岛之围

1526 年的第一次摩哈赤战役

1538 年，巴巴罗萨·海雷丁于普雷韦扎战役击败查理五世的神圣联盟

描绘苏莱曼大帝
1554 年夏天在
纳希切万进军的
波斯彩绘

苏莱曼大帝的最
后一战：1566 年
锡格特战役

1683 年维也纳之战

1716 年到 1718 年奥斯曼帝国与奥地利的战争

这幅插图显示了艾哈迈德三世 1720 年庆祝他的三个儿子的割礼时的舞蹈

最高朴特

奥斯曼帝国现代化的军队

前　言

　　世界性的大帝国，在世界历史的发展过程中占据着重要的地位，要想全面了解世界历史，不能不对世界帝国的兴衰与荣辱进行深入的研究。如果说，以史为鉴，可知兴替，学习历史可以长智慧、明哲理，那么首先就应该以世界帝国的兴衰与荣辱为鉴，从而开拓人类社会的理性。因为每一个世界性的大帝国，其历史发展都具有代表性。

　　奥斯曼帝国的兴起和衰落，向来是一个吸引人的话题，是人们关注世界历史的重要焦点。尽管时至今日，一度骄横一世、令世界发怵的奥斯曼帝国早已烟消云散，但是通过重温奥斯曼帝国的历史和人物、制度和文化，触摸历史风云中许多鲜为人知的细枝末节，可以使我们在关于奥斯曼帝国庞杂的陈述中披沙拣金，钩沉发微，对曾经导致它的兴起和衰落的相互作用的各种原因，做出有益的探索，得出历史智慧的启示。

　　奥斯曼帝国的经历，特别是近代以来的社会发展，同中国社会的历史变迁有着许多相似之处，都面临着突如其来的文化、制度、观念、经济形态的巨大冲击。它一方面在外部国际环境的压力下，在现代性与传统性不兼容的条件下，借助国家的力量，采取强制的手段，进行一种自上而下的社会改革；另一方面又必须保卫国家的安全与生存，去解决因社会变革过程中，制度解体与经济混乱而造成的种种困难。

在历史上，奥斯曼帝国是一个横跨欧洲、亚洲和非洲的世界大帝国，在商业贸易和文化交往的国际舞台上发挥着举足轻重的作用，有着辉煌的历史和伊斯兰教的社会文化背景。所以，在很长的一段时期内，奥斯曼帝国摆脱不了面对自己的神圣宗教和传统的价值观念所产生的迷惘和困惑。然而，随着世界地理的大发现，西方世界的欧洲西北角首先跨入资本主义大门。当人类社会初露新时代曙光之际，奥斯曼帝国仍然停滞在封建社会的落后状态。

奥斯曼帝国诞生于游牧与农业文明，它依存于自给自足的小农经济，其价值体系内自然有不少阻碍资本主义制度产生和实现向现代社会转型的因素，所以使得这个具有伊斯兰特质的古老国家早期的资本主义发展十分缓慢。特别是在接连败于为自己所不齿的敌人手里之后，由盛变衰，积弱不振，一直面临着不平等的国际交往和沦为西方殖民地的困境。急剧的社会变化，沉重的历史包袱，使得奥斯曼帝国成为一个动荡不定、冲突日益加剧的复杂社会，进入了封建制度连续性危机的历史阶段。

在世界近代时期，先进的资本主义代替腐朽没落的封建主义是历史发展的必然潮流。奥斯曼帝国正是以西方冲击引起的民族危机为契机，以一系列具有西方化和世俗化色彩的社会改革为动力，揭开了近代历史进程的帷幕。奥斯曼帝国早期的社会改革，正是作为资产阶级革命的必要补充而出现在历史舞台。这些社会改革虽然具有不同的性质和层次，但都有利于生产力的发展和社会的进步，有利于民族的兴旺和国家的富强。特别是这些社会改革与西方化交织在一起，以向西方社会学习为主要内容，是奥斯曼帝国近代社会发展过程中一个不可分割的组成部分。

　　在奥斯曼帝国早期的社会变革中，统治者阶层试图通过一系列具有西方化色彩的社会改革的尝试，通过学习和借鉴西方的先进经验，建立一支训练有素、装备现代的军队和行政机构，并重视能生产现代武器的科学技术，最终实现基于欧洲知识和技术的军事、经济和政治现代化的计划。他们引进欧洲的教师和学校，派遣留学生到欧洲去学习语言、科学和政治。他们设立翻译局和印刷厂以翻印大量的西方著作。这样做的最终结果，是在奥斯曼帝国造就了一个受过现代教育和具有亲西方色彩的新阶级、新社会阶层。特别是帝国的统治者不论怎样不情愿，也不得不允许构成现代国家及军队基础的那一切新思潮和新制度的传入。作为文明典范的欧洲，为奥斯曼帝国提供了那样多任人挑选的各式各样的世俗反叛理论，如自由主义思想、爱国主义思想、民族主义思想，甚至革命的暴力思想，这些都深深感染了那些前去探讨西方文明的奥斯曼帝国的学生和军校学员、外交官和驻外武官。久而久之，这些思想有了通向奥斯曼帝国的道路，给予了帝国青年学生、政府官员和军官们以新的动力和方向，并且引发了一系列社会变革和革命。

　　在奥斯曼帝国早期社会变革的历史进程中，社会改革的政治联盟基础比较薄弱，没有广泛动员全社会各阶层民众积极参加，仅依靠一些盛世末年的开明人物孤军奋战。虽然在他们身上确实有一种自强不息的精神，也确实在奥斯曼帝国社会改革的历史进程中留下了浓墨重彩的一笔，但由于社会改革未能触动帝国的封建统治基础，社会经济环境也比较恶劣，尤其是在帝国历史上基本没有发生过像欧洲文艺复兴、宗教改革、思想启蒙那样的思想解放运动。再加上封建积弊太深，官吏贪污腐败，国家税收过重，外债负担增加，以及广大民众那种一成不变的守旧心态和千古一揆的伊斯兰教价值观，致使社会改革步履维艰，进展迟缓，一直未能成为全社会的共识。只是到了1908年由青年土耳其党人领导的宪政革命成功以后，奥斯曼帝国具有西方化色彩的社会改革的力度之大、范围之广，对奥斯曼帝国的社会影响之深，才是史无前例的。

应当强调的是，奥斯曼帝国的社会改革具有很大的局限性。它主要是为了回应西方列强的示范性挑战，以及对统治集团利益和政治地位所构成的威胁，而不是为了缓解长期的封建神权统治所积蓄的社会压力和全面发展资本主义。换句话说，这种改革是功利性的，而非制度性的，只是学习西方先进的器物，而非学习西方的社会制度。因此，奥斯曼帝国的社会改革就有着不可避免的局限性，形成了一系列二元社会并存的格局和历史的错位。

在社会变革的历史进程中，政治上和思想上的变革，尤其是文化价值观念和社会结构的转变，并非一朝一夕就能完成，有分歧，有争论，有为不同社会集团的既得利益和政治观点的斗争，都是非常正常的历史现象。因此，从长远的发展角度来看，社会变革一旦启动，就是一个不可逆转的历史进程，也是一个人心所向的社会进步过程。它将会对人类社会的不断向前发展起到一种承前启后的积极推动作用。

在奥斯曼帝国兴与衰的历史变迁中，最基本的变化，就是由一个多民族军事联合体的帝国，演变成了一个民族性的现代国家；由一个具有伊斯兰性质的神权国家，演变成了一个共和国；由一种官僚封建主义，演变成了一种现代资本主义，最终使奥斯曼人的民主体制、经济形态、道德观念、文化价值、民族关系等都得到了巨大发展。这种社会的进步，是在一段漫长的历史时期内，通过一代又一代的改革家不断努力才得以实现的，是以奥斯曼帝国自身覆灭为代价的，因此可以这样认为，今天的土耳其共和国既是从奥斯曼帝国的失败与崩溃中傲然崛起的，也是在奥斯曼帝国的历史经验和社会进步中脱颖而出的。可以说，人类从传统社会向现代社会的转变，是以混乱与痛苦为代价，来换取机会与新生的历史发展过程，这一过程同时具有毁灭性和创造性。

总之，奥斯曼帝国兴衰史可以使我们领悟到这样一个真谛：一个民族、一个国家的先进与落后、强盛与衰落之间的互变因素，在人类社会的交往中，在世界历史统一体形成过程中，是一种非常普遍的历史现象，它完全取决于社会生产力和人类文明交往的急剧发展的普遍扩大，以及对它的适应性。按一般社会发展的规律，历史与文化传统的悠久、深厚和自成体系的程度，决定了社会发展的阻力和冲突的程度，决定了社会变革的曲折性、复杂性与变异性的程度。因此，奥斯曼帝国的兴衰，涌动着历史的反思，闪烁着对于过去、现在和未来的启示。

为了客观地反映奥斯曼帝国由兴到衰的历史全貌，笔者从结构框架上把全书分为7章，用将近30万字对帝国历史做了简明系统的全面叙述。在时空上纵贯数百年，社会矛盾错综复杂，惊心动魄；历史事件人物繁多，各具其貌，历经沧桑。力图通过奥斯曼帝国从崛起到衰亡的历史发展轨迹，反映出奥斯曼帝国社会的历史特点和规律。此外，在撰写方法上尽量做到融真实性、趣味性、可读性于一体，既尊重历史事实，又文笔流畅生动，使得历史情节引人入胜。

笔者祈愿广大读者从本书中获得有益的东西，并为中国关于奥斯曼帝国历史的深入研究打下一个良好的基础。此外，在撰写本书的过程中，笔者曾借助了国内外许多同行的研究成果，参阅了许多文献和书籍，从中获益良多，在此对他们深表感谢。事实上，把个人洞察入微的见解与前人累积的智慧综合为一体，委实是最愉快不过的事。

另外，由于笔者的水平有限，加之资料匮乏，因而书中的不足和缺憾在所难免，在此恳请专家学者们批评指正，希望大家共同为中国奥斯曼帝国的学术研究添砖加瓦，努力奋斗。

黄维民

2013年10月8日

目录

第七章　最终解体：从专制君主帝国到现代民主共和

第一章
寻根：小亚细亚的突厥民族

打开世界地图，在东半球的中心，有一个横跨小亚细亚半岛和巴尔干半岛的国家，它北临黑海，西濒爱琴海，南靠地中海。飞架在博斯普鲁斯海峡上的索桥将欧亚两大洲紧密地连在一起，这个国家就是土耳其。土耳其位于奥斯曼帝国解体前的中央地区，这块神奇的土地由于在历史上曾经是横跨欧亚非三大洲、雄霸世界的奥斯曼帝国的中心而辉煌一时，这里有着深厚的文化积淀，是人类文明发祥的中心地区之一，保留着辉煌灿烂的历史文化遗产。它不仅是连接东西方世界的唯一纽带，而且在商业贸易和文化交往的国际大舞台上，发挥着举足轻重的作用。这种独一无二的地理位置，使得许多人类文明都曾把它列为理想的家园，被称为"人类文明的摇篮"。奥斯曼帝国就是在这片古老、神奇、独特的土地上形成和发展起来的。

13世纪的时候，奥斯曼人仅是分散居住在属于拜占庭帝国的安纳托利亚地区的许多突厥公国之一。在以后的两个世纪中，他们进入了一个新纪元，在世界历史舞台上，不仅建立了一个包括以前拜占庭帝国的东南欧和安纳托利亚的大片地区，而且还包括匈牙利与整个阿拉伯世界，雄霸欧亚非三大洲的一个幅员辽阔、人口众多的封建军事帝国。正是由于这种地理和历史的因缘，奥斯曼帝国成了东西方商业贸易和社会文化的交汇之地。

奥斯曼人的祖先，是从中亚迁徙到小亚细亚的突厥民族中乌古思部落的一支。而随着小亚细亚地区社会经济的不断发展，突厥游牧部落作为奥斯曼帝国在崛起过程中赖以补充的后备军，顺利地完成了由突厥人到奥斯曼帝国社会一分子的转变。

一、突厥人的起源与大迁徙

1. 何为突厥人

一般来说，"突厥"一词在学术用语上是一个通用的专属名词，泛指很早以来就开始讲着突厥语的那些游牧民族。

突厥人的早期历史，有很大一部分相当含糊。有些含糊之处是靠神奇传说，或是通过加枝添叶地虚构事实而整理成章的。即使那些年代较近的理论学说与有关历史资料，也未必可信。在奥斯曼帝国时期，许多著名的历史学家著书立传，认为突厥人是乌拉尔-阿尔泰语族的一个分支。然而，今日一些国际上有名的语言学专家则认为，乌拉尔语族（包括芬兰语、爱沙尼亚语、匈牙利语等）和阿尔泰语族（包括突厥语、蒙古语、满族通古斯语，可能还包括朝鲜语）之间的基因关系，一直未得到科学性的证明。虽然阿尔泰各语种之间的关系还不太清楚，但有一点似乎是明晰无误的，即历史学家们一致认为，突厥人一度属于阿尔泰种族的一个部分。同属于阿尔泰人种的还有蒙古族、满族、保加利亚人，可能还有匈奴人等。历史上突厥人最早出现在贝加尔湖南面、戈壁沙滩以北的今日蒙古一带。中国历史上早期的有关资料，提到过一个由这类草原游牧部落组成的军事联盟，中国人在历史上称这类游牧部落为匈奴。其中突厥部落所占的成分很可能最大。匈奴中西侧的一支，被鲜卑人不断驱赶向西，于公元5世纪出现在欧洲，被西方人称之为匈奴人。

这一地区地阔天长，但由于土地贫瘠，水源匮乏，气候恶劣，使得社会经济的发展异常缓慢，而且越来越不能保证不断增长的游牧民对生活用品的起码需求。所以自古以来，这一地区一直经受着周期性牧场危机的冲击，这种冲击不仅动摇着这一地区原始的经济基础，而且随着社会政治、经济、军事以及气候条件的不断变化，引发出了一系列游牧民族连续不断地向居住在大草原边缘的农耕文明地区的大迁徙。这些不断向中亚、西亚以及东欧南部、西部迁徙的游牧民族，经过连年混战和不断地向外迁徙，并在许多地区转为定居。他们的社会结构十分复杂，氏族部落是其最基本的社会生产单位。在形式上，各民族部落执掌大权的首领，一般是由氏族部落的民众大会推选出来的，但事实上，在大多数情况下，他们已成为世袭的统治者。这种处于封闭状态下的社会，血缘和宗法氏族制一直是维系氏族部落的牢固纽带。广大的游牧民也把氏族部落视作维持他们自身生存的唯一依靠，而且以首领为首的少数显贵也凭借着这种血缘关系、宗法氏族制度以及各自部落的习惯法来巩固和延续他们的统治，并享有各种特权。由于这些游牧部落的社会生产力低下，战争与抢劫被认为是天经地义的事情，血亲复仇、同族复仇盛行。血亲复仇既是被害人亲属的权利，也是义务，不能随意放弃。加害人的亲属则必须共同为加害人承担责任。

古典突厥人的重骑兵

据史料记载，583年突厥部落分裂为东西两汗国。东部的突厥部落政权以一条向北流入贝加尔湖的河流为中心，他们多从事放牧、经商和农业。这些突厥部落政权或是由于向中国中央政权臣服，或是由于部落与部落之间，经常为争夺牧场、牲畜、土地和水源等诉诸残酷的武力，而时起时落、时隐时现，如同走马灯似的交换着，使人们的社会生活一直持续在恐怖之中，难以获得片刻的安宁。

其他一些突厥部落则向南、向西推进，到公元10世纪时，这些不屈不挠的游牧民族已定居在中亚地区。南以咸海和锡尔河下游为界，西以里海和伏尔加河下游为界，东北以额尔齐斯河为界。他们主要过着逐水草而居的游牧生活，以放牧骆驼、马、牛和羊为主。有少数定居的部落在沙漠绿洲种植谷物，在商业集市上进行实物交换，以牲畜、兽皮、林产和战俘，换取来自南方和西方穆斯林边境的商品货物。这些昙花一现的突厥游牧部落政权，因坐落在中国通向西方的丝绸之路上而颇得地利之便，也曾经盛极一时。

历史上的拜占庭帝国为了抵抗伊朗高原上波斯帝国对小亚细亚的入侵，曾经从首都君士坦丁堡多次派出使者，向这些突厥游牧部落进贡，以期得到他们的帮助，这足以证明在当时突厥游牧部落政权实力的强大。但是这些突厥游牧部落政权，也像东部的突厥兄弟一样，因

拜占庭帝国城墙

连年不断的战乱、灾荒、瘟疫以及外族的入侵，时不时就土崩瓦解了。然而，这一地区却一直保留着突厥种族的特征。

2. 落户小亚细亚

公元11世纪中叶，讲突厥语的乌古思、土库曼各部族开始大量涌入拜占庭帝国统治的小亚细亚地区。在拜占庭帝国与突厥人在公元1071年进行的曼齐克特战役前后，大约有200多万突厥人在小亚细亚地区落户。位于东地中海沿岸的小亚细亚，自古以来就是东西方列强争夺的地区。公元395年，罗马帝国分裂之后，小亚细亚归属于东罗马帝国。公元5世纪初期，伊朗高原上的波斯人建立的萨珊王朝，成了西亚最强盛的国家，他们开始同拜占庭帝国通过残酷的战争交往争夺小亚细亚地区。几乎在整个6世纪，两个大帝国一直处于你死我活的交战之中。然而，最终的结果是，除了极大地消耗了这两个帝国的人力、物力、财力资源之外，波斯人的萨珊王朝并未获得最后的胜利而夺得小亚细亚。公元7世纪阿拉伯人崛起之后，通过不断向外扩张的"圣战"，相继占领了西亚与北非的广大地区，但在拜占庭帝国的顽强抵抗下，虽然领土大幅度地缩小了，但小亚细亚这块极为重要的战略要地，却一直都在拜占庭帝国的控制之下。在其后的几个世纪中，小亚细亚成了拜占庭帝国有效抵抗伊斯兰阿拉伯帝国侵略进攻的坚强堡垒。从此，在相当长的一段时间内，小亚细亚的托罗斯山脉和其东部的亚美尼亚高原，成为基督教世界与伊斯兰教世界的分界线。

在公元9世纪初至11世纪初的二百多年中，拜占庭帝国又重新进入它的黄金统治时代。公元10世纪下半叶，伊斯兰阿拉伯帝国因宗教与权力的斗争，统治阶层内部出现混乱与分裂。无休止的内讧和战乱，使得阿拉伯帝国的国力逐渐衰微，失去了对外征服和领土扩张的能力。而此时的老对手拜占庭帝国却利用这一大好局势，一改过去消极退让和防御的战略方针，采取了转守为攻的军事手

公元10世纪拜占庭帝国超重装骑兵

段，派出远征大军，相继收复了被阿拉伯人长期占领的克里特岛、塞浦路斯岛以及西亚的叙利亚一部分。而当突厥人不断迁徙来到小亚细亚时，拜占庭帝国的疆土已经扩大到了叙利亚北部、亚美尼亚和格鲁吉亚等广大地区，成为当时横跨欧洲与亚洲的庞大帝国，可谓雄极一时。

居住在中亚地区的突厥游牧部落在大量涌入小亚细亚之前，就因与这一地区广大穆斯林经济上和文化上的交往，而逐渐皈依了伊斯兰教。人们一般认为，伊斯兰教在突厥人中兴旺盛起，使他们最终皈依伊斯兰教，主要是通过与穆斯林的广泛接触而造成的。一是在南边边界上常有的小规模冲突中遇到的偷袭者，以及双方的俘虏；二是在他们统治地区到处漫游的穆斯林圣徒；三是往返于两地通商贸易的商人。在突厥人长期皈依伊斯兰教的过程中，商业贸易的互动往来是最有影响力的。也就是说，同穆斯林在经济上的长期广泛交往，最终使突厥游牧部落逐渐从受佛教、摩尼教和犹太教的影响而改宗伊斯兰教。因此，大量迁徙涌入小亚细亚地区的突厥游牧部落，是作为圣战的伊斯兰教战士而出现的。特别值得一提的是，突厥游牧部落大量迁徙涌入小亚细亚之后，当地原有的广大居民并未因此而被他们消灭，或是被他们驱逐到别的地方去。遭到突厥人驱逐和排挤的仅是以希腊人为代表的那个上层社会集团和以崇尚拜占庭帝国为主要内容的那个文化阶层。大量迁徙涌入小亚细亚以后，突厥人完全按照伊斯兰教和突厥游牧部落传统的社会生活方式，不断地与当地居民，如希腊人、亚美尼亚人、犹太人等融合，形成了新的突厥民族，从而揭开了小亚细亚地区伊斯兰化与突厥化的漫长历史发展过程。

据有关的历史资料记载，在小亚细亚早期的历史上，有过少量信仰基督教（东正教）的突厥游牧部落，如公元11世纪在拜占庭帝国军队里骁勇善战的佩切涅格人，以及被称为波洛伏雇佣兵的人，但他们很快就消失在了突厥游牧部落大量迁徙、涌入与征服小亚细亚地区的浪潮之中。因此，通过征服而迁徙到小亚细亚地区的突厥人，有一个共同的显著特点，那就是他们有一种错综复杂而多样化的传统与文化。受拜占庭帝国影响的小亚细亚式的传统与文化，便是其中之一。它的重要性表现为，统治小亚细亚地区的突厥人对待在他们来到之前就已经定居在这片土地上的民众非常宽容，允许他们继续延续着他们的宗教信仰和生活方式，从不干涉他们的自由，并且结束了在拜占庭帝国统治时期严格实行的领地许可制度，从而巩固了统治地区内部民族间的和睦相处，创建了一个丰富的新社会结构。所以，小亚细亚的当地居民很容易被突厥人慢慢同化，不仅在宗教上改信了伊斯兰教，而且还在语言上和文化上逐渐变成了突厥人，成为突厥人社会生活中的一部分。他们与突厥人并肩作战，充任骑兵和步兵，在突厥人不断对外征服和扩张过程中，扮演着重要的角色。

二、伊斯兰教对突厥人的影响

1. 皈依伊斯兰教

在历史上，曾经有过两次决定突厥人几百年命运的重大遭遇，第一次始于公元7世纪同伊斯兰教的接触相遇。第二次是同拜占庭帝国的冲突。

在皈依伊斯兰教以前，突厥人的宗教信仰处于极度混乱的状态。原始而又低下的社会生产力，以及愚昧无知的精神状态，使得突厥人根本无法正确地、科学地解释自然现象及其规律，只能凭借贫乏的生活经验进行假想和幻想，认为周围的自然环境中充满着超自然的力量。他们主要信奉原始宗教，相信万物有灵、灵魂不死、精神常在。在这样的主观认识的基础上，每一个突厥部落都有自己的部落神。这些从客观上反映出当时突厥社会在政治上、文化上的分散性和多元性。除原始宗教外，有些突厥人，特别是早已定居的突厥部落也接受了传入当地社会中的佛教、基督教和犹太教的影响。

伊斯兰教的出现是人类历史上的重大社会文化现象之一。它的最初产生是中世纪阿拉伯半岛由原始社会向阶级社会过渡的产物，是阿拉伯民族建立统一国家、实现安定与和平的客观社会要求在宗教思想上的强烈反映。从公元601年穆罕默德创建伊斯兰教开始，到他逝世的23年间，伊斯兰教已经发展成为整个阿拉伯半岛的统一宗教。后来，随着阿拉伯帝国不断对外扩张，以及穆斯林商人们遍及西亚、中亚地区的经贸活动，伊斯兰教在将近两个世纪中，由阿拉伯民族的宗教，逐渐发展成为地跨亚、非、欧三大洲的世界性宗教，成为被传入地区和民族的一种共同宗教信仰、文化体系以及生活方式。

公元7世纪，阿拉伯帝国在征服伊朗之后，便把伊斯兰教创始人穆罕默德宣讲的信条带到了中亚、西亚突厥人居住地的边缘。随后，一些突厥部落进入了伊斯兰教"统治"的国土，接受了伊斯兰教的信仰，变成了穆斯林。在公元9世纪及以后，许多骁勇彪悍的突厥人应征给阿拉伯帝国伊斯兰教统治者的军队当士兵，为伊斯兰阿拉伯帝国的领土扩张而英勇作战。经过多年的教化和影响，他们也皈依了伊斯

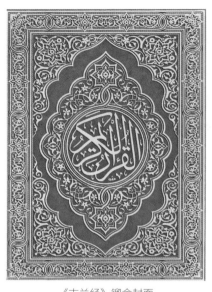

《古兰经》镏金封面

兰教。他们中间的许多人因战功显赫以及卓越的政治才能而平步青云，担任了阿拉伯帝国的一些重要官职，成了举足轻重的社会新权贵。然而，此时的绝大多数突厥人仍然居住在咸海以东的中亚、西亚，过着逐水草而居的游牧生活，并同往返于丝绸之路上的穆斯林商人，从事着一些简单的商贸活动，一直到公元10世纪才完全接受了伊斯兰教。

伊斯兰教在突厥人中兴旺昌盛起来，使他们最终皈依伊斯兰教，主要是通过与穆斯林的广泛接触，而自觉自愿形成的，这与其他许多民族是通过武力征服，而被迫皈依伊斯兰教有着本质上的不同。在早期突厥人的伊斯兰化过程中，他们的传布师是在他们统治地区到处漫游的托钵僧，到处流浪的苦行者和神秘主义者以及往返于两地通商贸易的穆斯林商人。这些人传布的是和城市中的神学家和神学院所传布的极为不同的一种信仰。

对于突厥人来说，阿拉伯帝国统治集团那种隐晦莫测，自负为完美无缺的正统伊斯兰教，是毫无用处的。因为他们所信仰的伊斯兰教不带有束缚和屈从的痕迹，仍然保持着早期伊斯兰教的纯朴、好战和自由的特点。他们为真主、为荣誉和为夺取战利品，而向那些不信仰伊斯兰教的异教徒们不断地挑起圣战。而这些素质和特点，却已经在阿拉伯民族间，从古典伊斯兰教神权政体到一个东方封建帝国的变化过程中，逐渐地丧失了。在这种充斥着早期伊斯兰教原有的火热、率直和战斗性的宗教精神的鼓舞下，突厥人通过武力征服了小亚细亚。他们让穆斯林的政客和文人、法学家和神学家、商人和工匠都迁入这块新取得的领土上，并把古典伊斯兰教旧有的高度都市文明也一起带了进来，使得小亚细亚这块土地逐渐打上了伊斯兰教传统生活方式的烙印，变成了穆斯林生活与文化的中心。

突厥人的伊斯兰化过程十分顺利，因为对于这个在当时存在着各种各样宗教、礼邦、信仰和迷信等大杂烩的游牧民族来说，伊斯兰教给他们带来了一种新的活力，使得突厥人的社会生活和文化生活都发生了翻天覆地的巨大变化。伊斯兰教关于只有一个万能真主的观念，人类平等和兄弟情谊的教义，使突厥人过去的那种愚昧落后的精神面貌完全革命化了。尤其是伊斯兰教信仰在那些正式入教的突厥人中，起到了一种新的纽带作用，使得过去庞大杂乱的突厥游牧部落在他们的历史上，第一次在一个共同的信仰和理念之下联合在一起，并迅速成为世界伊斯兰文化圈中最重要的组成部分和生力军。

伊斯兰教不仅是一种崇拜方式或狭义的宗教信条，也是一种社会生活方式。从理论上讲，伊斯兰教包含的不仅是人与真主的关系，还有人与人、人与社会的全部关系。因此，在突厥游牧部落皈依伊斯兰教的历史过程中，他们的法律与国家、社会与文化既建立在伊斯兰教基础之上，也通过伊斯兰教发展了起来。此外，突厥人在接受伊斯兰教的同时，也把阿拉伯帝国的圣典、社会制度和统治方式一并接纳了过来，取得了伊斯兰教思想体系对突厥人旧有宗教观念和价值取向的决定性胜利，彻底改变了历史上突厥人社会发展的本来道路。总之，伊斯兰教这一因素，对日后突厥人以及他们的继承者奥斯曼人崛起和称霸的历史，产生了巨大的影响。

2. 统治小亚细亚

突厥人自从改宗伊斯兰教后，便在当时比较强大的突厥塞尔柱人的领导下，渡过了锡尔河不断地向南扩张。起初他们只是阿拉伯帝国亲王的雇佣军，但不久就变成为省总督，最后竟成了阿拉伯帝国境内广大地区的自主统治者。此时阿拉伯帝国首领哈里发一统天下的局面已经开始分化瓦解。到了11世纪，阿拉伯帝国内部统治者的你争我夺，朝代间的交替更迭，更把整个阿拉伯世界推入一片混沌之中。地位显赫、一统天下的阿拉伯帝国首领哈里发的所有实权，现都被削减一空。突厥塞尔柱人或是受到邀请，被要求提供对哈里发政权的保护，或是凭借武力纷纷进入今日的伊朗地区。

公元1055年，在首领托格洛尔·贝格的领导下，突厥塞尔柱人攻陷了阿拉伯帝国的都城巴格达，突入正统伊斯兰教教徒定居的核心地区，并在伊斯兰教的腹地建立起一个新的帝国。虽然他们恢复了哈里发的尊严，表示要为哈里发服务（因为哈里发仍然是伊斯兰教世界的最高宗教领袖），但此时的实权，已经完全落入突厥塞尔柱人首领托格洛尔·贝格及其后嗣的手中，并被授予苏丹的称号。

到这时为止，突厥人不但完全接受了伊斯兰教，而且也成了古老伊斯兰教世界主要地区的统治者。他们建立的政权以伊斯兰法和伊斯兰教的征税原则为基石，以军人这个替国家服役并以土地分封形式获得报偿的阶层为支柱，代表军官、官僚和宗教贵族行使各种职能。从此，不管是由突厥塞尔柱人建立的帝国，还是由他们的继承者奥斯曼人建立的帝国，由奠定一直到灭亡，都始终是一个致力促进或保卫伊斯兰教权力与信仰的国家。对于突厥塞尔柱人来说，他们的帝国，包括所有早期伊斯兰教的各个心脏地带在内，便是伊斯兰教本身。按照后来他们的继承者奥斯曼人的编年史的说法，他们帝国的领土便是伊斯兰的领土，他们帝国的君主便是伊斯兰世界的首领，他们帝国的军队便是伊斯兰的士兵，他们帝国的宗教领袖便是伊斯兰的教长，他们帝国的人民首先想到的就是他们自己是穆斯林。突厥人与伊斯兰教之间的这种等同关系，不可能不影响到突厥人的社会与制度。

突厥塞尔柱人在小亚细亚地区取得了统治权力之后，按照伊斯兰教的法律和传统，对其他的宗教和民族采取了一种较为宽容的政治态度。因此，在他们的统治下，基督教属民、犹太教属民以及其他宗教的属民，总的来说都能够相安无事地在一块生活。但是他们被严格地同穆斯林隔离开来，并且分别被限制于各自的社会圈子内，不可以随意夹杂到穆斯林的社会里去。突厥塞尔柱人实行的这种社会隔离政策，使得那些改信了伊斯兰教的人，很容易地成为突厥塞尔柱人的伊斯兰社会所接受和同化的对象，而那些没有改变他们宗教信仰的人，便会受到政治与经济方面的彻底排挤，从而很难融合到突厥人的整个社会之中。这也就是在近代，奥斯曼帝国为什么会出现广泛的民族主义分裂运动，并导致它加速衰亡的根本性原因之一。

三、突厥塞尔柱人与拜占庭帝国的争夺

1. "信仰武士"袭击拜占庭

历史上，决定突厥人第二次命运的遭遇，是同拜占庭帝国的冲

突。早在6世纪，拜占庭帝国便与之在中亚及俄罗斯大草原的突厥人发生了接触，一部分突厥人一直从中亚四处迁移，寻求新的牧场。这一部分突厥人建立了自己的国家，其王公还曾与拜占庭帝国的王室通婚，虽然偶尔也兵戎相见，不过在多数情况下都是拜占庭帝国的盟友以及重要的雇佣兵源。而这些突厥雇佣兵很多都在拜占庭帝国境内最为富饶的安纳托利亚永久性定居了下来，其中一部分甚至皈依了基督教。

突厥人的另一部，即乌古斯人，则自波斯向阿拉伯帝国境内大量迁徙，他们同样为阿拉伯的哈里发充当雇佣兵。然而，随着阿拉伯哈里发势力的逐渐衰落，这些昔日的突厥部将渐渐崛起。他们于963年建立了加兹尼王朝，都城在今日的阿富汗，当伟大的穆罕默德苏丹在位时，国力最为鼎盛，其疆域包括今天的伊朗、阿富汗、巴基斯坦以及北印度一部。不过好景不长，穆罕默德去世后，霸权逐渐转入了统领乌古斯人的塞尔柱家族手中。此后，塞尔柱家族的后人们获得了整个伊斯兰世界突厥人的领导权。

在同拜占庭帝国的冲突中，突厥塞尔柱人的势力最大，他们的首领经常依靠其他突厥民族部落的帮助打仗，这些人通常被称为土库曼人。他们喜欢采用"信仰武士"的作战方式，在伊斯兰国家边境上同非穆斯林信徒交战，把扩大伊斯兰教的领土，侵占非穆斯林居住的土地，看作是一种神圣的宗教义务。他们在不断掠袭小亚细亚的过程中，发现拜占庭帝国正处于内部争权夺利，国力江河日下的时期。再加上拜占庭帝国统治下的东部各族人民心怀不满，纷纷揭竿而起，特别是不久前通过武力才割让给拜占庭帝国的亚美尼亚地区，广大民众的反抗斗争如火如荼，这就极大地削弱了拜占庭帝国对突厥塞尔柱人统率下的"信仰武士"们的防御抵抗。到了公元11世纪中叶，"信仰武士"们竟然大胆地深入到拜占庭帝国统治下的小亚细亚内部地区。1064年，他们的深入竟远至今日的开塞利。

"信仰武士"们袭击拜占庭帝国所带来的巨大收获，一方面使突厥塞尔柱人的疆土得以不断向西北扩张；另一方面也使得他们的首领改变了原先打算长驱直入叙利亚，再向埃及进发的计划，决定挥戈北上，攻打拜占庭帝国。1071年，突厥塞尔柱人在首领阿尔普·阿尔斯兰的率领下，在凡湖附近的小镇曼齐克特，以少胜多，以

突厥塞尔柱人

弱制强，一举击败了由拜占庭帝国的皇帝戴奥吉尼斯统率的20万大军。这次战役可以算是一次具有决定性重大意义的历史事件，它使得小亚细亚向突厥人敞开了大门，使得像洪水似的突厥人得以全面入侵和永久性地在小亚细亚定居下来，从此，小亚细亚开始了它的突厥化和伊斯兰化的漫长发展过程。

突厥塞尔柱人是游牧于锡尔河北岸吉尔吉斯草原上的乌古思部落联盟中的一支。大约在公元10世纪中期，他们在首领塞尔柱的统率下，越过吉尔吉斯草原漂泊到了河外地区。在布哈拉定居后不久，他们皈依了伊斯兰教。在参与河中各种政治势力的角逐中，突厥塞尔柱人遭受到了失败，从此臣服于阿富汗人的伽色尼王朝，被称为突厥塞尔柱人。

突厥塞尔柱人骁勇彪悍、善于骑射，为阿富汗人伽色尼王朝的对外军事扩张屡立战功，从而获得大量的封地，政治与军事势力逐渐强大。1037年，突厥塞尔柱人在其首领托格洛尔的率领下反叛阿富汗人的伽色尼王朝，并在1040年著名的丹丹纳干战役中，依靠强大的骑兵打败了他们的宗主国，建立起了突厥塞尔柱帝国。此后，他们靠强大的军力征服了整个伊朗，不久又攻占了阿拉伯帝国阿拔斯王朝的首都巴格达，迫使哈里发授予托格洛尔东西方之王和苏丹的称号。此时的阿拉伯帝国已经名存实亡，而突厥塞尔柱人则强势崛起，他们的疆域西至小亚细亚东部，南达阿拉伯海，北至基辅罗斯边境，东与中国接壤。

突厥塞尔柱人建立起帝国之后，所面临的主要问题之一，是为突厥塞尔柱人以及随他们而来的大批其他的突厥游牧部落，如土库曼人等，去寻求一个良好的生存之地。这些突厥游牧部落与突厥塞尔柱人在血缘上是相同的，在语言和文化方面也是相近的，他们是突厥塞尔柱人可靠的同盟者。他们今天可以和平地放牧他们的畜群，或者耕种他们的谷物，明天就可能拿起刀枪用武力去支持突厥塞尔柱人进一步征服小亚细亚。

在突厥塞尔柱人的建国初期，苏丹们把那些归顺的突厥游牧部落，看成是国家统治秩序的巨大威胁，因此，极力地把他们的迁徙浪潮引向小亚细亚。这样，既保证了突厥塞尔柱人国家的统治秩序不混乱，又可以把他们作为防御拜占庭帝国的坚强屏障，更主要的是为这些突厥游牧部落解决了大量的土地和牧场。于是，在突厥塞尔柱人的率领下，大批突厥游牧部落开始了向小亚细亚的进攻。

2. 曼齐克特之战

当大批突厥游牧部落在突厥塞尔柱人的率领下，势如破竹横扫小亚细亚的时候，拜占庭帝国正处于王朝更迭的混乱之中。1057年，马其顿王朝结束，开始了拜占庭帝国的都卡王朝统治时期。在都卡王朝统治的24年中，拜占庭帝国的政局异常动荡。在军人强大势力的左右下，都卡王朝像走马灯似的先后更换了五位皇帝。1059年，年轻有为的君士坦丁·都卡，在以大主教奥斯为首的东正教势力的支持下，当上了拜占庭皇帝。为了不断地削弱军人的特权，防止军人左右宫廷政务，君士坦丁·都卡皇帝实行了一系列裁减军队人员和庞大军费开支的改革措施。然而，来自东方的突厥塞尔柱人对小亚细亚不断地掠夺性进攻，使得拜占庭帝国的周边环境越来越恶劣，也为军人们再次显示自己的力量、干涉宫廷政务创造了有利的条件。1068年，拜占庭帝国的军人们密谋杀害了君士坦丁·都卡皇帝，而把他们的亲信罗马纽斯推上了皇位。

罗马纽斯登上皇位以后，首先做的事情，就是亲自率领着由希腊人、俄罗斯人、格鲁吉亚人、法兰克人，亚美尼亚人和突厥佩切涅格人组成的20万雇佣大军，在小亚细亚以东凡湖附近的小镇曼齐克特，试图与突厥塞尔柱人决战。1071年8月26日，突厥塞尔柱人苏丹阿尔普·阿尔斯兰仅率 1.5 万人的军队前往迎战。在双方激烈的交战中，突厥塞尔柱人充分利用他们的骑兵善于机动作战的优势，勇猛灵活地歼灭了大量拜占庭帝国军队的有生力量，再加上那些非常不可靠的外国雇佣军临阵倒戈，使得拜占庭军大败，死伤无数，甚至连皇帝罗马纽斯也被俘获。然而突厥塞尔柱人的苏丹阿尔普·阿尔斯兰宽恕了罗马纽斯皇帝，条件是拜占庭帝国必须缴纳 150 万第纳尔（1 第纳尔相当于 2.4 克黄金）作为赎金。此外，两国之间还签订了一个 50 年的和平协定。协定要求当突厥塞尔柱人对外发动征服战争时，拜占庭帝国应及时提供一定数量的军队，并无条件释放监禁关押的所有穆斯林。

百般无奈的拜占庭帝国皇帝罗马纽斯被迫接受了以上苛刻的条件，然后，突厥塞尔柱人派了一支庞大的舰队护送他回国，此外，苏丹阿尔普·阿尔斯兰还赠给了他一件荣誉之袍和一顶帐篷，外加 1.5 万第纳尔。同时，突厥塞尔柱人还释放了罗马纽斯皇帝的随从和政府官员，让他们与罗马纽斯皇帝一同回国。这次战败使得拜占庭帝国名誉扫地，也使得罗马纽斯皇帝丧失了权力和威信。不久，拜占庭帝国愤怒的臣民们通过阴谋废黜了罗马纽斯皇帝，他与突厥塞尔柱人签订的丧权辱国协议也被终止。

曼齐克特之战，是突厥塞尔柱人与拜占庭帝国在小亚细亚长期争夺中具有决定性意义的历史转折点。从拜占庭帝国方面来看，这次战败加剧了拜占庭帝国内部的社会矛盾和各派系之间的斗争。拜占庭帝国的官吏和将军们竞相将许多城镇和战略要塞奉献给入侵的突厥塞尔柱人，以求在突厥塞尔柱人的行政部门中谋取一官半职。失去小亚细亚的拜占庭帝国像一个枯瘦的躯体变得十分空虚，因为富庶的小亚细

一幅13世纪的手绘画卷，由奴隶抬着的达尼埃尔，可从中一窥当时的拜占庭服饰风格

亚再也不能为拜占庭帝国提供粮食、原料、税收、人力和兵源了，从而注定了拜占庭帝国的灭亡。

从突厥塞尔柱人方面来看，曼齐克特之战产生了三个结果。首先打开了征服小亚细亚的大门，从根本上震撼了拜占庭帝国的统治基础。在曼齐克特之战以前，突厥塞尔柱人对小亚细亚采取的是打了就跑的掠夺性远征。而此后，大批突厥人像蝗虫似的涌入小亚细亚，并且开始在那里定居扎根。其次，曼齐克特之战以后，突厥塞尔柱人对当地居民或者进行屠杀，或者强迫他们集体皈依伊斯兰教，使得小亚细亚在人种、宗教和文化等方面都发生了裂变。从此，这一地区开始了一个漫长的突厥化和伊斯兰化的历史发展过程。最后，曼齐克特之战以后，突厥塞尔柱人以小亚细亚的西部重要城镇尼西亚为首都，建立了一个强大的罗姆苏丹国。在多次打败拜占庭帝国的军队之后，乘机不断扩张领土，占领了博斯普鲁斯海峡，并陈兵于马尔马拉海沿岸，对拜占庭帝国在欧洲的统治直接构成了威胁。

3. 为何能摧毁拜占庭帝国

突厥塞尔柱人为什么会所向披靡，横扫小亚细亚，如此迅速地摧毁了拜占庭帝国在小亚细亚的统治呢？其主要原因有以下几个方面：

第一，拜占庭帝国的内部长期军政不和，政局一直不稳。具体表现为，王朝更替频繁，皇帝像走马灯似的不断变换，再加上军人势力屡屡干政，使得国内政治、经济形势更加动荡不安。尤其是君士坦丁·都卡皇帝登基以后，为了加强皇权实行限制军人势力的改革措施，也在一定程度上削弱了拜占庭帝国的军事防卫力量。这样，当面对来自突厥塞尔柱人的外部威胁时，拜占庭帝国缺乏统一坚定的领导核心和强大有效的军事防御能力。

第二，拜占庭帝国在小亚细亚的腐朽统治，也是突厥塞尔柱人在小亚细亚不断取得军事胜利的重要原因之一。拜占庭帝国都卡王朝的历代皇帝都对小亚细亚诸省横征暴敛，此后又取消了小亚细亚地区的政治特权和中央政府的财政支持。因此，小亚细亚地区的广大臣民一直都心怀不满，很少给予帝国皇帝在政治、经济、军事上的有力支持。所以，当拜占庭帝国在曼齐克特战役中一败涂地时，小亚细亚地区的广大民众都纷纷揭竿而起，不断倒戈。他们把突厥塞尔柱人当作大救星，将拜占庭帝国的溃败看成是他们摆脱束缚、争取解放的大好时机，并主动地配合突厥塞尔柱人在小亚细亚进行的军事行动，积极从事推翻拜占庭帝国腐朽统治的斗争。

第三，突厥塞尔柱人对小亚细亚采取的灵活多变的征服政策，也是他们取得决定性胜利的根本性原因之一。首先，突厥塞尔柱人巧妙地利用了拜占庭帝国的矛盾和内讧。如突厥塞尔柱人全力支持拜占庭帝国内部以尼斯福大臣为首的反叛势力去篡夺皇位，并与其共同进犯占领了小亚细亚的军事重镇尼西亚和赫里索堡，从而极大地削弱了拜占庭帝国在小亚细亚的军事防务。其次，突厥塞尔柱人一进入小亚细亚，就宣布给予这一地区的农奴和奴隶们自由，并免除他们过去所有的债务，只让他们缴纳很少量的人头税，这样一来，小亚细亚的下层民众，由于切身的利益关系，而同突厥塞尔柱人的统治结合了起来。

第四，突厥塞尔柱人的军队多属骑兵，因而作战时灵活、机动，士兵个个彪悍、勇敢，再加上突厥塞尔柱人正处于上升时期，充满了活力，锐不可当。突厥塞尔柱人的社会属于加齐社会，这个社会是由一帮勇于献身的"信仰武士"们所组成。他们必须担负向异教徒作战的义务，所以经常越过伊斯兰国家的边境对外进行侵征，并带回丰富的掠夺品。这些掠夺品在大多数情况下，使得这个加齐社会有了经济上的生存能力，因为他们的日常生活不是建立在一种可靠的国家经济基础之上的，所以，每当对外侵征不成功时，这个加齐社会也就行将瓦解。加齐们在社会和政治地位上是平等的，其社会地位并不是平步就可以登上去的，权贵的产生是因为他们的行为和领导才能，而不是靠血缘关系，因此，每一个人都必须要用行为和品德，来证明自己配当加齐。在小亚细亚的历史上，每当处于一个纷乱混沌的世界和在一个政权行将解体的时期，加齐们对外侵征的行动就异常活跃。

总之，突厥塞尔柱人本身所具有的以上特点和优势，及其在拜占庭帝国衰微之际的充分发挥，是突厥塞尔柱人打败拜占庭帝国，侵占小亚细亚的主客观因素。

曼齐克特之战以后，拜占庭帝国的皇帝米查尔七世曾于1074年2月向罗马教皇乔治七世呼吁，愿意东正教与西方天主教联合，请求教皇召集欧洲诸国国王和西欧基督教世界组成十字军，共同对付侵占小亚细亚，直接威胁拜占庭帝国在欧洲统治的突厥塞尔柱人。但是，由于神圣罗马帝国与教皇之间的斗争，使得组织十字军的工作整整推迟了20年。1074年10月，在对从欧洲获得帮助感到失望的米查尔七世曾多次派使者带着许多昂贵的礼品，到突厥塞尔柱人的罗姆苏丹国，希望能够缓和两国之间的紧张关系，但是一切努力都没有产生实际的效果。

1092年11月，突厥塞尔柱人的罗姆苏丹国国王马立克沙因病去世，由于突厥塞尔柱人实行分封制，国内公国林立，相互对抗，混战不已，从而削弱了突厥塞尔柱人的罗姆苏丹国统一抵御外敌的能力。尤其致命的是他们政治上的无政府状态，以及它所带来的社会和经济方面的灾难性混乱，引来了欧洲基督教十字军的东征。

4. 十字军东征的打击

西欧社会经济在11世纪时普遍高涨。在社会生产力发展的基础上，劳动分工更趋精细。西欧与东方在商业贸易上的相互关系也有所改变。西欧原来在对东方的商业贸易中处于被动的地位，而此时已经变被动为主动，不仅向东方输出原料，也输出大量的手工业品。尤其是西欧的商人们向东方进行贸易旅行的次数不断地增多，这些商贸旅行不仅具有贸易上的目的，而且也夹杂着宗教上的目的。在商贸旅行中，西方的骑士和商人们亲眼看见东方在技术上和文化上都优于西方，并自觉或不自觉地把那些先进的技术和文化带回西方。但是，到了11世纪后半期，东西方之间的这种交往关系，特别是西欧向东方进行贸易和朝圣的活动，在很大程度上被突厥塞尔柱人破坏了。他们占据着小亚细亚，经常抢劫西欧的商队，即使不去抢劫，也要通过课以重税的办法，获取西欧商队的贵重商品。因此，在西欧开始广泛传播一种思想，这种思想就是要在从伊斯兰教徒手中夺回"主的坟墓"的口号下，通过武力直接征服东方。

1096年，大批的西方十字军云集拜占庭帝国首都君士坦丁堡。首先开往小亚细亚同突厥塞尔柱人作战的十字军，是一些光有宗教信仰热情，但武器装备却非常落后的穷人。因此，他们很快就被突厥塞尔柱人围歼消灭了。不久，第二批武器装备精良的欧洲封建骑士军，大规模地到达小亚细亚，在连续攻占了许多城镇以后，他们开始围攻罗姆苏丹国都城尼西亚。当时罗姆苏丹国国王苏里曼之子开雷斯·阿尔斯，正统率着几十万大军在伊朗高原同波斯人作战。闻讯后，他匆忙率军赶回都城尼西亚，但当他还未赶到时，都城的守军弹尽粮绝，已经向十字军投降。放在都城国库里的金银财宝，以及开雷斯·阿尔斯的家眷被押运回拜占庭帝国的首都君士坦丁堡。满腔义愤的开雷斯·阿尔斯联合小亚细亚境内的所有突厥人，于1097年7月与十字军展开了生死激战。在战斗中，由于突厥塞尔柱人在人数与武器装备上都远远不及十字军，所以经过数天的浴血奋战以后，终因双方力量悬殊而遭到惨败。开雷斯·阿尔斯在腿部负伤后，仅带着剩下不足千人的队伍，西渡萨卡里亚河撤往山区。

坐收渔利的拜占庭帝国皇帝阿列克塞不费吹灰之力，乘机夺回了小亚细亚的北部、西部和南部的沿海地区。这些地区的突厥人，或是被十字军与拜占庭帝国的军队屠杀，或是被迫大规模地往东迁徙，人员和财产损失惨重。此时的突厥塞尔柱人仅仅占据着小亚细亚中部的科尼亚，他们的罗姆苏丹国完全处于丹尼什曼艾米尔的保护之下。

5. 迈里奥法克垅之战

1155年2月，开雷斯·阿尔斯在沮丧和绝望中病故，其长子继位，为开雷斯二世。开雷斯二世继位之初，受到各种政治势力的威胁。首先是他那些觊觎王位的兄弟们，其次是小亚细亚各独立的公国，包括亚美尼亚人的首领色诺斯。面对如此众多的敌手，开雷斯二世委曲求全，带着大量的金银财宝跑到拜占庭帝国的首都君士坦丁堡，求助于拜占庭帝国的皇帝曼奴尔。此时突厥塞尔柱人的罗姆苏丹国，对拜占庭帝国已经完全不构成什么威胁，所以曼奴尔皇帝在接受了大量的贿赂之后，采取了一种积极鼓励突厥人的各种政治势力和各个统治者之间加剧冲突对抗的分化政策，同开雷斯二世签订了和平协议，并为他去攻打其他突厥公国提供庞大的财政援助。

君士坦丁堡的二号军事门

从拜占庭帝国的首都君士坦丁堡回来之后，为了东山再起、重振雄威，踌躇满志的开雷斯二世集思广益、共商良策，针对当时突厥塞尔柱人所处的极为不利的境地，制定了一整套远交近攻、各个击破敌手的方针策略。开雷斯二世首先镇压了丹尼舍孟德的加齐们在小亚细亚所进行的分裂和叛乱活动，然后越过叙利亚和小亚细亚之间的边境，同长期威胁突厥塞尔柱人安全的亚美尼亚人作战。在取得了骄人的战绩之后，开雷斯二世被拜占庭帝国的皇帝曼奴尔承认为全权负责管理小亚细亚突厥人日常事务的领袖。此时突厥塞尔柱人的统治地区，再次从萨卡里亚扩展到了幼发拉底河地区。

当正忙于巴尔干事务的拜占庭皇帝曼奴尔逐渐地意识到，开雷斯二世由于击败了每位敌手，声势日隆，影响甚大，不远的将来必定会重新威胁拜占庭帝国的安全，对此他深感恐慌。于是，他借口突厥塞尔柱人违背了不能向小亚细亚西部扩展的协议，决定发兵攻打突厥塞尔柱人的罗姆苏丹国。起初，开雷斯二世为了避免与杀气腾腾的拜占庭帝国军队正面冲突，提议双方重新缔结和平条约，相互之间不要打仗，但被自命不凡的曼奴尔皇帝断然拒绝。于是，1176年9月，决心背水一战的开雷斯二世，亲自统率突厥塞尔柱人的军队与拜占庭帝国的军队，在埃里迪尔湖北岸的迈里奥法克垅展开了决战。

在战斗中，突厥塞尔柱人在开雷斯二世身先士卒的表率下，以一种以一当十、舍命而战的大无畏精神冲向敌阵，所到之处摧枯拉朽，拜占庭帝国的军队根本无法抵挡，纷纷弃逃或投降。开雷斯二世完全可以乘胜追击已经溃不成军的拜占庭帝国军队，并俘获曼奴尔皇帝，但是他没有这样做，而是马上接受了拜占庭帝国提出的和谈要求。其主要的原因是害怕引起西欧封建基督教十字军的武装干涉。因此，当拜占庭帝国满足了由突厥塞尔柱人提出的，完全有利于他们根本利益的重新调整双方边境的建议之后，开雷斯二世立即罢兵回营。迈里奥法克垅之战以后，突厥塞尔柱人重新又获取了小亚细亚西部的许多重要城镇。尤其是在1182年占领了地中海沿岸的安塔利亚，以及夺取锡诺普而进入黑海之后，罗姆苏丹国再次成为一个滨海国家。

迈里奥法克垅之战的重大历史意义，在于它从此结束了拜占庭帝国总把小亚细亚看成是其重要领土的传统观念，彻底打消了把突厥人赶出小亚细亚的念头，完全接受了突厥人统治小亚细亚的现实。因此，到了12世纪末，在西欧与拜占庭帝国来往的重要信函中，双方已经把小亚细亚称为突厥地区。总之，突厥人与拜占庭帝国在经过一百多年的反复较量与争夺之后，拜占庭帝国完全丧失了对小亚细亚地区的统治权。尤其是在突厥塞尔柱人的鼓励之下，那些流离失所的突厥游牧部落开始大量涌入小亚细亚，并在这里安家落户，成为这一地区的永久性居民，从而加快了小亚细亚突厥化的历史进程，使得统治这一地区的突厥塞尔柱人的政治势力达到了顶峰。

然而，不断涌入小亚细亚的突厥游牧部落，很快就引发了突厥人口过多而造成的严重后果。特别是因与拜占庭帝国讲和修好，突厥塞尔柱人停止派出劫掠队伍，是对传统加齐生活和社会经济的沉重打击。那些无教化的加齐突厥人根本无法理解塞尔柱人为什么要同基督教的拜占庭皇帝签订和平条约，更不愿意接受同基督教的权贵们友善往来的事实。加齐突厥人的不满情绪，一方面造成突厥人之间开始相互攻击和掠夺，从而破坏了小亚细亚和平与安宁的生活，使得小亚细亚出现一片混乱状态；另一方面也使得突厥塞尔柱人永远丧失了小亚细亚的加齐突厥人对他们的忠诚和支持，所以当此后蒙古大军入侵小亚细亚地区时，突厥塞尔柱人完全处于一种孤立无援的困境，最终被蒙古铁骑击溃，成为蒙古人的藩属和傀儡。

四、蒙古铁骑对小亚细亚的入侵

1. 蒙古西征

1239年6月，因对突厥塞尔柱人罗姆苏丹国朝廷所过的奢侈生活以及软弱的对外政策不满，小亚细亚地区爆发了以伊斯兰教什叶派苦行僧长老巴巴·伊斯哈克为首的、具有宗教色彩的突厥民众起义。起义军纪律严明、英勇善战，屡败罗姆苏丹国的军队，并相继攻占了小亚细亚的许多重要城镇。后因起义军内部人员的叛变出卖，巴巴·伊斯哈克被捕身亡，使得起义大军群龙无首，失去了凝聚力和斗争的方向。而此时的突厥塞尔柱人在拜占庭帝国军队的帮助下，使用极其残酷的屠杀手段，最终无情地镇压了这次民众起义。但是，这次大规模具有宗教色彩的民众起义，沉重地打击了突厥塞尔柱人的上层统治集团，严重削弱了罗姆苏丹国的政治、经济和军事实力。尤其是相继而至的蒙古大军对小亚细亚的入侵，给显著衰微、对其他突厥人再也没有什么尊敬可言的塞尔柱人，带来了灭顶之灾，加速了他们的罗姆苏丹国的灭亡。

公元13世纪初，原居住在贝加尔湖东南和黑龙江上游的蒙古人，随着生产力的发展和生产关系的变化，社会形态发生了重大的变革，形成了新的封建生产关系。蒙古封建贵族们为了确立其统治地位，摆脱氏族部落间的彼此混战和相互劫掠，渴望建立一个强大统一的国家。横空出世的铁木真，在建立蒙古族统一国家的斗争中脱颖而出，1206年，被蒙古草原上各氏族部落的首领们拥立为大汗，尊号"成吉思汗"。成吉思汗在顺利完成蒙古氏族部落的统一大业之后，亲率蒙古大军开始大规模的远征。他首先夺取金朝北部的大片疆土，然后接着进军中亚。当时的中亚地区早已摆脱了阿拉伯帝国阿拔斯王朝的统治，出现了许多封建割据的小公国，并且彼此长期争战，军事力量非常脆弱、不堪一击。根本不是骁勇善战、所向披靡的蒙古大军的对手。至1220年左右，蒙古人已经征服了整个河外地区，丝绸之路上的许多重要城池变成一片废墟。只是由于成吉思汗于1227年不幸死亡，蒙古人的整个征服活动才暂告停止。

在蒙哥大汗统治时期，蒙古人再次发动西征。对于西南亚地区的征服，是由成吉思汗的孙子、蒙哥大汗的弟弟旭烈兀进行的。旭烈兀于1256年1月亲率蒙古大军渡过乌浒河，向波斯进军。面对排山倒海、势如破竹的蒙古铁骑大军，这一地区的诸小公国都不战而降。1257年，旭烈兀率领蒙古大军将进攻的矛头指向阿拉伯帝国阿拔斯王朝的都城巴格达，并向哈里发提出最后通牒，令其拆除巴格达的外城，自动缴械投降。然而，昏庸无能的哈里发一味贪求享乐，不听忠言相告去做迎战的准备。甚至直到蒙古大军包围了巴格

成吉思汗

达整个城池时，还让幕僚们放出危言耸听的话语，试图靠这些危言耸听的话语吓跑蒙古人。说什么"哈里发是宇宙的中心，如果杀害哈里发，整个宇宙即陷于混乱，不出太阳，也不下雨"。然而，旭烈兀并未上当受骗，他指挥蒙古铁骑大军，于1258年2月10日攻破阿拉伯帝国阿拔斯王朝的都城巴格达。在蒙古军人连续数日的烧杀抢掠之中，都城巴格达的金银财宝被洗劫一空，满城的男女老少尽遭杀戮，死者达数十万之众，人头堆成了几座金字塔，整个昔日繁华热闹的都城此时变成一片废墟。除极少数阿拉伯帝国阿拔斯王朝的王室成员逃到埃及外，失魂落魄的哈里发与王室要人、大臣、法官等300余人全部被蒙古人处死。曾经在历史上辉煌一时的阿拉伯帝国阿拔斯王朝就此结束。

在公元13世纪蒙古铁骑大军的西征过程中，以往的掠夺和袭击总是绕过小亚细亚，然而在1243年6月的柯塞达格战役中，凶猛彪悍的蒙古铁骑大军击败了突厥塞尔柱人。尽管突厥塞尔柱人的罗姆苏丹国经过蒙古人的毁灭性打击之后，还是一直维持到了1303年，但此后它再也未能恢复元气。自此以后，所有的突厥塞尔柱人的统治者都仅是蒙古人的藩属和傀儡。因为蒙古人没有足够的兵力驻守各城市，他们是异教徒，他们对于被征服的人民的文化和文明，既不了解，也不赏识。所以他们根本就没有兴趣在小亚细亚牢固地树立他们的势力，更不想直接统治小亚细亚。蒙古人感兴趣的是任意掠夺他们所需要的东西，是要突厥塞尔柱人向他们纳贡称臣。

不久，蒙古人在政治上肢解了突厥塞尔柱人统治下的小亚细亚，把小亚细亚划分为两部分。把克泽尔河以东的所有地方赐给基利吉·阿尔斯兰四世，而把那条河以西的地区赐给他的兄弟卡伊考斯二世，但都必须纳贡缴赋，成了听命于蒙古人的傀儡。蒙古人在政治上对小亚细亚的肢解，突然使得每一个突厥王公都可以自行其是了，尤其是无数个加齐领袖建立了独立的领地，而有些强有力的首领则逐渐地把许多小的领地合并成了几个具有相当规模的加齐公国，即埃米尔国。这些埃米尔国同以后奥斯曼帝国的崛起与发展，有着极为重要的关系。因为奥斯曼帝国的崛起，就是建立在对这些埃米尔国的征服与吞并的基础之上的。

2. 进一步突厥化的小亚细亚

人类历史的发展有时候实在令人不可思议。13世纪蒙古铁骑大军横扫小亚细亚，给予突厥塞尔柱人毁灭性的沉重打击，不但没有使大批突厥人逃离小亚细亚，反而导致了小亚细亚的进一步突厥化。这其中主要有两个方面的根本原因。首先，生活在中亚、西亚的突厥游牧民族，又开始大规模地向小亚细亚迁徙，出现了新的迁徙浪潮。他们或是受到蒙古大军的武力驱赶，或是紧随着蒙古铁骑大军的西征洪流而来。其次，遭受到蒙古铁骑大军严重军事打击的突厥塞尔柱人，由于中央统治能力削弱，引起整个小亚细亚突厥人社会的一片混乱，造成控制力量逐渐向外溢散。小亚细亚地区在一种新的狂乱状态下，许多突厥小公国和加齐领袖们，不愿再受突厥塞尔柱人的约束和统治，而开始闹起独立。尤其是那些紧靠在拜占庭帝国边境上的突厥小公国和加齐领袖们，又开始像从前那样，猛烈地袭击和掠夺非伊斯兰教信徒的财产，担负起向异教徒世界进攻作战的神圣义务。此时，在小亚细亚地区，"信仰武士"的宗教精神再次显露锋芒。

这一时期，突厥人和那些"信仰武士"们入侵拜占庭帝国又变得相当容易了，因为拜占庭帝国在1261年，从基督教十字军和西欧封建骑士手中，用武力收复首都君士坦丁堡以后，立即卷入了巴尔干地区的事务。当时拜占庭帝国所控制的只是小亚细亚北部的一小部分，而巴尔干地区则被保加利亚和塞尔维亚的统治者们所占有，他们的支持者是基督教十字军和西欧封建骑士。为了重新获取对巴尔干地区的实际控制权，拜占庭帝国将其主要的军事力量用于对付基督教十字军和西欧封建骑士，以及他们支持的那些巴尔干地区的封建统治者，而忽略了在小亚细亚的统治地区。因此，在不多的几年中，拜占庭帝国在小亚细亚的整个统治地区，除西北角的一小块地方外，全部被一些突厥小公国和"信仰武士"们靠武力掠夺而占领。其方式和速度与将近200年前的曼齐克特战役后，他们的突厥祖先占领小亚细亚东部和中部的情况差不多。

这段时期以后，小亚细亚的整个社会越发趋于突厥化了。不仅整个腹地高原地区是这样，而且那些刚从拜占庭帝国手中被加齐们夺过来的沿海地区亦复如此。长期以来，突厥塞尔柱人罗姆苏丹国统治下的臣民人种混乱。居住在小亚细亚城镇里的行政官员、神职人员，信仰武士和手工业者绝大多数是突厥人，草原上的广大游牧民也是突厥人，但是从事经商贸易的人员主要是希腊人、亚美尼亚人和犹太人。在小亚细亚耕种的农民中，除少部分是突厥人外，绝大部分仍为希腊人，他们都是基督教东正教信徒。拜占庭帝国的基督东正教僧侣们在小亚细亚的统治，往往很不得人心，因为他们对老百姓，尤其是对那些东方人的暴敛苛索是显而易见的。所以有时候人们发现，比起拜占庭帝国的基督教教义来，伊斯兰教更具有吸引力，要是他们的地区能够被穆斯林所征服，倒是他们彻底摆脱基督东正教的僧侣们苛捐杂税的重要途径。

13世纪后期和14世纪，突厥人强迫非伊斯兰教信徒改宗的措施和倾斜于穆斯林的税收制度，加速了作为社会制度的基督东正教在拜占庭帝国一度最富有的小亚细亚地区的瓦解。此时皈依伊斯兰教的人数，似乎在整个小亚细亚骤然增多，不但普通老百姓，有时甚至是基督教教士、僧侣和犹太教教士，也纷纷改宗，信奉伊斯兰教。另外，基督教与穆斯林交界处的边区民族间的混杂相居，也势必促成各民族之间的联姻通婚。在14世纪，突厥人的许多公国后宫中收纳一些基督教妇女，乃至王子有一个信奉基督教的母亲，都是完全可以理解的。甚至此时，连拜占庭帝国的皇帝也开始招纳突厥人的王子做女婿，以扩大自己的政治势力。这种趋势的最终结果是，伊斯兰教的势力在小亚细亚不断地发展壮大，而基督东正教的影响则在不断地减退萎缩。再加上外来突厥人的不断迁入以及当地居民的同化，突厥人在小亚细亚的数目也不断地增加。因此，小亚细亚的伊斯兰化和突厥化，只不过是同一过程的两个方面。

13世纪蒙古铁骑大军对小亚细亚的入侵，所造成的后果和影响是巨大的。它毁灭了一度强盛的突厥塞尔柱人的罗姆苏丹国，彻底肢解了小亚细亚地区，特别是极度的混乱和无政府状态，也动摇了拜占庭帝国在小亚细亚的统治。这样，此时的小亚细亚正在寻求一个新的领导，而调整局势以适应新的情况，也就成了不可避免的事情了。此时有一个突厥小公国，自称是名存实亡的突厥塞尔柱人罗姆苏丹国的继承者，它以地处小亚细亚西北部，今日埃斯基塞希尔城的北面为中心。它绝非当时最大或最强盛的突厥公国。然而，在历史上雄霸欧亚非三大洲的奥斯曼帝国，就是由这样一个小小的突厥公国发展起来的。13世纪90年代，这个突厥小公国统治者的名字叫奥斯曼，此后，它的名字成为历史上一个最为强大帝国的称号。总之，在蒙古人的侵略造成小亚细亚的瓦解状态中，孕育着一个由奥斯曼领导的新的突厥公国，它在突厥塞尔柱人和拜占庭帝国的废墟上崛起，在博斯普鲁斯海峡旁的遗址上开辟了一个新的历史时代。

第二章
崛起：百年雄霸欧亚非

统治欧洲、亚洲和非洲许多地区的奥斯曼帝国的崛起，是世界历史中最为不平常的历史事件之一。因为它不仅涉及奥斯曼帝国本身这个多民族、多语言、多宗教的政治、经济、管理和社会风俗的历史，而且还涉及奥斯曼帝国与它在欧洲、亚洲和非洲邻邦之间复杂的战争、征服、外交和邻土纠纷的利益关系。因此，解释和了解奥斯曼人，为何由一个位于小亚细亚边陲，由伊斯兰信仰武士组成的突厥小公国，在100年的时间里，演变成为一个雄霸欧亚非三大洲的，庞大而异族杂居的伊斯兰封建军事帝国，就成了一个非常有趣的研究课题。

一、开国君主奥斯曼

奥斯曼人起源于中亚的呼罗珊地区一个突厥游牧部落，后迁至里海附近，波斯的北部和东部，在阿拉伯帝国阿拔斯王朝时期皈依了伊斯兰教。13世纪时，为了躲避蒙古人西征大军铁蹄的蹂躏，辗转迁徙到黑海南岸的小亚细亚定居。当时奥斯曼人的数目很少，力量也很单薄，其首领埃尔托格洛尔掌管部落时，总共只有430个帐（帐是突厥游牧部落以氏族组成的经济单位）。后在一次关键性的战役中帮助了突厥塞尔柱人，于是突厥塞尔柱人罗姆苏丹国的国王阿拉丁二世，将奥斯曼人安置在马尔马拉海北部，与拜占庭帝国紧邻的西北边境地区，萨卡利亚河畔，封赐给他们一块既不富饶也不值得令人羡慕的商业要道作为领地。此后，奥斯曼人长期在这里守卫边疆，抗击拜占庭帝国，成了突厥塞尔柱人的藩属附庸。日后奥斯曼帝国的编年史给奥斯曼人编造了一份血统高贵的宗谱，说他们的历史可以从中亚的乌古思突厥人追溯至人类的狭口诺亚。按此推理，不用说，再向上就必然追溯到人类始祖亚当。尽管奥斯曼人可能起源于原始部落，但此后奥斯曼人的强盛崛起，是出自其宗教、军事和政治上的根本原因，而并非出自部族的高贵血统。

14世纪初，日渐衰落的突厥塞尔柱人罗姆苏丹国分裂成10个突厥小公国，奥斯曼人就是这10个小公国的其中之一。他们同当时那些居住在拜占庭帝国边境地区的其他突厥人一样，在其首领埃尔托格洛尔的率领下，经常骑着战马，挥舞着军刀，打着向异教徒圣战的宗教旗帜，进入拜占庭帝国的疆域进行疯狂的掠夺。1288年，年迈多病的埃尔托格洛尔去世，其子奥斯曼接管部落，继任首领。当

奥斯曼一世

埃尔托格洛尔去世时，他所传给儿子奥斯曼的领地并不比原先突厥塞尔柱人赐给他的封地大多少。奥斯曼人对周围地区的大规模征服和兼并，大约是从13世纪80年代，新的首领奥斯曼同伊斯兰教苏菲派长老谢赫·艾德巴里的女儿马勒哈通结婚以后开始的。据有关历史资料记载，德高望重的苏菲教派长老谢赫·艾德巴里曾在奥斯曼继位时，庄严地向他的女婿奥斯曼赠送了一把"胜利之剑"，并授予他伊斯兰教"圣战者"的光荣桂冠，从此把奥斯曼引进了加齐集团，使他具有了伊斯兰教苏菲派的道德和伦理观念。精力充沛、气宇轩昂的奥斯曼，高举着"胜利之剑"，东征西掠，从而奠定了奥斯曼帝国600年的伟大基业。此后，举行隆重盛大的仪式颁发"胜利之剑"，也就成了历代奥斯曼帝国苏丹继位时的传统仪式之一。

奥斯曼是一位具有非凡体力、超人精神和独创才能的组织者。他把涣散的突厥部落成员，训练成了一支组织严密、骁勇善战的武装力量。他将掠夺来的土地和大量的战利品，分给他那些屡建奇功的将士们，鼓励他们去勇敢地战斗。他还以伊斯兰教古老的"圣战"思想武装他的那些战士，并吸收那些从小亚细亚各地纷纷赶来的圣战者、爱好冒险的勇士，以及其他突厥部落的成员，来迅速壮大自己的力量。在"圣战"思想的鼓舞下，那些以半宗教性质组织起来的商人、牧民和手工业者也纷纷响应，对奥斯曼的事业给予热情的支持，帮助他传播宗教信仰，掠地劫财。因此，奥斯曼人的突厥小公国，在奥斯曼统治时期变成了一个"信仰武士"之国。

有一块被考古发现的早期碑文称奥斯曼为"信仰武士们的苏丹"。有一位15世纪左右的奥斯曼帝国的编年史学家，在撰写王朝大事记时说："信仰武士是传播真主宗教的工具，是涤净人世间多神论污秽的上帝的仆人；信仰武士是上帝手中的利剑。"古老的"圣战"思想成为奥斯曼人发展、壮大、开拓基业的一个重要精神力量。此外，奥斯曼统治下的突厥公国也从小亚细亚的腹地汲取另外的各种力量：穆斯林艺人、商人、官吏、神学家、法学家、财政专家、教师，甚至是一些叛教者，都为这个新的边疆"信仰武士"国家似乎无穷无尽的机会所吸引，这些人均有助于加强奥斯曼人的社会组织。如有一位希腊叛教者科塞·米卡尔，就成了奥斯曼的亲密战友，为他出谋划策，与他并肩作战，而他的后裔米卡洛格卢族则在奥斯曼帝国的历史上始终占有显赫的地位。

雄武有略、野心勃勃、年轻气盛的奥斯曼继位以后，随即向外扩张势力。他首先攻掠的目标，一部分是与他同族的其他突厥公国。那些与之竞争的突厥公国在短暂繁荣之后，便在内部长期不和，以及奥斯曼人不断攻击的巨大压力下分崩离析。另一部分攻掠的目标，是拜占庭帝国在小亚细亚的领土。当时的拜占庭帝国也是由于内忧外患而极度虚弱，已经变成了一个外强中干的帝国，丧失了昔日的强盛。于是奥斯曼人乘胜而起。

奥斯曼人首先攻打邻近的一些突厥小公国，然后攻占了位于小亚细亚西北角，由拜占庭帝国统治的美朗诺尔城，并把该城改名为卡加希沙尔，作为其首府。1300年，奥斯曼在上下一片的交口称誉中自封为苏丹，并宣布其领地为独立的公国。此时的奥斯曼突厥公国名声大振，在与拜占庭帝国长期的争夺中，从其同类的突厥诸国中脱颖而出，逐渐取代了突厥塞尔柱人在小亚细亚的历史地位。此时，许多突厥游牧部落在他们首领的率领下慕名而来，投靠效忠奥斯曼，愿意在他的麾下去同基督教世界的拜占庭帝国交战。奥斯曼的这些突厥游牧部落追随者们一律取用他的名字，通称为奥斯曼人。对于奥斯曼人来说，侵袭和掠夺拜占庭帝国，所能获得的不仅是殉教英名和人世光荣，而且还有巨大的财富，因为奥斯曼突厥公国占有的领土，横跨科尼亚和君士坦丁堡之间商队贸易的重要路线。

在1301年的巴法翁战役中，奥斯曼亲自率领他的"信仰武士"们击败了拜占庭帝国的军队，侵占了小亚细亚最富庶的卑斯尼亚平原。1317年，奥斯曼又率领"信仰武士"们进攻布尔萨（旧称"布鲁萨"）城。布尔萨城是拜占庭帝国在小亚细亚西北部重要的战略军事重镇，因此城垣坚固，防守森严，驻扎着大量的拜占庭帝国军队。双方对此城的争夺前后持续了9年之久，各自都遭受到重大的伤亡，付出了沉重的代价。1326年，当布尔萨城因弹尽粮绝，开城投降时，奥斯曼

奥斯曼一世位于土耳其布尔萨的陵墓

已经因患重病生命垂危了。去世后，他的遗体被安葬在该城的一座教堂，这座教堂后来被改建为清真寺。布尔萨城的陷落，标志着拜占庭帝国在小亚细亚统治的彻底崩溃。此后定都布尔萨城的奥斯曼人，完全控制了通往欧洲的咽喉要道达达尼尔海峡。这不仅进一步巩固了这个新兴突厥公国的立国基础，而且为这个突厥公国跨海向欧洲的巴尔干地区扩张，铺平了胜利的前进道路。

奥斯曼不愧是一代开国君主。他雄才大略，敢想敢干，具有一种坚忍、顽强、正直、勇敢的天性。他深爱其属下的臣民，容许他们有不同的宗教信仰，因而深得他的臣民们尊敬和拥护，受到后人的赞叹和怀念。据说，当奥斯曼本人临终时，还以他那微弱的声音告诫他的儿子奥尔汗："不要悲伤，振作起来，我的孩子。要时刻牢记，不要残忍，因为对一个国王最有害的莫过于残暴。要主持正义，因为正义是国王治国的根本。要珍爱学者，身边要有懂法律的学者，因为真主的法律是我们唯一的武器。我的孩子，要公正无私，要仁爱，要时刻保护好你的臣民，这样你就能得到真主的佑助。用一系列美好的胜利来告慰我的灵魂吧！"奥斯曼去世后，这个不断发展壮大的突厥公国就以他的名字来命名，称为奥斯曼帝国。

二、奥斯曼人的对外征服

1."缔造者"奥尔汗

1326年，年仅20岁的奥尔汗继位，其英武有为、远见卓识不在其父奥斯曼之下。奥斯曼在世时，对奥尔汗一直寄托着无限期望，充满着深笃的厚爱。从小就让他立下宏愿，读尽天下好书，成为国家栋梁之材。年轻有为、充满朝气的奥尔汗即位以后，厉行进取，开始了奥斯曼帝国历史上大规模的对外征服。

作为一个加齐国家，奥斯曼人必须南征北战，不断地扩张，去夺取新的领土，为"信仰武士"们的力量找到新的出路。1313年，奥尔汗率领军队从拜占庭帝国手中夺取了尼西亚城；1337年攻占了与拜占庭帝国的首都君士坦丁堡近在咫尺的尼克米底亚城，不到10年时间，拜占庭帝国在小亚细亚的领土，已经完全纳入了奥斯曼帝国的版图。1354年，奥斯曼人到达马尔马拉海岸之后，便立即跨越海峡进入欧洲，并在战略要地加利波利建立起牢固的据点。值得注意的是，奥斯曼人在这一年才开始向东扩张，对小亚细亚的整个地区做全面的渗透，并完全控制了军事重镇安卡拉。此时奥斯曼帝国的扩张走势，就像季风那样时而向西，时而向东，但向西发展始终在奥斯曼帝国的对外扩张过程中占据首位。这一方面是由于地理环境的优势，奥斯曼帝国位于小亚细亚的西北部，紧靠通往欧洲的达达尼尔海峡和博斯普鲁斯海峡，以及天赐良机的时光，使其面对一个摇摇欲坠、分崩离析的拜占庭帝国。另一方面也与这个帝国靠"信仰武士"打天下的传统有关。

奥尔汗在积极开疆拓土的同时，还特别留心政事，创立了一整套行之有效的行政机构。因为在奥斯曼帝国的发展实践中，奥尔汗逐渐认识到，虽然奥斯曼人越过伊斯兰国家的边境进行征掠，带回了丰富的掠夺品，这些掠夺物在大多数情况下使得奥斯曼人有了经济上的生存能力，但是，这种生活方式不是建立在一种可靠的国家经济基础之上，尤其是每当侵征不成功时，整个社会也就衰落瓦解了。奥斯曼人要想改变这种现状，就得建立起比加齐社会原有的组织更为有效的国家行政组织。奥尔汗仿效突厥塞尔柱人的军事采邑制，对那些骁勇善战、立下赫赫战功者，一律赏赐一定数量的土地作为分封，并把突厥塞尔柱人的圣典和统治方式一并接纳过来，从而使得奥斯曼人的司法体系发生了很大的变化，开始由习惯法向成文法过渡，即把原有部落的习惯记录下来，在伊斯兰法与突厥塞尔柱人成文法典的基础上，根据新的需要而酌加损益，编纂成为奥斯曼人自己的成文法典。奥尔汗还非常重视发展教育，注意为奥斯曼帝国培养人才。当他征服尼克米底亚城之后，立即在那里兴办了奥斯曼人的第一所设备完好的清真寺学校，并且亲自为这所学校选择了一位德才兼备的首任校长。后来这座城市在相当长的时期内，一直是奥斯曼帝国非常重要的教育中心。这一点充分体现了奥尔汗的远见卓识。

此外，在奥斯曼人一系列巨大胜利的感召下，小亚细亚的许多手工业者和商人们蜂拥般地来到了奥斯曼帝国，并且组成了类似欧洲行会的严密团体，奉行着与加齐道德法规十分相似的一种特殊宗教精神。他们与加齐之间的亲密联盟和相互谅解，给予奥斯曼社会一种其他加齐国家所缺乏的经济力量。尤其是奥尔汗在对

奥尔汗

外征服的过程中，采纳了较为古老的穆斯林习惯，即容许基督教徒和犹太人在缴纳了赋税和特种贡品的条件下，仍然可以居留在被穆斯林征服的土地上。这样一来，在那些被奥斯曼人新侵占的城镇中，社会和经济就不会出现大的紊乱。这种政策固然使得居民相当混杂，但生活却大致相同。奥尔汗本人就同被奥斯曼人夺取到的一个城市中的基督东正教希腊领主的女儿尼鲁弗尔结了婚。此外，奥尔汗身边的一位希腊私人医生塔罗尼特斯，就一直感觉生活在奥斯曼人当中非常安逸自得。

2. 利器——近卫军团

作为一个对外进行武装征服的封建军事帝国，军队的组织和招募是头等大事。在奥斯曼统治时期，对外出征的惯例，是那些志愿参加作战和侵袭的突厥游牧民，以及"信仰武士"们，在规定的时间内到达指定的地点集合。奥尔汗即位初期，全部用突厥人组成了一支步兵部队，按十人、百人和千人编队，然而这种办法在战争实践中被证明行不通，于是奥尔汗对军队进行了彻底改编，建立了一支所向披靡，屡建奇功，使敌人闻风丧胆的常备军。奥尔汗组建的常备军有两种：一种是由得到采邑的封建主提供的军队；另一种是通过招募组建的正规新军，奥尔汗把获得的战利品的五分之一收归国库，作为新军的薪饷。奥尔汗组建的新军也称为加尼沙里军团（即童子军团），欧洲人称为近卫军团。新军大约组建于1330年，人数大约为5000名。新军的人数虽然不多，但装备精良，训练有素，配备了当时最新式的大炮等火器，是奥斯曼帝国军队的核心。他们按十人、百人、千人的单位组织起来，每个单位建制都设有一个负责的军官，新军的最高统帅称阿加

（将军），由奥斯曼帝国苏丹最信任的人担当。新军最初由战俘和奴隶中的青少年挑选组成，以后随着对外扩张的需要，逐渐变成了征集巴尔干地区10到15岁身体健壮的基督教少年充任。他们被带到埃迪尔内接受各种艰苦的训练，然后被分配到军营里去。伊斯兰教法律中的一个最重要的原则，就是只有穆斯林才能携带武器。为了组建一支由前基督教徒所构成的军队，奥尔汗于是就强迫那些被俘的基督教青年和被挑选的基督教少年改信伊斯兰教。这样，那些皈依了伊斯兰教的基督教青少年，在成长过程中学会了奥斯曼人的语言和生活习惯，受到了奥斯曼人的军事训练并精通各种作战技能。他们体格强健，纪律严明，绝对效忠于苏丹，并富有忘我的集体主义团队精神。最初新军的军饷很低，他们只有靠英勇作战，多打胜仗，从战利品中得到丰厚的报酬。此后，随着奥斯曼帝国的不断扩张，使得他们在奥斯曼帝国的军队中，成为一支举足轻重的政治力量。他们的待遇变得越来越优厚，享有各种特权，可以靠他们的勇敢和战功提升为军事和行政长官，不过他们要终身服役，过集体生活，不得结婚。为了保持强大的战斗力，奥斯曼帝国对新军全体官兵施以特殊严格的军事训练，数年持续不断，其中包括精选的科目和一般的科目，如军事理论、军事知识、军事技能，以及阅读、写作、举止风度、身体素质，等等。另外，还经常向他们灌输绝对忠于苏丹、为宗教圣战勇于牺牲的精神。奥尔汗依靠这支能攻善战，使敌人心惊胆战的军队，不仅夺取了拜占庭帝国在小亚细亚所有的领土，而且还把对外征服的矛头指向了东南欧。

当时，东南欧的塞尔维亚王国正在崛起，而拜占庭帝国已经沦为巴尔干地区的二流国家。表现在不仅领土大为缩小，而且政治上也四分五裂，内讧迭起，连年混战，民不聊生。1321年，拜占庭帝国的皇帝安德洛尼克二世因听小人的谗言取消了他的孙子安德洛尼克三世的王位继承权，于是祖孙二人之间兵戎相见，打得不亦乐乎。这场王位继承权的战争一直持续了5年，消耗掉了拜占庭帝国大量的人力和物力，最终以安德洛尼克三世取得王位继承权而宣告结束。1341年，安德洛尼克三世被拜占庭帝国的一位贵族刺杀身亡，年幼的儿子约翰五世刚一继位，贵族坎塔丘济那就拥兵在色雷斯自立为皇帝。于是，拜占庭帝国内部战祸又起，双方厮杀不休，并各自向外乞援。1344年，坎塔丘济那把女儿狄奥多拉嫁给了奥尔汗，双方结成军事同盟，以求得奥斯曼人的援助，抗击拜占庭帝国约翰五世的军事进攻，奥斯曼人所得到的好处是取得了对巴尔干地区的掠夺特权。1345年，奥尔汗亲自统帅6000铁骑渡过达达尼尔海峡，插足拜占庭帝国的内部事务，并在攻占拜占庭帝国的军事重镇阿德里亚堡时，起到了积极的决定性作用。此后，奥斯曼人每年总要渡海到色雷斯和黑海沿岸进行劫掠，以积聚大量掠夺来的财富。1349年，奥尔汗再次应岳父坎塔丘济那的请求，派遣两万骑兵渡海助其抗击塞尔维亚人的入侵。从此，奥斯曼人的势力逐渐由小亚细亚延伸到欧洲的东南部。1354年，巴尔干地区发生了一次严重的地震，毁坏了达达尼尔海峡欧洲海岸线上的格利博卢的城墙。驻扎在附近的奥斯曼军队冲进了格利博卢城，声称伟大的真主已把该城赐给了他们，所以不再返回小亚细亚，并将大量的奥斯曼人迁徙到了该城，因为当地的大部分居民已因大地震所引起的在巴尔干地区到处蔓延的鼠疫而丧失了性命。统治拜占庭帝国的坎塔丘济那因怕奥斯曼人在巴尔干地区的势力发展壮大，直接威胁拜占庭帝国在欧洲的统治，所以，曾经想借用塞尔柱人的力量，迫使奥斯曼人从巴尔干地区退回小亚细亚，但最终因军事上的失败而未能实现这一目标，而奥斯曼人则乘胜占领了达达尼尔海峡欧洲沿岸的整个加里波里半岛。此后，坎塔丘济那与奥尔汗的翁婿关系也随即宣告终止。这样，加里波里半岛就成了奥斯曼人进军欧洲的桥头堡，整个欧洲向奥斯曼人敞开了它的大门。

常年的征战和繁忙的公务，严重地损害了奥尔汗的健康，使他身患多种疾病。1359年奥尔汗不幸病逝，穆拉德一世即位。穆拉德一世是奥尔汗和尼鲁弗尔的小儿子，拜占庭帝国的皇帝坎塔丘济那的外孙。穆拉德一世像他的父亲一样，具有一种生龙活虎的性格，卓越的组织才能和驾驭局势的天分。他踏着父亲的足迹，率领着奥斯曼人，发起一个又一个战役，猛烈地向北方和西方进攻，直指巴尔干地区。此时拜占庭帝国的皇位争夺者，塞尔维亚和保加利亚的皇帝，希腊独立的王公们，威尼斯和热那亚的诸城邦，基督教的教皇们及十字军，经常为了争权夺利闹得巴尔干地区混乱不堪，永无宁日，致使穆拉德一世在出征侵占巴尔干地区时，并不用担忧他们会联合起来共同反对他，而在穆拉德一世的营帐中却时常有许多基督教同盟者。

3. "奠基者" 穆拉德一世

在奥斯曼人凶猛地攻击下，拜占庭帝国境内的一些重要的城池相继陷落。此时奥斯曼人对整个巴尔干地区的征服，已经是作为国家有组织的军事行动，而非早期"信仰武士"的任意出击。奥斯曼人通过武力首先兼并了保加利亚，随后进袭阿尔巴尼亚，并一直打到亚德里亚海岸。长期以来，作为拜占庭帝国中央核心之地的巴尔干地区，现已完全被奥斯曼人所控制，彻底切断了拜占庭帝国与巴尔干地区其余部分的联系，拜占庭帝国的首都君士坦丁堡几乎已是一座四面楚歌的孤城。1363年，拜占庭帝国的皇帝被迫向奥斯曼人乞和，承认奥斯曼人在巴尔干地区的主权，且被贬为奥斯曼人的一个藩属国，按时向奥斯曼人缴纳赋税。同时，一批又一批的奥斯曼人源源不断地渡过达达尼尔海峡，定居在巴尔干地区。特别是在1365年至1366年间，穆拉德一世把奥斯曼人的首都，从亚洲的布尔萨迁至欧洲的埃德尔纳。奥斯曼人的这一重大行动，开始了把他们的政治重心由亚洲向欧洲转移的过程。

此时，穆拉德一世在亚洲也同样积极地进行对外扩张。他率军攻取了小亚细亚的军事重镇安卡拉，并且同时利用威望、实力、金钱和外交等手段，把他在小亚细亚的领地扩大了将近一倍。特别是他指使其子巴耶塞特同屈塔希亚突厥公国酋长的女儿结婚，从而把整个屈塔希亚突厥公国作为嫁妆带了过来，并且迫使哈米德突厥公国的酋长把他领土的大部分出售给了奥斯曼人，并答应把其余部分等其死后无偿地留给奥斯曼人。穆拉德一世也率军讨伐过卡腊曼和特克等突厥公国，但成就不大，收效甚微。其主要原因，是穆拉德一世手下的加齐们不愿意同他们认为是"信仰武士"的人作战。所以在征讨小亚细亚的这些突厥公国的战斗中，穆拉德一世主要依靠的那些最忠诚的支持者，是他的斯拉夫盟军和信仰基督教的外国雇佣军。

奥斯曼人在欧洲的对外扩张，也并不是一帆风顺的，他们也遭到了巴尔干地区各国人民的强烈反抗。1371年，在塞尔维亚国王的领导下，由塞尔维亚人、保加利亚人、罗马尼亚人和匈牙利人组成联军，共同抗击奥斯曼人对巴尔干地区的征掠。在开始的时候，联军凭借着高昂的士气，接连取得了几次战斗的胜利，兵锋几乎迫近奥斯曼人的首都埃迪尔内。然而，他们被胜利冲昏了头脑，肆无忌惮地冒进。1371年7月26日，在马里扎河畔的战役中，目空一切、为所欲为的联军，中了奥斯曼人的埋伏。在奥斯曼人凌厉的攻势下，虽然联军也闻讯起兵相迎，并且也经过一番拼死的厮杀，但终因寡不敌众，最终全军覆没。而奥斯曼人则乘胜追击，侵占了塞尔维亚南部的大片领土。巴尔干联军在马里扎河战役中遭受到的惨败，使得巴尔干地区各国君主深感处境危险，对奥斯曼人有一种彻骨的恐惧。为了迅速改变巴尔干地区各国所处的极为不利的境地，他们召集各方显要数百人，经过共同磋商，一致推举塞尔维亚的拉扎尔公爵为统帅，再次组成新的联军，以阻遏奥斯曼人咄咄逼人的进攻。

1389年6月，拉扎尔公爵统率两万联军与穆拉德一世率领的3万奥斯曼人，在塞尔维亚南部的科索沃原野展开了一场具有决定性历史意义的大会战。奥斯曼人的大军分三路杀来，中路军由70岁高龄的穆拉德一世亲自率领，左右两翼的部队分别由他的儿子巴耶塞特和杰姆希德担任指挥。双方酣战，累日不断，互有伤亡。6月15日，塞尔维亚的一位爱国者，贵族米洛什·奥比里奇诈降奥斯曼人，趁穆拉德一世封赐他时，行刺了穆拉德一世。数日后，被刺中要害的穆拉德一世，因伤势过重而亡。但是双方之间的战斗并没有因此而受阻，穆拉德一世的儿子，外号"雷霆"的巴耶塞特一世接替了奥斯曼大军的指挥权。

拉扎尔公爵指挥的联军一度打得十分英勇，全军将士舍命而战。受到重创的奥斯曼军队，已经出现了军心动摇、弃城溃逃的迹象。但是，在巴耶塞特一世的严厉督战下，奥斯曼军队拼死相争，英勇作战，最终扭转了战局，反败为胜，转危为安。在激烈的战斗中，拉扎尔公爵阵亡，许多将领战死，大批士兵被俘，失败的场面惨不忍睹。随着联军一败涂地，巴尔干地区同盟的解体，威风凛凛的巴耶塞特一世乘胜长驱直入，使得一蹶不振的塞尔维亚被迫称臣纳贡，除赔偿战争损失费外，还要为奥斯曼人的军队提供义务兵员5000人，听凭巴耶塞特一世的随意调遣。

此时的奥斯曼人，已由一个小亚细亚边疆信仰武士们组成的突厥小公国逐渐演变成为一个横跨欧亚两大洲的帝国。但这一时期的奥斯曼帝国，还是一个极为松散的帝国，它仅由小亚细亚和巴尔干地区两部分组成，是由信仰武士们征服和封建附庸等方式拼凑起来的，其脆弱性在穆拉德一世被塞尔维亚贵族米洛什·奥比里奇刺杀身亡以后的事态发展中暴露了出来。当穆拉德一世的死讯一传开，小亚细亚一些臣服的突厥公国和巴尔干地区的一些附庸们，便纷纷谋求摆脱奥斯曼人的统治。

穆拉德一世的继承人，外号"雷霆"的巴耶塞特一世乘机发难，以这种行为实属不忠为理由，把奥斯曼人对外征服的形式，推进到了第二个历史发展阶段，那就是恩威并施，迅速地平息各种叛乱，并取消了那些叛乱者以前的附庸地位，对其领土实行直接控制。为了达到此目的，精明强干、英武盖世的巴耶塞特一世，亲自统率奥斯曼大军，在欧亚大陆之间威风凛凛、杀气腾腾地来回穿梭，并通过一系列摧枯拉朽的军事战役，以实现他清剿那些反叛奥斯曼人的突厥公国和巴尔干地区统治者的计划和目标。巴耶塞特一世所发动的一系列犀利无比、所向披靡的军事行动，集中于一个伟大的政治目标，那就是顺利地完成他的先辈们还没有完成的征服壮举，创建一个牢固庞大的、具有伊斯兰特色的奥斯曼帝国。

三、"雷霆"巴耶塞特一世

1. 整理巴尔干

巴耶塞特一世是穆拉德一世的大儿子。他颈长鼻高，体格魁梧，满脸的胡须。他性格开朗、豁达、喜施，秉性刚强，属于那种精明强干、足智多谋、不苟言辞、我行我素的君主。1389年6月，在塞尔维亚科索沃战场上，当他的父亲遇刺身亡，奥斯曼军队人心惶惶之际，镇定自若的巴耶塞特一世担起了千钧重任。他统率奥斯曼军队，在千钧一发的时刻舍命而战，奋勇杀敌，最终战胜了塞尔维亚人，反败为胜，扭转了战局，为他死去的父亲报了仇。由于他在战斗中亲自披挂战袍、挥刀冲锋陷阵，因此家喻户晓，威名远扬，受到人们的交口称赞。他的朋友和敌人送他一个"雷霆"的绰号，使他成为奥斯曼帝国历史上的一位风云人物。

巴耶塞特一世

1389年10月，当巴耶塞特一世继承了奥斯曼帝国苏丹的王位之后，为了铲除异己，兄弟反目为仇。在一个黑夜尚未降临的日子里，冷酷无情的巴耶塞特一世下令绞死了他唯一的兄弟亚库布，从而巩固了他的王权。他的兄弟亚库布也是一位盖世英雄，曾经在塞尔维亚科索沃战场上同他并肩作战，英勇杀敌，而且不论是在战场上，还是在历任几个省区的总督时，都忠心耿耿地为他父亲穆拉德一世效劳。但是，拜占庭帝国皇族内凶狠残酷的王权之争，时刻出现在他的眼前，提醒他要引以为鉴。因此，他决心斩草除根，以绞杀他的兄弟为上策。忐忑不安的巴耶塞特一世，为了使他的这一行为合法化，有理论根据，他借用了《古兰经》中的一些话替他辩解，结果竟是如此成功，以致这种上台后弑兄的行为，成为奥斯曼帝国新苏丹继承王位时，所采用的合法手段和标准秩序，并且在奥斯曼帝国的历史上流行了二百多年。

在巴耶塞特一世统治的最初年代，拜占庭帝国和突厥塞尔柱人的罗姆苏丹国几乎同时崩溃，巴尔干地区处于一种群龙无首、四分五裂的衰竭状态。在享有无限权力的贵族统治下，巴尔干地区的农民们受着沉重的封建剥削，经济负担甚至比西欧的农民还重，使他们无法忍受。他们除了对社会经济的不满外，巴尔干地区宗教上的混乱也时常困扰着他们。巴尔干地区东正教与天主教的教徒之间的相互竞争，也引发了这一地区根深蒂固的宗教仇恨。为了向西欧封建贵族们寻求帮助，以抵抗奥斯曼人的侵征，拜占庭帝国的统治者甚至允许东正教与天主教统一，以作为酬答西欧封建贵族们提供的帮助，然而这样使得巴尔干地区的社会、经济和宗教等问题，完全交织在了一起，局势变得更加复杂化。例如巴尔干地区的农民们，虽然信仰忠于东正教，但是当他们了解到奥斯曼人对宗教信仰采取一种非常宽容的态度，并且实行一种负担较轻的税收制度时，宁愿接受奥斯曼人的统治，而反对巴尔干地区的封建贵族。而此时小亚细亚的突厥诸公国之间也是你争我夺，争执不休。这种混乱不堪、社会动荡的局面，对巴耶塞特一世率领奥斯曼军队南征北战，不断进行对外扩张，是再有利不过的机会了。豪情壮志的巴耶塞特一世，试图同时利用两地摇摇欲坠、众叛亲离的形势，恩威并施，双管齐下，通过攻城夺隘，去实现他创建雄霸世界大帝国的惊天伟业。

把通过武力征服的地区，转变成为奥斯曼帝国直接控制下的地区，巴尔干地区的农民们并非唯一的受益者，巴尔干地区诸国的封建贵族们也从中得利。巴耶塞特一世以同样的对待穆斯林的原则，把"蒂玛"授予巴尔干地区诸国的封建贵族们。在奥斯曼帝国，军人社会阶层的主要成分是由奥斯曼人的骑兵构成的，他们骁勇善战，屡建奇功。对他们服兵役的报酬，奥斯曼帝国是从各省所收的农业岁入中拨给的。这种收益叫作"蒂玛"，享有这种收益的人叫作"蒂玛利奥"。在奥斯曼帝国的早期，大多数"蒂玛"的持有者，要么是穆斯林家庭出生的军人，要么就是苏丹或高级军事首领的奴隶。到巴耶塞特一世统治时期，"蒂玛"也授予许多基督教徒，这些基督教徒都是巴尔干地区领兵打仗的封建贵族成员，此时，他们已经与奥斯曼征服者共荣辱，同命运。奥斯曼帝国的军事组织和行政组织都与"蒂玛"制度密切相关。长期以来，在奥斯曼帝国的经济流通领域中，由于商品经济不发达，一直缺少贵重金属，因而不能用现金支付给军队作为军饷。帝国苏丹把"蒂玛"授予骑兵，这既解决了维持一支庞大军队而无须支付巨额现金的问题，又能够缓解国库的沉重负担。"蒂玛"制度的另外一个好处，就是"蒂玛利奥"除了在奥斯曼帝国对外征服战争中履行军事义务之外，还能在地方一级的行政管理中发挥重要的作用。

巴耶塞特一世在创建奥斯曼帝国的过程中，为了理顺各种社会经济关系，还废除了传统上奥斯曼人必须以服兵役来履行各种各样的封建义务，而改为易于政府机构管理的缴纳现金的新方式，有效加强了中央政府对各地区的统治。此外，巴尔干许多地方的前任统治者们与奥斯曼帝国的社会制度保持一致，帝国中央政府特别留意这种制度在那些地方是否会产生滥用职权的现象。为了克服此类问题，奥斯曼帝国的中央政府给予了这些地方的农民极大的法律诉讼的权利，以防止出现农民不能忍受的各种压迫。农民有了奥斯曼帝国中央政府的有效保护，能够安居乐业，从而避免了这些地区出现社会动荡。奥斯曼帝国这种使自己的统治利益同新被征服地区老百姓的利益相一致的做法，具有一种深远的社会意义，极大地促进了奥斯曼人从游牧民族向世界帝国的转变。

叱咤风云、英武盖世的巴耶塞特一世，除了在政治上关心新臣民的权益，反对地方封建贵族们目无法纪、任性妄为的行为外，还以其他方式关心臣民的幸福，使他们能够安居乐业。如修筑道路，改善交通，稳定物价，繁荣市场，促进各地的商贸流通，并令当地的驻军严守纪律，协调好各种社会关系，维护好地方治安。

到了1394年，巴耶塞特一世通过一系列令奥斯曼人惊喜不已的胜利征服，已经使巴尔干地区和小亚细亚反对奥斯曼帝国的地区缩小到两个主要的中心：科尼亚和锡瓦斯。此时欧洲的封建统治者们，如同丧家之犬，惊慌失措，到处盛传足智多谋的巴耶塞特一世就要率兵西征，就要在罗马圣·彼得大教堂的神坛上喂他的战马，并将使整个东南欧变成奥斯曼人的兵营。

在征服巴尔干地区诸国的过程中，因宗教和社会文化的差异，巴耶塞特一世一直试图以信仰武士们为进攻的前锋，然后在他的亲自指挥下，由"蒂玛利奥"封建骑兵组成的正规军全面出击。由于巴耶塞特一世在征服巴尔干地区的战争中，高举伊斯兰教圣战的旗帜，并与士兵们同甘共苦，因此使得他一直保持着伟大加齐头领的光辉形象，深得信仰武士们的衷心爱戴。他们在为伊斯兰教圣战献身的精神鼓舞下，在战场上冲锋陷阵、英勇杀敌，不断扩大伊斯兰教世界的征服土地。

2. 尼科堡之战

1395年，巴耶塞特一世亲自统率20万大军北上，越过多瑙河，矛头直指匈牙利，并用他所推荐的人取代了匈牙利的藩臣附庸，将其推上华拉几亚公国的王位。他又下令逮捕并处死了多次背叛他的巴尔干地区封建附庸希斯曼，结束了此人的浮沉一生。在奥斯曼大军杀气腾腾、虎视眈眈的恫吓之下，整个欧洲的处境岌岌可危，欧洲的封建统治者们再也不能无视巴耶塞特一世的胆大妄为和他所造成的威胁了。欧洲第一次挽救巴尔干地区的联合力量，主要是由匈牙利的国王西吉斯蒙德、罗马教皇和勃艮第大公等人领导组织起来的。匈牙利国王西吉斯蒙德以抵抗伊斯兰异教徒侵略的名义，向欧洲的基督教诸国呼吁求援，在罗马教皇的大力支持下，很快便组织起来了一支抗击奥斯曼人侵征的基督教十字军。尤其是法国再度表现出组织基督教十字军的极大热情和封建骑士的理想，威尼斯人也积极地提供海军舰队，以协助运输供应品给被包围的城市。于是，在很短的时间内，法兰西、德意志、波兰、捷克、威尼斯等国的20余万基督教十字军骑士，一齐集中于匈牙利国王西吉斯蒙德的旗帜下。在讨伐奥斯曼人的过程中，基督教十字军浩浩荡荡、气势巍然，一路欢宴狂饮，根本不把奥斯曼人的军队放在眼里。

1396年9月25日，基督教十字军在多瑙河畔的尼科堡与奥斯曼人的军队相遇。好大喜功、庸碌无能的西吉斯蒙德盲目指挥基督教十字军冒进，各路将领的意见也极不统一，相互之间出现了很大的分歧，根本不能密切配合，从而造成指挥上的混乱，整个基督教十字军人心彷徨不定。结果，在那些孔武有力、骁勇善战的奥斯曼人面前一败涂地。奥斯曼人仅用不到3个小时，就一举围歼了欧洲基督教十字军中最凶猛彪悍的骑兵，一万多名基督教十字军骑士被生擒，余皆溃逃。匈牙利国王西吉斯蒙德本人及时逃上威尼斯军舰，才得以幸免。欧洲各国除了以巨款赎回300名贵族骑士外，其余的大约3万名战俘几乎全部被奥斯曼人处死。

尼科堡之战在实质上结束了欧洲历史上最后一次真正意义上的基督教十字军东征。此后，士气大振、所向披靡的奥斯曼大军，在巴耶塞特一世的率领下，乘胜侵入匈牙利，肆意蹂躏城市村庄，抢掠居民的财富。在不到两年的时间里，先后攻占了帖撒利、伊庇鲁斯等欧洲名城。兵锋所及，生灵涂炭，给东南欧人民带来了无穷无尽的灾难。到14世纪末，除了拜占庭帝国的首都君士坦丁堡城的一隅之地和伯罗奔尼撒半岛的部分地区外，奥斯曼人实际上已经完全占领了自多瑙河到雅典之间的广大地区，几乎控制了整个巴尔干地区。

尼科堡之战

　　巴耶塞特一世在欧洲取得的辉煌胜利，使他在整个伊斯兰教世界赢得了加齐苏丹的威名，并从一直居住在埃及开罗的伊斯兰教世界最高政治和宗教领袖哈里发那里获得了罗姆苏丹的称号。此时的巴耶塞特一世，已经不再是一个信仰武士和突厥公国的首领了，而是一位伟大的伊斯兰国家的统治者。在统治国家方面，雄才大略的巴耶塞特一世，除了采用中央集权的政府组织形式，引进理财的技术和"蒂玛"制度之外，还极大地发展了奴隶制。他派专人训练那些非穆斯林出身的、被称为"古兰"的年轻奴隶。这些被严格训练之后的年轻奴隶，被巴耶塞特一世授予重要的军事或行政职务，有的人甚至被授予"蒂玛"。他们完全遵照巴耶塞特一世的意志行使其权力，忠心耿耿地为官廷和国家服务，从而进一步巩固加强了巴耶塞特一世的统治权威。另外，作为一个具有伊斯兰教特征的国家，巴耶塞特一世还努力加强和巩固国家的宗教机构，从附近古老的伊斯兰教国家，尤其从埃及吸引了大批穆斯林学者、教师、神职人员和法官前来，因为踌躇满志、一展抱负的巴耶塞特一世，想把新兴的奥斯曼国家从他父辈建立的那种单纯的突厥国家，转变成为一个传统的伊斯兰王国，而自己成为一位伟大的穆斯林君主。总之，巴耶塞特一世这一系列卓有成效的治国方略在以后的年代里，持久地影响着奥斯曼帝国社会的政治、经济、军事和文化，深得后人的赞叹和怀念。

毫无疑问，把巴尔干地区、小亚细亚以及整个中东地区的伊斯兰教世界纳入他的统治之下，是巴耶塞特一世作为一名加齐领袖的炽热理想，是作为一代英杰君主治国平天下的雄心。因为随着一个帝国的兴起和成长，它必然要进行大规模的扩张和武力统一，而巴耶塞特一世的帝国梦想是完全符合这一规律的。但是在辉煌的成就和惊喜不已的胜利面前，巴耶塞特一世傲慢无理的态度和残忍冷酷的政策，使他在努力建立庞大的奥斯曼帝国过程中，遭受到巨大的失败和挫折。

3. 晚节不保的"雷霆"

领土的不断扩张和个人权力的不断增大，使得巴耶塞特一世不再像以前对待人和事那样谦虚和真挚了。他越来越多地采取和接受了巴尔干地区和拜占庭帝国统治者们那种养尊处优的生活方式。他的日常饮食和服饰越来越考究，宫廷礼仪变得越来越烦琐和复杂，完全沉溺于帝王那种豪华奢侈的生活之中。他开始步往昔阿拉伯帝国哈里发的后尘，变得嗜酒和好色，而这两件事对于已经皈依伊斯兰教的奥斯曼人是所不齿的。他的后宫相当庞大，这只要从他众多的儿子数目上，就可以说明他是一位非常热衷于后宫房事的君主。而当人们谈论起他的父辈奥斯曼或者奥尔汗时，却从来没有提及过什么后宫之事。

从1390年至1397年，巴耶塞特一世率领奥斯曼军队，在迅速占领和吞并了小亚细亚许多突厥公国之后，夺取了开塞利、锡凡斯、萨姆松和锡诺普等重要的城市。一些被废黜的突厥王公由于秉性刚直，不肯对巴耶塞特一世阿谀奉承，所以没有在奥斯曼人的王朝中得到一官半职，以致他们很难与奥斯曼的社会融合在一起。因此，他们怀着复仇之心，逃往东方另外一个伊斯兰帝国帖木儿王朝，纷纷求助于蒙古铁骑大军西征的继承人、伟大的征服者帖木儿，竭力煽动帖木儿起兵进攻奥斯曼人，为他们达到复国的目的给予鼎力相助。

此外，巴耶塞特一世还有其他一些使他臣民不满的地方。在历史上，奥斯曼人具有加齐文化的背景，但由于不断地对外扩张，奥斯曼人的种族和宗教信仰变得越来越混乱和复杂。为了改造奥斯曼人的加齐文化背景，使得广大被征服的民众能够很快地融合到奥斯曼的社会当中去，巴耶塞特一世采取了一种折中主义的革新办法。在他的倡导和主持下，奥斯曼社会中各派宗教领袖经过反复的讨论，决定建立一种由伊斯兰教、犹太教和基督教相结合的共同宗教。

这种趋向，完全可以从巴耶塞特一世为他那众多的儿子们所取的具有各种宗教色彩的名字上看出来。例如，穆萨（摩西）、伊萨（耶稣）、苏莱曼（所罗门）和穆罕默德等。然而，巴耶塞特一世在宗教信仰方面这一革新的举措，引起了在奥斯曼社会中占主体地位的广大穆斯林的强烈不满。他们不仅怀疑巴耶塞特一世本人的宗教信仰，而且视他为暴君，并经常散布各种叛逆的思想。他们根本不积极地参与巴耶塞特一世对亚洲伊斯兰国家的征战，使得巴耶塞特一世有时不得不依靠由欧洲的基督教藩属国派来的军队作战。尤其是当巴耶塞特一世指挥基督教的士兵攻打穆斯林士兵时，他们当中的许多人逃亡到了信仰伊斯兰教的帖木儿周围。

另外，巴耶塞特一世经常亲自率领奥斯曼军队越过幼发拉底河，去进犯底格里斯河一带的疆域，并且暴露出他试图侵入叙利亚的野心，因而严重威胁到帖木儿的一些藩属国。帖木儿曾经多次写信奉劝咄咄逼人的巴耶塞特一世改变其行径，但傲慢无理的后者一直未予理睬，从而更加坚定了帖木儿发兵小亚细亚、征讨奥斯曼人的决心。然而，目空一切、自命不凡的巴耶塞特一世与帖木儿王朝的冲突，则改变了奥斯曼人的历史进程。

四、奥斯曼人与帖木儿王朝的冲突

1. 东征帖木儿

正当奥斯曼人的扩张征服之势锐不可当，大有席卷东南欧、征服整个拜占庭帝国之际，位于东方的帖木儿王朝在中亚的兴起，成为奥斯曼人在亚洲扩张和征服过程中最大的威胁和挑战者，并在著名的安卡拉战役中，彻底打败了骄横一世的巴耶塞特一世，使得他本人战败而亡，使得他的奥斯曼帝国的美梦彻底地破灭了，改变了奥斯曼人的历史发展进程，尤其是使拜占庭帝国逃过一劫，又苟延残喘了大约50年。

帖木儿王朝的奠基人帖木儿，也是世界历史上的一位伟大的征服者。1336年10月，他出生于中亚撒马尔罕境内的布哈拉。他的父亲，是一位皈依了伊斯兰教，并已经完全突厥化了的蒙古贵族，家庭贵而不富。帖木儿由于具有蒙古人的血统，所以人高马大、体格健壮，但由于家境衰败，所以从小性格孤僻、腼腆，很少与他人往来，但在母亲面前却无拘无束。长大后他任性妄为、不务正业，时常结伙拦路抢劫。一次帖木儿率领部下500余骑抢劫阿富汗人的畜群，遭到痛击。搏斗中坐骑不幸被击毙，其右足伤残成了瘸子，以后就被人们称为跛子帖木儿。1370年6月，帖木儿通过阴谋，率领部下靠阿富汗人的帮助，推翻了撒马尔罕的统治者，自立为王。他利用中亚突厥游牧部落组成的强大骑兵，经过数年的对外征战，把在中亚蒙古人继承的一些小国统一成为一个帝国，定都撒马尔罕。不久，他与一位成吉思汗的后裔结婚，从而把伊斯兰化的突厥传统与蒙古传统结合了起来，使它成为帖木儿王朝的精神支柱。

帖木儿是一位野心勃勃、狂妄不可一世的人物。他常说，既然天上只有那么一个真主，那么人间也应该只有一个帝王。他梦想追踪成吉思汗的业绩，去征服整个世界。帖木儿有着一支由突厥人与蒙古人组成的庞大骑兵队伍，号称军帐五万座。这支庞大的骑兵队伍个个凶猛彪悍，暴戾成性，兵锋所到之处尸骨遍野，成片废墟，几乎无人敢与争斗，对各地的社会发展造成了极为严重的破坏。1378年2月，伊斯法罕地区的居民不满帖木儿的残酷统治掀起暴动，帖木儿派铁骑血腥地镇压了这次起义，屠戮居民七万余人，并以死难者的头颅堆成了一座金字塔。1380年7月，帖木儿亲率大军向西进攻波斯，并于1387年4月征服了伊朗高原，粗鲁暴戾的帖木儿屠杀居民逾10万人，许多昔日繁华的城镇被洗劫一空，到处是残砖破瓦，成了不毛之地。1394年6月，帖木儿派兵首次入侵小亚细亚，然后于1399年10月再度派兵入侵小亚细亚，并以蒙古人后裔的资格，对小亚细亚提出了宗主权的要求，而巴耶塞特一世则针锋相对与之对抗。

为了遏制帖木儿染指小亚细亚，不使整个小亚细亚屈服于帖木儿的淫威之下，巴耶塞特一世改变了过去父辈们姑息迁就小亚细亚诸突厥公国君王的政策，决定消灭那些暗中与帖木儿勾结的突厥公国，以巩固其后方。他首先从其姻弟卡拉曼的手中夺取了军事重镇科尼亚，遂吞并了塞尔柱人与土库曼人的突厥公国。其次，他竭力拉拢帖木儿的敌国马木留克王朝。巴耶塞特一世派遣信使赴埃及开罗，表示将向马木留克王朝提供财政与军事援助，共同打击入侵美索不达米亚平原的帖木儿王朝。但是，帖木儿也是一位颇有心计的谋略家。当时帖木儿略定波斯，整个局势还不是太稳。位于中亚的金帐汗国与马木留克王朝结盟，不断地侵扰帖木儿的地盘汤中地区，而马木留克王朝则厉兵秣马、遥相呼应，准备夹击帖

帖木儿

木儿。鉴于这种严峻的形势，帖木儿采取的策略是先近后远，先弱后强的战略战术。他首先击溃了实力较弱的金帐汗国，扫除了北患，然后亲率大军讨伐马木留克王朝，而对实力强大的奥斯曼人则不忙于开战。

1399年夏末，当帖木儿正忙于掠夺印度的征战之时，巴耶塞特一世利用马木留克王朝因贝尔格苏丹去世后所造成的国内政局混乱，一举吞并了埃及马木留克王朝的藩属国狄尔格底尔，侵占了西里西亚的大部分土地，遂派10万大军入主幼发拉底河的东部，最终统一了整个小亚细亚地区。不仅如此，1400年春，野心勃勃的巴耶塞特一世趁帖木儿平息格鲁吉亚叛乱，重建对阿塞拜疆与巴格达的统治之际，夺取了早为帖木儿据有，从叙利亚至小亚细亚重要商路的必经之路爱洛遵占和凯玛赫城，直接侵犯了帖木儿王朝的利益。此时，两个东方大国之间的武装冲突，已经成为完全不可避免的事情了。

尼科堡之战以后，西欧诸国一直处于一种惶惶不安的状态之中。帖木儿王朝的崛起，以及与奥斯曼人之间的冲突，无疑使他们喜出望外。他们视帖木儿为大救星，指望帖木儿能去遏制奥斯曼人对欧洲大陆的侵扰。1398年秋，罗马教皇卜尼法九世在帖木儿王朝的境内苏丹尼耶地区建立了教区，并频频派遣信使到东方，表示愿与帖木儿结成政治军事联盟，共同对付奥斯曼人。帖木儿也利用欧洲诸国与奥斯曼人之间的矛盾，遣派大使游说欧洲各国的统治者，让他们提供大量的战舰供他调遣。为了拉拢安抚拜占庭帝国，帖木儿多次致书拜占庭帝国的摄政王约翰，声称要派大军惩罚巴耶塞特一世，并希望扩大两国的经贸往来。

此外，为了迷惑奥斯曼人，帖木儿也频繁地遣使与巴耶塞特一世接触，虚伪地表示愿意与他通过谈判解决两国之间的纠纷。帖木儿还盛情礼遇来访的奥斯曼使者，数次致书巴耶塞特一世，要求引渡打劫赴麦加朝圣香客的黑羊王朝的哈剌·优素福，指责巴耶塞特一世不应该庇护那些不虔诚的穆斯林，其目的是争取伊斯兰世界广大穆斯林的支持，给未来争霸小亚细亚的战争披上圣战的外衣。帖木儿在频繁进行外交活动的同时，抓紧时间调兵遣将。他首先把军中的王妃女眷送至安全可靠的后方，又命其长孙穆罕默德率领援军从河中地区日夜兼程赶来与他会合，并用巧计派军夺回被奥斯曼人攻占的军事重镇凯玛赫，处死了镇守凯玛赫城的巴耶塞特一世长子埃尔托格洛尔。1402年初，帖木儿亲自统率80万大军再次进犯小亚细亚。为了鼓舞全军上下将士们的士气，出征前夕，帖木儿不仅举行了盛大的军事检阅，并向全体将士宣布了巴耶塞特一世迎娶信奉基督教的塞尔维亚公主、庇护打劫赴麦加朝圣香客的黑羊王朝的哈剌·优素福、玷辱神圣伊斯兰教的大量罪名，号召全军将士要英勇杀敌，为伟大的真主而战。闻讯之后的巴耶塞特一世也不甘示弱，放弃对拜占庭帝国首都君士坦丁堡的围攻，亲率25万大军回师，前去迎战帖木儿的军队。

在如何迎战帖木儿的军事会议上，骄横一世、刚愎自用的巴耶塞特一世，拒绝在水源充足、地形有利的安卡拉附近驻扎大军，放弃了以逸待劳的良策。巴耶塞特一世错误地估计帖木儿会率领大军从锡瓦斯西进安卡拉，双方之间的大决战会在这两地之间发生。于是，巴耶塞特一世只在安卡拉留下少量的守军，自己则亲自率领奥斯曼军队中的主力从安卡拉东进，渡过哈里斯河，进入河东岸山谷间的森林地带，再从那里进军帖木儿的军事大本营锡瓦斯。

在进军途中，巴耶塞特一世接到情报说，帖木儿大军已经到达哈里斯河，于是，他决定在哈里斯河的东岸，选择有利的地形，布下重兵隐匿在草木茂密的丛林中，并指望在这里得到黑羊王朝突厥土库曼人的援助，从而以逸待劳地全歼帖木儿的军队。帖木儿在侦悉了奥斯曼大军的动向以后，并未渡过哈里斯河，而是迅速移师南部丛山。此刻，被巴耶塞特一世废黜的小亚细亚突厥公国的君主们，正在全力以赴地为帖木儿提供情报，引路开道。

等了一周一直未见帖木儿大军的踪影，然而自命不凡的巴耶塞特一世照旧按兵不动，盲目信任自己的判断力。到了第八天，巴耶塞特一世仍然不见帖木儿大军的影子，这才急忙派他的儿子率一小队骑兵渡河到西岸观察敌情。不久，飞骑回报说，帖木儿大军已经绕过奥斯曼人，朝着安卡拉方向去了。此时的巴耶塞特一世大惊失色，急忙传令三军迅速渡河，向西追击帖木儿的军队。帖木儿久经沙场征战的军队多是骑兵，机动灵活，在崇山峻岭间行踪飘忽无定，竭力避免与奥斯曼人的军队接触，并在海里耶萨宿营四天，秣马休整，征敛粮食，补充给养，养精蓄锐。同时向安卡拉方向派出侦察部队，探寻扎营地点，凿井取水。最后，帖木儿在探得奥斯曼人的安卡拉城守备空虚之后，指挥大军突然从崇山峻岭中杀出，兵临安卡拉城下，占据了该城郊的东部和北部。这里地形有利，水草充沛，曾是奥斯曼人的军营。帖木儿在指挥大军包围了储存大量武器与军需品的安卡拉城，切断了该城的汲道之后，为了发挥骑兵的优势，他命令大部分的骑兵到安卡拉城郊南部和西部的草原上进行集结，养精蓄锐，以对付回戈营救安卡拉城守军的奥斯曼人。

巴耶塞特一世惊悉帖木儿已经兵临安卡拉城下的消息之后，慌忙率领大军星夜回师驰援。时值7月盛夏，白天烈日烤晒，夜晚蚊虫肆虐。数日的强行军使得奥斯曼军队饥渴交加，疲惫不堪，人心浮动，处于一种极为不利的境地。更为恶劣严重的是，为了追求享乐，在与帖木儿军队作战前三日，巴耶塞特一世还率领部下搞了一次大规模的狩猎，这既浪费了大量宝贵的备战时间，又使得士卒们更加疲惫。此时巴耶塞特一世唯一的选择，就是立即与帖木儿的军队决战。

2. 安卡拉之战

1402年7月28日，在安卡拉城郊的齐布卡巴德平原上，奥斯曼人与帖木儿的军队展开了一场历史上罕见的大会战。两强相遇，一方是称雄巴尔干与小亚细亚地区，具有"雷霆"美称的奥斯曼帝国苏丹巴耶塞特一世；另一方是东方的征服者，撒马尔罕的君主，具有"恐怖跛子"之称的帖木儿。两军决战前夕，帖木儿给巴耶塞特一世下了一份口气十分傲慢的战书，写道："你，巴耶塞特取得了对欧洲基督教的胜利，你的剑受过安拉使者穆罕默德的祝福，你遵循《古兰经》的圣训，对异教徒作战，可以说这是我们之间唯一的区别。现在，你的周围以及整个伊斯兰世界，都被我攻破了城池，成了我的领地。你要三思利害，识时务者为俊杰，否则悔之晚矣。如今你面临灭顶之灾，最好避开我的霹雳一样的打击，不然的话，在被激怒的大象面前，你不过是一只扑火的飞蛾。"如鲠骨在喉的巴耶塞特一世也不示弱，他在回信中能言善道地写道："你的军团确实庞大，但是，要想对付我那英勇无敌的加尼沙里军团的月牙刀和战斧，你们鞑靼人不过像个草棍儿，不堪一击。"双雄之争，互不相让，一场惊心动魄的恶战势在必行。

安卡拉城的郊外是一片高低不平的丘陵地带，历来是兵家必争之地。奥斯曼人与帖木儿军队的大决战是从清晨6时左右开始的。双方的部队一进入阵地，很快就完成了排兵布阵。巴耶塞特一世亲率奥斯曼人的主力部队加尼沙里军团坐镇中军，左翼是由欧洲征集而来的基督教雇佣军，右翼则是由新近被征服的小亚细亚东部突厥诸公国将士组成的联军。针对巴耶塞特一世的阵法，帖木儿也把自己的军队分为左、中、右三路，并由自己统率中路的蒙古铁骑军，以对付奥斯曼人的加尼沙里军团。上午10时左右，战鼓频擂，旌旗挥动，杀声震天，双方共40万将士挥戈上阵。奥斯曼人的步兵首先冲上前去，同帖木儿的士兵展开厮杀，震耳的冲杀呐喊声连成一片。两军将士厮杀正酣，奥斯曼人军中陡然发生变故。原来是巴耶塞特一世右翼部队那些新近降伏的小亚细亚东部突厥诸国将士组成的联军，看到自己的故主正战斗在帖木儿的麾下，便纷纷临阵倒戈，投靠到原来君主的战旗下，会合帖木儿的蒙古铁骑军一起冲向奥斯曼军队的中路。

事态的骤然变化对于巴耶塞特一世来说，无疑是致命的一击。与此同时，帖木儿远征印度时带回来的32头战象也发挥了巨大的威力。这些受过战斗训练的庞然大物，在两军阵前横冲直撞，踩死踩伤无数奥斯曼人士兵。尤其是那些受了伤的战象更是凶猛疯狂，怒吼咆哮地直冲奥斯曼人军中，正所谓一象威力抵千军。在那些疯狂咆哮的巨兽面前，奥斯曼人骁勇善战的加尼沙里军团也黯然失色了。为了激励士气、挽救战局，孤注一掷的巴耶塞特一世骑着他那匹黄骠战马，挥舞着战刀，亲自带领着奥斯曼人军中最勇敢的将士冲入敌阵，舍命拼杀，浴血奋战，试图反败为胜，转危为安。虽然在巴耶塞特一世身先士卒的精神鼓舞下，奥斯曼人前仆后继，英勇杀敌，并且数度攻入帖木儿军队的大营中，锐不可当。但是在帖木儿勇猛彪悍、骁勇异常的蒙古铁骑军面前，精锐逐渐丧失殆尽的奥斯曼人深感不支，即将败下阵来。

当夕阳下山的时候，奥斯曼人军队的防线已经完全崩溃，土崩瓦解了。在帖木儿蒙古铁骑军的追杀下，奥斯曼人基本被歼，死伤无数。在溃逃中，巴耶塞特一世被生擒，昔日叱咤风云的一位英雄人物，今日成了帖木儿的阶下囚。安卡拉城中的总督雅忽布因得不到援军，又慑于帖木儿蒙古铁骑军的威力，也被迫献城乞降。在此后清剿奥斯曼人的残部中，帖木儿率军攻陷了奥斯曼人在小亚细亚的政治、经济、文化中心布尔萨。至此，帖木儿在与奥斯曼人的冲突中，取得了彻底的胜利。

一个阳光明媚的日子里，帖木儿在自己军营中的帐篷拱门下，面带胜利者的微笑，破例地以礼相待自己的战俘巴耶塞特一世，试图通过推心置腹、肝胆相照的方式，去感化巴耶塞特一世，使他称臣纳贡，成为帖木儿王朝的藩属国。然而，高傲好胜、气宇轩昂的巴耶塞特一世，却始终咬着牙根，默默不语，在内心深处忍受着被俘的凌辱和失败者的痛苦。在以后的关押期间，被俘的巴耶塞特一世一直受到帖木儿的礼遇，尊如上宾，直到这位奥斯曼人的苏丹杀死卫兵、企图骑马逃跑时，才开始受到严密的监控，日夜给他戴上手铐脚镣，甚至在行军转移的时候，都让他坐在有栅栏的囚车上，使他完全丧失了人身自由。最后，巴耶塞特一世这位一代英杰、显赫一时的奥斯曼人的君主，在度过了八个多月忧郁和屈辱的囚徒生活之后，怀着满腔的遗憾和惆怅，在卫兵们众目睽睽之下自杀身亡。随后，巴耶塞特一世的遗体，被帖木儿派专人护送回奥斯曼人的君王陵墓所在地布尔萨隆重埋葬。

1402年的安卡拉战役，是一场关系到奥斯曼人历史命运的决战，正是由于奥斯曼人在安卡拉战役中的失败，巴耶塞特一世曾经梦想建立一个横跨欧亚非三大洲军事帝国的希望破灭了，从而标志着一个时代的结束。此外，巴耶塞特一世的兵败身亡，也使得千年拜占庭帝国又苟延残喘了50年之久，才最终被再一次崛起的奥斯曼人征服。

野心勃勃的帖木儿，尽管踏平了奥斯曼人在小亚细亚的大部分地区，但是由于帖木儿王朝的政治、经济、文化中心在中亚地区，所以帖木儿并不想直接占领小亚细亚，把它完全收归己有。帖木儿首先把小亚细亚诸突厥公国的领地，归还给了被奥斯曼人废黜的原君主，彻底地恢复了他们在小亚细亚的统治，以借此来削弱奥斯曼人的势力。其次，帖木儿把另外一些所征服的奥斯曼人在欧亚的领地，归还给了巴耶塞特一世还活着的几个儿子。他的儿子们在向帖木儿宣誓效忠以后，保有了那些被认为合法的领地，成为帖木儿王朝的藩属国。三年以后，当年迈多病的帖木儿去世的消息一传开，巴耶塞特一世的儿子们，相继断绝了他们对帖木儿王朝的一切依附关系，从而为此后的奥斯曼人重整旗鼓收复失地、充满生机再度崛起创造了有利的客观条件。

第三章
黄金时代：贤能苏丹的持续治世

奥斯曼人的政治制度和社会经济，完全是以对外征服为其前提，是为征服而建立起来的。不断地对外扩张和征服，激励着奥斯曼人的行为，鼓舞着奥斯曼人的士气，成为推动奥斯曼人历史发展的强大动力。

1413年，在奥斯曼人王位争夺大战中，穆罕默德一世凭借着他那卓越的才能，通过宫廷阴谋和武力，在杀戮了他的兄弟之后终于获胜，成为血腥的王位争夺大战中唯一的幸存者。从此，在穆罕默德一世的率领下，奥斯曼人重整旗鼓，一展抱负，再次面向欧洲进行武力扩张。对于奥斯曼人来说，对拜占庭帝国首都君士坦丁堡的征服，不仅使它一跃而成为世界强国，而且也象征着奥斯曼人已经顺利地完成了由边远游牧草原民族，到封建军事帝国的这一历史变迁过程。

军事上的辉煌胜利，国家政治机构的形成，社会秩序的稳定，经济的欣欣向荣，文化的高度发展，所有这些汇总在一起，就给16世纪打印上了"奥斯曼帝国黄金时代"的标记。在以后奥斯曼帝国江河日下的年代里，一些政治家和改革家们，在回顾这段太平盛世的历史时期时，总是不胜依恋，怀着一种无比自豪的心情感慨万分。

一、重整旗鼓

1. 王位大战中的"胜利者"

安卡拉战役以后的10年，对于奥斯曼人来说，是一个动荡的历史时期。为了决定由谁来统治奥斯曼人的那残缺不全、支离破碎的半壁江山，独占掌握奥斯曼人前途命运的最高权力，巴耶塞特一世的四个儿子互相争斗与厮杀了整整10年。要是奥斯曼人王室中这场兄弟阋墙的内讧发生在欧洲基督教十字军讨伐战，或者帖木儿大军进攻小亚细亚之前，再不，如果欧洲基督教十字军讨伐队伍，在帖木儿大军击败奥斯曼人之后再浩浩荡荡地杀来，那么谁也不知道大伤元气、一败涂地的奥斯曼人是否能够幸存下来，是否以后会在世界历史上，出现一个幅员辽阔、充满生机、雄霸欧亚非三大洲的奥斯曼帝国。但是，由于帖木儿无意于直接控制小亚细亚，接下来他本人又早早地去世，再加上当时西方基督教社会自身矛盾重重，相互不和，没有能够利用奥斯曼人的内讧和厮杀乘虚而入，结果那场给奥斯曼人的社会造成极大混乱的王位之争，没有遭受到任何外来的干预，从而为奥斯曼人在以后又能重整旗鼓、收复失地、东山再起、称霸世界创造了有利的主客观条件。

虽然巴耶塞特一世于1402年在安卡拉战役中受伤被俘，成了帖木儿的阶下囚，但是奥斯曼王室家族仍然保有那些被认为合法的领地。巴耶塞特一世的四个儿子在向帖木儿进行宣誓效忠，成了帖木儿王朝的藩属国之后，一块儿瓜分了留下的奥斯曼诸省。小儿子穆罕默德为阿马西亚的省督，那是他父亲巴耶塞特一世统治时期他的领地。长子苏莱曼原本是马尼萨的省督，现在前往埃迪尔内去掌管奥斯曼人在欧洲的领地。巴耶塞特一世另外两个儿子伊萨被帖木儿封为布尔萨的领主，穆萨一开始因对帖木儿王朝持敌视的态度，所以他一直被帖木儿派军队监禁着，后经宣誓效忠帖木儿王朝之后，被帖木儿安置在屈塔希亚的克尔梅安族中。不久以后，他被授权护送他父亲的遗体到布尔萨去安葬，然后被帖木儿派往到他兄弟穆罕默德的朝廷里去从政。

由于帖木儿这次对奥斯曼人的征服十分短暂，又无意直接去瓜分和统治奥斯曼人的土地，所以才有可能在巴耶塞特一世的四个儿子之间，产生了关于争夺奥斯曼人领地的争执。起初，穆罕默德同穆萨联合起来，反对苏莱曼和伊萨，首先在小亚细亚大动干戈，相互讨伐。在穆罕默德的全力支持下，穆萨率军将伊萨驱逐出了布尔萨。逃到拜占庭帝国首都君士坦丁堡后的伊萨，得到了本身也在穆萨军事压力之下苏莱曼的鼓励和帮助，企图率军夺回失地，但被穆罕默德的军队所击溃，落荒而逃。从此以后，一蹶不振、心灰意冷的伊萨就隐姓埋名，销声匿迹，再也没有抛头露面过。

苏莱曼同奥斯曼人近卫兵团的首领们，在逃过安卡拉之战的劫难以后，来到了奥斯曼人在欧洲的领地埃迪尔内，掌握了这个国家中最富饶的部分，并在他的父亲巴耶塞特一世亲信大臣们的支持下，于1403年自封为奥斯曼人的最高统治者，但是他的兄弟穆罕默德和穆萨拒不承认苏莱曼的最高权力。从此，在这三个兄弟之间的权力角逐一直持续了将近10年之久。造成这一事件的根源，一方面与巴耶塞特一世在科索沃战场上杀死他的亲兄弟的行为有关，因为巴耶塞特一世这一残忍的行为，成了此后奥斯曼皇族内为争夺王权而采取的重要手段和传统。另一方面是起因于奥斯曼人政治生活中的派系斗争，这种派系斗争也是由于巴耶塞特一世企图统一国家并实行中央集权而出现的。

为了克服奥斯曼人群龙无首、相互厮杀的混乱局面，奥斯曼人的皇家集团一致认为巴耶塞特一世的长子苏莱曼，可以做奥斯曼人君主的候选人。在他们的大力支持下，在埃迪尔内政权机构的全力支持下，以及在安卡拉之战溃败后残存的近卫兵团的衷心拥护下，苏莱曼对欧洲领地的统治，一直持续到1411年。在统治期间，苏莱曼同威尼斯共和国总督，以及拜占庭帝国皇帝所签订的所有条约，都承认苏莱曼为奥斯曼人的君主，并为双方的贸易往来打开了方便之门。但是，苏莱曼组织和领导的多次军事讨伐，都以失败告终，一直未能把其兄弟穆罕默德和穆萨驱逐出小亚细亚的军事重镇布尔萨。

1410年6月，穆萨得到了巴尔干地区那些心怀不满的塞尔维亚和保加利亚人的支持，亲自率领大军进犯苏莱曼在欧洲的领地，双方军队交战于埃迪尔内和君士坦丁堡之间的广大地区。苏莱曼的军队惯于骑射，所向披靡，战斗以穆萨的失败而告终。但是在次年一次轻骑突袭埃迪尔内的战斗中，穆萨设计俘获了他的哥哥苏莱曼，并在他逃往拜占庭帝国的首都君士坦丁堡的中途上，派人骑马把他追杀了。此后，见风使舵的奥斯曼人皇室集团，以及朝臣们迅速转而效忠胜利者穆萨，承认他为奥斯曼人在欧洲的领主，而他的兄弟穆罕默德则仍为奥斯曼人在小亚细亚的最高统治者。

穆萨是一位精力充沛、敢想敢干的人。他亲自率领奥斯曼大军劫掠希腊，并一直率军深入今日奥地利的腹地之克思滕。在帖木儿入侵小亚细亚后，被解围的拜占庭帝国首都君士坦丁堡，现在又被穆萨率领的奥斯曼军队包围得水泄不通。然而奇怪的是，他的兄弟穆罕默德却帮助拜占庭帝国的皇帝，派兵攻打他的兄弟穆萨。此外，穆萨对一个具有自由主义思想教派的支持，以及对平民的公开袒护，也驱使过去许多辅佐他的奥斯曼人的重臣和商贾，在双雄之争的紧要关头离他而去，率领兵马投靠穆罕默德，而穆罕默德当时也正在欧洲那些身居高位的奥斯曼封建领主中，积极寻找同盟者。1413 年 6 月，欧洲的埃迪尔内城，在穆罕默德军队凌厉的攻势下被占领，趁着城中的一片混乱，穆萨率家眷和少数亲信弃城而逃，但被穆罕默德派去追杀的骑兵在索菲亚拦阻杀害，穆萨的尸体以尊贵隆重的皇家仪式，被送回小亚细亚的布尔萨，埋葬在他祖父奥尔汗的旁边。

此时的穆罕默德已经独揽了统治整个奥斯曼的大权，所有的奥斯曼人无不臣服于他，把他视为重新统一奥斯曼人、恢复昔日奥斯曼人辉煌的吉星。起初，聪明过人、具有远见卓识的穆罕默德持一种小心谨慎的态度，为其重振雄威的治国基本方略，因为只要强大的帖木儿王朝虎视眈眈的威胁尚在他的后面隐约存在，他就不可能放手大胆地去调兵进攻小亚细亚那些复辟的突厥公国。另外，在奥斯曼人内部叛乱、王位争夺以及社会结构等问题的困扰下，也使得洞察敏锐的穆罕默德必须处处小心谨慎，以免锋芒毕露，影响过大，从而引起欧洲基督教世界任何激烈的反应和干涉，以至于阻碍他重整旗鼓、东山再起的企图。因此，穆罕默德谨慎、短暂然而却是至关重要的统治，成功地防止了奥斯曼人领土的分裂，为以后奥斯曼帝国的迅速崛起起到了一个承前启后、卧薪尝胆的积极作用。

按照奥斯曼人的传统，穆罕默德在童年时期，就被他的父亲巴耶塞特一世派往小亚细亚的腹地阿马西亚城，由一位德高望重的大臣做他的导师，帮助他学习治国方略，协助他处理日常政务，管理阿马西亚城。穆罕默德的导师巴耶塞特出生于阿尔巴尼亚，是一位年轻的战俘，因善解人意，聪明过人，后被穆罕默德的祖父穆拉德一世收养，并培养其在宫廷中担任要职。皈依伊斯兰教后的巴耶塞特不仅是一名杰出的将领，足智多谋，英勇无敌，而且也是他的学生穆罕默德的良师益友，对他的主人和奥斯曼帝国忠心耿耿，有着很深厚的感情。巴耶塞特属于那种有抱负有理想的新型奥斯曼高级政府官员，在政治上倾心建立一个高度集中的中央集权国家，因此，他全力以赴地帮助和引导穆罕默德去实现统一奥斯曼帝国的理想和重任。此外，巴耶塞特时刻教诲他的学生穆罕默德，要极力避免重犯他的父亲巴耶塞特一世和他的兄长苏莱曼崇尚欧洲和拜占庭帝国生活方式的错误，要始终坚持小亚细亚古老的加齐生活方式，并让穆罕默德选择了一位小亚细亚突厥公国的公主做他的妻子，以获得小亚细亚地区所有突厥人的支持。在巴耶塞特的精心培养下，穆罕默德聪慧豁达，勤奋好学，进步很快。正是由于穆罕默德的文雅、正直和谦恭，使其受到奥斯曼人的普遍尊重，有君子、力士和胜利者的美名。

英武盖世的穆罕默德凭借着他那卓越的才干，重新统一了奥

穆罕默德一世

斯曼人的领地，其疆域可以和他父亲巴耶塞特一世统治的那个时代相媲美。但此时真正意义上的奥斯曼帝国尚未产生，因为作为这一地区的地理中心和政治、经济中心的君士坦丁堡，仍然是拜占庭帝国的首都，如果奥斯曼人不能征服它，并从那里发号施令，奥斯曼人就永远不可能成为一个雄霸世界的帝国。然而，穆罕默德对攻占夺取此城并无什么打算，因为他在遇难时同拜占庭帝国皇帝建立的友好关系，使得他在道义上，不允许去考虑率军攻打拜占庭帝国的首都君士坦丁堡。不过，穆罕默德于1421年不幸中风而病死后，拜占庭帝国的首都君士坦丁堡就成了奥斯曼人对外征服的重要目标。

2. 穆拉德二世的双重性格

1421年3月穆罕默德因中风去世后，为了防止奥斯曼宫廷内再次出现政治混乱和血腥厮杀，穆罕默德身边最亲近的大臣，包括他的导师巴耶塞特在内，对穆罕默德的死讯秘而不宣，隐瞒达40天之久，直到他的儿子、法定继承人穆拉德二世从小亚细亚的阿马西亚飞骑来到埃迪尔内执掌国政，顺利地完成了王权交接之后，才为穆罕默德举行了隆重的葬礼。穆拉德二世登基时，虽然年仅18岁，但在小亚细亚的阿马西亚任总督，学习锻炼治国才干之前，就多次随父亲穆罕默德参加征服巴尔干地区的战争，因此，为人处世干练稳重，少年老成。除了穆拉德二世，穆罕默德还有三个儿子，两个是尚在襁褓中的婴儿，他们一直交由穆罕默德的导师巴耶塞特保护抚养，但不幸的是，这两个幼儿在若干年后死于每隔几年就侵袭一次欧洲大陆的一种瘟疫。穆罕默德的另外一个儿子叫穆斯塔法，穆罕默德去世时他年仅13岁。穆斯塔法害怕穆拉德二世将会仿效巴耶塞特一世绞死他的弟弟亚库布的方式杀害他，所以就放弃了他在小亚细亚的统治权，同他的导师一起逃到了科尼亚，寻求另外一个突厥公国的保护，后被穆拉德二世派去的人生擒绞死。

就在穆拉德二世开始全面恢复昔日奥斯曼人的领土时，他的一位觊觎王位的叔父在拜占庭帝国皇帝的协助下，夺取了军事重镇埃迪尔内，并杀向小亚细亚。年轻气盛的穆拉德二世率兵奋起反击，把他的叔父逐回欧洲。1422年4月，在用重金收买的热那亚人的帮助下，穆拉德二世把他的军队运过达达尼尔海峡，发奇兵冲进埃迪尔内城，擒获并杀死了他的叔父及其追随者。此外，为了报复拜占庭帝国皇帝支持他的叔父举兵反叛的行为，他下令奥斯曼军队围攻拜占庭帝国的首都君士坦丁堡。在战斗中，穆拉德二世和他的士兵们同仇敌忾，拼死冲杀，并第一次使用了在奥斯曼人历史上从来都没有使用过的攻城火炮轰击城墙。经过两个多月的猛烈围攻之后，多年来养尊处优没有什么战斗意志的拜占庭帝国同意每年付给奥斯曼人3万金币作为岁贡，并献出城外除供水地区的所有土地为条件，疾恶如仇的穆拉德二世才最终放弃了攻占拜占庭帝国首都君士坦丁堡的计划。

对于小亚细亚的征服和统治，穆拉德二世采取了一种铲除异己、恩威并重的治国方略，并通过政治联姻的手段，娶一些突厥公国的公主为妻妾，从而获得了许多小亚细亚地区突厥公国对他的宗主权的承认，使得穆拉德二世彻底解除了后顾之忧，可以使他本人全力关注于对欧洲的征服。

在对欧洲的征服过程中，曾经在早期奥斯曼人的扩张中起过很大作用的圣战，又在威尼斯和匈牙利两条战线上重新恢复了起来。威尼斯所执行的是维护和发展其东方贸易帝国的政策。1423年它从拜占庭帝国那里买下了重要港口城市萨洛尼卡，因而导致了与穆拉德二世的冲突，因为穆拉德二世想把1402年丧失给拜占庭帝国的这个重要港口城市重新收归己有。1423年7月，穆拉德二世率领大军成功地占领了萨洛尼卡，并与威尼斯商定了一系列和平解决该城的办法。在许多武士的强烈要求下，此时的穆拉德二世完全可以放手大胆地致力于向匈牙利的方向扩张。1437年12月，匈牙利国王西吉斯蒙德之死所造成的国内混乱，为奥斯曼人的全面进攻敞开了大门。

1438年2月，穆拉德二世率领奥斯曼大军进入塞尔维亚，夺取了丰富的银矿和塞门德里亚这个巴尔干地区最重要的战略堡垒。1440年6月，穆拉德二世率领奥斯曼大军围攻塞尔维亚的首都贝尔格莱德。贝尔格莱德是防止奥斯曼人的袭击、保卫匈牙利南部最重要的军事堡垒。在贝尔格莱德城内全体军民万众一心的誓死抵抗下，六个月后，损兵折将的穆拉德二世被迫率军撤退。

1443年10月，在匈牙利前国王西吉斯蒙德的私生子约翰·罕雅迪的领导下，那些对奥斯曼人怀有满腔仇恨的塞尔维亚人、保加利亚人、匈牙利人和波斯尼亚人联合了起来，相继攻占了奥斯曼人的许多军事要塞，试图把穆拉德二世置于毁灭的边缘。

1444年2月，寡不敌众的穆拉德二世在塞格德同匈牙利国王签订了一项体面的和约，双方同意10年内互不侵犯。同时，穆拉德二世被迫放弃了对瓦拉几亚和塞尔维亚的宗主权，并以1万金币赎回了在战斗中他的被俘女婿。

据说穆拉德二世是一位性格内向、沉默好思的人。他不喜欢战争，他对马不停蹄的作战深感厌倦。在通过同匈牙利国王签订和平条约使他的欧洲和小亚细亚边境安定了下来之后，穆拉德二世决定禅位给他15岁的儿子穆罕默德二世，自己则退居风景如画的马尼萨，希望从此过一种享受和平的宁静生活，在他所喜爱的宅邸里，同一些诗人、神秘主义者、神学家、法学家、哲学家和其他文人度过一生。当时正是奥斯曼文艺复兴开始的时代，在奥斯曼人的宫廷和整个小亚细亚使用的突厥语已成为人们表达文雅词语的工

西吉斯蒙德

具。许多优秀的波斯文和阿拉伯文著作被译成突厥语，奥斯曼人的杰出诗人们和他们的作品，受到了欧洲和亚洲整个社会的高度推崇和敬仰。尤其是在穆拉德二世的热情指导下，国家第一次编撰出正式的奥斯曼人编年史，其中描写了许多引人入胜的历史故事，叙述歌颂奥斯曼人极为杰出的祖辈们可歌可泣的英雄事迹和丰功伟绩。特别重要的是，穆拉德二世非常关心他的孩子们的教育问题，他用重金聘请了国内最开明、学识最渊博的学者们，来充任王子们的教师。在奥斯曼人的宫廷学堂中，同王子们一起学习的还有其他孩子，其中有些是年轻的战俘，有些是奥斯曼人显要藩属国君主们的儿子。穆拉德二世不仅经常教诲他自己的儿子们要恪尽职守，而且还努力把其他青少年培养成为遵守纪律、为人正直、忠心耿耿的社会栋梁之材，以使他们担当重任，并忠诚地为奥斯曼帝国和苏丹效劳。在奥斯曼人的历史上，这个宫廷学堂的价值和作用，首先表现在它为奥斯曼帝国培养出了一位

德才兼备的伟大征服者穆罕默德二世，从而使奥斯曼帝国走向辉煌。

然而，穆拉德二世想过一种安逸平静生活的希望，不久即成为泡影，因为欧洲的基督教世界正在策划向奥斯曼人大举进攻。穆拉德二世的退位使欧洲基督教世界的封建骑士们想入非非，他们认为趁穆拉德二世退位、君主又年幼无知的大好机会，向奥斯曼人发动大举进攻，势必将打击和削弱奥斯曼人的军事力量，特别是，他们认为在这一行动的鼓舞下，奥斯曼人统治地区各种宗教信仰的居民们也会积极行动起来，通过发动武装叛乱支持他们的行动。面对越来越险峻的形势，此时奥斯曼帝国的一些大臣和军队指挥官们也担忧把国家的命运交付到一个年幼小孩手中的结果，因此联名上疏，请求穆拉德二世回到宫廷来重新执政，继续指挥奥斯曼大军。

在大家的再三恳求下，穆拉德二世又重新登上了王位，并于1444年11月，亲自率领奥斯曼大军在瓦尔纳附近击溃了以匈牙利人为主力的欧洲联军，杀死了匈牙利国王拉第斯拉夫和红衣大主教朱利安，并轻而易举地横扫了塞尔维亚和波斯尼亚等地区。其主要原因是，长期以来奥斯曼人采取了一种对各种宗教信仰都比较宽容的政策，而匈牙利人却在他们短暂的统治期间，把天主教会的仪式强加给了信仰东正教的塞尔维亚和波斯尼亚的教会，造成这一地区的宗教矛盾激化，因此，当穆拉德二世率领奥斯曼大军来到此地时，塞尔维亚和波斯尼亚的许多军事要塞纷纷向奥斯曼人敞开了大门。

当整个战局稳定了以后，拙于抛头露面，喜欢宁静生活的穆拉德二世，于1445年4月再度宣布退位，仍回马尼萨去过隐居的田野生活。然而不久以后，奥斯曼人骄横暴戾的近卫兵团发动武装叛乱，公开反对新君主穆罕默德二世，这又一次迫使穆拉德二世不得不离开他隐居的安乐地，迅速返回到埃迪尔内再次执政。在穆拉德二世残酷地镇压下，近卫兵团叛乱的祸首们，有的被处死，有的被监禁，有的被从首都流放到外地，奥斯曼帝国苏丹的权威性很快得到了恢复。然而，奥斯曼近卫兵团的武装叛乱这段插曲此后就成了他们频频干预朝政的前奏。1445年近卫兵团的武装叛乱被镇压下去以后，穆拉德二世就再也没有宣布退位。在此后短短数年中，为了扭转时运，重振奥斯曼人的雄威，他倾举国之力，亲自率领奥斯曼大军两次进入阿尔巴尼亚，在那里开展游击战争，领导抵抗奥斯曼人入侵的民族英雄斯坎德培。

3. 民族英雄斯坎德培

斯坎德培原名叫乔治·卡斯特里奥蒂，出身于阿尔巴尼亚的一个贵族家庭。18岁时，被他的父亲吉昂·卡斯特里奥蒂大公送往奥斯曼人的首都亚得里亚堡做人质。穆拉德二世见其身强力壮、灵活机警，于是送他到奥斯曼人的宫廷军事学校学习，想把他培养成为一名忠实于奥斯曼苏丹的奴仆。穆拉德二世还给他起了一个突厥的名字，叫斯坎德。斯坎德怀着光复家园的决心，刻苦学习骑马、击剑等军事技术，取得了优异的成绩。毕业后，穆拉德二世赐以斯坎德"培"的称号（奥斯曼人的封建军衔），此后，人们习惯地称呼他斯坎德培。1438年，受到穆拉德二世格外器重的斯坎德培被任命为阿尔巴尼亚克鲁亚城的军事行政长官。在此期间，斯坎德培以公开的官职作掩护，秘密聚集力量，决心用武力赶走奥斯曼人。1442年12月，匈牙利的军队在其统帅胡尼亚迪·雅诺什领导下转入对奥斯曼人的反攻。因战事吃紧，穆拉德二世派军增援，同时命令斯坎德培带领一队骑兵随奥斯曼大军一块同往。1443年11月3日，匈牙利军队渡过多瑙河，向奥斯曼人的军事据点尼什城展开了猛烈的进攻。在匈牙利军队凌厉的攻势下，寡不敌众的奥斯曼人惊慌失措，狼狈溃逃。此时，一直怀着光复家园决心的斯坎德培，决定乘机发难，掀起反对奥斯曼人统治的起义高潮。他首先率领300名骑兵，迅速从前线返回阿尔巴尼亚中部，会集那里不满奥斯曼人统治的军民，向军事战略重镇克鲁亚城挺进。

克鲁亚城依山傍水，形势险要，易守难攻。足智多谋的斯坎德培先把大部队隐藏在克鲁亚城附近的森林里，然后以一纸伪造的军令，诈称苏丹穆拉德二世再次任命他为克鲁亚城的军事长官，骗开城门。午夜，斯坎德培命令亲兵悄悄打开城门，引进城外的伏兵，经过一昼夜的浴血奋战，全歼奥斯曼人的守军，占领了克鲁亚城。1443年11月28日清晨，在鼓号声中，克鲁亚白色的城堡升起了阿尔巴尼亚卡斯特里奥蒂家族的双头鹰红旗。双头鹰象征着阿尔巴尼亚南方与北方的团结和统一，以及阿尔巴尼亚民族反抗外来异族统治的坚强意志。直到今天它仍然是阿尔巴尼亚民族国旗图案的组成部分。

克鲁亚城起义后，斯坎德培依靠广大民众的支援，乘胜前进，于1443年12月底，又相继收复了阿尔巴尼亚中部一些长期被奥斯曼人占领的军事要塞。为了巩固和发展已经取得的胜利战果，斯坎德培又于1444年3月2日，召开了有全部阿尔巴尼亚大公参加的大会，成立了"阿尔巴尼亚联盟"。在大会上，阿尔巴尼亚的大公们一致推举斯坎德培为最高统帅，并着手建立阿尔巴尼亚的正规军队。此后，斯坎德培跑遍了阿尔巴尼亚全国各地，认真视察各个军事要塞，动员广大民众积极投入保卫祖国家园的战斗，并在较短的时间内征集了8000名新兵，对他们进行严格的军事训练，以警惕奥斯曼人卷土重来。

　　当穆拉德二世听到斯坎德培领导阿尔巴尼亚人民起义的消息之后，异常愤怒，立即派遣亲信大臣阿里率领2.5万名奥斯曼军人，于1444年6月前往阿尔巴尼亚镇压。面对杀气腾腾的奥斯曼大军，机智勇敢的斯坎德培佯装退却，把奥斯曼人引诱到荆棘丛生、被原始大森林包围的托尔维奥拉平原的伏击圈内，出奇制胜，一举歼灭了由阿里统率的奥斯曼军队。

　　1450年5月，骄横一世的穆拉德二世，在彻底击溃了匈牙利军队后，亲自率领10万大军，再一次杀气腾腾地扑向阿尔巴尼亚，企图给斯坎德培以致命的打击。阿尔巴尼亚人民在斯坎德培的领导下，不畏强暴，奋起抵抗，使得穆拉德二世指挥的奥斯曼大军，每前进一步都要付出沉重的代价。

　　最激烈的战斗，要数阿尔巴尼亚的广大民众在首府克鲁亚城进行的保卫战。保卫战中，斯坎德培将1.8万名阿尔巴尼亚军队的士兵分为三队：一队为大约1500人的守城兵力；另一队为大约8000人的主力部队，驻扎在克鲁亚城以北的山上，伺机支援；其余的人被编成几支小分队，采取机动灵活的游击战术打击奥斯曼人。

　　奥斯曼人依仗自身优势兵力，从四面八方包围了克鲁亚城。在猛烈的炮火配合下，奥斯曼人发起了一次又一次冲锋，但在英勇无畏的阿尔巴尼亚人面前，却一次次地败下阵来。阿尔巴尼亚的游击小分队在广大民众的紧密配合下不断地袭击奥斯曼人的运粮车队，使得奥斯曼军队的士兵们经常忍饥挨饿，人心惶惶。而屡建奇功的斯坎德培亲自率领8000名轻骑兵，利用有利的地形主动出击，歼灭奥斯曼人的有生力量。被打得晕头转向、损失惨重的奥斯曼军队，在围攻克鲁亚城四个半月后，除了在战场上留下了两万多具尸体外，一无所获。随着冬季的来临，无可奈何的穆拉德二世于 1450 年 10 月 26 日带领他的残兵败将狼狈地退回亚得里亚堡。

1468 年 1 月，正当斯坎德培在莱什城举行全阿尔巴尼亚大会，准备夺取最后胜利的时候，这位阿尔巴尼亚的民族英雄不幸于 1 月 17 日病逝。

斯坎德培去世后，阿尔巴尼亚人民在莱克·杜加勒纳的领导下继续与奥斯曼人浴血奋战，直到 1479 年 6 月，阿尔巴尼亚才最终被奥斯曼人兼并。

斯坎德培所领导的阿尔巴尼亚人民的大起义，达 25 年之久，不仅捍卫了民族的独立，也有力地支援了巴尔干地区各族人民反对奥斯曼人统治的斗争，推迟了奥斯曼帝国对亚平宁半岛的武力征服，因此，斯坎德培的英雄事迹，在匈牙利、波兰、捷克、德国、意大利等国家的人民中广为流传。

虽然穆拉德二世在征服阿尔巴尼亚的过程中屡战屡败、严重受挫，但在对其他地区的征服过程中，则犀利无比、所向披靡。1448 年 3 月，穆拉德二世在科索沃平原上击败了匈牙利国王罕雅迪率领的军队，并把他彻底逐出了塞尔维亚。此后，穆拉德二世还在希腊和伯罗奔尼撒半岛长年的征战中，夺取了著名的商城科林斯和佩特雷。

1451 年初，穆拉德二世这位上了年纪的征战勇士，在布尔萨寿终正寝。此时，英俊潇洒、具有骑士般体魄的穆罕默德二世已长大成人。当他获悉父亲去世的消息之后，便跨上他的战马，在亲信们的陪伴下，飞驰到埃迪尔内去执掌国政。

穆拉德二世在奥斯曼帝国的崛起过程中，也属于一代英杰。虽然他拙于抛头露面，曾经两度试图隐退，但他根本无法摆脱奥斯曼帝国对外征服的重任的羁绊。在他的领导下，奥斯曼人的对外征服运动一直进展得非常顺利。到他1451年初去世时，整个拜占庭帝国仅剩下首都君士坦丁堡这个大海中的一座孤岛尚未拿下，但这只不过是指日可待之事。

然而，此时歌舞升平、醉生梦死的欧洲人，并不太担心君士坦丁堡这个千年国都的安全，因为穆拉德二世的继承人穆罕默德二世在欧洲人的眼里，似乎还是一个幼稚软弱、缺乏治国才干的小君主。遗憾的是，这是欧洲人的典型错觉。当穆罕默德二世登上奥斯曼帝国苏丹的王位时虽才19岁，但其在治理国家的方略上并非毫无经验。因为穆罕默德二世遵照奥斯曼人的传统，大约从11岁时起，通过出任小亚细亚地区的曼尼萨总督，就开始获得大量处理政府部门日常行政事务的治国经验。另外，在穆罕默德二世的周围，也不乏知识渊博、精力充沛、忠心耿耿的辅佐大臣。

此时，气宇轩昂、英武盖世的穆罕默德二世，已经站在了奥斯曼人伟大的征服大业的门槛上了，并在不久的将来，最终成为奥斯曼帝国历史上的一位风云人物。

二、征服者穆罕默德二世

1. 尚武好战的苏丹

新任苏丹穆罕默德二世1432年3月30日生于亚得里亚堡。他的童年颇为不幸，其生母胡玛·哈顿出身卑贱低微，是一名突厥奴隶，其父穆拉德二世并不十分喜爱他，而是偏爱他出身更高贵的同父异母兄弟。他在亚得里亚堡与母亲、乳母共同度过了平淡的几年。然而造化弄人，他的长兄艾哈迈德1437年在阿马西亚突然去世，二哥阿拉艾德丁六年后惨遭暗杀，为此，穆罕默德二世11岁时突然成为奥斯曼人帝位的继承人。为了使自己将来能有接班人，穆拉德二世急忙将长期忽视的儿子穆罕默德二世招至宫廷，并为其缺乏教育而深感震惊。此后，奥斯曼帝国著名的库尔德裔教授艾哈迈德·库拉尼被指定为新王子穆罕默德二世的老师，而这位老师其后在培养穆罕默德二世方面的工作可谓卓有成效。日后的穆罕默德二世在科学、哲学等领域颇有造诣，使得其父穆拉德二世不仅对儿子穆罕默德二世刮目相看，并且开始传授他管理帝国政府的高超技艺。

穆罕默德二世具有一种与他父亲穆拉德二世迥然相异的性格。他英俊潇洒，开朗豁达，极富幽默感。由于从小受到过严格的宫廷教育，他的才能得到了良好的训练和开发，所以知识渊博，富于思考，聪慧过人。他通晓文学体的突厥文、阿拉伯文、波斯文和希腊文，也能用一般的塞尔维亚语和意大利语与人交谈。由于受父亲穆拉德二世的影响，他从小喜爱诗歌，熟读伊朗、希腊和罗马的古典诗篇。穆罕默德二世本人就是一位很有才气的诗人，一生中创作了许多不同题材的作品。他的周围聚集了来自伊斯兰世界各地的许多杰出诗人，他们都是他的良师益友，对他的文学创作帮助和影响很大。穆罕默德二世在奥斯曼王子学堂学习期间，也读过许多经典的哲学著作，他一生中最钟爱的是斯多噶派和亚里士多德派的著作。因此，他的一言一行有时候像一位富于思考力的哲学家。穆罕默德二世也非常喜爱阅读历史书籍，特别是亚历山大大帝和古罗马诸帝的传记，从小就对历史上的英雄人物非常敬仰和钦佩，表示要向他们学习，树立治国平天下的雄心。穆罕默德二世对于战争，以及其他有关战争的任何事物，如战略、战术、军火、装备、后勤供应、地形地貌等问题的研究具有浓厚的兴趣，认为只有掌握了军事知识，才能成为奥斯曼社会的栋梁之材，才能实现征服世界的宏愿。

此外，根据奥斯曼人的传统，即使是王族子弟，从小也都必须要学会一门谋生的手艺。按照奥斯曼人这一古老的社会传统，勤奋好学的穆罕默德二世成了一名吃苦耐劳、技术精湛的园艺家。后来，每当在对外征服战争的间歇，为了调剂精神生活，他经常在王宫内的花园中剪花锄草，参加体力劳动。

也许性格即人生，在敢想敢干、充满朝气的穆罕默德二世的影响下，奥斯曼帝国的政府一改过去办事拖延、推诿、效率低下的官僚作风，一种务实勤奋和大刀阔斧改革新政的创业精神成了奥斯曼帝国社会行为的一项准则和时尚。

穆拉德二世在领军打仗方面骁勇善战、屡建奇功，但在国家行政管理方面却不那么得心应手、有条有序，而是缺乏经验、效率低下。生机勃勃的穆罕默德二世在执政的第一年，就大刀阔斧地改组了奥斯曼帝国政府中的各个行政部门，特别是在对国库财政管理工作的改进方面下了

穆罕默德二世

很大的功夫，并且颇有建树，使得许多税吏被迫清理了他们过去的账目，因为穆罕默德二世下令，如果谁的账目不清，坚决撤职查办。此外，办事果断、大刀阔斧的穆罕默德二世还整顿了奥斯曼帝国王宫中的各个职能部门，检查核实了奥斯曼军队的花名册，在此基础上，穆罕默德二世大幅度地增加了士兵们的军饷，从而鼓舞了士气，振奋了军心。

穆罕默德二世还通过认真考察政绩的办法，把奥斯曼帝国好几个省区长期耽于安乐、不思进取、贪赃枉法、欺压百姓的总督撤了职，而通过搜罗人才、礼贤下士的方法，把一大批有才有识、忠于职守、廉洁奉公、精明强干的人提升重用。据有关资料记载，穆罕默德二世在选拔用人方面，判断此人是否能够胜任某一职务的标准，主要就是看他的学识和品质，以及他的军事、行政、外交才能和司法意识。

当然，作为一名封建王朝的君主，在人们对穆罕默德二世的品行和才能非常敬仰和钦佩之余，对他奉行巴耶塞特一世创始的奥斯曼传统，下令将他唯一的一位尚在襁褓之中的兄弟溺死在宫内浴缸中的做法也颇有微词。几年后，穆罕默德二世颁布谕令，告诉他的后代们，凡夺得王位者，应将其兄弟们立即处死。穆罕默德二世这种不顾兄弟情义，斩尽杀绝的暴戾行为，以及制定的这种传统，也成为日后奥斯曼帝国宫廷内钩心斗角，相互残杀，朝纲混乱，走向衰落的根本原因之一。

穆罕默德二世在巩固了自己的绝对统治权力之后，就开始积极策划攻取拜占庭帝国的首都君士坦丁堡。此时的君士坦丁堡已日见破败。破旧的街道，稀少的行人，衣着寒酸的西方雇佣士兵以及腐化堕落的生活方式，使它日渐濒临末日。尤其是这座昔日庄严雄伟都城的

穆罕默德二世在战场上

存在，对于奥斯曼人来说，一直是个潜在的巨大威胁，因为说不定垂死挣扎的拜占庭帝国会搞什么阴谋诡计，去联合欧洲海军强国封锁达达尼尔海峡与博斯普鲁斯海峡，从而切断奥斯曼人由小亚细亚通往欧洲大陆的方便的交通线，这种切肤之痛势必引诱奥斯曼人去攻打占领此城，使得伊斯兰圣战再度成为奥斯曼人征服拜占庭帝国的指导原则。

雄心勃勃、立志要灭掉拜占庭帝国，占领其首都君士坦丁堡的穆罕默德二世，在1451年继承了他父亲的苏丹王位之后，就把攻占君士坦丁堡定为自己的首要目标。他首先积聚了大量的军需品，包括甲胄、弓箭、臼炮、大炮、火药、木材、粮草以及其他战斗物品，并在著名的港口城市格利博卢集结了一支庞大的舰队，建造了大量的新式船只战舰，以便参加对君士坦丁堡的围攻。

胆大心细、极富军事才能的穆罕默德二世和他的高级军队指挥官们共商良策，多次研究了沿君士坦丁堡陆地城墙和该城四周纵深数英里地区的每一寸土地。为了控制博斯普鲁斯海峡，穆罕默德二世下令在该海峡的欧洲海岸上快速建成一座"割喉"城堡，与半个世纪以前他的曾祖父巴耶塞特一世在博斯普鲁斯海峡亚洲一侧所建造的一座规模较小的城堡遥相呼应。这两座具有重要战略意义的城堡保护着奥斯曼人的欧亚通道，进一步充实了较宽阔的达达尼尔海峡的南下通道。同时，这两座城堡里由于设置了能够发射大型石弹的臼炮，也能阻止任何人从黑海向君士坦丁堡提供军事援助。

2. 攻入君士坦丁堡

拜占庭帝国的首都君士坦丁堡呈不规则的等边三角形。北濒金角湾，南临马尔马拉海，东面隔着博斯普鲁斯海峡与小亚细亚遥遥相望，只有西南三角形的底部与陆地相连。拜占庭帝国为了对付穆罕默德二世的军事威胁，在君士坦丁堡易受攻击的西南陆地修筑了两道比较坚固的城墙。外城墙七八米高，每隔50米至100米筑有一座内藏大炮的城楼。内城大约12米高，在相当于外城墙塔楼中间的位置，筑有高20米左右的四角或八角的城楼，城外是大约18米深的护城壕。在金角湾入口处则以铁索封锁着港湾入口处的水域。君士坦丁堡虽然只有8000名西方雇佣兵、20艘战舰的城防力量，但由于该城地势险要，城墙坚固，防守森严，要想完全攻破这座城池也非易事。

奥斯曼人对拜占庭帝国首都君士坦丁堡的正式进攻，开始于1453年4月。在百花争艳、阳光明媚的春色中，穆罕默德二世亲自统率步兵12万，骑兵2万，机动部队1万，大小战舰三百余艘，从水陆两路浩浩荡荡地杀向君士坦丁堡。奥斯曼人的陆军从西南方向逼近城堡，在匈牙利人奥尔班的指挥下，将铸造好的几门重炮布置在前沿阵地上，不断地轰击城垣。在奥斯曼人的重炮中，最大的一次能够投射出1200磅重的石弹。虽然这种重炮每天只能发射七次，但它强大的火力还是给君士坦丁堡的防守造成了极大的威胁。奥斯曼人庞大的海军则在海上遥相呼应，将这个城堡团团围住。

在拜占庭帝国皇帝的再三求援下，一支包括5艘热那亚战舰组成的小型船队，运载着大量的军事和生活物资，冲破了奥斯曼人海军的封锁，驶进了君士坦丁堡，给予该城微薄的援助。为此，奥斯曼帝国的海军司令巴尔陶格卢将军被气愤的穆罕默德二世解除了指挥权，并受到了残酷的鞭笞刑。然而，暂时的挫折和失败并没有使穆罕默德二世沮丧、绝望，或动摇他围攻君士坦丁堡的决心。

1453年4月5日，奥斯曼人首先开始炮击，猛烈的炮火持续了一整天，君士坦丁堡的许多重要工事被摧毁。4月6日清晨，奥斯曼人的军队首先从西线发起强大的攻势。左翼为5万大军，右翼为10万大军，穆罕默德二世亲率精锐之师加尼沙里军团坐镇中军，在大红色夹金丝的华丽军帐中指挥战斗。

此时的君士坦丁堡上空硝烟弥漫，矢下如雨，战斗场面甚为壮烈。尽管城中百姓一片惊恐，悲观气氛弥漫朝野，但在拜占庭皇帝君士坦丁十一世的督率下，城内守军以一当十拼死抵抗，使得奥斯曼帝国的官兵们始终未能越过护城墙外边的壕沟。于是，穆罕默德二世指挥全部重炮一齐轰城，掩护步军冲杀前进。在震耳欲聋的炮火中，数万名奥斯曼帝国骁勇善战的将士们，手持大刀长矛，携带着粗壮的树枝，滚动着巨大的木桶冲向护城壕，企图填平壕沟。拜占庭帝国的守军则以密集的火力封锁护城壕，在血腥的搏杀之中，再一次击退了奥斯曼人凶猛的进攻。足智多谋的穆罕默德二世见强攻不下，便一面组织火炮继续轰城，一面下令在地底下挖掘坑道，以便从护城壕和两道城墙下面穿过，直通君士坦丁堡的城里。但是，坑道还没有挖通，就被君士坦丁堡的守备军民发现，并将其炸毁。

稍作休整之后，奥斯曼军队在穆罕默德二世的督战下，又重新发动了更大规模的攻势。他们先用密集的炮火继续猛轰城池，并推出数十辆装有轮子的活动堡垒投入战斗，集中火力猛攻圣罗马门。这种活动堡垒外面以三层牛皮包裹着，不怕火烧，里面装备着用滑轮操纵升降的攻城云梯。

经过数日的反复激战，在君士坦丁堡守军舍命拼杀的顽强抵抗下，奥斯曼人也一直未能攻破拜占庭帝国的城池。与此同时，奥斯曼人的海军也遭受到了严重的打击。4艘热那亚人的军舰，在击沉了数艘奥斯曼人的船只之后，冲破海上封锁，进入马尔马拉海，为君士坦丁堡送去了大量的武器弹药、粮食药品和一些士兵。怒不可遏的穆罕默德二世一听到此消息，当时就下令让卫兵腰斩了疏于职守的海军舰队司令。

在进攻接连失败的情况下，豪情壮志的穆罕默德二世并没有沮丧和气馁，而是兴致勃勃地召集全体将士分析敌情，研究对策。经过分析与研究，穆罕默德二世同他的将士们一致认为，君士坦丁堡的守军在金角湾的防线比较薄弱，如果能够派奇兵在那一带偷袭成功，将会使君士坦丁堡的守军措手不及，陷入被动。但是，从得来的情报了解到，金角湾的入口处地势险峻，防守严密，而且又有铁索链拦河封锁，奥斯曼人的舰队根本无法通过。此时，穆罕默德二世大胆地采纳了一位老将军的建议，即借道热那亚商人控制的加拉塔据点，潜入金角湾。为此，奥斯曼人以长期保障热那亚在加拉塔的商业特权作为交换条件，用重金买通了贪婪的热那亚商人。

1453年4月22日，奥斯曼人的军队首先在加拉塔的陆地上用坚厚的木板铺设了一条道路，木板上又厚厚地涂抹上了大量的牛、羊油脂，以减少摩擦。然后，把船只用滑车吊到陆地上的木板路，由许多人力驱赶着牛拖曳着前进。奥斯曼人仅用了一昼夜的时间，就顺利地将70多艘轻型船只通过了这条木板滑道，从陆地进入了金角湾。奥斯曼人迅速地在金角湾上架起了一座浮桥，在岸边筑起了炮台，从而控制了整个金角湾，使得君士坦丁堡腹背受敌。

奥斯曼人的舰队在金角湾内的突然出现，犹如天兵降临，使得君士坦丁堡的守军猝不及防、惊恐万状，匆忙从西部的防线抽调出大量兵力，以加强金角湾的防务。虽然整个军事形势对拜占庭帝国越来越不利，但是君士坦丁堡的守军都是些用重金收买的雇佣兵，个个凶猛彪悍、勇猛无敌，在岌岌可危的情势中，依然做最后的搏杀，进行顽强的抵抗，并多次击退了奥斯曼人的进攻。

3. 决战前夜

4月27日决战前夕，穆罕默德二世分三批检阅了他的陆、海军将士，并且做了蛊惑人心的总动员。他说道："我将给你们一座宏伟、富庶而人口众多的城市，那就是拜占庭帝国的首都、世界的中心——君士坦丁堡。它任你们去劫掠……我们将成为这座世界名城的伟大征服者。"4月29日拂晓，穆罕默德二世下达了总攻的命令。一时间，万炮轰鸣，火光冲天，炮弹如冰雹向城堡倾泻，数万名奥斯曼帝国的将士呐喊着，争先恐后地扛着云梯冲向城垣。与此同时，马尔马拉海和金角湾方面的奥斯曼海军也在穆罕默德二世总攻的命令下，发起了一次又一次猛烈的攻势。尽管奥斯曼人的海军舰队遭受到君士坦丁堡守军的顽强抵抗，未能登陆攻进城去，但有效地牵制住了君士坦丁堡守军的大量兵力，有力地配合了奥斯曼人在西线的进攻。

在奥斯曼人围攻君士坦丁堡的整个战斗中，西线的战斗最为激烈、残酷，双方的将士都在为最后的一搏相互厮杀，战斗场面惨不忍睹。在穆罕默德二世的亲自督战下，那些体格健壮、训练有素、骁勇善战的加尼沙里军团战士，冒着炮火和飞箭，很快压到了城边，迅速攀登上云梯，在城墙上与君士坦丁堡的守军们展开了殊死的白刃战。正当君士坦丁堡的守军们拼命厮杀、进行顽强的抵抗之时，不料轰隆一声巨响，圣罗马门以北的一段坚固的城墙，被奥斯曼人给炸开了，精锐的加尼沙里军团的士兵们像潮水般从这个巨大的缺口涌入城内。

　　为了扭转战局，做最后的拼搏，拜占庭帝国的皇帝君士坦丁十一世试图组织邻近的军队紧急增援城墙缺口，但此时已经来不及了。在奥斯曼人凶猛凌厉的攻势下，君士坦丁堡的守军已陷入混乱状态，丧失了斗志，全线溃败。拜占庭帝国的末代皇帝君士坦丁十一世眼见大势已去，不可收拾，急忙脱去皇帝服饰，带着少数亲信家眷夺路而逃，结果在混战中被奥斯曼人击毙。而此时君士坦丁堡的居民们仍然顽强地与奥斯曼人进行着殊死的巷战。街道上和宅院中的居民们，基本上无人投降，连妇女儿童也都加入了战斗。抵抗的战斗一直持续到深夜，奥斯曼人在付出了巨大的代价之后，才平息了君士坦丁堡居民们的反抗，最终占领了全城。

　　杀红了眼的奥斯曼军队士兵在城中为所欲为，肆意劫掠屠杀，许多居民被卖身为奴，壮丽豪华的宫殿被付之一炬，历代相传的艺术珍品被洗劫一空。在屠城的第三天后，穆罕默德二世才骑着他那匹白色的战马，威风凛凛地进了城，并下令终止了奥斯曼军队的士兵们疯狂的掠劫行为，全面恢复了社会治安。

　　为了感谢真主的帮助，穆罕默德二世到君士坦丁堡城内的圣·索菲亚大教堂做了礼拜，然后开始考虑城中的一系列问题。穆罕默德二世首先委派了一个总督，负责管理这座被占领的城市，并通过豁免捐税和发还房屋的办法，鼓励城中居民留居原处；穆罕默德二世还花费了大量赎金，赎救了许多已经被卖身为奴的人，条件是他们必须留下来居住在这座已经被奥斯曼人占领的城市。在穆罕默德二世遣散了被俘的西方雇佣军后，他携带着大量的金银财宝回到了首都埃迪尔内。

拜占庭帝国在长达数世纪的抵御之后，还是落入穆斯林之手，像这样极富戏剧性的历史事件，在以后的欧洲人看来，似乎标志着中世纪的终结，西方文艺复兴的发端以及欧洲人开始探索通向东方贸易新路线的突变性事件。他们认为，正是奥斯曼人对拜占庭帝国的征服，才导致了哥伦布等人划时代的海上航行，促进了世界地理大发现的早日到来，改变了世界历史的进程。然而，通过对世界历史进程的仔细考察可以发现，这种观点比较偏颇，不完全符合世界历史发展的事实。因为欧洲的文艺复兴，以及此后对新世界的探索早已开始，它与拜占庭帝国的灭亡并没有什么直接的因果关系，只是推动加速了这一世界历史进程。当然，君士坦丁堡的陷落，拜占庭帝国的灭亡，的确是对欧洲的基督教以及人文主义的一次沉重打击。于是，在欧洲又有人开始在谈论组织基督教十字军，去讨伐代表伊斯兰教世界的奥斯曼人的事情了。然而，由于欧洲的割据分裂以及其他的主客观原因，十字军讨伐之事仅停留在空谈上面。

在1453年及以后的数年中，欧洲人对拜占庭帝国灭亡的主要反响，似乎出于这样一种观点：希腊人是罪孽深重、腐化堕落的教会分裂者，所以遭受亡国厄运也是罪有应得，因为他们脱离了真正的罗马教会。有些欧洲人在奥斯曼人征

拜占庭帝国末代皇帝君士坦丁十一世

服拜占庭帝国的史实中，看到了古代特洛伊人的报复，因为人们有时认为奥斯曼人同特洛伊人在血统上可算是一脉相承。所以在为君士坦丁堡陷落进行祈祷的时候，尽管罗马教皇卡利克斯图斯三世在奉告祷词中，加了"仁慈的上帝，把我们从奥斯曼人和彗星的灾难中解救出来吧"这么一句请愿词（当时天空出现了哈雷彗星），但对欧洲西方整体来说，并没有激起什么巨大的反应，人们还是以平静的心态接受了拜占庭帝国被奥斯曼人征服的事实。

　　然而，就奥斯曼人来说，对君士坦丁堡的征服绝不仅是攻陷了一座孤城，它首先是一项伟大而光荣的伊斯兰圣战的战绩，是"信仰武士"们的盖世奇功。因为对于君士坦丁堡这座具有千年历史的异教中心的征服，始终是一些著名的哈里发们追求的目标。现在，一个新的、正在崛起的伊斯兰国家已经胜利完成了前人根本不可能完成的事业，因此，对拜占庭帝国的征服，不但提高了奥斯曼人在古老伊斯兰教世界的威望，而且穆罕默德二世也受到了整个东方穆斯林的欢呼和敬仰，被人们誉为伟大的"征服者"。其次，征服拜占庭帝国，攻陷君士坦丁堡，不仅在实际的领土上，而且在具体的象征上，已经把古老的小亚细亚同巴尔干地区连成了一体，使得奥斯曼人建立起横跨欧亚两大洲的帝国，一跃而成为有影响的世界大国。从此以后，不但欧洲试图组织基督教十字军讨伐奥斯曼人、营救拜占庭帝国首都君士坦丁堡的机会丧失殆尽，而且欧洲的这个或那个统治者、这一或那一政治派别，甚至连罗马教皇们，也开始巴结讨好奥斯曼帝国的统治者，让他们在变幻莫测的欧洲均势中成为自己的同盟者。最重要的是，奥斯曼人对拜占庭帝国的征服为他们提供了一个出色的军港和商港君士坦丁堡，提供了一个扼守世界贸易通道交叉口的理想据点，它极大地促进了奥斯曼帝国的海运商贸和社会经济的发展。

4. 扩张与征服

当伟大的征服者穆罕默德二世在拿下君士坦丁堡，并着手对它重建之后，便立即把重点又重新放到如何进一步扩大对外征服的问题上了。此时，穆罕默德二世已经完全吞并了小亚细亚中南部的一些突厥小公国，现在他的对外武力征服主要是在基督教徒的国土上进行的。穆罕默德二世首先在黑海地区做了部分的扩张。通过激烈的战斗，战败的瓦拉几亚成了奥斯曼帝国的附属国；特拉比松的希腊族邦国也被征服了；克里米亚汗国位于热那亚人的贸易中心、有着悠久历史的著名奴隶市场卡法，在奥斯曼帝国强大的军事压力下，也一并沦为了它的附庸。此时，整个黑海已经差不多快要变成奥斯曼人的内陆湖了。虽然长期居住在黑海地区从事商贸的意大利人是奥斯曼人的世仇，但是为了发展当地的社会经济，维持当地的经济繁荣，穆罕默德二世一直容许意大利货物托运人在黑海地区从事各种商业贸易。穆罕默德二世在完成了对黑海地区的武力扩张之后，迅速转为对巴尔干地区的武力扩张。在征服扩张过程中，穆罕默德二世一方面将一些早已成为附庸国的地区再次征服，置于他的直接统治之下，另一方面则是对新的地区进行武力征服。

穆罕默德二世对外武力征服的成功，不可避免地将卷入欧洲的政治旋涡之中，特别是同国力强盛，气势非凡的海洋帝国威尼斯的对阵，改变了欧洲国家的均势，而威尼斯自身就长期被卷入欧洲国家的权力之争中。此时，威尼斯在意大利半岛上的政治对手，拼命地鼓励奥斯曼人进攻威尼斯；反过来，威尼斯也竭力想从肆意扩张的奥斯曼帝国的天然敌人那儿谋求到有力的支持和帮助。例如统治伊朗西部地区的突厥土库曼人首领乌宗·哈桑，统治卡拉曼尼亚地区的突厥公国，阿尔巴尼亚的民族英雄斯坎德培等，都一直在进行着反抗奥斯曼人的侵略扩张的斗争，他们是威尼斯人可靠的盟友。

在穆罕默德二世统治的大部分年代里，同威尼斯人的海战一直是时打时停，相互厮杀，争夺着东地中海的海上霸权。最终奥斯曼人依靠着强大的海军实力，不但相继占领了威尼斯人在爱琴海的一些岛屿，而且在亚得里亚海沿岸一路袭击，几乎打到了威尼斯人的大门口，迫使威尼斯人与奥斯曼帝国签订了城下之盟，放弃了对东地中海的海上霸权。从此，穆罕默德二世从实践和历史的研究中得出一条结论，那就是奥斯曼帝国的海上力量是否强大，是帝国对外征服能否成功的关键问题。于是，穆罕默德二世千方百计地筹集到了大量资金，从欧洲请来了最好的设计师和工匠，下令建造了许多艘在当时最为精良的设有三层桨座的大型战舰，使奥斯曼帝国逐步建立起一支装备精良的庞大海军舰队，一跃成为当时的世界海上强国。在建立庞大海军舰队的过程中，一方面建造了许多先进的大型战舰，另一方面收编了许多海盗的船只。奥斯曼帝国在靠重金收编海盗船只的过程中，不管是信仰基督教的海盗船员，还是穆斯林海盗船员，只要是一名优秀的水手，一概兼容并蓄。

在奥斯曼帝国的历史上，有一位著名的海军将领巴巴罗萨元帅，此人曾是一名具有希腊血统、信仰基督教的海盗船员。他加入奥斯曼帝国的海军后，骁勇善战，屡建奇功，率领奥斯曼帝国的海军，成功遏制住了由哈布斯堡王朝发起并有威尼斯人参加的海上神圣同盟，使得奥斯曼帝国成为海上强国，逐渐取代了威尼斯人海上帝国的位置。

　　穆罕默德二世在对巴尔干地区的军事扩张中，给巴尔干地区的人民带来了深重的灾难，许多村庄、城镇被洗劫一空，无数民众死于非命，社会生产力遭受到严重的破坏。因此，当穆罕默德二世率兵进军巴尔干地区时，那里的广大民众也纷纷拿起武器，在轰轰烈烈抵御外敌、保卫家园的战斗中写下了光辉的篇章。例如，1456年，穆罕默德二世亲自统率15万大军出征贝尔格莱德。该城为当时匈牙利的门户，如果陷落，将为奥斯曼帝国向中欧的军事扩张打开通道。在强敌压境的紧急关头，匈牙利的贵族们拥兵自保、闭关自守，而软弱的朝廷王室则纷纷外逃。此时，有一位匈牙利的民族英雄胡尼亚迪毫不畏惧，勇敢地站了出来，率领由罗马尼亚、匈牙利、捷克、德国等诸国骑士组成的4万人的联军，在广大民众的积极配合下，在1456年7月27日的贝尔格莱德战役中，成功地击溃了奥斯曼帝国的15万大军。在战斗中，穆罕默德二世本人也负了伤，被迫率军撤退。而胡尼亚迪则被匈牙利人誉为民族英雄，奥斯曼人的克星。贝尔格莱德城保卫战是世界军事史上一次以少胜多的光辉范例，它把匈牙利被奥斯曼帝国征服的厄运推迟了17年。这次胜利虽然没有能够把奥斯曼人赶出巴尔干地区，但还是沉重地打击了奥斯曼人的气焰，树立了巴尔干人民反侵略斗争的信心。然而不幸的是，胡尼亚迪这位匈牙利的民族英雄、卓越的军事统帅于同年因病去世。

　　1474年11月，穆罕默德二世派遣了一支由12万人组成的奥斯曼帝国的大军，前去征讨位于多瑙河的罗马尼亚诸公国。摩尔达维亚的斯特凡大公举起民族大旗，率领广大民众奋起反抗。斯特凡大公首先采取了坚壁清野的战略方针，诱使奥斯曼帝国的军队长驱直入，把其引到了拉科瓦河与伯尔拉德河汇流处的沼泽地，瓦斯卢伊的城南地区。这里除了有一座狭窄的高桥可以渡河以外，其余的地方都是泥泞的沼泽，根本不利于奥斯曼人的大兵团作战。

1475年1月10日这一天，大雾弥漫，下着小雨，斯特凡大公亲自率领着4万精兵，向长途跋涉、疲惫不堪、地形不熟的奥斯曼帝国的军队发起了猛烈进攻，展开了罗马尼亚历史上著名的"高桥之战"。足智多谋的斯特凡大公把部队分为三队，一队进行正面攻击，其余两队进行侧翼攻击。在决战的时机，当进行正面攻击的部队死伤过重，不能再继续支持的时候，斯特凡大公这才率领自己掌管的生力军投入战场，迫使奥斯曼帝国的军队溃退。这时，他的第三队又从奥斯曼帝国军队的后边袭击，使其阵容大乱、仓皇败逃，许多著名将领被俘，死伤不计其数。斯特凡大公则因为这次辉煌的胜利而名扬欧洲，彪炳史册。

斯特凡大公

翌年夏，穆罕默德二世亲自率领20万奥斯曼大军前来讨伐斯特凡大公。斯特凡大公分出一部分兵力保卫家乡，自己也亲自率领1.2万名步兵前往迎战。在尼亚姆茨地区的白谷以东的战地村，同奥斯曼帝国的军队展开了激战，虽然众将士舍命而战，但终因寡不敌众而溃败。

1487年6月，斯特凡大公被迫承认了奥斯曼帝国的宗主权。但是，顽强的斯特凡大公并没有完全屈服。随着时局的变化，他很快又组织了一支1.6万名由山里牧羊人和贫雇农参加的军队，在匈牙利马提亚援军的配合下，继续抗击奥斯曼帝国军队的侵略扩张。后来，由于瘟疫流行，加之斯特凡大公军队的猛烈进攻，奥斯曼帝国的军队损失较大，不久被迫撤离了摩尔多瓦地区。1504年7月2日，被人们誉为"祖国慈父"的斯特凡大公逝世。他一生经历了大小战斗36次，赴汤蹈火，出生入死，为罗马尼亚的独立和自由献出了一切，在他身上体现出的是罗马尼亚人民在强敌面前的大无畏精神。

1481年的春天，穆罕默德二世在小亚细亚集结了一支庞大的军队，准备发动一次新的对外征服战争。但在同年5月，当他的行动目标尚未由他自己或他的行军路线透露出来的时候，穆罕默德二世突然病死在军营中。穆罕默德二世这位伟大的征服者病死的消息迅速传到欧洲，许多教堂里的钟声响了起来。而奥斯曼帝国则在苏丹王位继承人嗣位之前，一直保守着秘密。但是，此时此刻死去的是一位改变了世界历史进程的伟人，这一点是毋庸置疑的。

三、帝国之都——伊斯坦布尔

1. 增加人口

1457年6月，穆罕默德二世从奥斯曼帝国的旧都埃迪尔内城，迁都到君士坦丁堡，并将该城改称为伊斯坦布尔。伊斯坦布尔在突厥语中是伊斯兰城市的意思。从那时起一直到20世纪初，伊斯坦布尔一直是奥斯曼帝国的首都，直到20世纪20年代初，土耳其共和国定都安卡拉之后，才彻底改变了千年以来伊斯坦布尔作为国家政治中心的崇高位置，使它逐渐演变成为世界上一座纯粹的经济、文化的国际商业大都市。

尽管穆罕默德二世在位的30年中，几乎一直忙于对外征服战争，但他仍然抽出大量时间，关注对伊斯坦布尔的恢复与改造，并将其逐渐改造成为一座与伊斯兰特色相称的帝国都市。穆罕默德二世做的第一件事，就是千方百计地增加伊斯坦布尔的人口，为这座饱经战乱的城市输入新的生命，这对于该城的重建工作极其有益。1453年该城陷落的时候，城里的居民人口从30多万下降到了8万左右。许多建筑物因年久失修，长期无人居住，严重影响了帝国首都的繁荣。为了迅速改变这一状况，穆罕默德二世除了鼓励原来的居民不要迁出，继续定居在那里之外，还从全国各地抽调了大批手艺人、商人和农民，通过投入大量的人力、物力和财力，努力改善伊斯坦布尔的城市环境。

此外，穆罕默德二世还采取了拉拢和安抚非穆斯林宗教上层人士的政策，积极鼓励其他民族的基督教徒们也在新都伊斯坦布尔居住下来，并允许他们遵照自己的习惯方式和法律来生活。只要他们不触犯奥斯曼帝国的法令，并服从帝国政府的行政管理，不与穆斯林臣民的宗教信仰和生活方式发生冲突，他们就是奥斯曼帝国最好的臣民。

应该说，穆罕默德二世采取的不断恢复和增加人口的政策是非常成功的。1478年奥斯曼帝国官方统计的资料中表明，此时帝国新都伊斯坦布尔的人口，已经上升到20多万；到16世纪末期，该城市的人口达到了80万左右，已远远超过同时期欧洲人口最多的城市。

穆罕默德二世不只是一位好战的赳赳武夫，他还具有极高的文化修养，因而他非常注重奥斯曼帝国新都伊斯坦布尔的内涵建设。除了下令在伊斯坦布尔修建一座以自己的名字命名的大清真寺外，还下令修筑市政道路、农贸市场、各种旅店、医院、帮助贫民的救济院、公共澡堂以及漂亮的讲授伊斯兰教科学、法律和医学的大学，并把巴尔干半岛、黑海沿岸以及爱琴海诸岛一些新征服地区有学识的学者们，不断网罗到帝国的新都来，其中他最为宠爱的是一位希腊哲学家。在他的统治下，伊斯坦布尔逐渐成了奥斯曼帝国的政治、经济与文化中心。对于奥斯曼人来说，这象征着他们已顺利完成了由边远草原的游牧民族到世界帝国居民的历史变迁过程。

另外，积极鼓励与开展对外贸易，也是奥斯曼帝国恢复伊斯坦布尔经济措施中的一项重要政策。攻占伊始，穆罕默德二世就恢复了君士坦丁堡时期给西欧商人提供贸易优惠的做法，同时也积极鼓励西欧每个城市同新都伊斯坦布尔开展双边贸易。允许他们在伊斯坦布尔的港口自由地进行贸易，并受本国法律和领事的保护，而不受奥斯曼帝国行政官员和伊斯兰法官的管辖，使他们享有充分的宗教信仰自由，并免于向帝国政府纳税。作为帝国社会的一部分，那些主要居住在伊斯坦布尔的西欧商人都有自己的团体，他们按照奥斯曼帝国政府与西欧国家签订的一系列正式条约的规定而生活。这些条约总的精神是，承认西欧各国商人在奥斯曼帝国享有某些权利和义务，允许他们按照自己的法律生活。但这些条约并非经过双方平等协商制定，这体现出当时的奥斯曼帝国政府对欧洲国家轻慢鄙视的态度。

2. 陵墓建筑艺术

奥斯曼人在攻下君士坦丁堡时并没有毁坏其城内基督教堂的原型，仅在原有代表性的壁画上涂了一层石灰，使其珍贵文物得以保存至今。因此，拜占庭精美的建筑亦成为新都伊斯坦布尔的丰厚遗产。在此基础上，奥斯曼各个时期的苏丹又延续着建造清真寺与王宫陵墓的嗜好，所以，清真寺与陵墓的建筑艺术成为伊斯坦布尔明显的城市标志。在伊斯坦布尔所有的陵墓中，比较著名的陵墓首推苏丹塞利姆一世陵墓。苏丹塞利姆一世于1512年废黜了其父巴耶塞特二世，继承了奥斯曼帝国的王位。虽然他仅执政八年，但他总是骑在马背上，从一个战场奔往另外一个战场。他曾经自豪地说："谁能用金钱填满我们的国库，谁就配把他的大印盖在国库的大门上。否则，我的大印总在门上。"冷酷的苏丹塞利姆一世下令在可以俯瞰黄金角港湾的一座山上，修建以自己名字命名的建筑群。1520年他死后，其子苏莱曼大帝下令，于1521年由奥斯曼帝国著名的建筑大师阿斯米·阿利，以苏莱曼大帝父亲的名字在此修建一个宏伟壮观的陵墓。并在陵墓入口处的一块瓷砖上写道：该陵墓由苏丹苏莱曼大帝于1521年下令修建。这座八边形的陵墓覆盖着一个主圆顶，前面还有由四个大理石柱子支撑着的柱廊，门窗上均有雕刻装饰。

在苏丹塞利姆一世的灵柩上，镶嵌着许多母珠，上面还盖着在埃及战役中，被宗教导师的马溅上泥点的战袍。陵墓主门两侧还装饰着两块相同的上过釉的瓷砖图案。这些图案内画满了黄色、白色、绿松石色的花朵。阿拉伯花纹被装饰在深蓝底色的壁龛上，图案还用象牙勾边，陵墓主门的顶部有两行深蓝底色的题词。穿过苏丹塞利姆一世的陵墓，就是皇太子的八边形陵墓。陵墓内用16世纪伊兹内克瓷砖雕刻装饰。苏丹塞利姆一世的5个女儿以及其子苏丹苏莱曼大帝儿子们的灵柩，都躺在陵墓周边地方。当然，苏丹塞利姆一世妻子哈夫萨皇后的陵墓，也在此地，不过因管理不善，现已成了遗迹。此外，在苏丹塞利姆一世的陵墓建筑群内，还有苏丹阿布米西德的陵墓，他在世的时候，修建了奥斯曼帝国著名的道马哈斯宫殿。顺着陵墓的这条路再向下走一点，就是苏丹塞利姆一世的女儿沙哈公主的陵墓，她是帝国大维齐路特飞帕夏的妻子。伟大的苏丹苏莱曼大帝则埋葬于其清真寺壁龛前的陵墓中，也属于苏丹塞利姆一世这座陵墓建筑群内。

3. 供水建筑

另外，水源是一个城市发展与繁荣的重要保障。为了修建与完善奥斯曼帝国首都伊斯坦布尔的公共设施，使其成为宜居的大都市，帝国修建了一个庞大的城市供水建筑系统，其中最具有代表性的是引水渠道。从建筑艺术的角度来看，引水渠道的设计，不仅为整个伊斯坦布尔满足了用水的需求，也为这个城市的整体建筑布局创造了一些独特之处。在拜占庭帝国时代，首都君士坦丁堡的城市用水主要是从哈克哈水库通过引水渠道，把大量的水引入蓄水池并贮存起来，然后通过一个叫作"水称"的高大水塔，对君士坦丁堡引水渠道的水压进行调节后，从分水站输送到城市的大街小巷的每个角落的喷泉当中。

然而，在奥斯曼帝国建新都时，城市中的一些旧蓄水池因年久失修而被废弃，引水渠道则经过修复后一直都在使用。在苏丹穆罕默德二世、苏丹巴耶塞特二世和冷酷的塞利姆一世统治时期，哈克哈水库是整个城市的唯一供水网络。为了迅速改变城市公共设施极为落后的状况，在苏莱曼大帝统治时期，他下令让奥斯曼帝国著名的建筑大师锡南，修复了现存的所有引水渠道，并从克克斯米水库引入一条新的引水渠道。这是一个双层引水渠道桥，高35米，长257米，有4个拱。锡南还修建了著名的阿娃斯科引水渠道，这个引水渠道207米长，有120个拱。后者是锡南在拜占庭帝国时期的引水渠道基础上修建而成的。他还修建了771米长的乌尊克米尔引水渠道，它有97个圆尖形的桥拱和古兹斯引水渠道，不过在1563年，这个地区因遇到了百年洪水的袭击，该引水渠道被损毁。

此后，修建于奥斯曼帝国苏丹马赫默德一世和苏丹阿卜杜勒·哈米德一世统治时期的大坝和水库，则一直支持着伊斯坦布尔的城市供水网络，将水从巴哈斯克水库引入伊斯坦布尔城市中的蓄水池，然后输送到卡拉塔商业区。苏丹穆罕默德二世为了更有效地分配用水，为整个伊斯坦布尔的城市供水系统增修了一条运河，并命令他的得力大臣在塔克斯姆水库又修建了一座分水站，从而极大地丰富了伊斯坦布尔的城市供水系统。另外，苏丹穆罕默德二世又下令，把位于凯莫玻卡兹和塞德瑞之间的哈米地亚山谷流出的水，也引入整个城市的供水系统当中。特别是来自贝尔格莱德森林中的水流，一直被贮存在具有悠久历史的水库当中，从而有效地解决了伊斯坦布尔的用水问题。修建水库和引水渠道，将水从山谷输送到城镇的做法，一直被认为是奥斯曼帝国时代独具特色的建筑艺术工程。因此，聚集在贝尔格莱德森林大坝的引水渠道，通过多年的修建，在1654年首次把水输送到了艾格瑞卡皮分水站，然后再通过蓄水池把水输送到了伊斯坦布尔全城。水就这样流到了全城的建筑群、清真寺、浴室以及遍布全城的400个公共喷泉。

长久以来，帝国首都的城市供水系统，都是由一个叫作"水之旅"的民间组织机构进行有效的管理与指挥的。后来，才由伊斯坦布尔的市政府接手管理并革新。为了节约用水，市政府关闭了一些城市供水系统，结果使得城市中的绝大部分喷泉不再喷水了，只能作为历史遗迹存在，供后人们参观。其中的绝大部分是苏莱曼大帝统治时期的遗迹，它们的建筑结构具有良好的平衡性和协调性，反映了奥斯曼帝国建筑艺术的风格特征。

4. 喷泉建筑

伊斯坦布尔还有一些十分有趣的建筑艺术，那就是遍布城市每个角落的喷泉。这些喷泉是一种建于法国菲利普时代的巴洛克式建筑。在奥斯曼帝国的强盛时期，伊斯坦布尔的市政府修建了许多喷泉，并赋予其重要内涵，在18至19世纪，奥斯曼帝国在其首都伊斯坦布尔的大街小巷中，修建了许多用于日常休闲观赏的喷泉和具有宗教性质的慈善喷泉，这些喷泉基本上是以其功能和位置而命名的。例如，在奥斯曼帝国军队行军途中停留休息的地方所修建的喷泉称为分离或祈祷喷泉，那些为奥斯曼帝国苏丹侍卫们中途停留的地方所修建的喷泉，则叫作恩赐喷泉。

还有许多喷泉是以其所建位置而命名的。例如，分布在伊斯坦布尔城市中央或城边的喷泉，有的叫作"墙"。一般来说，叫作墙的喷泉，大部分修建在建筑物外表面上。当然有的喷泉根据它所处的位置叫作"角落"，而有的则叫作"广场"。到20世纪初土耳其共和国时期，伊斯坦布尔的城中还有许多不同形态的喷泉。例如，在伊斯坦布尔的城中街道和建筑角落里发现的喷泉，如果是修成了单面的，那就属于帝国早期的建筑样式，而修成双面或是三面的，则属于帝国晚期的建筑样式。一般来说，表面有雕刻图案的开放式喷泉，首次出现在18世纪末期，是一种装饰公共广场最为常用的标志性建筑。

广场喷泉被认为是在丰富多彩的伊斯坦布尔城市喷泉形态中，最好的建筑艺术范例。如在帝国著名的托普卡帕宫殿大门前的广场喷泉，是在1728年由苏丹艾哈迈德三世下令让帝国著名建筑大师艾米阿格修建的，它是纪念性广场喷泉中最佳的代表作品，也是法国巴洛克建筑艺术风格的代表作品之一。广场每一边都有一个穹隆式喷泉，每个角上都有个慈善喷泉，表面上都用瓷砖和雕刻装饰，其顶部有一行出自当时奥斯曼帝国著名诗人赛义德·凡宾的诗句。

伊斯坦布尔城中还有一个著名的托普安那喷泉，位于西哈阿帕夏清真寺旁边。这个喷泉也是一个被装扮得非常美丽的广场喷泉，是由苏丹马赫默德一世命令帝国著名建筑大师米哈米德·阿格于1732年修建的。这个广场喷泉的顶部，覆盖着一个单圆顶，顶端还有伸出来的宽屋檐，上面有用大理石装饰的鲜花、柏树和水果图案。此外，人们在帝国首都的所有广场中间，还能见到一对不断溢水的慈善喷泉，其两侧还有两个小喷泉，上面没有任何装饰物。土耳其共和国时期，这个喷泉被移到了位于卡拉塔高塔旁边的新址，遮檐下面泉水涌动，让来到此处的人们润喉解渴。

首都著名的乌斯库达广场喷泉的上面，覆盖着有四个角的圆顶，上面还有精雕细刻的伸出式屋檐。虽然其建筑与苏丹哈米德下令修建的广场喷泉极为相似，却没有任何慈善喷泉作为陪衬。喷泉修建在一个与众不同的大广场上，特别是在它的大理石表面上，雕刻着帝国著名诗人的诗句。上面覆盖着一个像塔尖一样的圆锥形岩石屋顶，墙面没有任何装饰。

1795 年，由帝国苏丹米塞利姆三世下令在伊斯坦布尔艾尤普广场修建的喷泉，是一般喷泉和慈善喷泉相结合的产物，其表面是以当时最普通的方法来装修的。而位于伊斯坦布尔的贝科兹广场喷泉，则以其与众不同的设计而引人注目。它是由帝国建筑大师贝哈布如兹修建的，此人原是苏丹苏莱曼大帝密室的守卫者，后自学戎才成为一位著名建筑大师。这座广场喷泉于 1746 年由伊斯坦布尔的海关总监伊斯哈科重新设计修建。因此，它也可以叫伊斯哈科喷泉，该喷泉的水主要是从拱形和圆顶形的 10 个龙头中流出。

位于苏丹阿·哈米德广场的喷泉，虽然不是伊斯坦布尔城市中的重要纪念物，却是最具吸引力的广场喷泉之一。这个喷泉是由德国皇帝威廉姆二世以奥斯曼苏丹阿卜杜勒·哈米德二世的名义，由德国建筑师斯皮塔于 1899 年修建的。修建这个广场喷泉的主要目的是庆祝他登基 25 年。它于 1901 年在原址上又重新修整安装了一次，变得更加美丽壮观。喷泉铜板制的圆顶是由绿色斑岩的柱子支撑的，这些柱子还有一个八边形的大理石基座，其内部是用镶金工艺以及德国威廉姆二世和苏丹阿卜杜勒·哈米德二世名字的字母组合雕刻来装饰的。

另外，在首都伊斯坦布尔城市中的大街小巷，还有许多慈善喷泉。这些慈善喷泉首次出现于 16 世纪，具有多边形和圆形结构的建筑艺术风格。其以大理石和锻铁工艺为整个城市增添了一道亮丽的风景。目前，大约有 80 多个这样的慈善喷泉。城市中最古老的慈善喷泉可以追溯到 1587 年，是在位于苏丹苏莱曼大帝陵墓附近的一个角落发现的。

在奥斯曼帝国时期，大街上的水会在特定的日子里，从慈善喷泉的喷口里流出来，分送给那些祈祷者。慈善喷泉的名字，一般主要以其修建者或喷泉捐赠者来命名。在伊斯坦布尔的城中还有其他一些有意义、值得一提的慈善喷泉，主要是由阿齐兹苏丹下令修建的、位于清真寺建筑群内的喷泉，位于卡斯卡皮的穆斯塔法喷泉，位于贝亚兹特的卡普顿喷泉，位于塞赞德的特艾玻西姆帕夏喷泉，以及在波兹道干水道底层的卡赞佛阿格喷泉。从这些慈善喷泉中，可以看到奥斯曼帝国19世纪经验主义的建筑艺术风格。

5. 浴池建筑

伊斯坦布尔还有许多著名的浴池，如今，人们却再也无法看到拜占庭帝国时期与奥斯曼帝国时期的浴池了。据史料记载，拜占庭时期君士坦丁堡修建了许多华丽的浴池。例如，拜占庭帝国许多著名的史学家提到的阿卡琉斯和塞尤西普斯浴池。据说这些浴池是427年由拜占庭帝国凡利斯皇帝的女儿修建的，所以浴池多位于大臣们的官邸附近。此外，人们还可以从建于拜占庭帝国时期和奥斯曼帝国时期的浴池，看到古罗马帝国时期的建筑艺术遗风。奥斯曼人征服了君士坦丁堡后，主要以古罗马帝国的传统形式在新都伊斯坦布尔修建大量浴池。特别是在宏大的建筑物中修建浴室楼时，就有了独立经营的浴池，甚至连喷泉的附属建筑旁也建了浴池，修建者主要从这些浴池中获取新的经济收入来源。

遗憾的是，如今在伊斯坦布尔全城仅有大约150个浴池还在经营。例如，1466年由奥斯曼帝国大维齐修建的斯夫特浴池，如今只有男部在继续使用。1558年，苏丹苏莱曼一世命令帝国著名建筑大师锡南，在哈吉亚索夫亚南边修建了浴池，这个浴池当时有男女两部。位于伊斯坦布尔的纽巴纽浴池，则是1580年由穆拉德二世的母亲、帝国皇后纽巴纽修建的。起初这个浴池共有男女两部，如今也仅有男部开放营业，而女部早已改建成了一个商店。1741年，由苏丹马赫默德二世下令修建的卡哥勒哥鲁浴池，主要是作为帝国王室的一项重要经济收入来源。

奥斯曼帝国首都伊斯坦布尔除了在建筑方面获取了巨大成就之外，在文学艺术方面也为人类社会的发展做出了重要贡献。在帝国普通民众中间，民间诗歌和民间故事仍然保持其固有的地位，但在16世纪及以后的年代里，更能够打动奥斯曼人的文化样式，则主要是由居住在奥斯曼帝国首都伊斯坦布尔的杰出之士所创造的文学艺术作品。伊斯坦布尔极大地吸引了按波斯诗歌模式谱写美丽诗篇的诗人，歌颂奥斯曼帝国成就的历史学家，用鲜明色彩和图画装饰文稿的艺术家，以及在各大经院传授宗教和哲学的乌里玛（伊斯兰教教职称谓，多指能对宗教问题做出公议的学者群体）。此外，帝国的手工艺品和袖珍画艺术也成为伊斯坦布尔吸引世人瞩目的文化珍品，流传甚广。

四、巴耶塞特二世与儿子塞利姆一世

1. 继位之争

穆罕默德二世去世后留下了两个儿子。长子巴耶塞特二世，33岁，是旧加齐中心阿马西亚的省督。次子杰姆，21岁，是从前的突厥塞尔柱人罗姆苏丹国旧都科尼亚的省督。由于从阿马西亚骑马到伊斯坦布尔需要8天的行程，而从科尼亚到伊斯坦布尔只需要4天的行程，所以次子杰姆有充分的时间得到奥斯曼帝国中央政府行政控制权的便利条件。但是，近卫兵团、宫廷侍从和从宫内学堂毕业的政府官员们等帝国内部的政治势力，都支持巴耶塞特二世，希望这位具有丰富治国经验的王子能够继承奥斯曼帝国的苏丹王位。然而，穆罕默德二世的最后一位首相，由于此人出生于小亚细亚的穆斯林旧贵族之门，所以偏袒与他政治意向相同的杰姆。他试图隐瞒穆罕默德二世逝世的消息，秘密派遣信使飞马去报告杰姆，让其火速领兵执掌朝政。然而，穆罕默德二世逝世的消息还是被泄露了出来，于是，近卫兵团和部分帝国政府官员联合起来，杀死了首相和向杰姆通风报信的人，然后迅速派人去传递消息，等候巴耶塞特二世的到来。

以近卫兵团为首的各种政治势力，之所以选择巴耶塞特二世继承奥斯曼帝国的苏丹王位，一方面是他们认为巴耶塞特二世具有丰富的治国才能，另一方面是巴耶塞特二世居住在旧加齐中心阿马西亚达25年以上，所以会固守加齐传统，而当时这些人正在迅速变成加齐传统的继承者，与巴耶塞特二世有着共同的政治基础。此外，政治上早熟的巴耶塞特二世，由于注意到奥斯曼帝国王室杀害兄弟的"卡农"习惯法对苏丹王位继承有着巨大的影响，所以机智地通过政治联姻和结盟，拉拢了许多王室成员和帝国政府中德高权重的人物，来全力以赴地支持他做奥斯曼帝国苏丹王位的继承人。

穆罕默德二世的小儿子杰姆，在苏丹王位的继承问题上，则主要得到了小亚细亚地区保守派穆斯林团体的支持。杰姆在奥斯曼帝国苏丹王位继承问题上所遇到的主要困难，是此人政治经验不足，缺乏宫廷内部斗争的谋略，在性格上也比较孤僻、腼腆。他的兄长巴耶塞特二世长期以来在全国各地集结他的政治党派，以期待最后时机的到来。尤其是巴耶塞特二世的好几个儿子，连同他们的导师，已经完全控制了小亚细亚许多地方的总督大权，声势日隆，影响益大。

当接到父亲穆罕默德二世逝世的军报之后，巴耶塞特二世立刻率领他的军队，日夜兼程奔往帝国首都伊斯坦布尔。为了顺利通过封锁着的从城门到王宫地带的近卫兵团负责的警戒线，巴耶塞特二世慷慨地发给了每一位近卫兵团成员一份丰厚的赏金，并对于苏丹王位空缺期间近卫兵团发生的所有劫掠行为和罪行宣布特赦。尤其是巴耶塞特二世向那些参与宫廷苏丹王位继承阴谋的人员承诺，一旦他顺利继承了苏丹王位，保证委任他们每个人以重要的职务。

此时，杰姆率领卡腊曼和科尼亚的军队占领了军事重镇布尔萨，为了争夺苏丹王位，公开向兄长巴耶塞特二世挑战。在得到帝国首都内全体政府官员和近卫兵团的支持后，巴耶塞特二世利用其父穆罕默德二世所召集的准备远征欧洲的军队，一举击溃了杰姆。在混战中，杰姆率少数亲信逃往埃及，并由此前往麦加朝觐。为了避免奥斯曼帝国内部因苏丹王位继承的问题造成的政治上的混乱，削弱奥斯曼人的力量，忐忑不安的巴耶塞特二世采取了一种息事宁人的和解态度，派亲信大臣前往圣城麦加去说服杰姆，表示不再追究他的反叛行为，并保证继续给予他王公的待遇，只要他肯永远居住在耶路撒冷，不再返回奥斯曼帝国首都伊斯坦布尔。在巨大的政治压力和丰厚的物质待遇引诱面前，杰姆并未改心易志。他杀死了来访的大臣，断然拒绝了兄长巴耶塞特二世的要求，并大量招兵买马，于1482年7月率军返回帝国首都伊斯坦布尔，试图再次通过武力争夺王位。但在巴耶塞特二世早有防范准备的情况下，杰姆率领的军队一触即溃。绝望的杰姆孤身逃往罗得岛，寻求圣约翰骑士团的保护，但被那些毫无信誉可言的骑士们扣留，并被利用来同奥斯曼人签订一项有利于他们自己的和约。巴耶塞特二世完全同意了骑士们的要求，答应每年付给他们4万金币，条件是要他们扣留住杰姆。不久，圣约翰骑士团又把杰姆转移到了他们在法兰西的城堡中，在那里，杰姆又落入法国国王查理八世之手，成为国际政治角逐中的一个人质。哪个国家愿意保护他，哪个国家就能获得政治威望和经济收入，因为巴耶塞特二世愿意出高价，把其弟杰姆监禁在奥斯曼帝国以外的任何地方。其后，因政治上的需要，杰姆又被献给了罗马教皇亚历山大六世，不久法国国王查理八世又从教皇亚历山大六世处将杰姆借来，目的是要他参加反对奥斯曼帝国的基督教十字军远征。然而不幸的是，在次年年初，在沮丧和绝望中杰姆患上了热血症，病死于那不勒斯，了却了他苦难的一生。杰姆的遗体最后由兄长巴耶塞特二世用重金赎回，隆重地葬于布尔萨。

在1482年至1495年间，巴耶塞特二世由于害怕他的兄弟杰姆回来与他争夺王权，因此在对外征服的活动中一直比较克制。但是，奥斯曼帝国的社会结构和制度，决定了它不得不实行一种对外扩张的政策。因为一旦对外扩张停下来，依靠掠劫财富维持日常生计的封建骑兵、近卫兵团以及政府的

巴耶塞特二世

113

大小官员就会不满，整个社会就会不得安宁。所以在这几年中，巴耶塞特二世还是率军对外进行了有限的扩张，让奥斯曼军队沿着达尔马提亚海岸，对欧洲做一般性的军事骚扰，而不是攻城夺隘。虽然这种战略不是决定性的，但奥斯曼人截获的战利品还是不少的，基本上满足了奥斯曼帝国社会内部的需求和愿望。

1495年初，杰姆病死了之后，完全无后顾之忧的巴耶塞特二世，首先在西面采取了比以前更具有侵略扩张性的政策，奥斯曼人的军队对达尔马提亚沿海一带的袭击掠夺更加频繁了。在奥斯曼帝国的锡诺普、格利博卢、勒班陀、发罗拉和普雷韦扎等地，到处回响着木匠、铜匠、铁匠等工匠们忙着建造各种新式战舰的敲击声，使得奥斯曼帝国的海军舰队变得更加强大。

2. 内政优先

1499年10月，奥斯曼帝国与威尼斯之间再次爆发了战争。巴耶塞特二世率领大军，首先夺取了伯罗奔尼撒半岛上的麦托尼和科罗尼，并在纳瓦里诺的一次大海战中，一举击败了威尼斯舰队。虽然在1503年，双方经过艰苦的谈判缔结了和约，但是战争还是极大地削弱了威尼斯在地中海东部的军事力量，从此奥斯曼帝国的海上霸权地位牢固地建立了起来。

威尼斯这个昔日的海上强国，此时已是日过中天。其原因之一便是葡萄牙人环绕非洲的航行，开辟了一条从欧洲通往东方的海上航线，沉重地打击了威尼斯的中间商贸易。而面对遍及黑海、爱琴海以及东地中海的奥斯曼人，威尼斯人更显得黯然失色。此后，在巴耶塞特二世的指挥下，奥斯曼帝国庞大的海军，经常袭击地中海沿岸的每一座城市，而奥斯曼帝国的海军将领和船长们，则把从前的加齐海盗作为他们掠夺扩张的榜样。

在奥斯曼帝国的历史上，巴耶塞特二世也算是一位伟大的征服者和杰出的军事统帅。他思维敏捷、精明强干，一生中的大部分时间都在东征西伐、开疆辟土的战争中度过。由于长年累月在军帐中风餐露宿，他得了严重的风湿病。腰弯背驼，行动迟缓，年龄还不到半百，但看上去像七八十岁的老人。在健康状况不佳的情况下，巴耶塞特二世经常被抬在担架上指挥战斗以鼓舞士气。特别是当他的病情加重的时候，他的子孙们就万分的紧张，担心着自己未来的命运。

巴耶塞特二世的统治特点主要取决于他为了确保苏丹王位和奥斯曼帝国的安全，而被迫采取的一系列政策。巴耶塞特二世在位期间，世界上发生了三件大事，对奥斯曼帝国日后的历史进程起着深远的影响。其一是奥斯曼帝国海军规模和力量的增长，这种增长对扩大伊斯兰圣战和对外征服战争，有着极其重要的意义。因为有了一支名副其实的庞大海军，去积极配合他们令人生畏的陆军，奥斯曼人便可以在亚得里亚海、爱琴海和地中海，向海上强国威尼斯与西班牙挑战，并完全成了欧洲外交体系中的一个重要组成部分。那些要想阻止一个统一的强国来统治主宰欧洲的国家，都纷纷想争取奥斯曼人成为自己的同盟者。第二个事件的发展，是波斯萨法维王朝的崛起，这是对奥斯曼帝国在东方霸权的极大威胁。波斯萨法维王朝的统治者伊斯玛仪也是一代英杰，他将祖先于王4世纪创建的神秘主义派国家改变成为一个对外军事扩张的伊斯兰教什叶派国家。伊斯玛仪宣称，在父系方面，他是先知穆罕默德·哈里发阿里和第七伊玛目的后裔。在母系方面，他根源系突厥王公和拜占庭帝国的王侯。为了不断扩大自己的政治势力，伊斯玛仪在小亚细亚东部的一些突厥部落中展开了强有力的宣传工作，从而把波斯人、突厥人和伊斯兰教的什叶教派联合起来，信奉和效忠他这位神秘的君主。伊斯玛仪于1502年称帝，并宣布伊斯兰什叶教派为其王朝的国教。

什叶教派是伊斯兰教的一个主要教派，它是在先知穆罕默德死后，伊斯兰教社会因政治主张相异而发生分裂时产生出来的。什叶派教徒支持先知穆罕默德的女婿阿里担任伊斯兰教的哈里发（教主），而逊尼派教徒（也称为正统派）则承认先知穆罕默德的真正继承人阿布巴克为伊斯兰教的哈里发。这种政治上的分裂在伊斯兰教中永久性地存在，两派之间水火不容。

长期以来，奥斯曼帝国的行政管理和财政政策，使得小亚细亚地区的许多突厥人疏而不亲。所以，带有激进无政府主义色彩的什叶教派的政治主张，便在这些突厥部落中广泛地传播开来。巴耶塞特二世把小亚细亚许多可疑的什叶教派分子，都流放到了新征服的莫里亚，借以减少波斯萨法维王朝侵占小亚细亚大片地区的威胁。然而，1511年小亚细亚爆发的什叶教派叛乱，说明巴耶塞特二世政策的失败。第三个事态的发展，是1498年瓦斯科·达·伽马环绕非洲的航行，这是一个具有极其深远后果的事件。后果之一便是促使巴耶塞特二世的儿子塞利姆一世亲率奥斯曼大军征服了埃及马木留克王朝的领地。而巴耶塞特二世本人无须应付这些事态发展的后果。

1512年4月，巴耶塞特二世这位体弱多病、老态龙钟的帝国苏丹，此时显然已经对国家失去了控制。在儿子塞利姆一世的强迫下，他宣布退位，让权给塞利姆一世。巴耶塞特二世一生中共有八个儿子，其中五人因病夭折，仅剩下了三个。老大考尔库德在马尼萨任总督，老二艾哈迈德在阿马西亚任总督，最小的儿子塞利姆一世在特拉比松任总督。因对奥斯曼帝国王位继承的习惯法"卡农"的惧怕，每位王子都在运用政治手腕，大肆玩弄阴谋诡计，为他们的亲信和子女谋求恩宠和要职，以拉帮结派、笼络人心，壮大自己的政治势力。尤其是伴随着奥斯曼帝国王位继承问题的紧迫，在集团利益的驱动下，帝国宫廷内部逐渐形成了支持不同王子继位的政治势力，相互之间展开了一场触目惊心的较量。

帝国的近卫兵团的将领们倾心拥护巴耶塞特二世的小儿子塞利姆一世为苏丹王位继承人，因为他办事果断、性情刚猛、精力充沛，最热衷于对外征服的战争，可以率领他们攻城夺隘、开疆辟土，为他们带来丰厚的劫掠品。巴耶塞特二世和大臣们则推崇二儿子艾哈迈德为苏丹王位的继承人，认为他具有卓绝的个人修养、出众的智力，文韬武略，身手不凡，是一位理想的帝国君主。而广大的诗人、哲学家和神学家们，则全部支持和拥护老大考尔库德继承苏丹王位，因为他聪慧豁达、善解人意、勤奋好学、尊重知识，与他们属于同一类人。

按照奥斯曼帝国传统的惯例，在发生王位继承权争夺的时候，通常哪一位王子能够设法首先到达帝国首都伊斯坦布尔，获得对国库和国家档案的控制权，并争取到近卫兵团的支持，他就会在王位继承的问题上稳操胜券。颇有心计的塞利姆一世，深知他所统治的特拉比松距帝国首都伊斯坦布尔较远，在地理上处于一种不利的地位，所以就起兵向帝国军事重镇埃迪尔内进军，迫使其父巴耶塞特二世授予他巴尔干总督的职位，使他处于一种距帝国首都伊斯坦布尔较近的地理位置。不久，当巴耶塞特二世的法国保健医生预言他将马上离开人世的时候，巴耶塞特二世和他的亲信大臣们开始将国家的大权和财政巨款交给他所宠爱的老二艾哈迈德。

一得到父亲交权的音信，塞利姆一世立即发兵夺取了奥斯曼帝国在欧洲的旧都埃迪尔内。此时躺在病床上的巴耶塞特二世也根本无法马上找到一位忠诚可靠、骁勇善战的将领，率领军队去把塞利姆一世从他所夺取的帝国旧都埃迪尔内赶出去。同时，作为奥斯曼帝国苏丹王位继承人的艾哈迈德，为了在小亚细亚得到什叶教派教徒们的广泛支持，已经从奥斯曼帝国正统的逊尼教派信仰，改信异端的什叶教派，并在大庭广众之下穿上什叶教派的衣服。在这件事情发生以后，作为一名虔诚的逊尼正统教派的君主，巴耶塞特二世大为恼火，于是立即派人去把塞利姆一世召到帝国首都伊斯坦布尔，决定禅位给他。一个月后，统治了奥斯曼帝国31年之久的巴耶塞特二世，在前往他的出生地德莫提卡宫去休养的时候，不幸中途病逝。

3. "冷酷者"塞利姆一世

新继位苏丹王位的塞利姆一世，在奥斯曼帝国的历史上，是一位颇有争议的人物。他以果断和残忍而赢得了"冷酷者"的诨名。但此人生活俭朴，追求一种理智和道德的生活。他虽然也经常在宫廷内安排各种娱乐活动和宴会，但那只是一些礼节的需要，是为了满足他的亲朋好友的喜好，他本人根本不热衷于那些奢侈的美酒歌舞，对后宫更不感兴趣，不像其他苏丹那样放纵自己。他本人不仅刻苦好学，博览群书，而且提倡恢复古老的伊斯兰教传统，命令他的朝廷尊重哲学家、史学家、文学家和神学家，以及各种有学识的人们。他不仅骁勇善战，让敌人闻风丧胆，而且能吟诗作画，是一名精明强干的治世奇才。

1512年8月，当塞利姆一世继承了苏丹王位之后，他并没有急于发动军事行动，对外进行扩张。他首要的任务是巩固王位。因为此时他仅掌握了包括帝国首都伊斯坦布尔在内的巴尔干地区，而他的哥哥艾哈迈德统治着小亚细亚的大部分地区，对他继承苏丹王位深表不满，于是，塞利姆一世立即率领大军渡海到小亚细亚征讨艾哈迈德。虽然艾哈迈德利

塞利姆一世

用政治诡计获得了小亚细亚地区什叶教派的广泛支持和援助，进行了坚决的抵抗，但还是在来年的春天，被塞利姆一世击败并捕获绞死。为了斩草除根、铲除异己，塞利姆一世这位冷酷无情的君主，还下令擒获了他的五个侄子和兄长考尔库德，并全部秘密处死。尤其是塞利姆一世于1513年冬季，为了报复那些支持他哥哥艾哈迈德与他武力对抗的小亚细亚什叶派教徒，通过秘密侦察和审讯，把他们的名册全部开列出来，然后一声令下，大约有4万人被斩首。塞利姆一世把其余的人全部遣送欧洲，希望以此方法把小亚细亚地区的宗教问题彻底解决。

塞利姆一世在他统治的8年间，对外发动了一系列的扩张征服战争。尤其是他东征伊朗，南伐叙利亚和埃及，成为阿拉伯阿拔斯王朝的继承者以及穆斯林宝地的统治者，使得奥斯曼帝国成了一个雄霸中

东地区、声势显赫的伊斯兰帝国。这种扩张征服和大片土地的获得，在使奥斯曼帝国东方化方面起到了决定性的作用，是奥斯曼人对外扩张中的一个重要历史发展阶段。

4. 三次东征

塞利姆一世在巩固了苏丹王位之后，首先决定发兵讨伐波斯萨法维王朝，因为他决不能容忍任何被具有扩张野心的宗教所支配的国家，在奥斯曼人的东部边境上对他们毫无敬畏之心。此时波斯萨法维王朝的统治者完全继承了中亚帖木儿王朝的霸权传统以及古波斯神圣王权的观点，他们受伊斯兰什叶教派信仰的激励采取了一种积极的圣战行动，不为残酷激烈的战斗前景而恐惧。奥斯曼人与波斯人同属信奉伊斯兰教的国家，但又分别属于伊斯兰教的两大教派，也就是逊尼派与什叶派。两派水火不相容，加之波斯萨法维王朝的统治者伊斯玛仪曾经帮助塞利姆一世的哥哥艾哈迈德争夺王位，因而双方积怨甚深，冲突不断。

塞利姆一世在战争中

1514年4月20日，塞利姆一世以保护伊斯兰教逊尼派为名，向什叶派的波斯萨法维王朝发动了战争。他共集结了15万大军，6万只骆驼，从博斯普鲁斯海峡东岸出发，远征波斯萨法维王朝的首都大不里士。征途山峦重叠，道路崎岖，波斯萨法维王朝的统治者伊斯玛仪在退却时，又实施了焦土政策，焚烧村镇，破坏桥梁，给奥斯曼帝国的军队带来了极大的困难。但塞利姆一世不肯退兵，要不惜一切代价征服波斯萨法维王朝。8月14日，两军在波斯萨法维王朝的首都大不里士附近的查尔德兰相遇，波斯萨法维王朝的统治者伊斯玛仪亲自率领8万精锐骑兵出城迎战。当时，就双方的兵力来看，奥斯曼人占优势；就其斗志来说，波斯萨法维王朝的军队以逸待劳、兵强马壮、军容整齐，而奥斯曼帝国的军队乃是远来的疲惫之师。

战斗一开始，波斯萨法维王朝的轻骑兵在国王伊斯玛仪的亲自指挥下，分为左右两翼杀气腾腾地扑向奥斯曼帝国的军队。在两军血腥残酷的厮杀中，奥斯曼帝国骁勇善战的加尼沙里军团舍命而战，顶住了波斯萨法维王朝轻骑兵的凌厉攻势，并一举击溃了他们。因为波斯萨法维王朝军队的武器太落后了，他们仅有大刀长矛。在奥斯曼帝国军队大口径火炮猛烈的轰击下，波斯萨法维王朝的轻骑兵一排排地倒下，凶猛彪悍的加尼沙里军团的士兵乘势发起冲锋，所向披靡，势如破竹，大败波斯萨法维王朝的军队。身负重伤的国王伊斯玛仪仅带领少数卫兵逃离战场。奥斯曼帝国的军队乘胜攻占了波斯萨法维王朝的首都大不里士，连国王伊斯玛仪的后宫嫔妃们也全部成了俘虏。在这次战役中，波斯萨法维王朝的军队死亡五万多人，被俘一万多人，损失惨重。

塞利姆一世在攻占了波斯萨法维王朝的首都大不里士之后，原想在这场伊斯兰教逊尼派逞兵耀武的征伐中，乘胜向波斯萨法维王朝的腹地进军，但是加尼沙里军团的将士们多属于欧洲籍的士兵，不愿意久留异乡，所以迫使塞利姆一世不得不临时改变计划，率领奥斯曼大军凯旋。这样，才使得处于一片惶恐之中的波斯萨法维王朝避免了一场毁灭性的灾难。奥斯曼帝国的军队在掠获了大量的战利品以及无数波斯萨法维王朝的能工巧匠之后，胜利地返回到帝国首都伊斯坦布尔，并将原属于波斯萨法维王朝的美索不达米亚平原完全并入了奥斯曼帝国的版图。

随着波斯萨法维王朝的战败，在东方的三个伊斯兰国家波斯、埃及和奥斯曼帝国的力量均势完全被打破了，而成了有利于后者的形势。波斯人曾经写信给埃及马木留克王朝的君主，告诉他唇亡齿寒的道理，请求派军队援助他们抵抗奥斯曼人。然而在1516年和1517年的几次速战速决中，塞利姆一世率领的奥斯曼帝国军队击溃了埃及马木留克王朝的军队。这是手中掌握着大炮、枪支、子弹和火药，训练有素，军饷优厚和给养充足的军队，对手中掌握着大刀、长矛和弓箭，未经训练、不发军饷和毫无忠诚可言的乌合之众的一次胜利。阿勒颇、大马士革、贝鲁特以及其他许多城市都向奥斯曼帝国的军队敞开了大门。奥斯曼帝国虽然向这些新征服的地区都派遣了总督，但对于此地的行政管理以及整个社会并没有去做什么大的变动。税收仍然用承包的办法征收；黎巴嫩山上的埃米尔，不过是奥斯曼帝国名义上的藩属，他们具有很大的独立性；犹太人和基督教徒受到奥斯曼帝国的宽待，每人缴纳的税率，从过去的20%下降到了5%；为了在伊斯兰世界赢得威望，塞利姆一世把耶路撒冷的朝觐费用减少到了一个极小的数目，每年还专门从帝国政府的经费中，拨出500金币给耶路撒冷圣陵的方济兄弟会使用。

1517年1月20日，塞利姆一世率领奥斯曼帝国的军队逼近埃及马木留克王朝的首府开罗。1月22日，两军战斗于开罗郊区。虽然埃及马木留克王朝的国王突曼贝伊亲自率领军队英勇抵抗，誓死一搏，但由于官无战心，士乏斗志，再加上武器装备极其落后，马木留克王朝的军队一败涂地，阵亡将士达两万余人，国王突曼贝伊也在战斗中被俘后处死。从此，马木留克王朝在埃及达四百余年的统治结束了，埃及变成了奥斯曼帝国的一个行省。

此时的塞利姆一世，已经是一位从多瑙河到尼罗河瀑布的帝国的苏丹了，甚至连奥斯曼帝国的宿敌，波斯萨法维王朝也急忙派遣使者前来为塞利姆一世新获得的领土而致贺，承认奥斯曼帝国为中东地区最强大的国家。于是，在此后漫长的岁月中，叙利亚和埃及一直处于奥斯曼帝国的统治之下，历经400年之久。除了原有的波斯和拜占庭帝国对奥斯曼帝国的影响之外，塞利姆一世率军南下扩张，攻占叙利亚和埃及，现在与古老的阿拉伯文化又有了新的接触，受到了新的影响。

此外，这次奥斯曼帝国的对外扩张，使大马士革和开罗这两座具有历史意义的穆斯林都城，以及麦加、麦迪纳和耶路撒冷这三座伊斯兰教圣地，全部都归顺于奥斯曼帝国。从此，奥斯曼帝国与传统的伊斯兰世界的联系，得到了进一步的加强。奥斯曼帝国成了古老伊斯兰教世界的主要力量，成了伊斯兰教圣地的保护人，奥斯曼帝国的君主们现在使用"虔诚信徒的首领"这个封号的理由更加充分了，而且得到了更多的伊斯兰教徒的赞同。

奥斯曼人在抵达多瑙河一百多年之后，终于来到了东方的尼罗河，并且正向幼发拉底河流域进军，他们用不断取得的对外征服的胜利成果，把古老的伊斯兰教旧世界同信仰武士征服的新世界连成一体，使其发展演变成了一个广土众民的大国，一支在国际政治事务中起到举足轻重作用的中坚力量。

精力充沛、戎马倥偬的塞利姆一世在离开奥斯曼帝国的首都伊斯坦布尔两年之后，于1518年的仲夏凯旋帝国首都，但政坛时局的发展，又使他面临着一个关于哈里发职位的棘手问题。阿拉伯阿拔斯王朝的哈里发穆塔瓦基勒，是一个被埃及马木留克王朝操纵的傀儡，为了起到一种宗教上的号召力，他被埃及马木留克王朝随带出征，同奥斯曼帝国的军队交战，后在阿勒颇战败，他本人成为战俘，落入塞利姆一世之手。为了获得对于伊斯兰教世界的号召力和统治权，为奥斯曼帝国的君主们取得哈里发这个政教合一的称号，塞利姆一世把这个傀儡哈里发带回帝国首都伊斯坦布尔，指控他非法挪用由他托管的宗教款项，逼迫他交出哈里发的称号，并把他关进监狱拘禁起来。多年之后，即1543年6月，穆塔瓦基勒才获准回到开罗，后来此人就老死在那里，度过了他心酸的孤寂余生。据说穆塔瓦基勒在离开帝国的首都伊斯坦布尔之前，在百般无奈的情况下，将他的哈里发称号移交给了奥斯曼帝国的统治家族。在以后的年代里，奥斯曼帝国的历代苏丹们就据此名正言顺地使用起哈里发的称号，成了伊斯兰教的最高宗教统治者，担负起了保卫伊斯兰教世界利益的重任。

1520年春季，连年的征战和日理万机的操劳，使得塞利姆一世变得体弱多病，长期卧床不起。虽然经过多方精心治疗，病情还是日益恶化。在这年的秋季，塞利姆一世这位曾经威震四方、叱咤风云的奥斯曼帝国君主，终因急性心脏衰竭病逝于帝国首都伊斯坦布尔，在病痛的煎熬中，默默地离开了人世间，走完了他辉煌的生命历程。虽然塞利姆一世在位只有8年时间，但他那金戈铁马、豪情壮志的征服生涯，却给他的子孙后代们留下了一份丰厚的遗产：一支数量庞大惊人、实力强大雄厚、使敌人望风披靡、一触即溃的军队；一套行政、司法、财政体制都已经日趋完善的封建国家机器；一顶统治伊斯兰教世界的哈里发称号的桂冠，从而取得了伊斯兰教思想体系，对奥斯曼帝国旧有宗教观念和价值取向的决定性胜利。从此，奥斯曼帝国在对外征服过程中，伊斯兰教始终是其对外扩张的一面旗帜。总之，塞利姆一世依靠他那执着、坚忍，一往无前的务实精神以及卓越的治国才能，在奥斯曼帝国迅速崛起的历史进程中，确实留下了浓墨重彩的一笔，成了奥斯曼帝国历史上的一位风云人物和一代英杰。

五、伟大的苏莱曼大帝

1. 伟大者诞生

1520年3月，塞利姆因病去世时，仅留下一个儿子，那就是在世界历史上声名显赫、英武盖世的苏莱曼大帝，所以在奥斯曼帝国政权移交时，在统治集团内部并未产生任何紧张局势和混乱，更没有发生政治派别之间相互杀戮的事件。此外，苏莱曼生于伊斯兰教教历900年（1494），是伊斯兰教第十世纪的元年，他本人继位时又是奥斯曼帝国的第十代君主。这些带有祥兆性的历史开端，使奥斯曼帝国的新苏丹苏莱曼大帝的臣民们深信，苏莱曼大帝命中注定要统治世界。在这个充满神秘主义色彩的历史背景下，年轻有为、敢想敢干的苏莱曼以一位伟大的帝国君主的身份出现了，可以和那些与他同样年轻的同时代人物查理五世、弗朗西斯一世和亨利八世相媲美。

苏莱曼大帝一生在位46年，在他的统治下，奥斯曼帝国的政治、经济、军事和文化等方面都达到了登峰造极的程度，趋于极盛。因此，他曾经以"真主在大地上的影子""众苏丹之苏丹""众君主之君主"等桂冠自诩，被欧洲人称为"大帝"，被他自己的臣民们称为"立法者"，一直被人们看作历代著名帝王行列中的一个最了不起的人物。

苏莱曼大帝自幼接受奥斯曼帝国宫廷教育和传统的伊斯兰教教育，信奉正统的逊尼派教义，遵行哈乃斐学派的教法，喜爱诗歌和文学。1509年3月，年仅15岁的苏莱曼按照奥斯曼帝国王室的传统，受命于祖父巴耶塞特二世，在一批知识渊博、经验丰富的导师和顾问们的辅佐下，前往博卢担任总督，以便在实践中学习和取得治国安邦的政治经验，那时他不过是一个不懂世故的孩子。但在他的伯父艾哈迈德的强烈抗议下，他又被调往他的母亲——一位鞑靼公主的出生地克里米亚的卡法担任总督。在他父亲塞利姆一世夺得奥斯曼帝国的苏丹王位之后，每当其父离境征战，他便作为独子替代父亲掌管帝国的政务大权，治理整个国家，这些经历对他未来事业的发展无疑是一个很好的锻炼。1520年3月，其父因病去世，同年4月，26岁的苏莱曼继承奥斯曼帝国的苏丹王位，从此肩负起统治一个横跨欧亚非三大洲的多民族、多宗教的庞大帝国，开始了他戎马倥偬的征服生涯。

约1530年提香画派所绘的苏莱曼大帝

在塞利姆一世统治的8年中，

由于奥斯曼帝国征服扩张的重点在东方，西方的基督教世界有一段相对比较平静的和平时期，欧洲大陆一直没有发生任何大规模的战争。塞利姆一世于1520年因病逝世以后，其子苏莱曼的继位标志着欧洲大陆休战的结束。在漫长的苏莱曼王朝统治时期，整个欧洲大陆自始至终弥漫着东征西伐的战火硝烟。因为在这位高大魁梧、精力旺盛的苏丹领导下，奥斯曼帝国的军队再一次转向西方的基督教世界，传统的信仰武士精神又恢复了。这时在西方基督教国家中，则为了争权夺利、钩心斗角，疯狂地相互残杀，到处充满着竞争与对抗，从而使得奥斯曼人有机可乘，开始搬掉对西方领土扩张中的两道障碍，以解决先辈们感到棘手的两个目标：一个是贝尔格莱德，另一个是罗得岛。

贝尔格莱德这座城市位于欧洲中部的多瑙河畔，是奥斯曼帝国与中欧联系的重要交通枢纽。该城当时掌握在长期与奥斯曼帝国为敌的匈牙利人手中，直接威胁着奥斯曼帝国北部的边境，也妨碍奥斯曼帝国向中欧的扩张。罗得岛距小亚细亚海岸仅6英里，地处从奥斯曼帝国首都伊斯坦布尔到开罗的地中海的航道上，是两地海上交通的必经之地。当时在罗得岛上那些桀骜不驯的骑士，曾经不断地骚扰来往的船只，屠杀掳获奥斯曼帝国政府的商务人员，严重阻挠着奥斯曼帝国与阿拉伯领土的密切联系。

1521年8月，苏莱曼大帝在索菲亚动员了数万头骆驼和马匹，运载着大量的粮草和军械，亲自统率10万大军浩浩荡荡向贝尔格莱德进发。经过三个星期猛烈炮火的围攻，于8月底占领了贝尔格莱德这座在匈牙利人支援下，曾经长期抵挡住奥斯曼人进攻的骄傲之城。在苏莱曼大帝下令屠城三天之后，把剩下的塞尔维亚人全部迁往奥斯曼帝国的首都伊斯坦布尔去居住。翌年6月，苏莱曼大帝又在小亚细亚集中了300艘战舰和10万大军，征讨位于地中海上的罗得岛。罗得岛是一个筑有坚固要塞的港口，虽然守卫该岛的封建骑士只有六百多人，普通士兵也不过6000人，但战斗力非常强，并且拥有一支灵活机动，骁勇善战的海军舰队，以至奥斯曼帝国的军队对该岛的围攻持续了半年之久，在损失了五万多名士兵以后，才于1522年圣诞节前夕，迫使罗得岛上的圣约翰骑士团的骑士们放弃城堡投降，圣约翰骑士团获准率领所有的雇佣兵和想要离开的居民撤离该岛，而那些愿意留下来的居民，则必须享有奥斯曼帝国全部公民权，并获准免税五年。现在，苏莱曼大帝胜利完成了他的先辈们未竟的事业，从此他的轰轰烈烈的对外征服运动已经再无后顾之忧了，因为通向多瑙河上游的道路豁然敞开着，他乘机发动了一系列的对外征服战争，首先攻入匈牙利平原，继而推进到了欧洲强国哈布斯堡王朝统治的奥地利领土上。

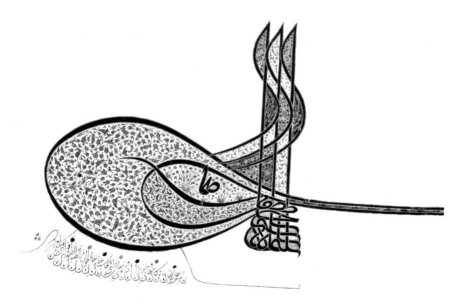

苏莱曼大帝的花押

苏莱曼大帝也像他那些威名远扬的先辈一样，是一位野心勃勃、志向远大、骁勇善战的君主。在他的统治时期，奥斯曼帝国在欧洲、亚洲与非洲的版图不断扩大，从而也造成了奥斯曼帝国与全力以赴要夺取世界霸权的哈布斯堡王朝陷入激烈的对抗之中。哈布斯堡王朝是当时欧洲最为强盛的帝国，除领有奥地利和匈牙利这两个王国之外，还先后继承了西班牙、尼德兰、那不勒斯、西西里等王国的宗主权。国王查理五世于1519年被遴选为德意志皇帝，他在位36年，是同时代中苏莱曼大帝在欧洲最为强劲的对手，也属一代英杰。1525年4月，由于弗朗西斯一世率领的军队在帕维亚败于哈布斯堡王朝，法国人遂寻求奥斯曼帝国的支持，以与哈布斯堡王朝的力量相抗衡。法兰西与奥斯曼帝国的政治结盟，成为当时欧洲大陆国家体系中的一部分，也是保持欧洲列强均势的一个重要因素。此后，在相当长的一段时间里，支持法国和新教徒、支持被西班牙驱逐的穆斯林和犹太人反对哈布斯堡王朝，是奥斯曼帝国对欧洲政策的基础。

2. 远征匈牙利

1526年4月，在法国国王弗朗西斯一世的请求下，苏莱曼大帝率领着10万大军，携带着300门大炮，挥师北进，路经贝尔格莱德侵入匈牙利。促使苏莱曼大帝不断向欧洲挺进的动机，不仅是满足帝国近卫兵团和封建骑兵四下征战劫掠财富的欲望，也不仅是由于同匈牙利人素有的隔阂摩擦，还出于欧洲大陆政治的需要。虽然事实证明，法国有时是一个并不可靠的同盟者，但奥斯曼帝国的不断西进，成了基督教新教徒获得承认和传播的重要因素，从而间接地推动了欧洲大陆宗教改革的进行。从1521年苏莱曼大帝占领贝尔格莱德到1526年再次出征，匈牙利本来有整整五年的备战时间，但由于封建领主的分裂和背叛，社会矛盾重重，再加上严重的自然灾害，匈牙利人一直未能进行认真的备战。直到1526年的8月中旬，当奥斯曼帝国的军队快要兵临城下时，年迈体弱的匈牙利国王路易二世，才勉强组成了一支2.5万人左右的杂乱军队，在多瑙河右岸的莫哈奇小镇迎战奥斯曼帝国的军队。对敌情了解甚微又自命不凡的路易二世不等援军到来，就贸然指挥军队向奥斯曼人发起了猛烈的进攻。结果在奥斯曼人的优势兵力的打击下不堪一击、土崩瓦解，精锐丧失殆尽。在向北逃跑的途中，老态龙钟的匈牙利国王路易二世不幸掉到沼泽地里淹死。乘胜追击的奥斯曼帝国军队，在未经任何军事抵抗的情况下，就顺利地占领了匈牙利的首都布达佩斯。苏莱曼大帝在取得匈牙利新的统治者、特兰西瓦尼亚公爵约翰·扎波良承认奥斯曼帝国的宗主权和每年纳贡的许诺之后，才率领奥斯曼帝国军队登上了回国的漫长征程，于1526年11月中旬到达帝国首都伊斯坦布尔。

在对匈牙利的这次远征中，虽然奥斯曼帝国的军队打过数次令人欢欣鼓舞的战役，但它最终只不过是一次大规模的袭击战，是一次帝国近卫兵团和封建骑兵们聚敛更多财富的机会，奥斯曼帝国的将领们并没有获得采邑封地，奥斯曼帝国也没有足够的兵力可以派到像布达佩斯那样遥远的城市去驻防，匈牙利一直处于一种混乱的政治真空状态，贵族们为争夺王位钩心斗角，相互厮杀。最终特兰西瓦尼亚公爵约翰·扎波良率领军队占领了首都布达佩斯，并在奥斯曼帝国的支持和授意下当上了匈牙利国王。但是，奥地利大公，即哈布斯堡王朝国王查理五世的胞弟斐迪南一世，在匈牙利西部地区贵族们的推举下，于1527年5月凭借着武力打败了约翰·扎波良的军队，而成为新的匈牙利国王。在沮丧和绝望中的约翰·扎波良派人前往奥斯曼帝国的首都伊斯坦布尔，恳求苏莱曼大帝派大军援助他，帮助他战胜哈布斯堡王朝觊觎匈牙利王位的竞争对手，从而使得奥斯曼人卷入了匈牙利的王位争夺战，引发了奥斯曼帝国与哈布斯堡王朝的直接冲突。

1529年5月，踌躇满志的苏莱曼大帝率领军队再次挥戈直指匈牙利，试图把奥地利人逐出匈牙利，以惩处哈布斯堡王朝的斐迪南一世。但连绵不断的倾盆大雨阻碍了奥斯曼帝国军队的行军。为了加快行军速度，苏莱曼大帝被迫下令抛弃许多辎重和大炮。直到9月，行动迟缓的奥斯曼军队才占领了匈牙利首都布达佩斯，再次把约翰·扎波良公爵扶上王位。随后，苏莱曼大帝又亲率奥斯曼帝国的20万大军涌入奥地利，沿途烧杀抢掠，并于9月29日开始围攻奥地利的首都维也纳。

双方之间的战斗异常激烈，坚守城池的奥地利守军在西班牙援军的配合下，顽强地固守池城达三周之久。虽然奥斯曼帝国

1529年维也纳之围

军队的大炮严重地毁坏了维也纳的城墙，彪悍骁勇的步兵们挥舞着战刀差不多就要冲进城内，但此时双方都已筋疲力尽，伤亡惨重，丧失了斗志。尤其是在奥地利人的顽强抵抗下，苏莱曼大帝攻占维也纳城池的信心开始动摇，因此下令让疲惫不堪、一筹莫展的奥斯曼帝国军队于1529年10月15日全面撤退。

此时对于维也纳的守军来说，这里所发生的一切似乎是一个奇迹，因为在奥斯曼帝国军队如此凶猛的进攻下，岌岌可危的维也纳一片惶恐，悲观气氛弥漫军中。官无战心，士乏斗志的守城将士们马上就准备向奥斯曼帝国的军队投降了。其实迫使苏莱曼大帝下令撤军的根本原因，一方面是被帝国近卫兵团将士们的怨言所迫，因为无论是近卫兵团还是封建骑兵，都不愿意在中欧寒冷的冬季里作战，他们希望在寒冷的冬季来临以前返回到奥斯曼帝国首都伊斯坦布尔。另一方面是因为奥斯曼帝国军队的战线过长，造成粮草和军械不济，再加上秋雨连绵因素的掣肘，使得奥斯曼人长途行军异常困难，几乎不可能去拖曳那些在攻陷贝尔格莱德过程中起到重要作用的重炮，所以在围攻维也纳城池的战斗中，根本不能充分发挥奥斯曼帝国军队的强大战斗力。

3. 打败哈布斯堡王朝

1532年4月，苏莱曼大帝再次御驾亲征奥地利，并发誓必取维也纳。哈布斯堡王朝闻讯起兵相迎，国王查理五世此次也亲任奥地利军队的总司令，倾举国之力严阵以待，与奥斯曼人决一死战。然而了解敌情后的苏莱曼大帝却采取了瞒天过海、声东击西的战术，率领奥斯曼帝国的军队，在一座名叫冈斯的小军事要塞前滞留了三个星期。当奥斯曼帝国军队最终占领了冈斯要塞之后，苏莱曼大帝决定放弃原定进军奥地利首都维也纳的计划，转向奥地利的另外一座重要城市施蒂里亚，并在彻底摧毁了该城池之后，率领全军携带着大量的战利品班师回朝。哈布斯堡王朝的国王查理五世似乎也放弃了与对手决一雌雄的念头，没有去追击撤退中的奥斯曼帝国的军队，避免了新的大战发生。1537年6月，奥斯曼帝国与哈布斯堡王朝为了避免引发新的冲突，双方经过长时间的谈判，签订了一项和平条约，规定匈牙利平原和特兰西瓦尼亚仍然藩属于奥斯曼帝国，而哈布斯堡王朝要想继续领有匈牙利西北部的那份疆土，必须每年向奥斯曼帝国纳贡。

奥斯曼帝国同哈布斯堡王朝之间的交锋，并不限于多瑙河流域，双方从陆地打到海上，海战遍及北非和地中海东岸。因为受法国结盟国家政策的支配，奥斯曼人的信仰武士精神在北非和地中海东岸找到了反对哈布斯堡王朝的用武之地。奥斯曼帝国的海军舰队司令，一位出身于希腊海盗的巴巴罗萨·海雷丁巩固了对阿尔及利亚的控制，并与哈布斯堡王朝争夺突尼斯。1538年7月，他率领奥斯曼帝国的海军舰队，在普雷韦扎重创了奥斯曼人在地中海事务中的另外一个强劲对手威尼斯人。从此，奥斯曼帝国在地中海东部建立起了强大的海上霸权，成功地遏制了由哈布斯堡王朝发起，并有威尼斯人参加的海上神圣同盟，控制范围由北非海岸一直延伸到突尼斯和阿尔及利亚。这一时期，苏莱曼大帝在陆上和海上均获得了辉煌的胜利，使他成为当时最伟大的伊斯兰君主。

苏莱曼大帝同哈布斯堡王朝之间的战争，还产生了一些别的作用，那就是重新挑起了奥斯曼帝国与波斯萨法维王朝之间的敌对情绪，因为哈布斯堡王朝竭力敦促波斯人进攻奥斯曼帝国，以抵消法国与奥斯曼帝国合作的影响。同波斯萨法维王朝经过两次生死之战，并取得决定性胜利之后，苏莱曼大帝率领奥斯曼帝国的军队，在库尔德斯坦地区又赢得了一系列新的胜利。虽然苏莱曼大帝也像他父亲塞利姆一世一样，没能够长期占领波斯萨法维王朝的首都大不里士，但他把伊拉克从波斯人手中夺了过来，并纳入了奥斯曼帝国的版图。这样一来，苏莱曼大帝把古老的伊斯兰世界的又一伟大都城巴格达，完全置于奥斯曼帝国的控制之下。虽说此时的巴格达破落不堪，昔日的繁华和优美的风姿已荡然无存，但这一辉煌的胜利还是令奥斯曼人激动不已。

4. 伟大的立法者

苏莱曼大帝戎马一生，不仅是一位卓越的军事家，而且在治理国家方面显示出非凡的才能。在他执政的46年期间，尽管战事频繁，但他还是以极大的热情和精力治理国家，把奥斯曼帝国推向了一个繁荣昌盛的极盛时期，充分显示了一代明君治国安邦的雄才大略。苏莱曼大帝在治理国家方面极为重视以法治国，加强帝国的法制建设，被他的臣民称为伟大的立法者。

在苏莱曼大帝统治时期，随着奥斯曼帝国的征服和扩张，它的版图不断地扩大，使得奥斯曼帝国境内的种族成分不断增多，宗教信仰及派别日益复杂。在全国3000多万人口当中，竟有40%为非穆斯林。许多非穆斯林工商业者和其他有产者，虽然有公民权，但不受伊斯兰法的保护。这种社会矛盾成为奥斯曼帝国发展商品经济的阻力，因为商品经济在客观上要求无限的私有制，要求有产者法律地位的平等和契约自由，所以奥斯曼帝国迫切需要出现调整和保护帝国境内一切有产者之间财产关系的统一法律。在这种情况下，为了建立一整套完善的司法制度，保护帝国境内所有臣民的生命、财产和宗教信仰，在16世纪20年代末到30年代初，苏莱曼大帝依靠奥斯曼帝国著名的法学家阿布·苏德等人，修订和整理了旧的法律，颁布和实施了一系列新的法律和法典。内容主要包括对帝国官吏的任免、承袭、俸禄、职级和礼仪等。其次还包括商业市场管理，禁止征收额外税，以及债权、债务等内容。在修改后的帝国有关民事刑事的法律条文中，还明确规定了对抢劫、杀人、通奸、酗酒的惩处，但不涉及家庭、婚姻以及遗产继承关系。这些法律关系仍由伊斯兰法来调整，或按属人主义的原则由非穆斯林原来适用的法律来调整。

在苏莱曼大帝亲自参与或授意下，由奥斯曼帝国一些著名的法学家和负责内政的大臣们所编纂的著名成文法典有：1530年由来自叙利亚的著名法学家易卜拉欣·哈莱等人所编纂的《群河总汇》；1532年由大维齐齐尔主持编纂的《埃及法典》；1566年由帝国大穆夫提艾布·苏尤蒂等人编纂的《苏莱曼法典》。《群河总汇》这部法典是奥斯曼帝国历史上最大的一部法典。它对奥斯曼帝国的封建采邑制度和土地税收等都做了新的规定，为消除封建统治阶层的内部混乱和遏制贵族权力，重新确立帝国的分封制度，起到了积极的推动作用。例如，这部法典规定：总督和县知事等人无权私赐他人土地，只有苏丹一人掌握有帝国采邑的授予权，所有采邑主都必须到帝国政府那里领取批准证书。这部法典在19世纪奥斯曼帝国立宪革命前，一直是奥斯曼帝国法律的标准。《埃及法典》是根据大维齐齐尔在埃及任总督期间所做出的法令和条例等内容整理汇编而成的，其条款似乎相当于此时奥斯曼帝国的宪法。在所有的法典中，《苏莱曼法典》是最为完善、最符合奥斯曼帝国社会经济发展的需要和统治阶级的利益的法典，它吸收了其他民族的规范，突破了属人主义的拘束，具有简易、灵活、不拘形式等优点。其主要内容包括军事采邑制度；非穆斯林的社会地位；地方治安和刑法以及土地法和战争法等。其中特别强调奥斯曼帝国的行政立法必须符合伊斯兰法，必须突出伊斯兰法执行官的地位和作用，规定各地区的伊斯兰法执行官为当地的最高司法长官，地方上的警官和市场检查员为其下属官员，但伊斯兰法执行官的司法权限必须根据苏丹委任状中的规定行使。此外，《苏莱曼法典》根据属地主义的原则，最终划定了奥斯曼帝国境内的行政建制。根据这部法典，奥斯曼帝国共被划分为21个省，这些省下又被划分为250个区。为了适应社会经济的发展和广大臣民内部财产关系的变化，《苏莱曼法典》还把奥斯曼帝国境内的所有土地进行了分类。第一类为国有土地，苏丹为最高所有者；第二类为宗教土地，主要归寺院和教会所有；第三类为私有土地，这部分土地在法律上可以被允许自由买卖。不过在奥斯曼帝国境内的那些偏僻地区，仍然保留着氏族部落的公社土地所有制。《苏莱曼法典》对这部分土地的使用情况，没有做出十分详细的规定。

苏莱曼大帝以法治国的方略，完善了奥斯曼帝国的行政建制和国家立法，提高了政权机构的效能，体现了一些社会"公平"和"正义"的原则，因此在一定的程度上缓和了奥斯曼帝国境内的阶级矛盾、民族矛盾和宗教矛盾，促进了奥斯曼帝国社会经济的迅速发展与社会关系的巨大变化，使得奥斯曼帝国的法律制度在新的历史条件下焕发出了新的生命力。在苏莱曼大帝统治的46年中，尽管奥斯曼帝国境内民族众多，宗教信仰复杂，又加上对外连年用兵，不断征战，但帝国境内各社会阶层的属民之间大体相安无事，社会秩序相对稳定，国家财政不断好转，广大民众的生活状况均有所改善。尤其是奥斯曼帝国境内始终没有发生过较大的种族叛乱和民众起义，这不能不说是苏莱曼大帝以法治国的最大政绩。

此外，苏莱曼大帝在位期间，还非常注重帝国内政方面的建设，在整顿吏制，治理社会腐败方面也颇有建树，为人称道。苏莱曼大帝对帝国政府的官吏稽核严格，奖罚分明，管理得当。凡在战争中立有战功者，他都给予土地的封赐，凡是殃民违法者都加以严厉的制裁，虽功臣至戚不贷。如他的女婿费拉德以其过人的才华深得苏莱曼大帝的宠信，苏莱曼大帝将自己的女儿许配与他。但费拉德在担任总督期间，不能秉公执法，对臣民们十分残酷尖刻，暴戾成性，并通过大量的受贿聚敛钱财，有负苏莱曼大帝对他的信任和重托。为此，疾恶如仇的苏莱曼大帝革去了他的总督职务。后经其妻和皇太后三番五次的说情，苏莱曼大帝才又重新给他安排了一个职务。但是费拉德复职后不思悔过，依然玩忽职守，滥用权力，贪污腐化，任性妄为，最后被苏莱曼大帝下令处死。苏莱曼大帝在内政方面的整顿和改革，提高了奥斯曼帝国行政机构的办事效率和廉洁程度，促进了社会的稳定和经济的迅速发展。

苏莱曼大帝在治国方面的众多建树，还包括重视科学技术，提倡文学艺术，鼓励发展工商业，这些与他从小接受良好的教育、具有高尚的品德和修养是分不开的。苏莱曼大帝与他的许多先辈们一样，酷爱文学，对诗歌更是情有独钟，他除了对《古兰经》阿拉伯文书法具有浓厚的兴趣之外，还特别擅长写作诗歌和散文，是一位非常有成就的诗人。他写诗的时候用的笔名是穆希比。苏莱曼大帝还有每天坚持写日记的习惯，其中最主要的部分是关于战争的记述。那些根据他自己的亲身经历以及对人物、事件的判断和评述，被后人编著成《战争日录》。这部著作是后来人们认定他为"精明的战略家"的主要依据之一。

在苏莱曼大帝统治时期，奥斯曼帝国的建筑、诗歌、科学、艺术等都达到了很高的造诣，出现了像建筑师锡南，地理学家皮里·雷斯，诗人巴克等著名的人物。苏莱曼大帝非常敬重和爱护这些帝国的著名学者，对他们的才华格外青睐，并与他们交往频繁，成为世交好友。特别值得一提的是，为了弘扬伊斯兰教，展示奥斯曼帝国的强盛与他本人的丰功伟绩，他大力倡导在奥斯曼帝国境内修建清真寺、灵庙、陵寝、学校、公共浴池等建筑物。在奥斯曼帝国境内，特别是在帝国首都伊斯坦布尔的大多数伊斯兰教建筑物，都是从苏莱曼大帝的时代开始兴建的。1557年，奥斯曼帝国最著名的建筑师锡南精心设计和建造的富丽堂皇的苏莱曼清真寺，其圆屋顶的高度比欧洲著名的查士丁尼大教堂的屋顶还要高16米，它的凹壁和后墙壁都是用波斯式的瓷砖加以装饰的，气势宏大，富丽堂皇，光彩夺目，体现了宗教与建筑的完美结合，是苏莱曼大帝那个时代建筑艺术的结晶，即使从现代人的角度来看，也令人叹为观止。

1564年7月，马克西米利安二世在继承了他父亲斐迪南一世的匈牙利王位之后，拒绝再向奥斯曼帝国纳贡，并且还多次发兵进攻奥斯曼帝国的领土。1566年5月1日，已经垂暮之年的苏莱曼大帝亲自率领20万奥斯曼帝国的大军，从帝国首都伊斯坦布尔出发，进军匈牙利，这是苏莱曼大帝一生中的第七次远征。此时，他已经不能骑马了，只能乘坐在一辆马车里行军。当奥斯曼帝国的军队在攻陷多瑙河畔附近的锡格特，即将吞并匈牙利的前夕，9月5日的夜晚，苏莱曼大帝病死于军营大帐之中，享年72岁。苏莱曼大帝逝世后，大维齐穆罕默德·索科利将死讯秘而不宣，整整保密了三个星期，在此期间，他派了一个信使飞骑前往屈塔希亚，去迎接苏莱曼的儿子塞利姆二世前来继位。

苏莱曼大帝一生共有八个儿子，但只有一个寿命比他长。三个儿子在他即位初期就已经夭折了。穆罕默德聪颖贤达、品行端庄，是苏莱曼大帝最喜爱的一个儿子，对他寄托着无限的期望，充满着深笃的厚爱。然而不幸的是，从小体弱多病的穆罕默德因出麻疹病死于1543年，年仅21岁。长子穆斯塔法，在苏莱曼大帝的宠妃洛克塞拉娜为了使自己的儿子能够继承王位而施以奸计之后，被奉苏莱曼大帝之命的人用绳索秘密勒死。而穆斯塔法的兄弟，吉汉吉尔，在听到兄长的死讯之后，在愤懑和绝望之中服毒自杀身亡，惨不忍睹。剩下的两个儿子塞利姆二世和巴耶塞特都是苏莱曼大帝宠妃洛克塞拉娜的儿子。塞利姆二世是哥哥，此人既好纵豪饮，浪荡不羁，又阴险毒辣，喜欢搞诡计。为了争夺王位，狡黠成性的他厚颜无耻地到

1560年尼加里所绘的晚年的苏莱曼大帝

处制造流言蜚语，设诡计加害弟弟，苏莱曼大帝听信谗言之后，下令处死了巴耶塞特。这样，当苏莱曼大帝逝世时，他的儿子当中仅剩下了塞利姆二世，一个肥胖、淫逸之徒。

苏莱曼大帝的继承人塞利姆二世，长期耽于安乐，不思奋发，酗酒成性，根本不像一个伊斯兰教徒。国人都称他为"酒鬼苏丹"，而西方人则干脆叫他"酒鬼塞利姆"。他从不领兵打仗，这与他的父亲、伟大的立法者苏莱曼大帝正好形成鲜明对照。苏莱曼大帝到了七十多岁的高龄，还逼着自己披挂上阵，而他也就是在那最后一次征战中溘然辞世，于是人们就常常把1566年苏莱曼大帝的逝世，划定为奥斯曼帝国衰落的开端。

苏莱曼大帝一生中最大的错误和遗憾，或许是他冤杀了自己的大儿子穆斯塔法。穆斯塔法之死对于苏莱曼大帝本人，对于他所发展的奥斯曼帝国的基业来说，都是一大悲剧。因为秉性刚直、孔武有力、思维敏捷、勤奋好学的穆斯塔法，在被他的父亲处死之前，已经充分显示出各个方面的治国才能，具备了继承帝业的优秀品质和条件。他与巴耶塞特的死，为逸乐无度的"酒鬼塞利姆"登上奥斯曼帝国的苏丹王位铺平了道路。到了晚年，面对孤寂的事态，苏莱曼大帝一人时常默默无语，感觉到这眼前的世界变得很茫然。尤其是当他深知唯一的儿子塞利姆二世才疏学浅、嗜酒如命之后，更是忧心忡忡，所以一再规劝其改邪归正、循规蹈矩，但事实证明，这些努力都是徒劳无益的。任性妄为的塞利姆二世即位后的事实证明，他完全不能胜任奥斯曼帝国苏丹王位，有负于先祖创立的帝国江山，这也许是对苏莱曼大帝冤杀长子穆斯塔法的报应。

到苏莱曼大帝去世时，奥斯曼帝国已经成了一个幅员辽阔、人口众多、在国际政治事务中具有举足轻重地位的庞大帝国，包括现在世界地图上全部或部分的匈牙利、南斯拉夫、阿尔巴尼亚、希腊、保加利亚、罗马尼亚、乌克兰、克里米亚、土耳其、伊朗、伊拉克、叙利亚、黎巴嫩、约旦、沙特阿拉伯、以色列、也门、埃及、利比亚、突尼斯、阿尔及利亚以及其他地区，当时人口的统计数字推测大约为3000万人。

　　然而，伟大的苏莱曼大帝之死并未立即使奥斯曼人认识到，他们不只是失去了一位伟大的君主。因为在苏莱曼大帝的儿子塞利姆二世的统治下，虽然奥斯曼人在陆地上对西方仍然保持着强大的军事压力，对地中海的威慑甚至还有所加强，但是到了16世纪末，许多外国驻奥斯曼帝国首都伊斯坦布尔具有观察力的大使，以及一些机敏的帝国有识之士都已经看到，帝国的辉煌时代已经结束了。他们敏锐地意识到，欧洲西方政治、经济以及科学技术的飞跃发展，使它们变得相对强大了。而奥斯曼帝国却由于幅员辽阔，横跨欧亚非三大洲，人口众多，宗教、文化、民族等情况千差万别，再加上海岸线又特别长，因此，无论在外御或是内治方面，都已经遇到了异乎寻常的难题。奥斯曼人崇高地位的不断下降及其帝国内部出现的不祥之兆，人们将之都归罪于帝国传统制度的腐败。

第四章
国本：奥斯曼帝国的社会与制度

奥斯曼帝国有一条维系其生存的重要因素，这就是它的伊斯兰传统制度和根据其各种职能而精心制定的社会结构。这些提供了奥斯曼人体验世界、与世界相互作用的模式。奥斯曼人也正是凭借这些缔造和壮大了他们的帝国，并在以后的岁月里度过了各种内忧外患。因此，为了更加充分理解奥斯曼人如何从一个边境的"加齐"国家，发展成为一个庞大的帝国，就有必要对它的伊斯兰传统制度和根据其各种职能而精心制定的社会结构，进行一番仔细的考察。

奥斯曼帝国的社会与制度，完全是以对外征服为前提的，对外征服的成果，更借助于一套军事和政治制度而得以巩固和发展。这套随着奥斯曼帝国疆域不断扩展而逐渐形成的军事和政治制度在17世纪之前颇为有效，使奥斯曼帝国出现了相当繁荣稳定的社会和经济秩序，显示出自己独有的社会特征。这些特征决定了奥斯曼帝国的社会结构和历史发展方向。

奥斯曼帝国的伊斯兰传统由早年突厥塞尔柱人留给奥斯曼人。主要包括：宗教事务的正统观念；对穆斯林和非穆斯林的不同税收政策为特征的财政制度；主要由封建赏金所支持的军事采邑制度；征召基督教青少年为军士，并建立宫廷学校以及相适应的升级制度；根据宗教信仰把社会分为穆斯林和非穆斯林、特权和非特权的社会结构。

一、帝国的政治体制

1. 最高政府与官僚机构

奥斯曼帝国是一个封建军事专制的、具有伊斯兰性质的君主神权国家。位居奥斯曼帝国顶端和社会各阶层最高峰的是苏丹，苏丹既是帝国的最高世俗统治者，也是帝国的最高宗教领袖，集政治、经济、军事、宗教大权于一身，自称是"真主在大地上的影子"，对臣民拥有无限的权力，人人都被其视为奴隶。苏丹的权威来自他控制的军事力量，来自臣民对他的尊敬和服从，来自塞利姆一世征服埃及后苏丹所占有的哈里发的法定地位，来自悠久的加齐传统。作为奥斯曼帝国的元首、护教者和神法的执行者，帝国所有的军事力量都归苏丹指挥，不论是近卫兵团、封建骑兵，还是非正规的步兵和海军舰队，都要无条件地服从他的命令。苏丹对他们操有生杀予夺大权，因而背叛和反抗苏丹是十分危险的。

在西方，苏丹的政府被称为"最高朴特"（指奥斯曼帝国政府），这大概是由于苏丹的诏谕和决定都主要是从宫门发布出来的缘故。苏丹之下设有国务会议，由数名大臣、大法官和国务秘书组成。国务会议类似于近代的内阁会议，但也有些同最高法院相似的地方。事实上，它兼有奥斯曼帝国政府中这两个部门的职能，却又有别于它们。大臣称为"维齐"，辅政的宰相称为"大维齐"，兼掌行政和军事，代表苏丹处理帝国的日常政务。早期的苏丹们亲自主持国务会议，处理和决定帝国的大事。参加会议的大都是帝国的各部大臣，时间是每周的星期一、星期二、星期六和星期日。星期五是伊斯兰教的聚礼日，也是穆斯林法定的公众集会礼拜的日子。从穆罕默德二世晚期开始，历届苏丹不再过问那些繁重的日常政务和亲自主持国务会议，而由大维齐代行主持和处理日常政务，苏丹只要求国务会议每周向他呈交一份内容详尽的工作报告。不过苏丹在内宫会议厅的墙壁上开了一个小格子窗，通过这扇小格子窗，可以监听到大臣们的讨论，必要时出来进行干涉。国务会议通常都是在内宫会议厅举行的。然而，随着苏丹大权的逐渐旁落，到了17世纪下半叶，大维齐的许多工作都是在他自己的官邸召开的国务会议中决定的。

帝国大殿，王的位置于殿内

在大维齐的主持下，参加帝国国务会议的人逐渐扩大，除了大臣、大法官和国务秘书外，还包括最高行政长官和军事长官以及一些负有行政和执行责任的官吏，如财务长官与他的两名助手。其他参加帝国国务会议的人员，还包括核对政府文件并在文件上加盖苏丹印章，以证明文件完全符合国家规定和宗教法的官员。伊斯兰教虽然为奥斯曼帝国的国教，但伊斯兰教长老在国务会议中并无席位和发言权，只是在一些特殊的情况下，才应邀参加帝国的国务会议。这种国家的政权结构，反映出奥斯曼帝国的管理分为军事（包括政府管理）、司法、财务三部分。在国务会议中讨论的一切事务最后由大维齐决定，然后以其执掌政务的身份呈报苏丹，取得苏丹对一切决定的最终同意。大维齐权力的标志是苏丹赐予他的官印，免去其职务的标志也是收回其官印而销毁之。

奥斯曼帝国的国务会议下设有一整套完善的庞大官僚机构，既可以兼并新征服的领土，又能把它们相当牢固地黏合在一起；既可有效地管理治安、税收，又能维持一支有强大战斗力的军队。16世纪以后，奥斯曼帝国的中央官僚机构主要由两部分组成，即帝国国务会议下所设立的管理行政的各局和管理财务的各局，协助贯彻执行决议和保存国家档案。因为在奥斯曼帝国这个高度集权的官僚国家中，有相应的大量文牍工作。如政务会议局负责起草、发布、编档保存各种法令、布告和不属于财务方面的规章，包括诸如条约和协定等有关外交事务的文件（在欧洲国家政府中，这种局相当于档案馆）。国务会议下属的另外两个局是管人事的，主要负责保管大臣、法官以及诸如省总督和县长等地方官员的档案，掌管着帝国政府的军事、行政和宗教事务三方面职务的全部任命。国务秘书是帝国中央行政机关的长官，在17世纪末、18世纪初，随着西方国家殖民化的历史进程，国务秘书负责的主要事务逐渐地演变成了如何处理奥斯曼帝国与西方国家的相互关系。因此，从19世纪开始，国务秘书的办公地点改为外交部。

管理财务的局很多。18世纪末，这种局的总数达到了25个左右，它们主要负责处理有关帝国的收入和支出的一切事务。奥斯曼帝国的收入主要来自根据宗教权力征收的税和根据国家权力征收的租税、关税和通行税。帝国支出主要涉及薪金和现在所谓的国防经费。管理财务的局，主要由财务长官和他的两名主要助手负责。国务秘书此外还负责管理各局的秘书。帝国政府中的行政和财务部门的许多长官，战时要随帝国的军队进入战区，完成战争所需要的文牍工作。这时各局由指定的代理长官负责主持帝国政府中各局的日常事务性工作。这种

大维齐在"圆穹下"谒见

做法对于大维齐来说特别重要，因为从16世纪中叶以后，大维齐往往担任远征军总司令的职务，苏丹一般不再亲自挂帅出征。

奥斯曼帝国中央统治机构下的最高地方行政机构是省，是奥斯曼帝国军事和行政的基本单位。一个省由数个桑贾克（县）组成，一个桑贾克由数个村庄组成。省设有省督，一律由苏丹亲自委派。省督有着大臣的地位和帕夏的官衔，是苏丹派驻各省的首席长官。他既是一省的最高行政长官，又是最高军事长官，他通过完全效仿中央行政机构的省政务会议，对省内各县加以控制。战时指挥军队打仗，平时则负责社会治安。此外，省督在司库、秘书和私人助理的协助下，处理"蒂玛"持有者的分派和提升，处理涉及帝国军人集团成员的诉讼案件，及时地把以国库名义征收的税款上缴中央政府，并坚决执行苏丹所颁布的一切政令。奥斯曼帝国最基层的地方行政单位是桑贾克，由桑贾克贝伊（县长）管理。他既是一县的行政长官，也是一县的军事长官，由副官们辅佐，为了发挥更大的行政管理效率，一般他们都居住在县的重要市镇里。

穆拉德一世在位时，为了使奥斯曼人具有更大的凝聚力，以便于在巴尔干地区的进一步扩张，他在鲁米利亚任命了第一位省督，此后，鲁米利亚成了奥斯曼帝国行政管理效率最高、社会秩序最稳定、经济发展最繁荣的地区之一。在以前，安纳托利亚的行政事务一直由苏丹亲自管理。从1393年以后，由于巴耶塞特一世开始更专心致志于对巴尔干地区的疆土扩张，所以他认为需要有一个人在安纳托利亚代替他行使权力，于是便在安纳托利亚的西部组建了帝国的第二个省。15世纪初，随着奥斯曼帝国的对外扩张不断向东发展，帝国中央政府在安纳托利亚中部又组建了另一个省。因此，随着奥斯曼帝国版图的不断扩大，到1609年，奥斯曼帝国已经有32个省。

　　随着奥斯曼帝国疆域的不断扩大，使中央政府机构变得相当庞杂。大量的日常事务一般都是由录事——记事官来办理的，这些记事官在总体上构成了一个不妨称为笔吏的官僚集团。他们包括各种各样从事笔头记录的书记官，在这些书记官当中，最重要的是财务书记官，他们受首席财务书记官的领导。在奥斯曼帝国的早期，首席财务书记官是最有声望、权势显赫的政府官员之一。因为帝国政府可算是一个典型的征税行政机构，帝国各级政府的职能，除了打仗之外，就首推征税的事情最重要。按照奥斯曼人的传统看法，权力离不开军队，军队离不开税收，离开了税收，奥斯曼帝国的整个社会秩序和经济生活将会陷入一片混乱，遭受到严重的破坏。因此，除了保卫帝国安全的军队之外，负责税务的行政官员就组成了奥斯曼帝国各级政府体制中一个不可分割的重要部分。在奥斯曼帝国，非穆斯林缴纳的人头税、关税、帝国田产的收益、矿山的收益、附属国的贡金以及其他各项财政收入，都得仔细地进行记录，随时登记入册。另外，为了不断扩大税源，增加政府的财政收入，帝国各级政府还要不时地巧立些新的名目，征收新的税款。这样一来，就得不断设立新的办公机构，不断增加新的财务书记官，从而保障登录各项税收来源的顺利完成。这也是奥斯曼帝国的官僚机构此后为什么不断膨胀、庞大臃肿的根本原因之一。根据奥斯曼帝国的有关规定，一般对记事官的任命有着严格的要求，规定任命者必须是穆斯林出身，属于精通伊斯兰神学和法律的乌里玛阶层。

　　在漫长的人类历史交往中，奥斯曼人吸收了伊斯兰教、拜占庭帝国和突厥民族的社会因素，创建了一种新的统治制度和管理体系。奥斯曼帝国最初是在突厥塞尔柱人的社会根基上建立的，它直接承袭了突厥塞尔柱人的军事组织和战略战术。而在其行政、宗教、法律、教育等方面则完全受益于阿拉伯人和其古老的伊斯兰文明。奥斯曼人在财政税收方面则完全受到拜占庭帝国的启示，尤其在与拜占庭帝国的长期交往中，通过政治联姻或征服战争，大量地吸收了其先进的行政管理经验和文化的熏陶。因此，奥斯曼帝国是由不同社会因素组成的混合体，是当时拥有最好统治秩序的一种社会制度。

2. 宗法制度

奥斯曼帝国的司法制度，严格地讲，是沿袭和继承了阿拉伯帝国的法律制度，主要由四种不同的法体或法源组成。首先，居于其他三种之上的是伊斯兰法。伊斯兰法也称"沙里阿法"。"沙里阿"在阿拉伯语中的原意是"通向水源之路"，意即"生命的源泉"。在宗教方面，引申为"通向先知的大道"。伊斯兰教是有关伊斯兰宗教、政治、社会、家庭和个人生活准则的总称。内容包括信仰、道德、崇拜仪式、民事和刑事，以合法和不合法的律例形式的表达，经过长达数世纪的时间而逐步形成的。其目的在于使伊斯兰宗教信仰、礼仪同民法、刑法等相结合，成为伊斯兰教信徒的宗教职责。与一般意义上的法有所不同，伊斯兰法是一种宗教法，它对非穆斯林不具有约束力。奥斯曼帝国对伊斯兰法的解释是以正统的哈乃斐派的说法为依据的，并且苏丹、法官和各级政府官员，以及所有司法人员的行为都要受到伊斯兰法的约束，蔑视它是要遭殃和受到惩罚的。

占第二位的是卡农，即苏丹颁布的所有敕令，它们之中有些是行政性质的，有些则是对伊斯兰法的补充。例如，卡农既涉及奥斯曼帝国政府复杂的礼制，也涉及奥斯曼帝国的政治、军事、财政和警务等方面的法律。卡农可以被修改或废止，但伊斯兰法则是神圣不可侵犯的。对于奥斯曼帝国的司法制度而言，法律不论是根据伊斯兰法或是根据卡农形成的，均被认为是出自真主或苏丹的最高权威和意志，它们绝不被认为是根据民众的意愿而产生的。

最后两种是阿德特和乌尔夫。阿德特是奥斯曼人和被他们所征服的各民族所遵守的习惯法。按照阿德特的适用原则，被征服的各民族成员，不论居住在什么地方，一律适用本民族的法律，而外族人即使长期居住在此地，也不受这个地方主要民族的法律保护。乌尔夫则是在位苏丹的权威和意志，它可以违反阿德特。此外，卡农可以改变阿德特和乌尔夫，并可以废止或修改过去的旧卡农。

3. 宫廷制度

奥斯曼帝国的宫廷机构非常庞大，包括后宫、内廷、外廷三个部分组成。后宫中有苏丹的妻妾、侍女和正在受训练的宫女，宫女们一般到25岁时就被苏丹赐配给了朝廷的官吏。后宫中最尊贵者是苏丹的母亲，其次是苏丹长子的母亲，再下面是苏丹其他儿子们的母亲。后宫大约有两百多人，由40个黑衣太监护卫。内廷由负责料理苏丹私人事务的官吏们组成。内廷分为五部，或称五厅：内厅（寝宫）、财政厅、督察厅、大厅、小厅。大厅和小厅是宫内学堂的两个部分。五厅中的每个厅的主管都是白衣太监，各厅的成员都被称为侍从，主要来源于宫内学堂的学生。作为毕业生，他们在各厅实习，职务称为侍从，为苏丹管理宫廷的日常事务。他们一旦被提升到内廷以外的职位，就不再回来了，并对内廷的生活始终守口如瓶。

　　总揽内廷日常事务的长官是一个年长的白衣太监，称为宫门提督。他还兼任宫内司礼大臣、宫内学堂总监和苏丹的机要总管。外廷包括苏丹左右的学者、膳食人员、私人侍卫、王宫护卫、园艺人员、营帐人员、负责狩猎的官员、管理御马厩的人员和负责供应的官员，这些人的才干和声望是大有差别的。苏丹左右的学者是穆斯林机构的成员，他们包括苏丹的宗教顾问、宣讲师、唱诗者、读经者、占星家以及内、外科医生。私人侍卫是从高级官员的儿子、供职内廷的宫内学堂毕业生中的优秀分子以及近卫兵团老战士中抽调出来的，人数总共为400人。许多王宫护卫都是高级官员，经常担任帝国的钦差和行刑官。其他人员或是在御花园中服务，或是在博斯普鲁斯海峡中为苏丹出游时划游艇。凡是指定将来要当帝国近卫兵团士兵的少年，则常在外廷工作中做助手。

　　这里应当特别提到的是，奥斯曼人为了维持日益庞大的帝国统治，他们不断从占领的各民族中征集选拔优秀人才，经过教育培养补充到统治集团中去。这是一项具有政治远见的治国战略措施。例如，苏丹穆罕默德二世即位后，就在帝国首都伊斯坦布尔创立了宫内学堂，从战俘、奴隶、基督教徒的青少年中间，仔细地选拔那些有培养前途的人，将他们与自己的儿子们一起送进宫内学堂，进行专门的训练。不仅教育他们忠于苏丹，树立为苏丹而战，荣立战功的理想，还为他们开设语言、文学、音乐、体育、数学、法律、哲学、军事学、行政管理、税务、财政等课程，使他们熟悉和掌握治国的本领。经过10到12年的精心培养，等到他们学业期完全结束以后，苏丹量才委以他们帝国政府各部门的工作。这项制度在奥斯曼帝国几乎延续了400年之久，造就了大批优秀人才。为奥斯曼帝国的巩固和发展起到了积极的作用。

　　根据有关史料记载，奥斯曼帝国早期苏丹们的生活都比较简朴，官员们也都比较廉洁勤政，人们一般很难通过服饰云分辨苏丹和他的随从们。奥斯曼帝国举行仪典中的豪华场面是从穆拉德二世的宫廷中开始出现的，到了穆罕默德二世时期此风更盛。穆罕默德二世征服君士坦丁堡之后，在他的侍卫中设置了一个百人戟兵卫队，其武器、服饰和队形完全仿照拜占庭帝国皇帝的侍卫。到16世纪中叶以后，奥斯曼帝国朝廷中各厅的礼仪和职责，由于分工越来越精细，越来越严格，因而奥斯曼帝国不得不制定出一部礼典。各中央行政部门在办理日常事务中，不仅圆满地完成任务是非常重要的，严格遵守有关各种

觐见大殿历史悠久，建于15世纪，在苏莱曼统治时加以装潢。苏丹会在这里坐上有篷的王位上接见大维齐、官员及外使，听取意见

礼仪细则和手续也同样是非常重要的，使奥斯曼帝国政府的行政机构完全官僚化了。

4. 伊斯兰教机构

此外，奥斯曼帝国也是一个具有伊斯兰性质、政教合一的君主神权国家，伊斯兰教在帝国的政治生活中具有重要作用。因此，在国家政权机构中，同行政机构平行的是伊斯兰教机构。伊斯兰教机构也是奥斯曼帝国社会统治的一个重要组成部分。身居帝国最高统治地位的苏丹，把这两个机构统一掌握在自己的手中，为自己的统治服务。虽然伊斯兰教机构与行政机构在政法、经济等方面，似乎两个机构的每一级都彼此有着广泛的接触，但从职责上来讲，伊斯兰教机构主要负责奥斯曼帝国的宗教、教育和法律三个部分。

在奥斯曼人的统治下，伊斯兰教史上逐渐形成了一个被称为乌里玛的教权阶层。他们的首要职责，就是高举伊斯兰教的法规，维持奥斯曼帝国的社会秩序。因此，乌里玛教权阶层是奥斯曼帝国社会机构中的一支重要政治力量，奥斯曼帝国社会生活的任何变革不可能不受到他们的影响。乌里玛阶层的成员都是些严格受过穆斯林神学和法律的训练的学问渊博之士。虽然在奥斯曼帝国乌里玛阶层被人们称作"僧侣团体"，但实际上它并非授命履行圣职，充当人与真主之间媒介的教士团体。乌里玛阶层的主要标志是学识，即他们所拥有的符合正统逊尼教派传统和符合帝国伊斯兰国教的学问和知识。

乌里玛阶层的成员，除了担任奥斯曼帝国的各种宗教官职以外，往往也担任慈善基金组织的主管人员。在奥斯曼帝国，这类组织机构为数甚多，它们出钱资助学校、医院、清真寺、济穷院、施粥站，甚至有时还出钱修建道路和桥梁，在提供公共社会福利方面承担着政府的许多职能。乌里玛阶层的成员负责主管慈善基金组织的主要用意，在于确保该组织产生的收益，在施主死后能继续归其家族或后嗣享用，避免帝国政府根据继承法将其财产没收或分散。然而，用慈善基金组织这种方式拨留的大宗财产，游离于奥斯曼帝国正常的税制之外，所以既不受帝国政府的控制，也不属于社会不动产的正常处置范围，为日后奥斯曼帝国引发诸多重大社会问题，导致其由盛变衰埋下了伏笔，成了主要的社会因素之一。

除了以乌里玛阶层为代表的官方正统的伊斯兰教派之外，在奥斯曼帝国，还有另外一种更受广大民众欢迎的、早在草原游牧年代就在突厥民族中盛行的伊斯兰教异端。这种非官方正统的伊斯兰教派，融合了什叶派教徒、神秘主义者、民间宗教信徒，甚至在某种情况下还吸收了基督教徒的信仰和理念，其中最有代表性的是托钵僧修道会。托钵僧修道会的大部分成员，是来自民间的俗人修道士，他们整天在寺院内潜心修行，参加各种宗教仪式，因为他们觉得这些宗教仪式能够使他们同真主融为一体，或者说能够使他们同真主产生更多的情感交流。而那种拘泥于形式、礼仪刻板的正统伊斯兰教，不可能让他们有这种感觉。在奥斯曼帝国，有些托钵僧修道会的政治主张比较温和，接近正统，而有些则带有浓厚的异端色彩。前者以梅莱维弗托钵僧修道会为代表，后者以贝克塔什托钵僧修道会为代表。贝克塔什托钵僧修道会大概始建于15世纪初叶，由于它同帝国近卫兵团关系密切，所以对其影响甚大，政治信仰的传播范围也比较广，尤其在巴尔干地区。贝克塔什托钵僧修道会在抵制波斯文化对奥斯曼帝国的强大影响，保护和发扬突厥文化和语言方面，起到了决定性的作用，做出了积极的贡献。

奥斯曼帝国的伊斯兰教机构，一般下设"学者会议"和"教律裁判委员会"等附属机构，这些机构由伊斯兰教长老、法官以及从事教法和教理研究的学者们组成。负责司法和教律的裁决，负责监督和履行宗教仪式的完成，管理清真寺、管理宗教基金和社会福利事业，管理各级教育。"学者会议"除了负责为帝国各级政府官员解释伊斯兰教之外，还为中央行政机构的重要官员和地方首席行政长官选配法官和神职人员。在奥斯曼帝国早期的对外扩张活动中，伊斯兰教机构中的成员们要经常随军出征，宣扬伊斯兰教圣战，作战前动员和组织新征服地区的宗教活动。

伊斯兰教机构中的最高职务是伊斯兰教教长，一般由苏丹在乌里玛阶层中亲自选拔和任命那些德高望重、出身名门、地位显赫的人担当，随着社会变化的需要，又改为从著名的司法人员中挑选。伊斯兰教教长的地位与大维齐相等，苏丹和大维齐在处理国家重大社会问题上，都要首先征求伊斯兰教教长的意见，并且在一般情况下，帝国的教令都是在苏丹的要求下，由伊斯兰教教长发出。但在特殊的情况下，伊斯兰教教长可以发布罢免苏丹的教令，但这都是在帝国王室成员中的苏丹王位竞争者与军政要员的要挟下发布的。

根据有关规定，奥斯曼帝国的各种法律草案在颁发之前，都应先呈报伊斯兰教教长审核，看它是否完全符合伊斯兰教法，并终审法官判决的死刑案件。此外，伊斯兰教教长还有权就国家的重大决策问题发布政令，如动员广大民众与军队协同作战，允许苏丹放弃帝国的某一地域，允许苏丹同他国签订有关协议或废止协议等。

塞利姆三世在第二庭院的吉兆之门前引见群臣

　　伊斯兰教机构主要从宗教的地产中获得财政收入。在奥斯曼帝国，大约三分之一的土地被划出用以资助各项宗教活动，这些土地被称为瓦克夫，是苏丹和一些私人的布施。瓦克夫的收益除用以维持伊斯兰教机构的日常开支外，也用于建造清真寺、图书馆、学校、医院、公共浴室和其他宗教建筑。在伊斯兰教机构中担任职务的成员，帝国政府规定可以免征捐税，并且严格规定在任何情况下他们的财产不得交公。由于伊斯兰教机构中的许多成员，享有许多经济利益上的优惠，因而在奥斯曼帝国的社会中逐渐又形成了一个特权阶层。

　　伊斯兰教机构对帝国教育的管理，主要是通过清真寺来进行的。因为在奥斯曼帝国时期，每一所清真寺都有一个初等学校，学生们在其中读书、写字、学习阿拉伯语和《古兰经》。具有相当规模的清真寺则设有高等学校，教授文法、逻辑学、哲学、修辞学、几何学、天文学、法律和神学。这些学校不但传授不可分割的神学和法律，同时也传授一些人文科学和自然科学的基本知识。在高等学校学习的学生，按照有关规定，可以从宗教捐助基金中取得部分津贴，而那些攻读法律的学生则可以获得全部津贴。那些在高等学校学习期满毕业的人都属于乌里玛阶层，他们毕业时接受一种叫作丹尼舍孟德（候补法官）的学位，并取得在小学教书的资格。有些人经过进一步的学习深造后，便可以在高等学校做教授或成为正式法官。初等学校毕业的学生一般都担任宣教师、苦修士等圣职。据有关史料记载，在苏丹穆拉德二世统治时期，共有两万多名学生在全国各地的清真寺学习规定的各种课程，到苏莱曼大帝统治时期，学生人数已经达到四万多人，这些穆斯林学校为奥斯曼帝国的社会发展，造就了大量的人才。

在奥斯曼帝国的社会统治中，法官的作用是非常巨大的，他们统称为"卡迪"（阿拉伯语的音译，原意为教法执行官），尊称为"毛拉"（阿拉伯语的音译，原意为先生、主人）。帝国的法律顾问称为"穆夫提"，专司解释伊斯兰教法典。奥斯曼帝国对法官的任职、晋升、调动、留任都有严格的要求和管理制度，规定法官一律必须由乌里玛来担任，按照官方信仰的哈乃斐派教法，负责审理一切刑事与民事案件，而判决书则由民政部门来执行。按照有关规定，在奥斯曼帝国首都的大法官或总法官是帝国的最高司法长官，他的基本职责是管理和指导帝国各地的司法工作，并且负责选拔各级法官和监督他们的工作。帝国各地的法官，按照有关的规定，必须由哈乃斐派的法官担任首席法官，全面负责和监督地方上的司法工作。

在苏丹塞利姆一世统治时期，由于帝国的疆域越来越大，因此他下令设立了三名大法官，称为"卡迪亚斯克尔"，分管欧亚非三大洲的司法事务。这三名大法官，一般都由奥斯曼帝国的王室成员来担任，权力和地位仅次于帝国首都的大法官。在奥斯曼帝国中等城市和小城镇的法官，属于一般法官或代理法官，乡村法官称为"内布"，是帝国法官阶层中最低的一级。穆夫提的地位仅次于一般法官，他们在一些主要城镇终身负责教律裁判工作，对帝国的法律问题进行研究并发表意见，协助法官处理日常工作。穆夫提中也有一部分人协助各级地方政府工作，相当于宗教顾问。在一般情况下，法官或政府官员很少要求他们做教律裁判工作，因此他们的职业范围很有限。不过法官有时也要求他们对法庭上出现的有关问题发表个人意见，他们的意见也时常成为支持法官个人观点和意见的有力凭据。

二、帝国的军事建制

1. 近卫军团制度

奥斯曼帝国在14世纪迅速崛起，成为横跨欧亚非三大洲的庞大帝国，除了与它的社会与制度等因素有关系外，也与它那完善的军事建制和拥有一支骁勇善战、所向披靡的军队是分不开的。在奥斯曼帝国的政治生活中，军队和军队的组织，以及军队的招募是帝国头等重要的大事。在奥斯曼帝国的初期，军队组成的惯例是，传令兵到各村庄宣布：任何愿意作战，并参加作战的人应该自带武器在规定的时间和指定的地点集合。在奥尔汗统治时期，在与拜占庭帝国的军队交战中受到启发，奥尔汗把有作战经验和能力的奥斯曼人组成了一支步兵部队。按十人、百人和千人为单位编排，每个单位编组设置一个负责指挥的军官，他们大部分人出身于奥斯曼统治者的直系亲属和近臣，执掌着军队的大权。此后，为组建一支骁勇善战、所向披靡的职业化军队，奥尔汗把战利品的五分之一收归国库，作为军饷，组建了一支完全由基督教奴隶和战俘参加的步兵部队，称为加尼沙里军团，欧洲人则称为近卫兵团。由于加尼沙里军团个个勇猛彪悍，训练有素，对苏丹忠心耿耿，其战斗力威慑欧洲各国骑士，犀利无比、所向披靡的战斗精神经久不衰，是奥斯曼帝国军队中的主力，在奥斯曼帝国的对外扩张中发挥着重要的作用，在国家的政治生活中占有特殊的地位。

组成奥斯曼帝国骁勇善战、所向披靡的加尼沙里军团的成员，在历史上主要有两个来源，其中一个是在战争中被俘获的大量基督教青少年，他们大部分是希腊人、塞尔维亚人和保加利亚人，在社会、种族或文化上同那些自愿成为加齐和奥斯曼人的自由背教者，几乎没有什么差异。在伊斯兰国家有一个传统，那就是统治者作为国家的化身，通常接受所掠劫的战利品的五分之一。长久以来，由于战俘就是打胜仗时的宝贵奖赏，又由于他们的命运永恒不变，那就是终生为奴，所以在奥斯曼帝国的早期，拥有大量战俘奴隶的苏丹们，竟不知道应该怎样安排战俘奴隶们，让他们为他更好地服务。加之在周围地区的战俘奴隶市场上生意又很萧条，因此当时解决此问题的最好的办法，就是把奴隶们变为士兵，去替主子打仗，掠劫财富进行扩张，或者用战俘奴隶来做保镖，也是奥斯曼帝国早期的一个重要传统。当时位于东方统治埃及的马木留克王朝，就完全是由战俘奴隶们所组成的。这种制度被称为"古兰制度"。"古兰"是指经过精心训练而在统治者的宫廷和国家机构中服务的奴隶。"古兰"为穆斯林的统治者忠心耿耿地服务，在伊斯兰教的历史发展中是一个重要的传统，占有重要的地位。正像奥斯曼帝国的其他许多政治制度一样，"古兰制度"是奥斯曼人从阿拉伯帝国和突厥塞尔柱人那里学习和继承而来的一种惯例，经过奥斯曼人的不断发展，最终成了奥斯曼帝国最具特征的社会制度。虽然奥斯曼人有学习和继承阿拉伯帝国和突厥塞尔柱人的"古兰"惯例，但是有系统地训练和使用战俘奴隶，则与奥斯曼帝国近卫兵团的建立和发展，以及征召基督教青少年入伍的制度有关。

根据"古兰制度"的惯例，在战争中被俘的基督教青少年就由奥斯曼帝国的苏丹，作为奴隶蓄养着，当他们皈依了伊斯兰教之后，就被整编和训练成为帝国军队中的特种部队，也就是人们通常所说的加尼沙里军团，或称为帝国近卫兵团。对于这些彪悍的军人，欧洲人在多次的战斗中逐渐地产生了敬畏的心理，他们敬畏这些军人的纪律、

帝国马车

团队主义精神、骁勇善战使用武器的本领。根据奥斯曼帝国的有关法令，许多基督教青少年俘虏被租赁给奥斯曼的军事封建领主去做若干年的学徒。在此期间，他们学会了奥斯曼人使用的语言和生活习惯，身体锻炼得更加健壮，并精于作战技术和各种武器，与普通奥斯曼士兵和广大民众逐渐地融合在一起，最终被同化。

奥斯曼帝国近卫兵团的军饷很低，他们只有靠英勇作战，多打胜仗，从战利品中得到丰厚的报酬。根据奥斯曼帝国的有关规定，近卫兵团的成员在服役期间不准结婚，他们在军营里过着集体生活，装束也都一样，每日进行操练。他们中的大多数人为步兵，只有少数人为骑兵，其余的是享有特殊荣誉的用左手执掌武器的卫兵。在奥尔汗统治时期，奥斯曼帝国的近卫兵团只有2400人，在征服者穆罕默德二世统治的末期，近卫兵团已有六千多人，到苏莱曼大帝统治初期，近卫兵团有将近8000人，而在1566年他去世时已达一万二千多人。在奥斯曼帝国的历史上，近卫兵团人数最多时达三万七千多人。他们作战时的彪悍骁勇，舍命而战的斗志，使得对手们胆战心惊，闻风丧胆。起初，当对外征服扩张能够为军队提供足够的战俘时，帝国近卫兵团的主要来源是基督教青少年战俘，而后，当对外征服扩张不能够为帝国军队提供足够的战俘时，就逐渐地形成了一套从基督教臣民的男孩子中募集兵丁的制度。这种做法据有关史料考证，大概始于穆拉德一世统治时期，到了穆拉德二世统治时期，从基督教臣民的男孩子中定期征兵，也就是名为"德米舍梅"（征募）的征兵制，似乎已经趋于制度化了，是奥斯曼人对传统的"古兰制度"的改革。

2. 征兵制——古兰制度

从基督教臣民的男孩子中定期征兵，纯粹是根据苏丹的权力，把它当作一种特种税，与宗教法无关。征集的时间和规模，则一般根据帝国政府的需要而定。如果在几次重大战役期间人员损失过多，那么征兵的规模就较大，间隔时间也较短。此外，作为一种特殊的征税方式，它是以全村庄或特为征收这种税而划定的"特种税区"的若干村为对象，而不以单独的每户为单位，这种做法往往能够使负担比较平均。应征的基督教青少年数目，一般是平均每40户征一名。为了征召到能够吃苦耐劳和易于训练的人，奥斯曼帝国只征收大约8岁到18岁之间的未婚基督教青少年。17世纪的时候，帝国政府把征收的年龄界限提升到了15岁至20岁。起初，帝国政府只征收巴尔干地区的基督教青少年，但后来到了16世纪，也开始征召安纳托利亚的基督教青少年。不过根据帝国政府的规定，有些基督教青少年免征，如独子、从事经济重要行业的青少年、孤儿以及众所周知的行为不端的人。

到了16世纪时，每当帝国政府决定从基督教家庭户征募一批十几岁或年纪更小的男孩时，近卫兵团的军官们便携带苏丹的授权令，奔赴开展征兵工作的地区。他们一般在大市镇驻扎，派传令兵到各村庄通知地方官和法官。基督教家庭的家长们奉命带领他们的儿子前来应征，牧师带着洗礼记录随同他们到场。于是，帝国近卫兵团的军官们就开始对基督教青少年进行审查，每个应征的基督教青少年的姓名、年龄、家庭出身、住地以及相貌都得被登记在册，一式两份。选中的基督教青少年被集中起来，编成100到150人的队伍，穿着整齐统一的制服，由近卫兵团的士兵护送到帝国首都伊斯坦布尔。护送者有一本登记册，另一本则保存在征兵的近卫兵团军官那里。当所有的基督教青少年到齐后，把两本登记册拿到帝国首都伊斯坦布尔相互核对，保证途中没有出现人员被顶替的情况，因为不可避免地有些被征募到军队行列里的基督教青少年试图逃跑，他们的家庭也竭力反对子女被帝国政府征募，有时候甚至发展到了公然对抗的程度。但是，对于那些接受宫廷训练后的基督教青少年来说，大好机遇、锦绣前程就展现在了他们的面前，而奥斯曼帝国的社会精华和栋梁，也正是通过他们才不断被注入新鲜血液的。所以，当此后这种征兵制度有利可图时，又有一些基督教家庭的家长们千方百计地想用钱把他们的儿子安插到帝国近卫兵团中去。

在奥斯曼帝国的首都伊斯坦布尔，那些被征募来的基督教青少年不久即改宗伊斯兰教，并接受割礼，然后通过一系列的考试来测定他们的智商。相貌和才智在考试筛选过程中十分重要。大致经过十里挑一的筛选，那些考试合格、身材体格完全符合标准的基督教青少年，立即被送往宫廷中接受训练，这种训练既是体力上的，也是智力上的。这些被选中入宫学习的基督教青少年，将要接受奥斯曼帝国最好的教育，并且一旦学习训练完毕，他们将准备接受奥斯曼帝国政府中最重要的职位。那些绝大多数未被选入宫廷接受训练的基督教青少年，将被安纳托利亚地区的奥斯曼农民雇佣去，以便在那里学习突厥语和熟悉伊斯兰教的信仰。他们学习和进步的情况，有人进行定期的严格检查，当他们已经学成或帝国需要的时候，他们就被召回帝国首都伊斯坦布尔加入近卫兵团，构成了奥斯曼帝国军队的骨干。由他们组成的作战部队，是一支战斗力很强的部队。在战斗中，他们常常被用作后备军，不到关键时刻决不轻易上阵，平时在帝国首都担负保安、警务和消防等任务。

奥斯曼帝国的近卫兵团与伊斯兰教的苏菲神秘主义教派，有着非常密切的关系。苏菲神秘主义教派产生于13世纪，到15世纪时得到了很大的发展，16世纪至18世纪时，苏菲神秘主义教派在奥斯曼帝国的境内，表现得相当活跃，它的贝克塔什教团对奥斯曼帝国的政治生活影响最大，教堂遍布帝国的各地。据有关史料记载，在奥斯曼帝国的早期，奥尔汗在制定征募基督教青少年组建近卫兵团的计划时，得到了贝克塔什教团长老哈吉·贝克塔什的赞同。这位长老用他的衣袖遮盖在近卫兵团士兵的头上，并向第一批近卫兵团的将领们祝福。近卫兵团士兵头上戴的白羊帽后垂筒形的长布，就代表了贝克塔什教团长老的祝福。在奥斯曼帝国的历史上，近卫兵团与贝克塔什教团的关系十分密切，近卫兵团自称是"贝克塔什的士兵"和"贝克塔什的子孙"，视苏菲神秘主义教派的长老为伊玛目，并宣誓尊敬服从他。在帝国政府组织的军事仪仗队中，贝克塔什教团的教徒被允许走在近卫兵团的前列，有时他们还在近卫兵团的军营中做礼拜、念经，为近卫兵团祈祷。

然而，近卫兵团的影响和作用，也使得他们成为奥斯曼帝国政坛上一支不可忽视的政治力量，他们经常左右帝国政策的贯彻执行，后来甚至发展到了公然违抗苏丹的命令，不时提出一些蛮横无理的要求。帝国苏丹的废立完全由他们来决定，大维齐也常在他们的命令下被斩首。特别是在近代，为了维护古今一揆的制度，保留原有的地位和特权，他们竭力反对奥斯曼帝国的社会改革，不思不变，终于堕落成为阻碍奥斯曼帝国社会变革和进步的反动势力，遭到苏丹马赫默德二世的残酷镇压，落得个曲终人散的悲惨结局。实际上，早在15世纪中叶，奥斯曼帝国政府就平息过一场任性妄为的近卫兵团的叛乱，但从穆罕默德二世开始，由于宫廷政治斗争的需要，每一位苏丹登基时，为了笼络和安抚近卫兵团，都照例要分发一批"近卫兵团饷银"，以确保近卫兵团的忠诚。这种怀柔政策的实行使得近卫兵团在以后帝国的政坛上更加自命不凡、肆无忌惮。

在征募的基督教青少年中，苏丹也选取一些优秀人才，让他们在各类宫廷学校内太监的监督下分组接受严格的培训。其中，学习优秀者让其在帝国宫廷中担任侍从官，在所谓的"内廷服役"中继续接受教育。他们训练的第一期大约为两年到八年时间不等，在这一阶段的训练结束时，他们要接受全面的综合考查。其中成绩最优秀的人，要留在帝国首都伊斯坦布尔苏丹居住的托普卡帕宫接受进一步的严格训练，而那些成绩不太理想，不够资格提升的人，通常被派往由苏丹发给薪饷的王室骑兵部队里，担任重要的职务。这种选择和提升的程序，是奥斯曼帝国"古兰制度"的一个重要组成部分，被称为"契满"（毕业）。在16世纪，通常每两年到五年有一次"契满"，到17世纪时，演变成为每七年或八年有一次"契满"。另外，每当新苏丹即位时也有一次"契满"。被新选拔的侍童们到苏丹托普卡帕宫的内廷各部门中，为他们将来的职位做预习准备。内廷服务包括在官院和有关部门中专门为苏丹而设的一系列私人服务。侍童们开始服务的地方主要是大院和小院，也称为大小书院，这里是内廷服务的侍童们专心学习和锻炼身体的地方，苏丹的主要私人生活也大都是在这个环境中度过的。

在16世纪上半叶，接受训练的侍童大约有600到700人，这与同时期帝国近卫兵团和王室骑兵1.2万人的总数相比，内廷服务侍童的优越性是明显的。内廷服务侍童所接受的教育，是向他们这些新改宗伊斯兰教的人传授高级伊斯兰教教义和古老的伊斯兰传统。他们每天研读《古兰经》和学习其他有关的宗教课程，并学习突厥语、阿拉伯语、波斯语以及历史、数学、书法和音乐。此外，提高他们的体质，也是日常训练的主要内容。因此，他们不但要刻苦地学习骑术、射箭、角力和掌握各种武器，而且规定每个侍童还要学习和掌握一门工艺技能以及各种宫廷礼节。在大小书院学习大约4年之后，侍童们还要再经历一次严格的淘汰过程，成绩最突出的人将获准进入上等宫院，在那里他们接受一种更加严格和特殊的训练，以便将来做苏丹的个人侍从。那些被淘汰离开宫廷的人，则被安排在王室骑兵部队里，他们享受高薪。因为在训练过程中，这些侍童领到的生活津贴，是随着他们的进步而增加的。那些继续留在宫内学习的侍童，最后根据其资历和工作效率提升到重要的官职上去，管理和指挥宫廷的日常事务。资历和工作才能是奥斯曼帝国"古兰制度"的两个主要依据。那些没有被提升的高级侍童，不再在帝国内廷服务，而在宫外服务，主要从事苏丹宫廷以外的帝国事务。由于奥斯曼帝国致力于对外征服扩张，所以它的宫廷以外服务的各部门主要与军事密切相关是不足为奇的。这些部门包括近卫兵团、王室骑兵、炮兵、宫廷卫队、军事总部、军械制造、养鹰、养马以及制造兵器等工艺部门。那些担任帝国各个部门首长的高级侍从，骑着马跟随苏丹左右英勇作战。当这些高级侍从离开宫外服务部门时，便会委派他们去担任各省的总督或各地的县长，并保持着较高的收入。

从宫廷毕业的基督教青少年，从理论和实践上来说，经过长达十几年的精心教育和培养，当他们成人的时候，每个人不但是优秀的穆斯林、苏丹忠实的仆人，而且是学者、军人与绅士兼集一身的社会英才，足以胜任奥斯曼帝国苏丹王室的内廷官员或是帝国各级政府的行政官员。如苏莱曼大帝的大维齐之一鲁蒂帕夏的经历，可以充分证明"古兰制度"在奥斯曼帝国选用人才方面所起到的积极作用。

鲁蒂帕夏是在巴耶塞特二世统治时期作为基督教青少年被选进内宫的。经过数年的刻苦学习和严格的训练之后，他历经了几个宫院而被提升为苏丹的御前侍从。他才华横溢，知识渊博，精通奥斯曼的文字、语言和习俗，熟谙帝国上层社会的规矩和礼节，视宗教信仰和国家服务为第一生命。当1512年塞利姆一世继位苏丹时，他离开了帝国的内廷而在宫外的一个高级禁卫部队担任重要官职。在宫外政府行政部门几度担任最高行政长官后（包括宫门禁卫长），他又成了安纳托利亚卡斯塔莫努县的县长。凭着他的不凡的才能和辉煌的政绩，数年后他又成为安纳托利亚省的总督，上升到了地位显赫的大臣地位。1539年，因他管理有方，作战勇敢，备受苏丹苏莱曼大帝的器重，从而成为帝国的大维齐，达到了帝国权力的顶峰。

奥斯曼帝国的"古兰"选才制度所具有的合理性是非常清楚的。被帝国政府征募来的大部分基督教青少年，来自帝国偏远的贫困家庭。然后他们接受了一种全新的宗教、语言和生活方式，他们把自己得到的权力和财富完全归功于帝国政府的苏丹，于是在思想上和行动中，便忠心耿耿地报效帝国和苏丹。这一制度与同时期欧洲那种从王室和贵族当中选拔人员担任政府高官要职的机制相比，具有很大的优越性，因此，博得了当时一些欧洲有识之士的一致好评。例如，在苏莱曼大帝统治时期，奥匈帝国的皇帝查理五世的驻奥斯曼帝国首都伊斯坦布尔的大使，就曾经这样写道："在奥斯曼人当中，对一个人社

缩画中描绘的奥斯曼帝国重装骑兵

会地位的评价，丝毫不看他的出身，或是对某个人的尊重程度，而完全是按照他在公务当中所担任的职务来评定的。苏丹在对某人做出提拔任命时，也并不注意他的财富和等级这一类假象，他完全是根据事情本身的是非曲直来考虑取舍的。人们在政府部门中得到升迁，靠的是功绩，因此可以这样认为，这种制度保证了各种政府重要的职务，只委派给那些能力相称的人。在奥斯曼帝国，每个人都把自己的祖宗家系，还有个人的前程命运，掌握在自己的手里，至于是成是败，那就全看他自己努力的情况了。"

除了近卫兵团和王室骑兵以外，地方骑兵也构成了奥斯曼帝国军队的一个重要组成部分，是奥斯曼帝国这个庞大战争机器对外征服扩张的强大支柱。地方骑兵称为"西帕希"，它来自帝国各地的封建领主，完全依赖于采邑制度。根据奥斯曼的有关法令规定，一切领有采邑的封建领主必须每年向苏丹提供一定数额的兵源，组成地方骑兵部队。

经历了包括苏莱曼大帝在内的最初十位苏丹的统治，奥斯曼人精心创造出了一套高效的政府管理机构，它既可以让奥斯曼人兼并新征服的领土，又能把新征服的领土相当牢固地黏合在一起；它既可以有效地管理社会治安、税收，又能维持一支骁勇善战、特别具有战斗力的军队。对于新征服来的领土，奥斯曼帝国起初一般采取这样的兼并办法：仍由当地的统治者掌权，不管这位统治者是穆斯林也好，基督教徒也罢，都处于一种藩属的地位，每年必须向苏丹缴纳一定数额的贡金，并提供由帝国政府规定数额的兵员。有些日后被帝国政府授之为"特许区"的边远地区，如摩尔达维亚、瓦拉几亚等多瑙河邦国，一直保持着这种藩属地位。然而，随着奥斯曼帝国的疆域不断扩大，军力不断加强，此后奥斯曼帝国往往是将已经被征服的领土直接并入自己的版图，并通过军事采邑制度来确立奥斯曼人的统治。奥斯曼帝国的军事组织和行政组织，都与采邑制度有着密切的关系。苏丹一般把新征服来的土地，以采邑的形式授予当地的封建领主，由他们为帝国提供一定数额的封建骑兵，这既有效地加强了对那些封建领主的统治，又解决了国家维持一支庞大军队而无须支付巨额现金的问题。

3. 采邑封地制

根据奥斯曼帝国的有关法令规定，帝国的全部土地的终极所有权都属于苏丹。他可以把大片的田产划归己有，由手下的官员来管理，每年向他缴赋纳税。他也可以把一部分田产赐予私人和宗教慈善基金管理机构。但是在奥斯曼帝国不断对外进行扩张的历史时期，帝国的大部分土地则给予了封建领主，他们也就成了采邑承受人。这些采邑承受人既要履行地方的行政职能，又要履行帝国军事的有关职能。

奥斯曼帝国的采邑封地一般被分为三部分：采邑年收入在2万阿克切（奥斯曼帝国早期的货币名称）以下的属于"蒂玛"，采邑年收入在2万以上10万以下阿克切的叫作"扎美"，采邑年收入超过10万阿克切的称为"哈斯"。"哈斯"一般都被授予苏丹的宠臣，甚至授予后宫受宠的妇女。这种不良的倾向也是导致日后奥斯曼帝国采邑制度腐败和帝国濒于衰亡的根本原因之一。

采邑的岁入都由承受人征收，这实际上也就是他的薪俸。农民缴纳的农产品什一税是他最主要的收入来源。除此之外，采邑承受人还

穆罕默德二世及其军队进入君士坦丁堡

享有其他一些政治权益，如参与地方政务和军事管理，监督司法公正等。他所应尽的义务是：和平时期要进行军事训练，战时要根据采邑的规模和价值，向苏丹提供一定数额的戎装骑兵和辎重。采邑这种办法，以前突厥塞尔柱人和拜占庭帝国也都使用过，到奥斯曼人手里也多系承袭沿用，并未做重大改革。随着奥斯曼帝国采邑制度的确立，以及那些被征服的当地封建领主和军事头领，甚至安纳托利亚地区和阿拉伯地区的部落首领，都被苏丹授予采邑之后，他们就逐渐融入了奥斯曼帝国的整个社会。

在奥斯曼帝国的早期时代，有好多采邑承受人都是基督教徒，他们是被奥斯曼人所征服的巴尔干地区的军事贵族成员，当他们被帝国苏丹授予采邑之后，他们就与奥斯曼人同患难共命运，随着奥斯曼帝国社会体制的发展变化，原有的许多基督教徒采邑承受人或皈依伊斯兰教，或下降为一般平民。

为了计算财政税收和分封采邑，苏丹每年都要对每个省细加调查，这种调查叫作"塔里尔"，是奥斯曼帝国行政管理的基本手段。调查时，苏丹派出的官员将村落人口、土地、庄稼、牲畜一一登记入册。尽管现在保存在土耳其共和国博物馆的登记册最早的日期是1431年，但根据有关历史资料的记载，这种调查登记册奥斯曼帝国在14世纪就已经开始采用了。在巴耶塞特一世使用这种调查登记册时，许多保守分子坚决反对，从而不自觉地重复了盎格鲁-撒克逊年代史编者对《末日裁判书》的评语："要是把每头公牛和每头母牛登记入册的经过情况都讲出来，实在有失体面。"这些调查登记册，在当时是帝国政府对采邑承受人实施控制的有效工具，可以从中了解采邑变化的情况，采邑承受人的死亡及其采邑的重新分配等。这样苏丹可以准确地知道什么时候帝国的军队达到满员，什么时候采邑还有空额。在今天，这些调查登记册是了解奥斯曼帝国社会发展现状的不可多得的重要史料。

在苏莱曼大帝统治时期，据有关史料记载，奥斯曼帝国欧洲部分的各采邑封建领主向苏丹提供的地方骑兵数额为8万人，亚洲部分的各采邑封建领主提供的地方骑兵数额为5万人。各采邑封建领主军队的指挥官称为"贝伊"，"贝伊"之上是"贝勒贝伊"，即总司令。奥斯曼人称其领土的亚洲部分为"安纳托利亚"，欧洲部分为"罗姆尼亚"，两部分的地方骑兵各设一名总司令。两部分地方骑兵的军旗上分别以两支马尾巴和三支马尾巴为标志，加以区别。

在奥斯曼帝国军队中，执掌大权的多是苏丹的直系亲属和宠信的近臣。如奥尔汗统治时期，他的长子就是帝国驻守欧洲地方骑兵部队的第一任"贝勒贝伊"。"贝勒贝伊"除了指挥地方骑兵之外，还兼有总督的职能，在其管辖区内拥有至高无上的权力。"贝勒贝伊"可以不用请示苏丹，而直接把占领的土地作为采邑赏赐给那些作战英勇，屡建奇功的人，也可以采取极其严厉的手段，直接惩罚那些临阵怯敌者。居于"贝勒贝伊"之下的，是拥有"帕夏"和"贝伊"头衔的文武官员，他们中的等级，完全由他们旗标下面所挂马尾巴的多寡来表示。奥斯曼帝国的地方骑兵由于长年累月不断地征战，而且又总是子承父业，因此个个武技娴熟，英勇善战。同时，他们越是英勇作战，屡立战功，就越能得到更多的采邑。所以，直到16世纪末期，奥斯曼帝国地方骑兵的战斗力，仍然堪与欧洲任何一个强国的封建骑兵相匹敌。

除了地方骑兵之外，"阿金日"和"阿扎布"也是奥斯曼帝国军队中一支骁勇善战，不可忽视的中坚力量。"阿金日"是奥斯曼帝国非正规、无军饷，并且作战时要自己带一匹战马、一个护胸和一顶帐篷的志愿骑兵。他们一般是为了荣立战功，攫取战利品而志愿应召服役的。"阿扎布"是奥斯曼帝国非正规、无军饷，自备相应武器的志愿步兵，他们与"阿金日"类似，也是为了荣立战功，攫取战利品而志愿应召服役的。在奥斯曼帝国每次对外征服的战斗中，"阿金日"和"阿扎布"总是被派遣到第一线打头阵，因而有时伤亡比较惨重。

　　此外，奥斯曼帝国还拥有强大的海军舰队。由于奥斯曼帝国幅员辽阔，横跨欧亚非三大洲，再加上海岸线又特别长，因此，从穆拉德二世统治时期，发展海军就成了奥斯曼帝国军事战略中的重点。在奥斯曼帝国政府的不断努力下，海军逐渐成为帝国各军、兵种中的一支特别具有战斗力的队伍。从黑海到亚得里亚海的许多港口，奥斯曼帝国政府用重金聘请的威尼斯造船专家和帝国的造船工人们在一起，经常在火炬的照耀下，加班加点，拼命地建造船只，以确保奥斯曼帝国的海军有足够的船只可以随时下海投入战斗。因此，奥斯曼帝国的海军战舰始终保持在三四百艘，装备精良，武器先进，并配备有来自欧洲各地经验丰富的航海人员和训练有素的水手，其实力均能同当时的海上强国西班牙、法兰西和威尼斯的海军舰队相匹敌。在和平时期，

征服者之亭收藏了一些宝物，拱廊是穆罕默德二世在位时建造的其中一个亭楼，也是宫里最古老的建筑物之一，建于1460年前后，即动工兴建托普卡帕宫的时候。征服者之亭用作储存工艺作品，也收藏帝国宝物

奥斯曼帝国的海军将领，其中包括许多希腊或意大利的叛教者，自作主张出海航行，经常干一些袭击欧洲基督教国家商业船只的海盗勾当，其情况同奥斯曼帝国早年加齐们在陆地上侵扰拜占庭帝国的边境一样。到了塞利姆一世和苏莱曼大帝统治时期，奥斯曼帝国的海军舰队已经发展成了一支驰骋于红海、黑海、地中海等领域的海上劲旅，其威力震慑整个欧洲和亚洲。

到了15世纪后半期，由于科学技术的发展和新式火器的出现，用兵打仗的特点此时发生了很大的变化，骑兵的作用已经不再那么重要了。要组织和训练掌握新式火器的步兵和炮兵，奥斯曼帝国就不能够再依靠采邑制度了，因为组建新式军队，得由帝国中央政府来领导实施，这就需要用大量的现金购买和制造新式武器装备军队，用采邑提供兵员的传统办法已经解决不了此类重大问题了。于是，16世纪奥斯曼帝国的有关社会体制就开始激烈地反映出这种变化。例如，有些早期采取岁入形式的采邑封地，后来就逐渐转化成了缴纳税金的农庄，成了为奥斯曼帝国提供现金税收的行政单元。匈牙利和叙利亚刚并入奥斯曼的时候，采用的就是岁入制，到了1670年，两地相继改用纳税制。埃及被奥斯曼帝国征服后，基本上一直采用以纳税农庄为基础的赋税制度，每年向奥斯曼帝国首都伊斯坦布尔输送大量资金，以维持奥斯曼帝国守备部队的日常开支。

三、帝国的米勒特制度

奥斯曼帝国随着早期不断地对外扩张和征服，逐渐演变成了一个多民族、多宗教的封建军事联合体。帝国境内的主要宗教团体，除伊斯兰教之外，还有希腊东正教、亚美尼亚格里高利教派和犹太教等。虽说信奉希腊东正教的人多属于巴尔干地区的农民，亚美尼亚格里高利教派信徒多为安纳托利亚东部地区的农民，犹太人多为城市居民，但是这些宗教团体或者教派团体，并非完全按照地理位置划区划块分布，相反，在整个奥斯曼帝国境内，所有宗教或教派团体都是相互混杂在一起的。造成这种现象的根本原因有两个，其一是宗教团体或教派团体这种四方相互混杂的模式，在奥斯曼人到来之前就已经或多或少地存在着。其二是由于奥斯曼帝国的东征西伐，宗教信仰的不断改变以及大批移民的流入而造成的。此外，出于对边境防卫、地方治安、使游牧部落定居下来或社会经济发展等方面的考虑，奥斯曼帝国政府也有意识地采取了将各类居民团体迁徙至新征服地区定居的做法，从而进一步促成了不同宗教团体或教派团体的混杂相处。

为了对奥斯曼帝国境内不同种族、不同宗教信仰的人进行有效的统治，使他们能够在政治、经济、文化等领域进行和谐有序的交往，奥斯曼帝国政府采用了米勒特制度。米勒特制度是奥斯曼帝国最具自身特征的一种社会制度，从奥斯曼人早年皈依了伊斯兰教以后，奥斯曼人遵照古老的伊斯兰世界的传统，对待被征服的非穆斯林人，一直采取一种非常宽容的宗教政策，基督教和犹太教的团体可以充分享有信仰自由和文化自由。这种宽容的宗教政策的实施，使得许多巴尔干地区的非伊斯兰教团体，都心甘情愿地接受在奥斯曼人统治下的宽松的自治，而不愿意忍受拜占庭帝国和哈布斯堡王朝统治下对宗教和文化的限制和迫害。

当征服者穆罕默德二世在1453年率军攻占了拜占庭帝国首都君士

坦丁堡之后，他遵循拜占庭帝国皇帝批准总教主人选的惯例，任命希腊东正教的一位头面人物真那狄奥为奥斯曼帝国境内希腊东正教信徒的大主教和文职首领。同样，他也分别任命了亚美尼亚教派教主和君士坦丁堡的犹太教大教士为各自教区的首领。从此，它成了在奥斯曼帝国中牢固树立的习惯法，即允许奥斯曼帝国境内的非穆斯林保存他们宗教团体的独立性。

在奥斯曼帝国境内，每个人身份的确定完全是根据宗教信仰，甚至是根据教派来进行的。穆斯林与非穆斯林两者之间的重大区别之一，除了穆斯林民众不需向帝国政府缴纳人头税之外，非穆斯林民众都被帝国政府安排在法律承认的宗教社区内生活。帝国政府把这些非伊斯兰教的宗教团体或宗教社区，统称为"米勒特"，意思是"奥斯曼帝国内有特殊信仰的集团或民族"。

在奥斯曼帝国境内，每个米勒特都有使用自己的语言，发展自己的宗教、文化和教育机构，征收税款并上缴帝国国库，保持自己独立的法庭，以审判同族成员一切案件的各种合法权利。在奥斯曼帝国，每个米勒特都有一个自己的领袖，他主要负责向帝国政府上缴从米勒特所收到的税款，并保证其米勒特的每一个成员社会行为规范，发誓效忠苏丹。此外，根据帝国政府的有关法令，在处理个人的一些事务方面，如结婚、离婚、继承遗产等，米勒特的成员都必须通过他们的宗教社会与帝国政府发生联系。也就是说，如何对非伊斯兰教社区的司法处置，法律必须因人而异，而不是随居住地而定。这种属人主义的司法原则，虽然在当时的欧洲已经遭到各国的摒弃，但在奥斯曼帝国这个宗教、民族广为混杂的地区仍然被人们普遍接受。所以根据奥斯曼帝国某些法令的规定，米勒特在某种程度上，是同奥斯曼帝国的行政机构和伊斯兰机构平行的。他们的利益与苏丹以及在奥斯曼帝国对外征服的一系列战争中的利益是一致的。因此，"分教而治"的米勒特制度是奥斯曼帝国手中对广大被征服地区异族、异教实行有效统治的重要工具。

此外，奥斯曼帝国政府承认非伊斯兰教社区享有充分的自治权，也反映了伊斯兰教对归顺穆斯林统治的"圣经信徒"传统的宽容态度。然而，宗教上的宽容并不意味着政治上的平等。在奥斯曼帝国，就其社会地位来说，穆斯林的普通民众虽然在政治、社会或经济上显然都不及奥斯曼帝国军人集团那样优越，但仍然可以感到比非穆斯林民众的社会地位高出一等。特别在改变宗教信仰的问题上，不平等现象表现得最为明显。例如，基督教徒和犹太教徒可以自由地改变宗教信仰，成为穆斯林，但是对于穆斯林来说，背叛自己的宗教信仰就意味着死亡。

在奥斯曼帝国，对于一位非穆斯林出身的人来说，要想跻身上层社会，在帝国政府中担任要职，除非他首先改变自己的宗教信仰，皈依伊斯兰教，然后想办法进入军队，志愿参加奥斯曼帝国发动的各种对外征服战争，屡建奇功，以充分显示自己的忠诚和勇敢，从而接受苏丹给予的采邑赏赐。此外，在奥斯曼帝国的社会发展中，广大的非穆斯林在政治方面，还要受到其他某些方面的限制。例如，基督教的教堂内不得使用大钟；非穆斯林不能随身携带武器，并被排斥在帝国政府的兵役征召令之外；非穆斯林每年还得向帝国政府缴纳一笔专门的人头税，等等。尽管如此，在奥斯曼帝国境内非穆斯林的命运和生活状况，往往要比同时代欧洲其他国家中的宗教少数派团体命运好得多。因此，那些非穆斯林似乎很乐意接受这样的社会地位和法律安排。

在欧洲许多国家，基督教徒迫害犹太教徒，天主教徒压迫新教徒，都属于一种屡见不鲜的社会现象。而且被迫害受压迫的犹太教徒和新教徒，只要他们有可能，反过来也实行"以其人之道，还治其人之身"的政策。因此，那些在西班牙、葡萄牙和意大利等国家受到宗教迫害的犹太教徒大批地逃亡并源源不断地流入宗教政策比较宽容的奥斯曼帝国。他们不仅随身带来了大量的宝贵财富，更重要的是他们把政治统治以及理财的经验和知识，也传授到了奥斯曼帝国，从而极大地丰富了奥斯曼帝国的社会内容。这些不仅对促进奥斯曼帝国的社会经济发展极为有利，而且也极大地促进了奥斯曼帝国政府行政管理的系统化和高效化，促进了奥斯曼帝国军事科技的迅速发展。此外，随着奥斯曼帝国的不断强大，还有相当数量的德意志、奥地利和匈牙利等国的农民，也相继移民到了奥斯曼帝国，他们当中的有些人是出于政治上的动机，有些人则完全是由于经济利益的驱动。

在奥斯曼帝国境内，不同种族、不同宗教信仰的人们四方杂处的情景，给西欧人留下了深刻难忘的印象。一位英国旅行家的仆人在日记中曾经这样写道："在奥斯曼帝国所有的城市里，每周有三种安息日：穆斯林逢周五休息，犹太人逢周六休息，而基督教徒则在主日休息。"讲到他在巴尔干地区一家商旅客栈时的所见所闻，他又写道："你在这儿会同时遇到穆斯林、犹太人和基督教徒，也会同时遇到正人君子、小偷和强盗。"西班牙著名的作家塞万提斯年轻时曾经作为战俘，在奥斯曼帝国统治下的阿尔及尔生活过一段时间。他发现这里的每一座城镇都是人种混杂，就像一座世界大都市。他曾经这样描述道：城里有阿拉伯人、柏柏尔人、犹太人和奥斯曼人，信仰伊斯兰教的奥斯曼人往往是最为出色的政府官员。尽管表面上他们往来密切，混杂相处，但在实际生活中还是遵循着"物以类聚，人以群分"的准则。塞万提斯还认为，造成这种隔离现象的根本原因，除了各宗教派别的信徒们总是倾向于聚居在各自早已熟悉习惯的村落或城镇区内生活外，最根本的原因还是奥斯曼帝国政府采取了"分教而治"的统治方法，使各宗教派别相互隔离，自治在政治上已趋于制度化了。

如果不按种族和宗教因素来划分，完全按照经济和社会地位来考察进行归纳，15—18世纪，奥斯曼帝国的整个社会应该包括这样三部分传统民众：游牧民、农民和市民。山区或沙漠地区的游牧部落的牧民数量很大，他们主要生活在安纳托利亚地区的东部和阿拉伯的广大地区。他们沿袭着游牧民传统的生活方式，逐水草而居，其主要财产来自劫掠的战利品和饲养的畜群，所以他们一如既往地袭击农耕居民点，给奥斯曼帝国的征税和维持社会治安，不断制造着各种各样的麻烦。有关这一时期奥斯曼帝国政府的文件披露，对于这一事态的出现和发展，帝国政府恼羞成怒，也采取了一些有力的措施手段，试图遏制住这一事态的蔓延和发展。例如通过报复性武装清剿和抓人质等强硬手段震慑游牧民，也通过给一些游牧部落的首领们封官加爵等柔和手段，来收买游牧民的上层人物，使他们听令和顺从帝国政府的指挥。然而，最有效的办法，是帝国政府在重要的交通和商旅沿线派驻大量的军队，保卫那里的安全，并且设置了许多新的村庄，把大量的游牧民迁居在那里，以此来改变那些游牧民逐水草而居的生活方式。

在奥斯曼帝国，农民是社会经济的重要基础。他们一年四季在土地上辛勤劳作，缴税纳粮。他们所耕作的那些土地往往并非为他们所有，而是属于采邑或纳税农庄的一部分。一般来说，奥斯曼帝国的农民房屋简陋，生活贫困，他们的耕作方法非常原始，落后于西欧的耕作技术。他们饲养的牲畜同西欧农民饲养的牲畜比起来又瘦又小。不过，由于奥斯曼帝国疆域庞大，可耕作的土地很多，所以在农业收获上一直尚能够自给自足，并且有少量的粮食出口。

在奥斯曼帝国境内，商人、工匠和手艺人一般都集中居住在城镇里，其中好多人是非穆斯林，尤其是商人，他们在绝大多数情况下都是犹太教徒和基督教徒。在奥斯曼帝国，根据有关政府的法令，工匠和手艺人都必须加入行会，行会则对其成员和产品实行监督。有些地方的行会势力很大，特别是在巴尔干地区，足以有效地控制当地的政府。这些行会不但具有经济上互助的性质，而且还带有浓厚的宗教、神秘主义的色彩，每个行会都有自己的保护神或守圣徒。这些行会有些是由穆斯林组成的，有些是由基督教徒或犹太人组成的，也有一些行会是兼而有之，人员比较混杂。

奥斯曼人在传统上多为士兵、行政官员和农民，一般不从事商贸活动，他们把这个行业留给了阿拉伯人、基督教徒、犹太人等少数民族去干。虽然在15世纪末期，奥斯曼帝国政府为了军事和安全上的需要，规定黑海地区不对西欧的基督教商人开放，但是作为帝国臣民的希腊人、犹太人则可以继续在那一带经商，从事各种转口贸易活动。

鼓励对外贸易是奥斯曼帝国经济政策中的一项重要内容。当穆罕默德二世攻占拜占庭帝国的首都君士坦丁堡之后，马上就恢复了过去拜占庭帝国统治时期给予威尼斯商人提供贸易优惠的做法，同时也积极地鼓励其他意大利城邦国同奥斯曼帝国开展各种双边贸易。他们可以在奥斯曼帝国的港口进行自由贸易，并受本国法律和领事的保护，而不是受帝国行政官员和伊斯兰法官的管辖，享有充分的宗教信仰自由，并免于向奥斯曼帝国政府纳税。后来其他西欧的一些国家也获得了类似的商贸特权。强大的奥斯曼帝国为了鼓励双边贸易，繁荣社会经济，也随意给予西欧许多国家这类商贸特权，而在这类商贸特权中，只有很少一部分是双方互惠的。

作为奥斯曼帝国社会的一部分，那些主要居住在帝国首都伊斯坦布尔的西欧商人都有自己的团体，他们按照帝国政府与西欧国家政府签订的一系列正式条约的规定生活。这些条约总的精神是，承认西欧各国商人在奥斯曼帝国可以享有某些权利和义务，允许他们按照自己的法律生活。这些条约仿佛是奥斯曼帝国政府恩赐给西欧各国商人的，而不是经过双方平等协商制定出来的，表现出帝国政府一种对欧洲轻慢的态度。然而，在以后的年代里，随着西欧社会的发展和进步，当西欧和奥斯曼帝国之间的力量对比对前者越来越有利的时候，这些条约便发展成为历史上著名的治外法权条约，从而使得西欧各国的商人们在奥斯曼帝国享有一种明显的政治特权，并且时常让西欧的各国政府对奥斯曼帝国极为重要的各项方针政策，施以不可估量的影响，给日后奥斯曼帝国社会的发展，带来了极大的灾难，成了奥斯曼帝国走向衰落的根本性原因之一。

四、奥斯曼人独特的民族特性

民族是历史上形成的共同语言、共同地域、共同经济生活以及表现为共同文化、共同心理素质的稳定共同体，是国家存在和发展的基本要素。但是，不同的地理环境，不同的历史文化背景，不同的社会文明程度，使不同的民族有其各自的特色，这种巨大的差异性就是民族特征。奥斯曼人独特的民族特征主要来自悠久的历史传统、奇特的自然环境和复杂的社会结构。

截至19世纪，奥斯曼人通常都是按照自古形成的代代沿袭的生活逻辑来生活和拓展自己的物质生活和精神生活空间的，一直都是把自己作为穆斯林来看待的。他们的忠诚，根据不同阶层的不同情况，分别属于伊斯兰教、奥斯曼王室和奥斯曼国家。就现代意义而言的突厥民族这一概念，首先出现于19世纪中叶，是许多主客因素促成了这一概念的形成和发展。例如，流亡于奥斯曼帝国的欧洲人，同流亡到欧洲的奥斯曼人，他们在现代民族这一概念形成和发展的过程中，起到了主要的影响和推动作用。

19世纪，欧洲方面关于突厥学的研究所获得的有关突厥人的古代历史与文化的新知识，被流亡于奥斯曼帝国的欧洲人和流亡到欧洲去的奥斯曼人传输到了奥斯曼帝国，使奥斯曼人在反抗西方列强的斗争中受益匪浅，促使其现代民族意识日益增长。最初，突厥民族这一概念仅限于被少数知识界人士接受，后来随着突厥共性感情的不断滋长，民族概念的提出逐渐发展成为大规模的有意识的社会行为，从而奠定了奥斯曼帝国民族解放运动的基础，所以，当1923年第一次采用土耳其和土耳其人作为土耳其共和国及其人民的正式称号时，标志着突厥民族这一概念的最后形成。

历史上奥斯曼人主要是由三股主流所形成，即地方性源流、突厥源流和伊斯兰源流。早期的奥斯曼人作为游牧民族，大约在6—7世纪开始向西南迁移进入中亚，11世纪初通过大规模的迁徙到达小亚细亚半岛，但是当地原有居民并没有被入侵者消灭或被驱逐到其他地方，而是受到同化并相互融合。此时，来自古老东方的奥斯曼人，完全继承了小亚细亚半岛的文化遗产。另外，历史上奥斯曼人从没有流露过种族自大感，也不盲目排外，更不坚持其后代必须血统纯正。这种开明的观念与行为，同早期哈里发国家的阿拉伯征服者，对于被改信了伊斯兰教的非阿拉伯人的种族歧视和种族隔离政策相比，不可同日而语。

在奥斯曼帝国的强盛时期，突厥语在奥斯曼帝国广袤的领地以及世界上的许多地方，扮演着一种英语在我们当今世界所具有的角色。突厥语作为奥斯曼人的一种传统象征，成为一种丰富而含义细微的表达方式，成为每位社会成员飞黄腾达所具备的必要条件，成为创造奥斯曼人文明的一种有价值的工具。

形成奥斯曼人的第三股主流是伊斯兰源流。奥斯曼人最初在边疆地带通过商贸活动逐渐接触到伊斯兰教，直到现在，他们的信仰和传统始终保持着伊斯兰教的特点。奥斯曼人建立的奥斯曼帝国由奠定到灭亡，始终是一个致力于促进或保卫伊斯兰教权力、传统与信仰的国家。六百多年来，信仰伊斯兰教的奥斯曼人同信仰基督教的西方社会几乎连年进行着战争。最初，奥斯曼人企图把伊斯兰教的政治统治强加于大部分的欧洲地区，在这一点上他们基本上是成功的。此后，奥斯曼人又在长期拖延不决的保卫伊斯兰文明的斗争中，千方百计地阻止或延缓了西方社会毫不留情的反攻。

东方文明与西方文明巧妙融合的历史发展进程，造就了奥斯曼人独特的重情意、重家族、重传统的多元化民族特性，使得他们生性开朗豪爽，真诚而谦恭，有着东方人特有的热情好客。当大家彼此熟悉了以后，他们会主动地邀请你去家中做客，主人也会拿出红茶、咖啡、蛋糕、点心、水果等来招待客人，但绝不轻易请你吃饭，原因很简单，彼此还没有成为世交。当你迷途问路时，他们会非常耐心地告诉你如何行走，甚至不厌其烦地亲自陪同你一道去寻找你要去的地方。

奥斯曼人讲话交流时，特别喜爱打手势，这种手势有力、简洁，充满自信。总的来说，奥斯曼人是善于交往的，交流的方式也是极为生动的。然而，与欧洲人相比，他们又显得被动得多，因为他们通常会主动请求对方先发表意见，然后才会针对对方的发言与态度去斟酌自己的立场，从而做出最终的答复。奥斯曼人的这种交往方式，可归类为善于倾听他人意见的民族，属于一种反应型文化。

在生意圈里，奥斯曼人头脑灵活，适应力极强，主要采用一种研讨式的交流方法，因为他们喜欢为取得成功而采取较为灵活的策略。一般来说，当奥斯曼人被他人拒绝时，也会自然地流露出一种愤怒，但是在大多数情况下，他们总是表现出极大的耐心，除非他们意识到自己已经完全受到了他人的愚弄，一般很少失去理智。他们认为，坚持撇开和保留那些能够接受来自不同方面信息的沟通渠道，是一种睿智和充满自信心的表现。

由于奥斯曼帝国是一个人口稀少而又幅员辽阔的国家，所以当两人说话时，通常保持一米多的距离以示尊重。但是，在人口稠密的地中海沿岸地区，奥斯曼人对朋友喜欢贴近说话，当然通常这只是局限于同性之间。因此，在奥斯曼帝国的许多城镇和乡村，男子与男子共舞是一件司空见惯的事情。

奥斯曼人地处东西方交通枢纽的独特地理位置，使他们的对外贸易非常发达，其在商贸中的谈判经验相当丰富，讨价还价对于他们来说是一件非常平常的事情，如果没有了讨价还价，反而会令他们非常失望。进行商贸谈判时，最初的报价往往与商品本身的价值没有什么关联性，当价格被人压低或干脆被人拒绝时，奥斯曼商人往往表现得泰然自若，丝毫不会表露出恼火和怒气。他们的所作所为，主要是为今后双方进一步的经贸合作和买卖交易留下一条后路。

在投资新的大宗生意项目时，虽然奥斯曼人有着与生俱来的谨慎，但总的来说，他们还是非常乐意冒生意场上的风险，因为面对巨大的世界市场，他们心里非常清楚其优势所在。在人际关系上，奥斯曼人的基本原则是平等参与。这一原则决定了即便是不同的生活方式，不同观点的人们也要相互尊重，共同承担责任。所以，要想与奥斯曼人很好地相处，最好的办法就是完全按照他们的本来面目，而非某些误导性资料所描述的那样来对待他们。因为奥斯曼人在交友时特别希望能够得到尊重和认同，希望在以诚相待、相互理解的基础上接触往来，希望建立一种彼此之间相互信任的全面合作。

此外，奥斯曼人非常注重行为规范。见面时，他们的问候方法是，先说"欢迎光临"，同时握手拥抱，在相互贴颊吻之后，再问候诸如"身体好吗""孩子们好吗""工作顺利吗"等。特别是在聚会的场合，说话之前要首先向坐在对面的人问好。宗教节日时，这样的寒暄问候更显得重要。当年轻人拜会长者时，要吻长者的手背。

值得强调的是，奥斯曼人的庆祝活动是传统宗教节日的一部分，不宜喧闹过度。在节日期间的社交中，如果大家聚集在一间屋子里，那么刚开始的时候仅限于女性与女性之间，男性与男性之间的相互交谈，等谈到兴头时，便不再有男女之别，大家一起共同享受这愉快的时光。此外，他们特别乐于赠送小孩零花钱，对于生活贫困的人们更是愿意解囊相助，这样的情景在奥斯曼帝国随处可见，这种行为可能与伊斯兰教让人积德行善的传统教义有关。

在日常生活中，奥斯曼人非常重视亲朋之间的相互拜会走访，借此加深友情关系。这种相互拜会走访非常花费时间，所以人们最好能够在入座之前决定自己的行动。因此，当被邀请去奥斯曼人家里用餐时，如果随意拒绝，是一种极不礼貌的行为。在进餐中，主人可能会一而再再而三地甚至会让人感觉到有些过度地劝客人进餐的行为，这是他们的一种传统的招待方法。因为他们相信，经过多次的劝导，客人总是会接受的。此外，在用餐结束以后，主人邀请客人到客厅去喝红茶、咖啡之前，随意离开餐桌的做法是一种失礼的行为。

五、帝国灿烂的社会文化

1. 建筑艺术

奥斯曼帝国灿烂的社会文化，是在继承了东西方各民族文化遗产的基础上发展起来的，具有突出的多民族、多来源的特色。当初，奥斯曼人自身的文化底子很薄，在对外扩张的过程中，他们所建立的幅员辽阔的帝国，把众多民族都纳入他们的统治之下。这众多的民族不仅在血缘上发生了融合，而且在风俗习惯、语言文化等方面也发生了相互融合。因此，奥斯曼人在陆续接触并吸收了阿拉伯、波斯特别是拜占庭帝国文化的基础上，也像其他民族一样，随着政治上的稳定，社会经济的迅速发展，创造出了灿烂的文化，在文学、艺术、科学等方面都取得了卓越的成就，对世界文明的发展做出了巨大的贡献。

奥斯曼人在文化上的突出成果，就是遍布于全国各地的清真寺建筑艺术，而且至今不管是从帝国首都伊斯坦布尔的哪一个部分或角度来观察，都可以看到这些清真寺辉映在天际的轮廓。16世纪是奥斯曼帝国的鼎盛时期，苏丹们为了炫耀其统治的威力，在帝国首都伊斯坦布尔和其他城镇大兴土木，不惜耗费巨大的人力、财力兴建清真寺和具有伊斯兰风格的王宫、陵墓。这些建筑物不仅规模宏伟壮观，雕刻装饰绚丽多彩，而且造型独具一格。例如圆锥形的大屋顶、耸入云端的笔状宣礼塔以及宽敞的庭院，众多的拱门、拱顶、立柱、壁龛，形成了奥斯曼人独特的建筑艺术风格。因此，到了17世纪末，帝国境内雄伟壮丽的清真寺星罗棋布，仅帝国首都伊斯坦布尔城内就耸立着大大小小5000座清真寺，除少数清真寺是拜占庭帝国被征服后由东正教的教堂改为清真寺外（如著名的圣·索菲亚大教堂等），绝大部分的清真寺都是由奥斯曼人自己修建的。其中，最负盛名的是巴耶塞特二世清真寺和苏莱曼大帝清真寺。从这些清真寺可以看出，奥斯曼帝国的建筑师们详细地研究了圣·索菲亚大教堂，并且从它庄严宏伟、科学实用的风格中汲取了灵感，总结出了怎样解决清真寺既要被修建成为一个适合于集体礼拜的、宽敞的方形或长方形结构，又能使用圆屋顶保留伊斯兰风格的问题。巴耶塞特二世与苏莱曼大帝这两座著名清真寺的结构是这样的：在一个巨大的长方形结构上，盖一个圆屋顶，在这两者之间，置有球面穹隅。这些穹隅上接圆顶，下接由四根方柱支撑的四个"人"字形拱门。圆顶在纵的方面又与一些半圆屋顶相连，这些半圆屋顶是用穹隅或小的半圆屋顶支架在长方形结构之上，

塞利米耶清真寺是奥斯曼帝国著名建筑师锡南的代表作

而在苏莱曼大帝清真寺中，这些半圆屋顶是用钟乳石状穹隅固定在长方形结构的角上。这些穹隅使人看着目眩，可以掩饰其构造中的不协调之处。这些穹隅起着与拜占庭帝国建筑中的彩色镶嵌花饰相同的作用。侧墙的坚固扶壁则被巧妙地用建筑外廊的办法遮掩了起来。此外，这些清真寺在有些细微的部位上，还可以看到意大利文艺复兴时期建筑的影响。

在奥斯曼帝国的历史上，最著名的建筑大师是锡南。由他设计和负责兴建的塞利姆二世清真寺是奥斯曼帝国建筑艺术中的代表作。这座久负盛名的清真寺坐落在埃迪尔内城的一座小山上，主体建筑宽35米，长45米，圆顶直径为31米，比圣·索菲亚大教堂的圆屋顶还要宽大。下面支撑它的是若干拱门组成的八角形结构，钟乳石状的三角穹隆和锡南称为"象足"的8根坚固的嵌板柱子。扶壁也像苏莱曼大帝清真寺的一样，全部用外廊遮掩着。圆顶内部的中心通常饰以漂亮的瓷砖、优美的藻井图案和花卉，而墙壁上则镶有彩色的、有纹理的大理石或彩色釉瓦。锡南比起拜占庭帝国的建筑师，更加懂得建筑物优美的外部线条和外部结构。因此，他设计修建的四座宣礼塔紧抱着清真大寺的四个角，外观精巧，气势宏伟，远远望去，整个清真大寺就像一座王冠戴在了埃迪尔内城上，令人赏心悦目。锡南的学生阿迦所设计修建的艾哈迈德清真寺，也是一座完美的建筑艺术作品。该清真寺规模庞大，富丽堂皇，外形匀称，布局合理，整个建筑群和谐地融为一体。一般的清真寺最多只有四座宣礼塔，而该寺却有六座高耸入云的宣礼塔。其建筑气势完全可以同欧洲文艺复兴时期的任何建筑物相媲美。

2. 文学艺术

在奥斯曼帝国的历史上，奥斯曼人除了在建筑方面的成就之外，在文学艺术方面也为人类社会的发展做出了重要的贡献。在奥斯曼帝国的普通民众中间，虽然民间诗歌和民间故事仍保持其固有的地位，但在16世纪及其以后的年代里，更能打动奥斯曼人的文化样式，则是由都市杰出之士所创造，亦为都市杰出之士所占有的那些从内容到形式都比较复杂，并具有博采众长特点的文学艺术作品。奥斯曼帝国首屈一指的都市文化艺术中心，当然是首都伊斯坦布尔。吸引在它周围的，有按波斯诗歌模式谱写美丽诗篇的诗人，有歌颂奥斯曼帝国成就的历史学家，有用鲜明色彩和图画装饰文稿的艺术家，还有在各大经院传授宗教和哲学的乌里玛。

16世纪是奥斯曼帝国古典诗歌最为发达的历史时期，阿卜杜勒是这一时期奥斯曼帝国诗坛上的佼佼者。他以突厥文创作的诗歌，语言纯朴，感情真挚。他常以春天、爱情作为题材，歌颂大自然的春天和人们幸福美好的生活，语言优美动人，极富感染力，对奥斯曼帝国抒情诗歌的发展影响很大。苏莱曼大帝曾经高度赞赏他的诗歌成就，称他为"奥斯曼帝国的第一诗人"。其实英武盖世的苏莱曼大帝本人就是一位文采风流，才华横溢，卓有成就的诗人，一生的作品成果斐然。苏莱曼大帝写诗的时候所用的笔名是穆希比，他的诗歌叙述生动，充满了激情，极富想象力，其体裁深受波斯诗歌的影响。在苏莱曼大帝的影响和慷慨赞助下，奥斯曼帝国历史上声名显赫的诗人和作家，有四分之一是苏莱曼大帝统治时期产生的，他们使奥斯曼帝国有了一种优越感和文雅感。此外，在17世纪奥斯曼帝国的文坛上还盛行讽刺诗，其内容多是揭露统治阶级的腐败和昏庸。奥斯曼帝国的著名诗人维西所写的《对伊斯坦布尔的规劝》和《梦》等作品，就是反映当时奥斯曼帝国社会风尚堕落的不朽诗篇，可以使人们对奥斯曼帝国当时的国势陵夷、政治腐败、民众疾苦有一个深刻的了解。奥斯曼帝国的另外一位著名的诗人涅菲，更是以讽刺诗见长。此人素来言语无忌，十分尖刻，行为也无所忌惮，多少有些愤世嫉俗，是一位个性很强的诗人。他的诗集《命运之神》，字字掷地有声，句句振聋发聩，无情地揭露鞭挞了苏丹与贵族们的罪恶，对当时的社会影响很大，他也因此最终被统治集团迫害致死。

除了兼容并蓄、博采众长、雅俗共赏、堪称扛鼎之作的文学作品以外，奥斯曼帝国纵横古今，褒贬百年的史学著作也极为丰富，史学家们盛极一时。他们的著作有的属于通史范畴，有的则为专史，只记述帝国历史上某个时期的一个发展阶段或一个重要事件，史料翔实，语言生动，剖析准确，论证精辟。史学家们试图用古代贤达们彪炳春秋的丰功伟绩去激励后人，匡正过失。例如，奥斯曼帝国著名的历史学家拉马赞的著作，描述的是奥斯曼帝国的军队，在苏莱曼大帝的统率下攻占罗得岛的经过。作者用他那由淡而浓，由简而繁的笔墨，详略不等的论证分析，向人们勾勒出了一幅奥斯曼帝国军队骁勇善战，叱咤风云的全景图。另外一位著名的历史学家扎德的著作所叙述的是奥斯曼帝国历史上著名的莫哈奇战役之胜利。书中描述的战争场面壮观、激烈，令人阅后感到荡气回肠。在奥斯曼帝国的历史上，最受人尊敬的伟大历史学家是萨阿德丁，此人曾经是苏莱曼大帝的孙子穆拉德二世的导师。他和他的儿子小萨阿德丁共同著有一部多卷本的奥斯曼帝国通史，书名为《历史的顶峰》。作者详细地介绍了奥斯曼帝

托普卡帕宫的外国使节

国的兴起和发展，史料翔实可靠，语言流畅生动；仅用60多万勾魂摄魄的文字，就撕开了奥斯曼帝国几百年来令人触目惊心的盛世和衰世的真面目。在此后几个世纪中，这部多卷本的帝国通史，一直指导着人们对奥斯曼帝国从最早的创始时期，到作者那个时代社会发展的看法，是后人研究奥斯曼帝国历史的重要资料。哈利菲也是奥斯曼帝国历史上一位著名的历史学家，他聪慧豁达、勤奋好学，通晓多国语言，一生撰写了好几部关于世界历史的著作，并编撰了阿拉伯、波斯和中亚各国历史著作的名录，为人类社会的交往做出了巨大的贡献。

在奥斯曼帝国的历史上，还涌现出了一大批出类拔萃，才华横溢，非常优秀的地理学家。他们的著作和研究成果，对中东地区乃至世界地理学的发展，具有重大的影响，因卓越贡献而声名鹊起。例如，奥斯曼帝国的海军司令皮里·雷斯，此人不仅是一位骁勇善战，

叱咤风云的军事将领，而且还是一位卓越优秀的海洋地理学家，他撰著的《海图》一书在世界海洋地理学上占有着特殊的地位。皮里·雷斯《海图》的第一稿完成于1520年，书中详细地记述了爱琴海和地中海的海岸、海流、暗礁、海湾、港口、水源等地理水文情况，为这一带水域来往船舶的航行提

埃弗利亚·切列比，奥斯曼帝国17世纪的旅行家和作家

供了可靠的资料。皮里·雷斯的另外一大贡献，是他穷数年之功潜心研究之后，于1513年绘制完成的一幅世界大地图。这幅地图的西半张包括大西洋、美洲和旧大陆的西部边陲地区。1517年，他把这幅地图献给了苏丹塞利姆一世。此地图至今还完好地保存在伊斯坦布尔的历史博物馆中。卡蒂布是17世纪奥斯曼帝国另外一位著名的地理学家。他在短暂的一生中，共为后人留下了二十余部关于政治、历史、地理、文学、神学等巨著，被后人誉为奥斯曼帝国"最伟大的百科全书式的学者"。《世界通鉴》一书是他在地理学方面的著名代表作。

在奥斯曼帝国人才辈出的历史长河中，大旅行家矣弗利亚·切列比以他对大自然充满爱和坚韧不拔的探险精神，被后人称誉为"奥斯曼帝国的伊本·拔图塔"（伊本·拔图塔是阿拉伯帝国时期的著名大旅行家，此人曾经游历过中国及东非海岸、西非、印度等地，写下了许多漫游手记）。埃弗利亚·切列比知识渊博，思维敏捷，充满朝气，喜欢漫游考察世界各地的风土人情。他从1631年开始，在长达40年的旅游生涯中，曾经到过亚洲的伊朗、高加索、叙利亚、麦加，非洲的埃及、苏丹、埃塞俄比亚，欧洲的罗马尼亚、阿尔巴尼亚、南斯拉夫、匈牙利、奥地利、德国、荷兰、比利亚、法国、瑞典、丹麦、俄国、波兰、捷克等地，为后人留下了十大卷《游记》。直到今日，埃弗利亚·切列比的这十大卷《游记》，仍然是世界各国学者们研究这一时期世界的历史、地理和文化的重要参考资料。

奥斯曼人起源于游牧大草原，受大自然的影响，不但个个彪悍骁勇，而且个个能歌善舞，因而奥斯曼帝国的舞蹈形态优美，举世闻名。奥斯曼帝国的舞蹈是在奥斯曼人早年的游牧民族舞蹈艺术的基础上，吸收了东西方舞蹈艺术特点以后而逐渐形成的。例如《匙子舞》

《黑海男子舞》等，乍看起来似乎很像罗马尼亚、南斯拉夫以及英国、法国的绅士舞蹈。其舞步优雅端庄，上身笔挺，昂首阔步，目不斜视。但经过仔细观察研究之后，便可以很快发现其中包蕴着细腻委婉、柔美和谐的东方舞蹈的特色。另外，奥斯曼人在舞蹈中也处处体现了一种尚武的精神。例如，在奥斯曼帝国的许多舞蹈中，即使内容题材与战争无关，舞蹈者也总是要身披甲胄，足蹬马靴，甚至肩上还要斜披子弹带，以显示其英武盖世的精神面貌。如在著名的《黑海男子舞》中，演员身穿马甲窄腿裤，足蹬高筒皮靴，头缠巾帕，腰束皮带，身上佩带短剑、刀叉、护身符等物件，服装墨黑，这显然是奥斯曼人夜战时的戎装打扮，也是奥斯曼人在长期的战争中逐步形成的民族特色。此外，奥斯曼人舞蹈的另外一个特色是服饰异常华丽。奥斯曼人的舞蹈从民间传入宫廷之后，歌舞者的服装堪与君王嫔妃们的华丽服装相媲美。

奥斯曼帝国的皮影戏，也是帝国艺苑中的一枝色彩艳丽的艺术之花，奥斯曼人把它称为"卡拉格兹"（黑眼睛剧场）。奥斯曼帝国的皮影戏与中国、印度、阿拉伯的皮影戏均属于同一体系。演出时，挂上一幅白色幕布，隔一定的距离而设置蜡烛或煤油灯等灯具，然后在幕布与灯火之间进行皮影表演。皮影道具多是一些用骆驼皮、驴皮剪制而成的人物、动物以及各种形状的画片。剧中多是反映奥斯曼帝国家庭生活趣味的内容，主题多是劝善惩恶的说教，剧情矛盾的解决，也都是落到伊斯兰教经典规范的准则上。在皮影戏剧场，这个多民族、多宗教、多语种庞大帝国的社会各个阶层人物——艺术家、手工业者、商人、绅士、军人、神职人员、官吏，以及外省人士、阿拉伯人、亚美尼亚人、犹太人，等等，在舞台戏幕上纷纷粉墨登场，各自代表着在其社会生活中所处的命运地位，使人们不仅能够看到令人感到舒适、自在的神秘主义折光色彩，还可以使人们听到对奥斯曼帝国统治集团以及社会秩序的挖苦妙论，从而在小巧玲珑的舞台方寸之间领略到无穷无尽的乐趣。

奥斯曼帝国的手工艺品在世界上同样享有盛誉，在许多领域使奥斯曼人颇有一种可以引以为豪的成就感。如制图学、书法、织锦、木刻、石刻、皮羊制品、饰有几何图案或花卉蔬菜图案的彩色瓷砖等，在那一历史时期都久负盛名，誉满世界。在苏莱曼大帝统治时期，仅帝国首都伊斯坦布尔砖瓦厂生产的彩砖饰瓦，单带郁金香图案的就有将近三百多个不同的品种。甚至被正统伊斯兰教视为近乎亵渎神灵的雕虫小技的表现艺术，也在民间范围内蓬勃兴起，出现了许多令人赏心悦目的袖珍画。其中有几幅描绘苏莱曼大帝当年率军远征波斯时路经的边区一带城镇风貌的彩色袖珍画，不失为表现艺术中的世界珍品。此外，奥斯曼人尤其擅长编织，如奥斯曼帝国的地毯，以其构思新颖、工艺精细、图案匀称、富贵华丽而著称于世，被欧洲许多国家的王公贵族们使用和珍藏。

奥斯曼帝国的社会文化之所以绚丽多彩、硕果累累，一方面是与其国力强盛、经济繁荣、社会稳定的历史背景有关；另一方面也与历代统治者对发展社会文化的重

托普卡帕宫内的蓝白中国瓷器

视和奖励密不可分。

当奥斯曼帝国迅速崛起以后，随着对外征服运动的顺利完成和经济的繁荣、政局的稳定，帝国政府为了巩固政权，满足社会生活的需要，所以十分重视社会文化的发展。尤其是在苏莱曼大帝统治时期，帝国政府礼贤下士，搜罗人才，不分种族和宗教信仰，对广大知识分子量才录用，使他们每个人都能够充分发挥自己的才能，自由地在学术领域里进行探讨研究，并且享受丰厚的俸禄，过着一种安逸的生活。

正是由于奥斯曼帝国政府礼贤下士，开宗明义的政策，使它很快就把世界各类人才都吸引到了帝国首都伊斯坦布尔，使那里云集各方专家学者数千人，其万般风华，令人叹为观止，从而使得奥斯曼帝国社会文化的发展和繁荣达到了鼎盛。此外，奥斯曼帝国地处欧亚非三大洲要冲，位于东西方交通的枢纽，所以在沟通东西方文化上，在人类社会的交往中，起着一种特殊的作用。正是奥斯曼帝国文化的西传，唤醒了沉睡中的欧洲大陆，打开了欧洲知识领域的大门，促进了欧洲文艺复兴运动的早日到来。也正是奥斯曼帝国文化在东方的广泛传播，使得伊斯兰教在东方的发展尤为迅速，因此可以说，在东方，哪里有穆斯林聚居的地方，奥斯曼帝国的社会文化就在哪里广泛传播，产生巨大的影响。总之，在世界文化发展史上，光彩夺目的奥斯曼帝国的社会文化，由于遵循敞开大门与世界沟通的开放精神，因此显得开阔、明亮，一片生机，在人类社会的交往过程中，占有举足轻重的地位，对世界历史发展的路径取向，有着不可估量的巨大影响。

第五章
衰败与复兴：帝国生存的严峻考验

伟大的苏莱曼大帝之死，并未使奥斯曼人立即认识到，他们不只是失去了一位贤明的君主。在苏莱曼大帝的儿子塞利姆二世的统治下，虽然奥斯曼帝国在陆地上对西方仍然保持着强大的军事压力，对地中海的威慑甚至还有所加强，但是到了16世纪末，许多外国驻伊斯坦布尔具有敏锐观察力的大使们以及一些具有正义感和崇高品行的帝国有识之士，都已经敏锐地看到，奥斯曼帝国的辉煌时代不知何时就已经悄然地结束了。欧洲的政治、经济以及科学技术的飞跃发展，使得它们变得相对强大了。而奥斯曼帝国却由于幅员辽阔，横跨欧亚非三大洲，再加上海岸线长，因此，无论是在外御还是内政方面，都遇到了异乎寻常的难题。奥斯曼人崇高地位的不断下降，以及帝国内部出现的不祥之兆，人们都将之归罪于奥斯曼帝国传统制度的腐败。他们认为，打乱传统秩序和社会制度就意味着帝国的衰败，所以，他们希望通过恢复曾经造就了帝国辉煌时代的传统秩序和社会制度，立即制止住奥斯曼帝国衰败的发展势头。

奥斯曼帝国衰败的发展势头偶尔也被制止住过，但毕竟短暂。总的来说，奥斯曼帝国在以后的三百多年的时间里，一直处于江河日下的发展态势，而且衰败的迹象十分明显。可是，对于这种极其漫长、时而暂时中断、且又具有相对中兴的衰败过程，原因是极其复杂的。因为奥斯曼帝国衰败的前因后果，特别是政治与经济方面的交叉影响，本来就不易于区别。所以，与其去详细地解释奥斯曼帝国衰败的原因，还不如首先描述一下其具体的衰败过程，也就是先点明帝国内部都发生了哪些事情，然后再说明导致帝国衰败明显外露的军事失利和领土丧失的根本原因。

一、腐败与懦弱的皇权

1. 王位之战与后宫干政

造成奥斯曼帝国衰败的根本原因之一，首先是帝国统治集团的最上层及包括军队在内的帝国政府机器的失灵。苏莱曼大帝去世以后的几个世纪里，由于政治腐败，经济崩溃，统治集团内部钩心斗角，争权夺利；再加上地方封建割据严重，各地区纷纷闹独立，不再听从帝国中央政府的统一号令；尤其是对帝国军事封建采邑制度的极大破坏，使得整个社会出现了军事采邑向世袭个人封地转化的趋势。这造成了奥斯曼帝国社会经济基础的逐渐松动以及广大农民和被征服民族的不断反抗，从而使得奥斯曼帝国的对外战争屡受挫折，极大地削弱了奥斯曼帝国的政治、经济、军事实力。

在奥斯曼帝国的历史上，前十个苏丹个个英武盖世，光彩夺目，具有治国平天下的雄才大略，深受人们的敬仰和钦佩。在他们还是王子的时候，遵照奥斯曼帝国的传统，不管年龄多小，都得照例离开帝国首都去各省机构任职，取得政治方面统治的经验，有时还得随军出征打仗，积累有关军事经验。尤其是为了使临朝执政的苏丹免受因兄弟觊觎王位而闹内战的分裂，危及帝国的一统天下，弑兄戮弟就逐渐成了帝国苏丹王位继承的惯例。这样做的理由是：社稷不安要比丧失几条人命更遭殃。虽说某个王子最终能够登上苏丹王位，归功于朝廷命官和近卫兵团的协助配合，但这个登上苏丹王位的王子往往是诸兄弟中最机敏、最能干的一位，具有文治武功的才能。因此，直到苏莱曼大帝为止，苏丹一般都是要亲自领兵挂帅，主持朝政。这前十位苏丹平均在位27年，经济繁荣，社稷稳定，统治的年代较长。而这一支系的其余统治者却个个养尊处优，平庸软弱，任性妄为，腐化堕落。

1566年—1789年的两百多年间，继苏莱曼大帝之后，奥斯曼帝国共有过17位苏丹，其中有4位即位时，年龄都还不满16岁。这些苏丹中，除少数几个有所作为之外，大多数都是庸碌无能之辈，或是荒淫无道的昏君。他们不理朝政，终日追求享受，沉湎于糜烂的宫廷生活。其中有些人甚至可以说相当无能，智力上还存有一定的缺陷。他们每人在位的时间平均为13年，还不到最初十位苏丹平均执政时间的一半。造成奥斯曼帝国统治者才能衰退的主要原因，还要从奥斯曼帝国苏丹王位继承原则的更改这一做法中去寻找。

1595年7月，上台执政的新苏丹穆罕默德三世，根据奥斯曼帝国的"卡农"习惯法，下令派人一下子杀死了他的19个兄弟，在这以后，奥斯曼帝国的继承原则就出现了意外的变化。1603年4月，当苏丹穆罕默德三世因病去世时，奥斯曼帝国王室家族中的直系男性亲属，只剩下了他的两个少不更事的儿子。如果杀死其中一个，而另外一个将来出现不幸的话，那么就有可能影响帝国王室的传宗接代，所以继承了苏丹王位的艾赫默德一世，根据辅佐大臣们的意见，饶恕了他弟弟穆斯塔法的性命。而按照帝国的有关规定，穆斯塔法则被严密地关在后宫女眷居住的特殊住所里，不许与外部世界有丝毫接触。从此，奥斯曼帝国在王位继承原则方面，对同胞手足的处置，改用软禁替代杀害。

1617年2月，被长期软禁的穆斯塔法接替了病故哥哥的苏丹王位。自此以后，当苏丹逝世或因其他原因宣布退位后，奥斯曼帝国的苏丹王位就不一定再是父子相传，在某种特殊情况下，有时也改由帝国王室中最年长的男子来继承苏丹王位。但是那些长年累月被软禁在宫廷中的王子们，因与外部世界隔绝，孤陋寡闻，很少也很难了解到外面所发生的一切事情，并且每日还要总是提心吊胆地过日子，害怕根据帝国的"卡农"习惯被自己执政的兄长杀害。例如，当易卜拉欣一世在大臣们前来宣布由他嗣位时，他竟吓得半死，慌张得紧闭门户，不让他们进来，最后，无可奈何的大臣们只好把他兄长的尸体抬来请他过目，惊魂未定的他这才放心地打开房门出来接受苏丹王位。奥斯曼帝国实行的这种王位抚育和选择制度，实际上根本就不可能产生任何有作为的统治者。

摆脱了所谓囚笼式禁闭生活的新苏丹，因过去完全被禁锢在深宫后院之中，过的是一种无聊闲极的日子，所以体格和精神往往都很虚弱，尤其是心理发育极不正常。因此，他们即位后全无料理朝政、治理国家的经验，更缺乏应付帝国社会事态骤然变化的能力。他们不思奋发，不务正业，逸乐无度，醉生梦死。有些人甚至把整日酗酒作为一种慰藉自我、逃避现实的一剂良药。

另外，虽然生活在深宫后院的他们被允许娶妻纳妾，但是这些妻妾不是动了绝育手术，就是所生的小孩刚呱呱坠地，就被人残忍地弄死，所以没有哪一位苏丹在登基之前膝下有子。也就是说，即位后苏丹所生的儿子在他去世时还未成年。

由于这些苏丹长年累月过着一种囚笼式的禁闭生活，他们既不会领兵打仗，也完全没有料理朝政、治理国家的经验，于是他们即位后也不再把帝国朝政大权牢牢地抓在自己的手里。他们除了参加一些庆典之外，很少出席帝国的国务会议。料理国家政务的主要责任就逐渐旁落到了大维齐的肩上，大维齐的官邸完全成了大臣们召开国务会议的重要场所。虽然这些苏丹已经放弃了对帝国日常政务的控制，但是最终谁来当大维齐，还得由苏丹来指派。在大维齐和大臣们的人选方面，皇宫仍然发挥着巨大的影响和作用。然而，反过来，这种影响的作用又为宫内各派系钩心斗角，在帝国政府的各个重要部门安插亲信开了方便之门。特别是每日盘踞在苏丹左右的是一些专事奉承，贪赃枉法，朋比为奸的官吏和宠臣；屈从讨好的妇女和奴隶；玩杂耍的人、力士、乐师、丑角、侏儒、太监、占卜者、占星学家和一大批奴颜婢膝的文人。他们经常使苏丹区分不清善与恶，是与非，要事和小事等，使得苏丹整日处于一种精神恍惚的状态。例如，苏丹穆斯塔法一世完全是一位心理不正常的疯子，胆小怕事，疑心重重，根本就不理朝政。而苏丹易卜拉欣在位8年，尽做些心血来潮，任性妄为的事情。他经常随意打断帝国国务会议，让大臣们陪他寻欢作乐。例如，有一次他把正在主持国务会议的大维齐呼唤出来，要他去为后宫的厨房购买几车烧水用的木柴。易卜拉欣对收藏皮毛具有浓厚的兴趣，曾经下令让人将他寝室的地上和墙上到处挂满名贵的黑貂皮。

正是在苏丹腐败无能、充满邪恶之道的气氛中，宫廷内外阴谋诡计到处盛行，恶毒的流言蜚语成了帝国政府中置政敌于死地的公认伎俩。人们忠于苏丹，为奥斯曼帝国效劳的信仰，完全被唯利是图的动机支配，从而导致厚颜无耻，贪赃枉法，随波逐流，见利忘义等现象占据着社会的主导地位，使得奥斯曼帝国政府号令不通，纲纪废弛，整个社会迅速呈现出一种穷途末路的景象。此外，苏丹塞利姆二世在位时，他的宠妻王妃们劝他将后宫从旧皇宫搬迁到帝国政府中心所在地托普卡帕官，这样一来就更便于后宫的嫔妃们为干涉帝国的内政而大显神通了。在帝国后官的女眷中，苏丹的母后及王储生母的权势最盛。在17世纪，奥斯曼帝国前后大约有30年的时间，帝国最高的实际权力完全掌握在后宫嫔妃们的手中，苏丹不过是她们强权政治中的一块有分量的筹码而已。大维齐的任命和撤换，一律都得由王后亲自裁定。历史学家们把奥斯曼帝国历史上这个令人困惑的时期，通称为"妇女当政"。

太后庭院

太后及其侍从在寝宫内

　　后宫嫔妃们恣意专权干政，必然导致奥斯曼帝国宫廷阴谋政变有增无减，极大地破坏了帝国政局的稳定和社会经济的发展。例如，苏丹穆拉德三世统治时期，由于他平庸软弱，缺乏治国方略，加上长期耽于安乐，不思进取，所以帝国朝政完全被他的母后努尔·巴努和他最宠爱的王妃沙菲娅·巴福所控制。后者是驻帝国科孚的威尼斯总督的女儿，出身于欧洲的名门巴福家族，后为海盗所掳奉献给了苏莱曼大帝，而苏莱曼大帝又将她赐给了他的孙子穆拉德三世。有一个时期，苏丹穆拉德三世对他所宠爱的沙菲娅·巴福是有言必听，有计必行，因而使得穆拉德三世的母亲和妹妹为沙菲娅·巴福过分地操权于政而感到十分恼火。经过一番长久的阴谋策划以后，她们进献了一批艳丽迷人、温柔洒脱的女奴来分散穆拉德三世对他的宠妃沙菲娅·巴福的注意力。她们的阴谋显然是成功的。此后，浪荡不羁、醉生梦死的穆拉德三世成了一百多个子女的父亲，其中有29个儿子和27个女儿活得比他还长久。然而，当失宠的妃子沙菲娅·巴福的儿子穆罕默德三世一上台执政，恨之入骨的沙菲娅·巴福便教唆其子根据奥斯曼帝国的"卡农"习惯法，派人一下子杀死了他的19个异母兄弟，使得沙菲娅·巴福又重新控制了帝国的朝政。此后，女人当权干政成了奥斯曼帝国政坛上的又一传统，所以到了苏丹易卜拉欣一世在位时，帝国的朝政也完全掌握在他的母后和三个宠妃手中，他则根本不懂所担负的帝国使命，也不想去了解作为帝国苏丹应该履行的职责，整日花天酒地，歌舞升平，游山玩水，逸乐无度。据史料记载，苏丹易卜拉欣一世在位8年时间，后宫拥有大批妻妾和女奴，子女逾百名。每天专事声色，不问朝政，穷奢极欲，无耻到了极点。为了满足他的兽欲，他密令后宫他所宠信的妇女到帝国首都伊斯坦布尔各浴室私访，专门物色那些体态苗条的美女，回宫后向他描述浴室中妇女们沐浴的娇态。对那些被暗地里相中的美貌女子，苏丹易卜拉欣一世再派人千方百计地将其弄进后宫，供他取乐消遣。这还不算，他甚至把帝国伊斯兰教教长年轻美貌的小女儿也给诱奸了。

2. 奢靡堕落引发起义

1648年3月，苏丹易卜拉欣一世被他年轻的儿子穆罕默德四世发动宫廷政变所取代，不久又被秘密地绞死在后宫。然而，新即位的苏丹穆罕默德四世像他的父亲一样，也是一个目无法纪、任性妄为的昏聩君主，长期耽于安乐、不思奋发，完全沉溺在后宫闺房之中，而奥斯曼帝国朝政的一切大小事情，都由他的母亲图罕在幕后支配和操纵。

苏丹们奢靡无度的宫廷生活，不但使奥斯曼帝国统治集团日趋腐败，而且还耗去了巨额财力，导致国库日益枯竭。为了弥补财政亏空，满足他们奢侈无度、挥金如土的生活，帝国的苏丹们一方面不断下令以各种名目开辟税源，提高税额，敲骨吸髓地压榨广大的百姓；另一方面强迫他们的官员们在提拔晋升到较高的职位时，要向苏丹进献贵重的礼物，这种做法不幸打开了帝国贪污腐化之门，导致统治集团内部卖官鬻爵、争权夺势盛行，严重损伤了奥斯曼帝国社会的机体。

16世纪初期，奥斯曼帝国的人头税为每人20至25阿克切（奥斯曼帝国的货币单位），到了17世纪初时，则猛增至140阿克切。暴戾成性的税吏们还要从中进行勒索，他们甚至把税额增加到400至500阿克切。老百姓除了要缴纳人头税外，还要负担土地税、什一税、牲畜税、冬夏季牧场税等，更要服各种官府安排的徭役，如修筑道路、桥梁、寺院、宫殿，要为官方的驿站提供马匹、粮秣等。被征服地区的非穆斯林居民还要缴纳双重赋税，在宗教、语言方面还要遭受强制同化的政治压迫。苛捐杂税，封建徭役，残酷剥削，异族统治，弄得奥斯曼帝国各族人民日益贫困，民不聊生，严重损害了奥斯曼帝国的社会稳定和经济发展。16世纪末期以后，奥斯曼帝国内部的阶级矛盾、民族矛盾日益激化，农民起义和民族独立斗争风起云涌，不断爆发。

1591年6月，迪亚巴克尔的农民，为了反抗帝国政府追逼欠税，掀起了一次规模宏大的起义，后在帝国军队的残酷镇压下，惨遭失败。1599年4月，在安纳托利亚的中部和东部的广大地区，又爆发了一次由农牧民参加的起义，他们公开武装反抗封建压榨和官僚税吏的横征暴敛，参加人数有两三万人，起义的时间长达5年之久。据有关历史资料记载，17世纪初年，光在小亚细亚地区的农民起义军，就有将近百支队伍，大约20多万人，他们声势日隆，影响甚大，有时把奥斯曼帝国政府派去镇压他们的军队打得一败涂地。1608年6月，基督教的神职人员詹普拉德·奥格鲁领导叙利亚和黎巴嫩的人民起义，他们赶走了奥斯曼帝国派驻那里的总督，击溃了奥斯曼帝国的驻军，要求脱离奥斯曼帝国的统治，正式宣布独立。接到消息之后，奥斯曼帝国政府向那里派去了20万大军前去血腥镇压，并采用恩威兼施的手段，收买了一些起义军的异己分子，从而迅速平息了这次武装起义。在奥斯曼帝国军队的血腥镇压中，共计有十余万人惨遭杀戮，数不清的村庄被夷为平地。

1616年3月，伊拉克南部沙漠地区的阿拉伯各游牧部落，因不满奥斯曼帝国政治压迫、经济剥削的民族政策，联合起来共同发动了一场反对奥斯曼帝国政府的大起义，在他们强大的骑兵攻势下，奥斯曼帝国军队官无战心，士乏斗志，节节溃退，土崩瓦解，纷纷弃城而逃或投降，他们一鼓作气攻占了奥斯曼帝国的军事重镇巴士拉，并以此为首都建立了独立政权。与此同时，在奥斯曼帝国统治下的欧洲巴尔干地区，因不满残酷的剥削和压迫，也不断爆发反抗奥斯曼帝国统治的民族独立斗争，给予了奥斯曼帝国政府以沉重的打击，冲击着帝国日益腐朽、摇摇欲坠的封建制度和反动统治，使得奥斯曼帝国从此陷入了社会危机的万丈深渊。

二、社会制度的崩溃

1. 皇权与军权的腐败

奥斯曼帝国皇权的腐败与懦弱，以及宫廷内部钩心斗角、相互残杀，不但滋长了任人唯亲的腐败社会风气，而且助长了行贿受贿、卖官鬻爵的歪风。俗话说"上梁不正下梁歪"，一位在奥斯曼帝国首都伊斯坦布尔专门撰文评时论事的英国人这样写过。此人也许曾经听到过奥斯曼人同样意思的一句俗语："腐鱼发臭从头起。"没过几年，这句充满哲理的俗语就被奥斯曼帝国著名的诗人维西写进了他那生动有力、充满幽默亮点的教诲诗篇里去了。这位著名的诗人用他那饱含理性激情的笔，尖刻讥讽地写道："从前奥斯曼帝国行政管理的杰出之处，就在于任人唯贤，而如今任人唯贤倒成了鲜为人见的社会现象了。"对奥斯曼帝国统治集团内部的腐败行为给予了猛烈的抨击，表达了对社会公平和正义的渴望。

由于任人唯亲、行贿受贿、卖官鬻爵的社会风气盛行，对奥斯曼帝国政府各级官员的任命晋升，当然也免不了要受到这股社会腐败之风的影响。出钱买官位，意味着当了官之后，总得设法把花的钱捞回来，并还得为将来的前途积攒点资本。于是，从行贿受贿谋官位，到假借收税榨取额外钱财的这一恶性循环就不断加剧了。再加上官位频频更迭易手，所发生的一切情况就越发糟糕，甚至连伊斯兰教高级阶层的乌里玛也受到这股腐败的社会之风的严重影响。一些训练不当、不学无术的乌里玛之辈，他们出钱买下官位，然后另雇替身代他们催粮纳款、搜刮民膏。在奥斯曼帝国统治集团内部，特别是司法的腐败更为严重，法官个个贪赃枉法、中饱私囊，有钱就能打赢官司，没钱请别进来，整个社会根本无公平、正义可言。

奥斯曼帝国这种江河日下的社会衰败趋势，所造成的后果是可怕的、灾难性的，就连奥斯曼帝国的传统征兵制，以及由帝国皇宫学校培养训练出来的基督教青少年新兵们，也受到这样世风日下的社会影响。因为在金钱和恩宠面前，骁勇善战的基督教青少年新兵所获得的战功与荣誉已经不再起作用了，而且他们还时时受到社会上各种不正当竞争势力的排挤。这种竞争主要来自帝国政府内部臃肿庞大的官僚队伍。到了 17 世纪末期，这些官僚们似乎已经成功地打破了奥斯曼帝国政府要职皆由基督教青少年新兵出身的行政官员把持的传统局面。到了 18 世纪，甚至有更多的笔吏和乌里玛成员当上了帝国的帕夏（将军），统治着过去由基督教青少年新兵军事集团管理的一些省。此后，虽然帝国皇宫学校仍然继续存在，传统的征兵制度却被彻底地废除了。培养基督教青少年新兵这一征兵制度的废除，与奥斯曼帝国近卫兵团的日趋腐败涣散有着直接密切的关系，而近卫兵团的腐败涣散，也正是奥斯曼帝国逐渐衰败的最明显，也是最令人吃惊的迹象之一。例如，关于帝国的近卫兵团的士兵必须终生独身不娶的这条规定，早已失去约束作用，后来则干脆废除了。在苏丹塞利姆二世统治时期，帝国政府就已经允许近卫兵团的子弟们应征入伍，要是在以前这是根本不可想象的，它严重破坏了奥斯曼帝国的征兵制度。因为这些应征入伍的子弟，根本就不是基督教青少年，而是穆斯林自由民。

由于有了先例，因此其他穆斯林自由民也如法炮制，通过各种关系和渠道，千方百计地进入帝国近卫兵团，依靠特权攫取利益和好处，搜刮民财，欺压百姓。尽管帝国近卫兵团力图让自己的子弟独占这块地盘，极力地排挤其他人员加入近卫兵团，但在金钱的交易中和权势的胁迫淫威下，帝国的近卫兵团也无可奈何。所以到了17世纪中期，近卫兵团的人数已高达二十余万，成了帝国财政的负担和累赘。虽然帝国政府迫于财政的窘困和压力，也一度做过大量裁减近卫兵团人员的尝试，但在帝国近卫兵团不满的对抗情绪中，帝国政府被迫放弃了这一尝试，所以近卫兵团的人数不但没有裁减下来，反而又增加了更多的人员。

虽然帝国近卫兵团的人数在不断地增加，但其战斗力却在不断地下降，完全丧失了往日骁勇善战、不怕牺牲的雄风。有些近卫兵团的士兵根本不执勤，不出征打仗，尤其是不太愿意前往遥远的地方去经受长期作战的严峻考验，而只想在商业和贸易方面搞经营，赚取大笔钱财。因此，要派他们去打仗，他们就开小差，到时候只是凭着手中的军人证件去领军饷。并且这些近卫兵团的士兵们领取军饷的证件，在他们的手中，不久也变成了可供买卖的一般商品，外人完全可以通过钱把它买下来，然后按每个季度凭证到有关政府部门去取军饷，就像凭息票去领取钱一样方便。

纪律的败坏，士气的涣散，使得帝国近卫兵团的士兵们完全无法控制，所以许多近卫兵团的士兵，实际上是持有领取军饷证件的手艺人。这种双重身份的出现，使得奥斯曼帝国军人与民众之间的界线混淆，这种状况既瓦解了军队的战斗力，又严重破坏了社会秩序，因为士兵和手艺人本来就是风马牛不相及的社会两类人。而奥斯曼帝国社会秩序的破坏和涣散，反过来又进一步削弱了奥斯曼帝国近卫兵团的战斗力。

近卫兵团的腐败涣散，不仅削弱了奥斯曼帝国军队的战斗力，扰乱了社会秩序，而且严重损害了奥斯曼帝国的社会经济和政治制度。为了支付大量集中在帝国首都伊斯坦布尔近卫兵团的薪金和经常性的生活开支，国库承受着巨大的压力。在奥斯曼帝国的某些偏僻地区，以近卫兵团为首的卫戍部队成了当地的实际统治者。当他们不能再从对外征服的战争中夺取到战利品时，就在国内肆意掠夺，靠糟蹋国家、鱼肉百姓过日子。1717年，帝国一位著名的诗人在他的日记中曾经这么写道："每当我们经过那些贫困的村庄，看到他们目空一切的蛮横行径时，我几乎情不自禁地要掉眼泪。"此后，这位帝国著名的诗人写了许多揭露统治阶级腐败无能的讽刺诗，严厉地揭露批判当时的现实社会，在人民群众中影响极大，但他也因此被迫害致死。

另外，在国家的政治事务中，帝国军队也越来越多地扮演起了左右君王废立的重要角色。尤其是在17世纪中叶，奥斯曼帝国的中央政府实际上完全控制在横行不法的军人手中。例如，苏丹奥斯曼二世执政时，虽说年龄仅十几岁，但他聪明能干，充满朝气，对国势陵夷、政治腐败、民众疾苦有着较为深刻的认识，已处处显露出他属于奥斯曼帝国少数具有魄力的苏丹。他试图整顿吏治，致力于约束并改造多年来养尊处优、没有战斗意志的军队，不让他们过分飞扬跋扈，残害国家与人民。他曾经制订了一项计划，试图在安纳托利亚地区招募一支由库尔德人和土库曼人所组建的新军队来同专横跋扈、不听政令的近卫兵团相抗衡，并通过不断发动对外战争等手段，来消耗近卫兵团的力量。然而，正是这一计划的实施导致了近卫兵团发动政变将他废黜，随后又秘密将他处死。到这一时期，奥斯曼帝国以近卫兵团为首的军队，与其说是对外国军队的威胁，还不如说是对本国政府及百姓的威胁。

2. 采邑制度遭破坏

另外，要全面勾勒出奥斯曼帝国衰败的发展过程，也不得不了解一下封建采邑制度的命运。因为采邑制度是奥斯曼帝国社会的经济基础，是奥斯曼帝国早期以及其后在军事上获得胜利和健全内部行政的最可靠的制度之一。所以，封建采邑制度的破坏是造成奥斯曼帝国萎靡不振、社会衰败的主要原因。16世纪以后，奥斯曼帝国政府加紧把已无领主的采邑变为国家土地，为供养常备军提供财源，但这些努力往往是徒劳无益的。以前的采邑封地有些以纳税农场的形式租了出去，但获得采邑的封建领主缴纳的税金却常常要比预期的少。有些采邑已经一劳永逸地改变成了纳税农场。这样的一种安排，无疑让原来的采邑封建领主似乎毫不费力地就获得了产业的继承权，通过非法手段，使采邑变成了私有财产，这种情况在过去是根本就不被允许的。特别是奥斯曼帝国长期的通货膨胀，对采邑封建领主的经济地位所造成的影响和伤害是巨大的。因为采邑的收入是固定不变的，而帝国政府根本无法增加这些收入的价值，以减少通货膨胀对采邑封建领主的经济地位所造成的影响和伤害。由于在固定的津贴收入和飞涨的物价之间受到压迫，所以许多维持原状的采邑封建领主当征召令下达时，他们往往置若罔闻，根本不去应征报到。于是采邑就被帝国政府收回，有些人甚至被迫索性放弃采邑。那些受到帝国政府制裁的采邑封建领主心怀不满，纷纷逃往城市，或者参加日益壮大的土匪队伍，在乡间荒野进行抢劫掠夺，强行向城乡居民征收所谓的保护税，蹂躏百姓，破坏治安，造成社会大乱。然而，对收回的和被遗弃的采邑，帝国政府并没有很好地加以管理和利用，而逐渐落入帝国近卫兵团的军官以及政府中有权有势的官吏和宫廷宠儿的手中。甚至有些平民也通过使用贿赂的手段，非法取得采邑。

17世纪中叶，有些近卫兵团的主要军官竟能谋得奥斯曼帝国财务长官的任命，控制了颁发采邑证以及确认采邑所有权证书的机构。这种机构本来是由帝国官僚体系中受过训练的专业官吏负责的，现在让近卫兵团的军官们来执掌这种职务，是一种破坏帝国社会结构协调的恶例。过去一些赐封给封建骑兵的"犒赏性采邑"，现在已经作为"买鞋钱"赠给了得宠的女眷或是封建骑兵以外的人，其结果是使封建骑兵的规模和战斗力都大大地降低了，从此，封建骑兵已不再是奥斯曼帝国军队中决定胜负的主要力量。采邑制度的破坏，不仅使得帝国军队的战斗力受到了极大的影响，而且还使得帝国军队所需要的军费也这样白白地流失了，造成帝国国库开始出现日益增长的赤字。特别是非军人阶层家庭出身的人进入军人阶层的人越来越多，帝国建立在军人阶层和平民阶层之间区分之上的平衡基础被彻底打破了，使得帝国政府和苏丹的权威大大地下降，造成全国各地公共治安的不断恶化。

奥斯曼帝国早期一些具有改革思想的政治家们认为，打乱帝国的传统秩序就意味着整个社会的衰败和没落。他们希望通过恢复那种曾经造就奥斯曼帝国辉煌时代的传统秩序，如彻底恢复采邑制度的纯洁性，从而兴利除弊，制止奥斯曼帝国衰败的势头，但实践证明这也不是解决问题的根本方法。

采邑制度的混乱和被破坏，实际上正是16世纪末叶以来遍及整个奥斯曼帝国社会政治与经济变革的一种反映。一个完全由当地显贵和峡谷地区地主组成的阶级，通过这样或那样的手段，取得了对以前采邑的控制。他们的政治和经济势力在巴尔干地区和安纳托利亚部分地区不断发展壮大，对当地的政治与经济有着极大的影响。他们当中有些人还私设军队，建立起封建割据的小王朝，向帝国中央政府施加压力，以获得帕夏的封号，掌握当地的政府大权。虽然他们也不时地聚敛钱财，但比起任期短暂的总督或纳税农场的包税人来，他们巧取豪夺的搜刮程度还算轻的，因为他们的长远利益毕竟还是同本地区的社会稳定和经济繁荣紧密地联系在一起的。对于这种社会政治与经济的深刻变化，软弱腐败的奥斯曼帝国政府是无力控制和改变的。奥斯曼帝国的采邑制度虽说在名义上一直延续至19世纪，但实际上此时已经基本土崩瓦解了。

除了采邑制度遭受到严重的破坏之外，地方政治势力设法摆脱帝国中央政府控制的现象也到处蔓延，特别是在一些偏远的阿拉伯地区更是如此。例如，贝都因游牧部落的酋长，野心勃勃的总督，黎巴嫩地区的王公贵族以及埃及马木留克王室后裔，都能够轻而易举地向奥斯曼帝国苏丹的权威挑战，造成帝国政令不畅通，社会离心力加剧，从而使得奥斯曼帝国社会的稳定和发展蒙受重大的损失。

伴随着这些政治上急剧变化而来的，还有其他一些经济上的变动。例如，一个专门以征服或袭击，在边界之外地区掠取战利品为能事的国家，经过连年不断的战争，付出越来越高的代价，换来的却是接二连三的失败，再也得不到什么战利品，从而加剧了奥斯曼帝国内部的社会矛盾，最后导致祸患无穷。

3. 帝国经济膨胀无度

奥斯曼帝国的社会经济是一种受到控制的经济，帝国各级政府严密监督市场，如度量衡、进出口、价格和利润、行会和原料等，都在政府的严密监视之下，并且政府也是制造商和消费者之间的仲裁者，调解两者之间的相互利益。此外，帝国政府在许多重要的商贸路线上派有重兵，严加防范盗匪们的侵袭，保护商人的生命和财产。帝国政府之所以想要控制和保护国境以内的所有商贸路线，其目的在于增加关税收入，防止敌对方得到必需的战争物资，并保证自己所需要的主要商品能够稳定地流通。因为帝国政府也是这些商品的最大消费者之一，尤其是对帝国首都伊斯坦布尔庞大的宫廷机构和军队而言更是如此。另外，为了对国家的财政有利，奥斯曼帝国政府长期实行两种价格体系：一种是市场价格，另一种是政府规定的价格，后者一般都低于前者 25% 左右。在1580 年以前，奥斯曼帝国的市场和物价一直都相当稳定，但此后，为了供养更多的常备军，供养一大批开支浩大的官僚集团，国家急需现金。特别是由于大批政府官员行贿受贿、盗用公款以及苏丹们挥金如土地供养一批爱享受、会花钱的嫔妃，从而造成

20 库鲁纸币（1852 年）

国家财政困难日益加剧。尤其是奥斯曼帝国从16世纪中叶似乎就已经开始，后来变本加厉的通货膨胀现象，对于整个帝国困难重重的社会和经济来说更是雪上加霜。例如，奥斯曼帝国粮食之类的某些生活日用品价格，在整个18世纪明显地大幅度暴涨。这一方面是城市商品市场发展竞争性需求的一种反映，同时也是美洲新开采的白银源源不断流入奥斯曼帝国的一种反映。由于白银的大量流入，在18世纪后半期引起了整个奥斯曼帝国的物价飞速上涨，破坏了商品市场的稳定和发展。

长期以来，奥斯曼帝国的铸币都以白银为基础，而当时由于用白银换取黄金比较合算，从而使得奥斯曼帝国国库里的白银开始大量地流失。对于日益严重的通货膨胀、物价上涨，奥斯曼帝国政府束手无策，有几次采用了使帝国货币贬值的办法，可到头来则更加速了通货膨胀和市场物价的螺旋形上升速度。这样就使得那些靠固定薪俸过日子的官兵们和政府官员们，由于生活开支剧增而大受其苦。这也是造成奥斯曼帝国近卫兵团暴戾恣睢、搞副业捞外快、军纪松弛、军心涣散，以及政府官员在官场中索贿受贿成风的一个主要社会原因。

奥斯曼帝国的社会经济不仅受到通货膨胀、物价上涨的影响，其他方面也遭受到严重的破坏。例如，在整个16世纪，奥斯曼帝国一直是欧洲贸易的中间商，靠转售东方丝绸和香料而获利，但是16世纪以后，这种商贸利润就逐渐地减少了。其主要原因是，延续了多年的奥斯曼人与波斯人之间的战争严重地妨碍了商贸的安全，于是英、法、荷等西方国家都把希望寄托于远绕非洲的海路运输线。到了17世纪中叶，英国的东印度公司已经能够把印度的货物经过非洲的好望角运至伦敦，然后再出口到奥斯曼帝国的各大城市，即使这样，商品的最后出售价格也比奥斯曼帝国的商人设法直接从印度运来的商品价廉。因此，奥斯曼帝国与欧洲之间的商品交换、贸易往来，得利的一方总是欧洲。因为欧洲的商品本身物美价廉，再加上新签订的、范围一再不断扩大的不平等条约，也为这些商品进口到奥斯曼帝国提供了便利，从而造成了奥斯曼帝国贸易入超现象日趋严重。另外，在同欧洲的商贸过程中，帝国的许多非穆斯林臣民又从欧洲外交官那儿搞到保护证书，可以享有免税的好处，由此而造成偷漏关税的混乱局面，到头来倒霉的还是奥斯曼帝国的社会经济。与此同时，奥斯曼帝国工业生产长期停滞不前，技术工艺落后，这一方面既是由于西方商品竞争的结果，另一方面也是因为奥斯曼帝国政府对于工业行会采取一系列限制措施。

此时奥斯曼帝国的农业生产也遭受了严重的伤害，其原因是多种多样的。例如，采邑封建领主与农民之间的契约关系瓦解，造成农民缺乏生产积极性，因为生产出来的东西到头来都被纳税农庄的包税人剥夺走了。另外，奥斯曼帝国政府开展改良耕作方法和在边远地区建立新农庄的尝试也遭受到了彻底的失败。而同一时期的奥地利哈布斯堡王朝与俄国人，则在这方面取得了卓有成效的成绩。事实上，就村落发展的情况而言，奥斯曼帝国是与日新月异的西方背道而驰的。许多历史学家在描述当时这方面的情况时一致指出，奥斯曼帝国的农村人口日益减少，许多村庄荒无人烟，农民们不胜苛捐杂税的重负而被迫离开土地从事盗匪活动，是奥斯曼帝国那一时期的普遍社会现象。

随着农村劳动生产率的普遍下降，以及奥斯曼帝国政府岁入的不断减少，安纳托利亚许多地区多次发生通常夹杂着伊斯兰异端教派色彩的农民运动或农民起义。巴尔干地区的农民以及由巴尔干地区移居他乡的农民，也纷纷行动起来，后一类农民的起事，则反映了基督教农民对穆斯林地主的不满。一位密切关注这些农民起义的西方观察家，在1605年就对奥斯曼帝国的衰亡做出了这样的预言："既然奥斯曼帝国统治下的民众，发现他们可以通过武装反叛挣脱奥斯曼帝国长期以来一直紧套在他们身上的奴役性枷锁，那么奥斯曼帝国内部很快就将会出现极大的混乱。"

奥斯曼帝国衰败的原因，除了政治与经济制度的崩溃之外，它的社会道德观和文化价值观，也同样经历了一个逐渐崩溃的演变过程。那一时期，形形色色的西方观察家在他们的著书撰文中，对奥斯曼人抱有一种极端的蔑视态度。他们更多的是强调奥斯曼人邪恶的一面，而不是他们的美德，因为他们认为，他们已经看到了奥斯曼人的品德在堕落。

虽然这一时期奥斯曼帝国的许多有识之士的自我批评，也与上述的某些观点和看法一致，但他们的批评矛头是更急切地指向上层社会的腐败、贿赂和对奢侈生活的追求。他们认为这些社会现象的出现，是传统制度和传统价值观念崩溃的一种反映，也是耽于"世俗利欲享乐"的一种反映。但面对整个社会道德水平下降的问题，他们又感到束手无策。

4. 文化与道德的崩溃

另外，奥斯曼帝国道德与文化崩溃的具体表现，也体现在这一历史时期帝国乌里玛集团确实显示出学识水平在下降，并且还带来了许多不幸的社会后果。例如，许多身居高位的乌里玛成员一心追求物质利益，面对所从事的学问不感兴趣。尤其是奥斯曼帝国经学院开设的课程陈旧狭窄，使得乌里玛成员中能够接受新思想的人愈益减少。因此，除个别人之外，乌里玛的整体学识水平普遍不及以前。这种平庸腐朽的经学院教育，实际上是奥斯曼帝国社会文明进步的一大阻碍。

在奥斯曼帝国，乌里玛的首要职责是高举神圣的伊斯兰教法规，维持社会的道德秩序。所谓社会的道德秩序，对于他们来说，无非就是传统的道德秩序，而维持好传统的道德秩序，也就是主持了社会正义。不学无术、孤陋寡闻的乌里玛成员在履行其职责时，必然是按老规矩办事。所以，在奥斯曼帝国这个具有伊斯兰文化传统的社会发展过程中，改革创新向来遭人侧目，被认为是冒天下之大不韪。因此在西方的专家学者中，有人提出这样一种理论，认为苏丹塞利姆一世和苏莱曼大帝镇压了帝国境内的什叶派异端，平息了他们的武装叛乱，虽然巩固了奥斯曼帝国的政权，但从长远的社会利益来看，这是很不幸的，因为这意味着正统的伊斯兰教无须经受咒骂和对话的挑战，就能够稳坐第一把交椅。而在西方，咒骂和对话司空见惯，是人们正常表达自己观点和看法的一种形式。例如在西方，天主教与新教之间宗教信仰和政治观点不大相同，对抗也非常激烈，但在思想与言论自由的社会氛围下，谁也吃不掉谁，长期和平共处。所以，长期位于奥斯曼帝国伊斯兰教正统位置上的逊尼派，不用动脑筋就将新思想拒之门外，而其思想僵化之后，对异教西方文化知识的进步不是无动于衷，便是嗤之以鼻。

　　如果把奥斯曼人在学识上故步自封、排除异己的普遍现象完全归咎于乌里玛，那也有失公允。因为在奥斯曼帝国，上至苏丹、大臣、总督、近卫兵团等形形色色的集团，下至一般的平民百姓，全都抱有故步自封、排除异己的顽固偏见。他们认为伊斯兰教世界，完全优于西方的异教世界，所以向西方学习充其量也只是搞来一些技术以及发明创造罢了。尤其是这种偏见在奥斯曼人昔日的成就中可以找到依据，这也就成了压在奥斯曼帝国未来改革家头上沉重的精神枷锁，严重地禁锢了人们的思想，造成奥斯曼帝国社会新因素的发展十分缓慢，对社会进步所造成的危害是极大的。

　　相对于奥斯曼人头脑停滞的状态，这一时期的西方社会则正在突飞猛进。虽然在奥斯曼帝国的社会中，也有一些善于接受新思想的有识之士，乌里玛成员中也不乏这样的人物，但他们毕竟是些个例，要他们在普遍的世俗观念面前力挽狂澜谈何容易，更何况奥斯曼帝国当时这种停滞不前的局面，又似乎最能够满足那些上层统治集团成员的个人私利。

　　以上罗列的奥斯曼帝国社会制度衰败的种种原因，勾画出了一幅几乎根本无法缓解的黯淡画面。但我们也必须时时记住这一点，奥斯曼帝国社会制度的整个衰败过程是十分缓慢的，长达两百多年之久。有时这种颓势被对外战争的暂时胜利制止，有时由于改革与进步而又有所缓解。这一切都可以从1566—1792年间奥斯曼帝国所经历的战争和领土的变化中得到部分证明。因此，一些西方历史学家认为，这一历史时期的奥斯曼帝国既是以失败也是以胜利揭开帷幕的。

三、科普鲁卢家族执政时期的复兴

1. 拯救帝国的大维齐

虽说此时的奥斯曼帝国及社会内部矛盾重重、危机四伏，但毕竟社会秩序还未彻底瓦解。在社会统治集团的大部分成员耽于骄奢淫逸的现象下，仍然存在着一些对奥斯曼帝国非常忠诚的人，以及相当一部分训练有素、耿直能干的政府官员。处于惨淡昏暗年月的许多有识之士的奥斯曼人，希望通过励精图治来扭转时运，重振奥斯曼帝国往日之雄风，再现昔日之风采。其中最杰出、最有才干、最有作为的要算17世纪末叶出身于科普鲁卢家族的几位大维齐。通过出身于科普鲁卢家族的几位大维齐专心致志、呕心沥血的努力，奥斯曼帝国在某种程度上恢复了一定的元气，暂时度过了严重的社会危机。

长期以来，因争夺海上霸权，威尼斯人一直是奥斯曼帝国的死对头，两者之间战争不断。1656年初，威尼斯人趁着奥斯曼帝国的海军处于混乱状态的时机，派出大批军舰进攻奥斯曼帝国。为了摆脱困境、进行有效的反击，奥斯曼帝国政府任命凯南帕夏为帝国海军舰队总司令。虽然他本人是一位毫无海上作战经验的人，但因他是太后的女婿，所以得到了苏丹的认可和宫廷的全力支持。对新上任的凯南帕夏来说，情况从一开始就很糟糕。因长期不打海战，导致帝国海军装备和战斗力的落后、退化，奥斯曼帝国海军的船只还是原来靠几百名水手同时划桨使船前进的那种又大又笨、缺乏灵活机动的老舰艇。而随着西欧科学技术的不断进步和枪炮武器的改进，威尼斯人则已经及时地把单层甲板划桨船，改换成了大型挂帆战舰。

1656年6月中旬，凯南帕夏率领着一支装备极差、人员不足的舰队从帝国首都伊斯坦布尔出发，到达狭窄的达达尼尔海峡。数日后，他亲率舰队在达达尼尔海峡同威尼斯的舰队交锋，打了一场自莱班托战役以来，奥斯曼帝国历史上最大的海上败仗。奥斯曼帝国政府原来指望凯南帕夏率领的这支舰队，能够一举击败威尼斯人，从而恢复奥斯曼帝国的荣誉。然而，帝国舰队的官兵们根本就没有这种自信心，在长达数日的航程中瘟疫流行，减员严重，官兵自杀、兵变经常发生，并闹出了不少罕见的笑话。在航程中他们见到船只就怀疑是威尼斯人的舰队，慌慌张张盲目开炮，甚至将自己的船只视为敌舰而互相炮击。

1656年6月21日黎明时分，在达达尼尔海峡的海面上，奥斯曼人终于看到了威尼斯人舰队的列阵，一场历史上规模空前的大海战随

莱班托战役

即爆发了。没有战斗指挥经验的凯南帕夏，在还没有判明敌情的情况下，就仓促下令舰队变成战斗队形。由于下达的命令没有规定航速，各船只的航速快慢不一，造成整个舰队的队形极为混乱。而威尼斯人的舰队按照预定计划，分两列纵队发起进攻。当凯南帕夏看到威尼斯人的舰队猛扑上来时，惊恐不已，企图率领舰队掉头向北逃跑，但不久他便明白，此时逃跑已经来不及了。于是他干脆下达命令，让帝国舰队顶风停住，排成一条松散的横线，准备迎击威尼斯人的进攻。

两支敌对舰队此时迅速接近，海面上寂静无声，气氛分外紧张。紧接着，两艘威尼斯人的船只首先攻进敌阵，顿时枪炮齐鸣，烟火纷飞，双方的船只打成一团，互相用舰炮射击。舰炮的咆哮声，步枪的射击声，桅杆折断的响声和双方官兵的厮杀声搅成一团，一场血腥残酷的大海战开始了。战斗才进行了一个多小时，奥斯曼帝国海军的旗舰就因受到重创而被迫退出了战斗，主帅凯南帕夏也因受重伤而失去了指挥能力。此时的帝国舰队群龙无首，战斗队形更加混乱。在威尼斯人强大的炮火攻击下，帝国舰队除8艘逃回首都伊斯坦布尔外，其余90多艘战舰或沉或降，损失惨重。此次大海战的结局，震惊了奥斯曼帝国的整个朝野，也是帝国海军旧装备和旧战术日益没落的重要标志。特别是当威尼斯人的海军舰队占领了能够有效地封锁达达尼尔海峡的利姆诺斯岛和特内多斯岛的消息传到帝国首都伊斯坦布尔时，整个帝国由震惊变为恐惧和惊慌失措。许多人准备变卖产业离开首都，逃往安纳托利亚避难。为了制止事态的发展，缓解人们的不满情绪，帝国政府寻找到了一个替罪羊，把推荐凯南帕夏为海军总司令的伊斯兰教教长梅苏·埃芬迪免职查办，流放到了安纳托利亚，不久此人在布萨被人刺死。虽然人们心头的怒气得到了发泄，但整个帝国的局势依然危险。苏丹穆罕默德四世还像以前那样整日迷恋于打猎和女色，不愿意管理国家大事。大臣们钩心斗角、争权夺利，根本拿不出医治帝国百病的良方。国势衰落，政治腐败，社会动荡，人心彷徨不定，成为这一时期的帝国特征。

为了扭转乾坤，挽救奥斯曼帝国日益没落的命运，帝国的许多有识之士认识到，此时需要一位才干出众、有胆有识的人出任帝国政府的大维齐来力挽狂澜，恢复奥斯曼帝国的国运。虽然帝国的国务会议召开过几次紧急会议，一直在物色这样的人物，但在帝国宫廷中一直狂热进行的秘密阴谋活动，严重干扰着此项工作的顺利完成。最后，在苏丹穆罕默德四世的母亲，一位意志坚强、长期在幕后操纵和掌握着帝国大权的女人图罕的支持下，帝国的国务会议一致提名穆罕默德·科普鲁卢为帝国大维齐。1656年9月15日，帝国原任大维齐被宣布免职，苏丹亲自把大维齐的官印交给了穆罕默德·科普鲁卢。

16世纪70年代，穆罕默德·科普鲁卢出生于阿尔巴尼亚一个微贱无名的穆斯林家庭。早年在帝国首都伊斯坦布尔王宫里当学徒，从事蜜饯厨房中的助手工作。因为勤奋好学，不久被提拔为厨师。在早年的宫廷服务生涯中，他开始并不引人注意，但他那勤勤恳恳、兢兢业业、自强不息、品行端庄的美德，受到帝国宫廷内外、上下左右的交口称赞。特别是穆罕默德·科普鲁卢获得了苏丹的宠臣胡斯雷·阿加的赏识和庇护，不久离开了宫廷，在安纳托利亚获得了采邑封地。胡斯雷·阿加是苏丹最信任的宠臣之一，在帝国宫廷中担任着几项极为重要的职务，包括为苏丹拿斗篷，持武器。此人在苏丹的宠信下，最后升任帝国的大维齐，权大势重，地位显赫。穆罕默德·科普鲁卢投靠胡斯雷·阿加之后，在多种职位上忠心耿耿地为胡斯雷·阿加服务，深得他的信任。但好景不长，当胡斯雷·阿加图谋参与帝国宫廷中的军事政变时，被苏丹穆罕默德四世及时发现，将其流放异地并秘密处死，从此，穆罕默德·科普鲁卢便失去了庇护人和政治靠山。这时他已经五十多岁了，但意志坚强的他从不幸中重新振作了起来，又依附于一位甚至更有权势的庇护人，即苏丹穆罕默德四世执政时期最后一位才华出众的大维齐索科卢。靠着他的勤奋和努力以及忠心不二的品德，特别是他那坚持信念、坚决不同物欲横流的社会同流合污、为追求理想不惜以生命为代价的精神，使穆罕默德·科普鲁卢在大维齐索科卢心目中颇有好感，深得信任，并让其一直在手下担任王室卫队队长等重要职务。

大约在60岁的时候，穆罕默德·科普鲁卢开始担任一系列总督职务，从而使他能够直接地了解到帝国各省日益恶化的政治与经济形势，对国势陵夷、政治腐败、民众疾苦有了较深刻的认识，增长了见识和治国的才干。不久，因治理有方，政绩突出，他获得了帝国大臣的职位，回到了帝国首都伊斯坦布尔参与国家大事的决策。但时间不长，就因与大维齐政见相左，两人之间不断发生争吵，于是他被流放到了外省，最后又被放逐到他的故乡——安纳托利亚。1656年初，他作为大维齐波努亚拉利的随从，又回到帝国首都伊斯坦布尔，继续参与国家大事的决策。同年9月，他取代波努亚拉利成为大维齐。

在穆罕默德·科普鲁卢被提升为大维齐之前，虽然他已经有了很长的政治生涯和丰富的治国经验，但是并没有什么显赫的名望。因此，帝国没有一个人敢打赌说穆罕默德·科普鲁卢这位六十多岁的老翁会健康地活下来，更不用说他能够成功地做出努力，使奥斯曼帝国恢复元气，并在这个王朝以后，成为奥斯曼帝国历史上最辉煌家族的奠基人。不过这种观点只是看到了事物的表面现象，事实上，穆罕默德·科普鲁卢有许多有利条件能够胜任其职，很好地治理国家。首先，他多年担任帝国重臣的随从，其中包括好几位大维齐，从而使他在行政管理方面得到了锻炼，获得了才能，并直接了解到了帝国产生祸患、导致衰落的根本原因。其次，多年的流放生活和数次下野退出政治权力舞台，使他有更多时间静下心来，洞察了解社会，并去思考怎样才能找到一服医治帝国社会弊端的良药，做出一番惊天动地的伟业。因此，当鹤发童颜的穆罕默德·科普鲁卢奉召返回帝国首都伊斯坦布尔时，人们发现他并非毫无准备。

穆罕默德·科普鲁卢长期在宫廷和各省任职所获得的丰富的政治和管理经验，使他变得足智多谋，具有超人的精神和独创的才能。他升任大维齐后，既注意到自己的政治地位并不稳固，也认识到帝国宫廷内各种政治势力对帝国事务所具有的影响力。因此，当要求他接任大维齐职位时，他首先向苏丹穆罕默德四世和他的母亲图罕提出一些先决条件，并让他们在完全答应了他的这些先决条件后，才肯接受大维齐的官印，以此来保护自己和自己的权力威望。他的先决条件共计有四点：第一，没有他本人发出的书面通知，苏丹不得批准或发出命令。第二，任何大臣或其他官吏不能背着他单独从事各种活动。第三，当他任命各级政府官员时，不能受到来自各方面的干预和牵制。第四，苏丹对来自各方面直接诽谤和中伤他的话不要听信。太后图罕完全接受了穆罕默德·科普鲁卢的先决条件，苏丹穆罕默德四世为了在表面上维护他是帝国的权威，而不是他的母亲是权威的假象，也公开表示同意那些条件。有了苏丹和太后的保证和支持，穆罕默德·科普鲁卢便全力以赴着手进行恢复帝国元气的各项工作。

2. 中兴计划的成效

穆罕默德·科普鲁卢复兴奥斯曼帝国计划的核心非常简单，即在帝国中首先制止腐败和贪污。对帝国社会腐败现象疾恶如仇的穆罕默德·科普鲁卢巧妙地兼施策略和威力，无情地罢免和惩治了一大批腐败渎职的政府官员，包括伊斯兰教教长、海军总司令和近卫兵团司令等，不管他们的地位有多高，权势有多大，只要犯有腐败罪行，一律都在罢免和惩治的行列之中。此外，秉性刚正，不肯阿谀奉承、随波逐流的穆罕默德·科普鲁卢甚至把消除腐败、整顿吏治的范围扩大到帝国宫廷内部，痛加鞭挞贪赃枉法的太后图罕的政治顾问和居心叵测、臭名昭著的帝政干预者、黑衣太监头目切莱也，并把他们统统流放到了埃及，远离帝国的首都。在穆罕默德·科普鲁卢任大维齐的5年当中，大约有3万名军官、官吏、法官和神职人员，以及其他一些人因目无法纪，贪污腐败，出卖国家利益而被处死。

穆罕默德·科普鲁卢认为，制止帝国的衰败势头，不能像前人那样进行所谓的社会改革，而只能依靠重典惩治。因为社会改革既为伊斯兰宗教法规所谴责，也为民众所痛恨，所以这些改革乃是蛊惑人心的骗局，也是造成帝国社会不稳定的祸根。他的目的是要使帝国恢复到伟大的苏莱曼大帝时代，因为在奥斯曼帝国的历史上，苏莱曼大帝是众所周知的立法者和执法者。若要全面恢复那些在16世纪奥斯曼人引以为荣的制度，并且尊重和执行苏莱曼大帝亲自主持编撰的帝国法典，那么奥斯曼帝国就完全可以恢复昔日的辉煌，重振雄威。

穆罕默德·科普鲁卢整顿完帝国的吏治，牢固巩固了自己的政治地位之后，便全力以赴把注意力转移到了对付帝国内外的敌人方面。

首先，他采取果断措施武力镇压了国内的叛乱。其次，把对威尼斯的战争坚定不移地进行下去。穆罕默德·科普鲁卢复兴帝国的计划虽然非常简单，却取得了很大的成功。1657—1658年，由安纳托利亚总督阿巴扎·哈桑帕夏领导的武装叛乱特别危险，对奥斯曼帝国的社会稳定危害极大，因为不仅帝国政府内部许多重要官员都积极参与了这次武装叛乱，而且由于阿巴扎·哈桑帕夏许诺要进行社会政治和经济改革，获得了许多人的支持。面对事态的骤然变化，穆罕默德·科普鲁卢镇定自若，调遣大批帝国军队前去镇压叛乱。通过恩威兼施的手段，迅速平息了这次武装叛乱。并且按照帝国传统的法典规定，下令将包括阿巴扎·哈桑帕夏在内的许多叛乱者斩首，并将他们的首级送往帝国首都伊斯坦布尔示众，以警告那些试图搞政治阴谋、公开向帝国权威挑战的人。

威尼斯圣马可教堂的帕拉多霍祭坛

另外，穆罕默德·科普鲁卢被任命大维齐上台掌权执政，完全是由于威尼斯人占领了帝国沿海的利姆诺斯和特内多斯两个重要战略岛屿，且直接危及帝国首都伊斯坦布尔的安全等原因造成的。因此，当他解决完国内武装叛乱的问题之后，就把注意力完全集中到了如何从威尼斯人手中夺回那两个重要岛屿等一系列棘手的问题上。首先，他亲自安排和监督帝国舰队积极进行海上备战，然后派遣舰队乘敌不备一举收复了那两个重要的战略岛屿。1657 年 8 月，在帝国海军舰队强大炮火的攻击下，特内多斯岛被攻克，随后利姆诺斯岛也于同年 11 月被征服。从此，奥斯曼帝国首都伊斯坦布尔所受到的外来巨大压力，被彻底地解除了。穆罕默德·科普鲁卢也成了帝国民众心目中的英雄，人们对他那治国平天下的才能非常敬仰和钦佩。由于穆罕默德·科普鲁卢指挥奥斯曼帝国的海军舰队打败了威尼斯人，重振了军威，所以他认为帝国此时重新发动对外征服战争的条件已经成熟。

穆罕默德·科普鲁卢完全仿照苏莱曼大帝的战略方针来推行他的对外征服计划。首先，他派遣帝国大军进攻塞尔维亚，然后再派军征服匈牙利等中欧国家。他这么做不是没有道理的，因为塞尔维亚是通向匈牙利和波兰的桥梁，是奥斯曼帝国在中欧实行征服扩张政策的关键所在。在穆罕默德·科普鲁卢执政以前的帝国衰败时期，塞尔维亚的君主乔治二世拉科齐发动了一场旨在驱逐奥斯曼人的运动，使奥斯曼帝国长期以来在塞尔维亚的统治权威丧失殆尽。塞尔维亚的君主乔治二世拉科齐不但驱逐了奥斯曼人，而且还怀有统治波兰的野心。因此，他于 1655 年与瑞典人结盟，联合发兵侵占波兰。面对塞尔维亚的君主乔治二世拉科齐声势日隆、咄咄逼人的进攻态势，穆罕默德·科普鲁卢决心除掉他。他首先宣布废除那个不服奥斯曼人管束的乔治二世拉科齐的王位，然后推举了一个通过竞争为王的候选人就任塞尔维亚的君主。当乔治二世拉科齐试图起兵把奥斯曼人的傀儡驱逐出塞尔维亚时，穆罕默德·科普鲁卢以伸张正义，讨伐叛逆的名义，向乔治二世拉科齐发动了一场惊心动魄的大决战。

在激烈的战斗中，除奥斯曼帝国的军队奋勇杀敌外，许多信仰伊斯兰教的克里米亚鞑靼人也积极参战。面对人数众多的奥斯曼帝国军队，乔治二世拉科齐统率的军队因寡不敌众，溃不成军，一败涂地，他本人也在战斗中身负重伤身亡。新继任塞尔维亚君主的凯希公爵宣布无条件地同意每年增加向奥斯曼帝国纳贡的数额，并完全接受由奥斯曼帝国的军队在塞尔维亚军事要地驻防。不过穆罕默德·科普鲁卢在世时也从未让塞尔维亚境内完全恢复平静，不满奥斯曼人统治的起义和叛乱时有发生。

1661年10月，具有文治武功才能的穆罕默德·科普鲁卢在他的威望和权势走到顶峰时，不幸因病去世，终年72岁。穆罕默德·科普鲁卢是奥斯曼帝国兴衰历史发展过程中的一位家喻户晓的风云人物。他忠于他的伊斯兰宗教信仰和奥斯曼的生活方式，无私地献身于他的国家。他对导致奥斯曼帝国衰败的各种社会制度的弊端疾恶如仇，发誓要重建奥斯曼帝国的权威。在他任职大维齐的短短数年中，通过他的辛勤操劳，不懈努力，颇有建树，初步完成了恢复奥斯曼帝国国运和权威的任务，使帝国再次重振雄风。

3. 执掌大维齐的家族

由穆罕默德·科普鲁卢本人举荐，奥斯曼帝国大维齐的职务传给了他的儿子艾哈迈德·科普鲁卢，一位年方26岁、充满朝气、性格刚毅、勤奋好学、知识渊博的年轻人。艾哈迈德·科普鲁卢从小就跟随父亲在帝国境内四处奔波，对帝国世道的混乱、政府官员们的贪赃枉法、社会经济的千疮百孔以及广大民众的疾苦早有深刻的认识，因此，他从小立下宏愿，要读尽天下好书，成为国家与社会的栋梁之材。他的父亲也对他寄托着无限的期望。

在穆罕默德·科普鲁卢言传身教的精心培养下，艾哈迈德·科普鲁卢从一个不懂世故的小孩长成了一位气宇轩昂、思维机敏、秉性刚直、颇具才华的一代英才。艾哈迈德·科普鲁卢接替父亲出任帝国大维齐的职务，不仅是一个举贤不避亲的范例，更主要的是保障了穆罕默德·科普鲁卢开创的复兴奥斯曼帝国计划顺利完成的连续性。况且，艾哈迈德·科普鲁卢本人也确实是一位有政治经验、有治国才能和充满智慧的行政官员和军事指挥官。与其父的铁腕政治统治相比，艾哈迈德·科普鲁卢则更温厚，更富有同情心，是那种思路宽纵、极富幽默感、刚柔并济、绵里藏针的人。不过这时，是他父亲在恢复帝国元气方面所取得的成功，为他的治国方略创造了一种比较宽松的政治环境。

虽然苏丹穆罕默德四世整日沉溺于狩猎和在后宫取乐，但是他对科普鲁卢家族的支持一直是坚定的。1663年6月，当艾哈迈德·科普鲁卢率领一支军队准备去平定匈牙利边境，向奥地利的哈布斯堡王朝发动进攻时，苏丹穆罕默德四世亲自把军旗授给艾哈迈德·科普鲁卢，于是他统率了一支庞大的帝国军队，人数多达20多万。在这一年和第二年的相当一段时间里，奥斯曼帝国军队对奥地利哈布斯堡的战事捷报频传。在强大的军事攻势下，1664年7月，奥地利哈布斯堡王朝主动要求同艾哈迈德·科普鲁卢通过谈判签订了一项条约，让出部分匈牙利的领土，并向奥斯曼帝国政府纳贡。后因奥地利人变卦反悔，条约最终没有签订。此后，艾哈迈德·科普鲁卢统率帝国大军渡过拉卜河，在圣哥达与奥地利哈布斯堡王朝的军队再次交锋，决一死战。在震耳欲聋的炮火中，双方的攻势都异常凌厉，人员伤亡惨不忍睹，最后在来自德国、法国、意大利等国家援军的配合下，奥地利哈布斯堡王朝的军队把奥斯曼帝国的军队驱逐回了拉卜河彼岸，但是他们并没有追击撤退中的奥斯曼人。不久双方再次停战谈判，并签订了《华斯瓦条约》，两国之间的战争终于宣告结束。根据《华斯瓦条约》的规定，奥地利哈布斯堡王朝不再向奥斯曼帝国政府纳贡，并将哈布斯堡王朝皇帝的地位提高到了同奥斯曼帝国苏丹相等的程度。但条约也规定，除匈牙利的北部和西部仍在奥地利哈布斯堡王朝的控制之下外，剩下的领土全部归奥斯曼帝国所有。所以，艾哈迈德·科普鲁卢作为帝国军队最高指挥官的威望，并没有因为在圣哥达的失败而降低，特别是当1669年7月艾哈迈德·科普鲁卢率军最后完成对克里特岛的征服之后，他的威望甚至比以前更高，影响更大。

克里特岛是地中海上一个具有重要军事战略意义的岛屿。1645年4月，前苏丹易卜拉欣一世曾下令派帝国军队征服该岛。因为马耳他的海盗们经常截获来往于地中海的奥斯曼帝国的商业船只，并在威尼斯统治者的庇护下把掠夺来的船只弄到克里特岛去，从而严重妨碍了奥斯曼帝国与西方的商贸往来。因此，对于奥斯曼帝国来说，克里特岛成了一个在溃疡流脓的创伤。当艾哈迈德·科普鲁卢结束了同奥地利哈布斯堡王朝的战事以后，很快就把他的注意力完全转向克里特岛，并亲自率领帝国大军围攻克里特岛三年之久，直到1669年3月攻陷该岛为止。地中海上的克里特岛从第四次基督教十字军远征起，一直在威尼斯人的手中，此时它已成为奥斯曼帝国的一个属地。

精力旺盛的艾哈迈德·科普鲁卢不久又把对外征服的战场转移到了波兰。他亲自率领奥斯曼帝国大军攻克了第聂伯河畔的科廷和卡梅内茨波多斯基两个城堡，此时的奥斯曼帝国军队已经远达波兰的重要军事城镇勒沃。第聂伯河畔的哥萨克人在挣脱了波兰人的统治枷锁以后，联合克里米亚的鞑靼人，向奥斯曼帝国政府寻求保护。当哥萨克的首领于1672年3月来到帝国首都伊斯坦布尔时，他接受了艾哈迈德·科普鲁卢亲自授予的双马尾军旗，并被任命为统治乌克兰的总督。当波兰政府表示不满提出抗议时，艾哈迈德·科普鲁卢率军攻占了波兰的卡美涅茨和伦贝格，从而迫使波兰人割让了波多利亚和乌克兰，并同意每年纳贡22万金币。每当波兰人表示不满，没有及时向奥斯曼帝国缴纳贡赋时，艾哈迈德·科普鲁卢就亲自率领帝国军队对波兰进行武力讨伐。在奥斯曼帝国强大的军事压力下，1676年9月，波兰主动提出同奥斯曼帝国签订了一项条约，根据此项条约，波兰的波多利亚和乌克兰正式并入奥斯曼帝国的版图。条约签订后不久，长年征战奔波的艾哈迈德·科普鲁卢终因积劳成疾，长期卧床不起，虽经多方努力治疗，但还是因突发性脑出血病逝于帝国首都伊斯坦布尔，享年38岁。

欧洲一些政治观察家认为，通过勤政和大刀阔斧地治理，穆罕默德·科普鲁卢及其儿子艾哈迈德·科普鲁卢不仅恢复了奥斯曼帝国的元气，还使得奥斯曼帝国重新焕发出新的雄威和尊严。总之，16世纪曾经充斥于欧洲的对奥斯曼人的恐惧感，现在又重新蔓延开来，古老的奥斯曼帝国的活力和生机的光芒又重新闪烁在地平线上。

艾哈迈德·科普鲁卢去世以后，他的姐夫卡拉·穆斯塔法帕夏被任命为大维齐。卡拉·穆斯塔法帕夏从小接受过宫廷学校良好的教育，在官外服务部门几度担任重要职位后，成为安纳托利亚一个县的县长，最后靠自己的政绩荣升为安纳托利亚的总督，成为权势显赫的帝国封疆大臣。卡拉·穆斯塔法帕夏性格粗犷刚强，敢想敢干，具有丰富的政治统治经验和军事才能。此外，他本人也是穆罕默德·科普鲁卢和艾哈迈德·科普鲁卢父子二人的崇拜者，并坚定不移地贯彻追随他们所制定的政治路线，即维护帝国内部的稳定统一，清除社会腐败，健全吏治的管理，实行强有力的对外征服政策。他认为，对外征服是奥斯曼帝国至高无上的国家利益，是奥斯曼社会古老的传统，是帝国复兴的前提。为了实现科普鲁卢家族重振奥斯曼帝国雄风和国威的宏图，从1682年开始，卡拉·穆斯塔法帕夏发动了一场与奥地利哈布斯堡王朝的战争，后来波兰、威尼斯和俄国等都陆续地被卷入了进来。

卡拉·穆斯塔法帕夏力图恢复奥斯曼帝国雄风和国运的计划，首先是率领帝国大军进攻奥地利首都维也纳城，此城是1529年苏莱曼大帝唯一未取得的战利品。如果这次征服获得成功，人们将会把他的名字列入伊斯兰教历史上杰出的加齐之中。1662年奥斯曼帝国同奥地利哈布斯堡王朝签订的《华斯瓦条约》到1682年期满需要重新修订，卡拉·穆斯塔法帕夏在修订条约进行的谈判中，有意采取了强硬的态度。同年10月，在双方的谈判不可避免地破裂之后，卡拉·穆斯塔法帕夏开始整军备战，在埃迪尔内集结了一支20多万人的庞大军队。1683年3月底，当一切准备工作就绪之后，奥斯曼帝国的军队由苏丹穆罕默德四世亲任统帅，在其他盟国军队的积极配合下，向北挺进，途中经过贝尔格莱德，并在7月中旬到达奥地利哈布斯堡王朝的都城维也纳。维也纳仅由斯塔累姆伯格公爵统率的1.1万名士兵防守，因此该城防守的空虚和兵力不足的缺陷十分明显。奥斯曼帝国的军队完全有信心攻占维也纳，但广大将士对于大维齐卡拉·穆斯塔法帕夏迟迟不肯下达命令向该城发动进攻而感到焦躁不安。迟迟不下命令的主要原因是卡拉·穆斯塔法帕夏以为该城的众将士在帝国军队重兵的围困之下能够自动投降，这样，维也纳城中的财富将归他所有，如果由帝国军队的士兵们把该城攻陷，那么城破后，只能听任帝国军队的士兵肆意对财富进行掠夺。

　　按照伊斯兰宗教法的宗旨，卡拉·穆斯塔法帕夏多次敦促维也纳城中的守军投降，并接受伊斯兰教的信仰，否则就要攻破该城池。当一直没有得到答复之后，他终于下令并指挥帝国军队向维也纳发动全面进攻，决定用大炮和刀剑来解决一切问题。欧洲各国对维也纳

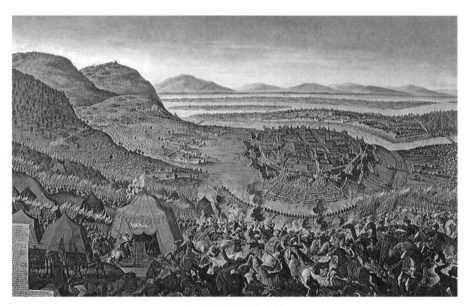

1683年的维也纳之战

这座城市的援救姗姗来迟，除勃兰登堡和萨克森提供了一些有限的援助以外，欧洲强国法国国王路易十四却按兵不动，他企图利用奥地利哈布斯堡王朝的挫折，以促进他反哈布斯堡王朝的事业。在最危难的时刻，波兰国王扬·索别斯基统率了一支7万人的军队前来解围，他在波多利亚与奥斯曼人作战时取得了丰富的宝贵经验，对奥斯曼帝国军队的情况颇为了解。而久经沙场、骄横一世的卡拉·穆斯塔法帕夏却无视这一情报，被胜利冲昏了头脑。因此，当波兰国王扬·索别斯基率军驻扎在卡伦贝格时，卡拉·穆斯塔法帕夏既没有采取果断的行动来对付他，也没有充分利用许多深山峡谷给波兰军队的行军所造成的困难予以拦击阻截，从而贻误了战机。1683年9月12日，一场决定双方历史命运的大决战开始了。在重炮的掩护下，欧洲基督教联军率先向奥斯曼帝国的军队发起了反攻。卡拉·穆斯塔法帕夏闻讯起兵相迎，试图决一死战。经过一番血腥的搏杀之后，双方死伤惨重，都付出了沉重的代价。当晚，有些支持不住，即将败下阵来的卡拉·穆斯塔法帕夏被迫率军撤退，并一直退守到贝尔格莱德驻扎了下来。在追杀中，欧洲基督教联军获得了大量战利品，其中一些有价值、有趣的样品至今仍能够在欧洲许多国家的博物馆里见到。卡拉·穆斯塔法帕夏原计划在贝尔格莱德过冬进行休整，然后在来年的春天再率领奥斯曼帝国的军队进行反攻。但是此时，他那些在帝国首都伊斯坦布尔的政敌们，通过对他的诬蔑和诽谤，成功地破坏了他的威望。苏丹穆罕默德四世也听信了小人的谗言，把帝国军队在维也纳战败的责任，完全都归罪于卡拉·穆斯塔法帕夏对维也纳城的冒进。1683年12月25日，帝国政府在苏丹穆罕默德四世的同意下，派人前往贝尔格莱德绞死了卡拉·穆斯塔法帕夏。卡拉·穆斯塔法帕夏被处死，使奥斯曼帝国失去了一位精明强干的栋梁之材，也使得许多帝国政府官员从此不再愿意秉公办事，害怕自己的性命成为失败的代价。因此，在其后四年中，灾难一个接一个地降临到奥斯曼帝国的头上。

1684年春，奥地利哈布斯堡王朝与波兰、威尼斯结成神圣同盟，以其优势兵力向奥斯曼帝国压了过来。威尼斯人沿着达尔马提亚海岸向奥斯曼帝国进攻，奥地利人沿着多瑙河中部不断前进，波兰人则沿着黑海海岸向奥斯曼帝国进军。并且欧洲国家再次企图鼓动奥斯曼人的老对手、位于东方的波斯萨法维王朝开辟反对奥斯曼帝国的第二战场。俄罗斯人也于1687年支援神圣同盟打击克里米亚的鞑靼人。在神圣同盟如此凶猛的打击下，奥斯曼帝国的军队节节溃退，完全丧失了斗志。此时，帝国的广大民众和军队将士对苏丹穆罕默德四世的领导能力完全丧失了信心，他们联合起来，通过武装政变，强迫苏丹穆罕默德四世退位，而拥立他的兄弟苏莱曼二世登位。苏莱曼二世登上苏丹王位之后，认识到奥斯曼帝国情况的危急，于是亲自任命已故的艾哈迈德·科普鲁卢的兄弟穆斯塔法·科普鲁卢为大维齐。科普鲁卢家族的信念、理想和才智再一次在新任大维齐的身上强烈地体现了出来。穆斯塔法·科普鲁卢一方面对帝国财政的改善采取了一系列强有力的措施，使社会经济得到了长足发展，另一方面整编集结了一支庞大的帝国军队，一举收复了被奥地利人、威尼斯人、波兰人夺取占领的许多土地。在1698年的夏季，骁勇善战的穆斯塔法·科普鲁卢率领奥斯曼帝国的军队发动了一场强大的攻势，试图把奥地利人、威尼斯人、波兰人赶得更远，但在残酷激烈的战斗中他不幸被射来的子弹打断了脊柱而丧失了生命。

　　此后，在奥斯曼帝国局势不断恶化的状况下，另一位科普鲁卢家族颇具才干的成员临危受命，出任大维齐，他就是穆罕默德·科普鲁卢的侄孙，名叫侯赛因·科普鲁卢。侯赛因·科普鲁卢认识到，由于帝国军队不断遭受严重的挫折，为了帝国的和平和社会的安定，必须与那些赞成以和平的方式来解决领土纠纷的欧洲国家密切合作。经过英国驻奥斯曼帝国大使威廉·帕盖勋爵的斡旋，侯赛因·科普鲁卢在克罗地亚的卡洛维茨同奥地利哈布斯堡王朝、波兰人、威尼斯人和俄罗斯人进行了谈判。双方之间的谈判是艰难的，许多时间都浪费在形式上，谈判有时几乎都进行不下去了。最后双方在"占有地保有原则"（这是一句国际法的名词，意思是各国应各自保持其实际控制的地区）的基础上商定了和约。1699年1月26日，双方在卡洛维茨签订了条约。根据条约，威尼斯人放弃了雅典，但继续保有莫里亚半岛。奥地利哈布斯堡王朝获得了特兰西瓦尼亚和匈牙利。波兰人则收复了波多利亚。至于俄罗斯人，只与奥斯曼帝国签订了为期两年的停战协定。英国原期望奥斯曼帝国被俄罗斯人拖住，这样就可以阻止奥斯曼帝国在未来对西班牙的战争中派遣军队支援法国。然而，俄罗斯的使臣们不久却来到了奥斯曼帝国的首都，并在1700年与奥斯曼帝国签订了一份完全根据卡洛维茨停战协定而起草的《伊斯坦布尔条约》。

　　《卡洛维茨条约》的签订，标志着在奥斯曼帝国与欧洲国家关系中发生了一个根本性的转折。对欧洲国家而言，《卡洛维茨条约》消除了它们对奥斯曼帝国入侵中欧的恐惧，而且为进一步地向奥斯曼帝国发动进攻，侵占海峡区域开辟了道路；对奥斯曼帝国而言，《卡洛维茨条约》使长期属于穆斯林的领土第一次永久性地纳归欧洲基督教徒控制了，从而成了奥斯曼帝国疆域开始不断收缩的一个重要标志。

特别是自14世纪初开始的使巴尔干地区突厥化的历史演变，已经慢慢地同时显而易见地降下了帷幕，这是奥斯曼人不得不吞下的一个苦果。

四、对外战争的失败及其影响

1. 两面夹击中的困境

17世纪，同奥斯曼帝国争夺世界霸权的主要对手是奥地利哈布斯堡王朝和威尼斯，但在18世纪中，威尼斯的角色改由迅速崛起的俄罗斯来充任了。虽然根据《卡洛维茨条约》和《伊斯坦布尔条约》，奥斯曼帝国把亚速及其内陆80英里的地方割让给了俄罗斯，但是俄罗斯的彼得大帝并不满意。奥斯曼帝国的黑海作为通向地中海重要出口的海峡区域，以及帝国首都伊斯坦布尔，都在同西方的更自由更开放的贸易中扮演着重要角色，这深深地刺激和召唤着俄罗斯人进攻征服奥斯曼帝国的野心。因为只要沙皇一天不能控制那些海峡水道和奥斯曼帝国的政治、经济、文化中心伊斯坦布尔，那么，从某种意义上来说，俄罗斯就决不能被完全纳入欧洲这个政治组合之内。

1699年对外战争的失败清楚地表明，奥斯曼帝国此时必须在自己的边境上全力以赴地同奥地利和俄罗斯这两个主要对手较量，而同它们之间较量的结果，将决定奥斯曼帝国未来的命运。特别是与俄罗斯一方的较量，对于奥斯曼帝国的前途命运来说更为重要。18世纪期间，奥斯曼帝国与奥地利哈布斯堡王朝之间共进行了两场战争。第一次战争是1715年奥斯曼帝国利用几次海上冲突作为借口，把威尼斯人从伯罗奔尼撒半岛以及爱琴海中的各岛屿上肃清，并且开始向亚得里亚海沿岸的威尼斯城市发动进攻。奥斯曼帝国所取得的这些胜利，促使威尼斯的盟友奥地利哈布斯堡王朝向奥斯曼帝国宣战。

在奥地利哈布斯堡王朝的军队打了几次大胜仗，攻克了特梅斯瓦尔和贝尔格莱德等重要城市之后，英国仍像以前那样出来斡旋和平，并在1718年安排双方签订了《帕萨罗维茨条约》。根据该条约的规定，奥斯曼帝国割让全部奥地利哈布斯堡王朝军队所夺取的领土，但容许奥斯曼帝国保留从威尼斯那里获得的土地。双方之间的第二次战争爆发于1787年。在奥地利哈布斯堡王朝的军队获得了最初的几次胜利之后，欧洲的国际纠纷以及奥地利哈布斯堡王朝内部的少数民族问题和社会经济的紊乱，严重挫伤了它对奥斯曼帝国进攻的锐气，使得奥地利哈布斯堡王朝同奥斯曼帝国最终签订了《锡斯托瓦和约》。该条约规定双方的边境继续维持在战前的状态。此后，奥地利哈布斯堡王朝再也没有从奥斯曼帝国那里得到任何领土。

2. 被俄罗斯牵制

在18世纪，奥斯曼帝国与俄罗斯之间的冲突范围，则远远超过以前黑海北面鞑靼国或高加索地区的边境冲突。在这个世纪内，奥斯曼帝国同俄罗斯共进行了三次战争，双方互有胜负，但最终还是以俄罗斯人的胜利而告终。第一次战争爆发于1711年，当俄罗斯为了夺取克里米亚地区时，双方的军队在普鲁特河两岸展开了激战。在这次激战中，奥斯曼帝国军队中最有战斗力的是克里米亚的鞑靼人。他们生性刚猛，骁勇善战，在作战中使用传统的武器弓和剑，砍去了许多俄罗斯士兵的头颅。使得帝国苏丹在战争开始时许诺的把每个俄罗斯士兵的头颅送到他们营帐时发给大量的赏金，竟在一天之内不得不把赏金削减到不到原定赏额的半数。

在这次历史性的战役之后，俄罗斯的彼得大帝接受了著名的《普鲁特和约》，把亚速及毗邻的所有地区统统归还给了奥斯曼帝国，并且拆毁了附近的所有军事要塞，取消了让俄罗斯船只停留在黑海的特权。同时，这次所取得的胜利也为奥斯曼帝国提供了一次喘息的机会，他们乘机收复了由于《卡洛维茨条约》而丧失给威尼斯人的属地。

俄罗斯对奥斯曼帝国进一步的侵略，因此次失败而停顿了十年以上，直到它与奥地利哈布斯堡王朝结成军事联盟共同行动时为止。1723年，俄罗斯军队再一次进犯克里米亚，重新占领了亚速，并且向奥斯曼帝国索取从多瑙河到高加索一带的领土。在奥斯曼帝国政府断然拒绝俄罗斯的无理要求之后，俄罗斯派出大量的军队向奥斯曼帝国发动了一场新的战争。俄罗斯的军队虽然打了几个大胜仗，可是在法国驻奥斯曼帝国大使德·维尔纳夫侯爵巧妙地策划了令人惊异的《贝尔格莱德和约》之后，俄罗斯所得无几，仅获得了一个不设防的亚速以及在黑海地区通商的权利，但是货物必须由奥斯曼帝国的船只载运。在《贝尔格莱德和约》签订以后的35年中，奥斯曼帝国西部的边境进入了一个相对和平的历史发展时期。实际上，正是由于《贝尔格莱德和约》的签订，使得奥斯曼帝国统治集团的上层人物过着一种养尊处优的生活。特别是长时期的和平，使得奥斯曼帝国的军队在相当长的一段时间内没有受到战争的锻炼，军事装备和作战技术落后老化，从而导致奥斯曼帝国的衰落过程不断加快。

引起奥斯曼帝国与俄罗斯之间的第三次战争的直接原因是波兰的局势。1763年4月波兰的国王奥古斯特三世去世时，欧洲的几个强国为了选立新国王进行了疯狂的外交策划。俄罗斯和普鲁士希望新国王不受奥地利哈布斯堡王朝的控制，所以波兰议会在俄罗斯和普鲁士的联合压力下，选出了亲俄罗斯和普鲁士的贵族波尼亚托夫斯基为波兰新国王。法国因自己企图控制波兰的计划受到挫折之后，便怂恿奥斯

1876年《笨拙》杂志的漫画，显示俄罗斯帝国怂恿巴尔干攻击奥斯曼帝国，而警察约翰牛（英国）则警告俄国要小心行事。一年后，得到俄罗斯支持的塞尔维亚及黑山向奥斯曼帝国宣战

曼帝国干预波兰事务。苏丹穆斯塔法三世听从了法国的意见，当他对有关波兰问题的要求不能如愿以偿时，于1768年10月鲁莽地投入了对俄罗斯的战争。战争期间，俄罗斯的方针之一就是支持奥斯曼帝国领土上的基督东正教，试图鼓动希腊人起来造反。在战斗中，由于奥斯曼帝国的军队在毫无准备的情况下投入战斗，结果屡战屡败、一溃千里。而俄罗斯的军队则一路攻城夺隘、勇猛无敌，迅速占领了雅西和布加勒斯特等重要城市，并且在两年之中完全掌控了摩尔达维亚和瓦拉几亚全境。此外，俄罗斯的一支波罗的海舰队开进了地中海，虽然它没有拿下军事重镇莫里厄，却在爱琴海消灭了一支奥斯曼帝国的海军舰队，直接威胁着帝国首都伊斯坦布尔和安纳托利亚沿海各地区。为了免遭更惨重的失败，1774年6月，奥斯曼帝国与俄罗斯通过谈判，签订了丧权辱国的《卡伊纳雅条约》。此条约为日后将近一个半世纪的奥斯曼帝国与俄罗斯之间的双边关系定下了基调，成为19世纪俄罗斯在巴尔干和海峡区域实现其领土野心的关键点。

根据《卡伊纳雅条约》的规定，俄罗斯现在有权在奥斯曼帝国的首都伊斯坦布尔设立"奉行希腊宗教仪典的公共教堂"，有权代表希腊东正教向奥斯曼帝国提出抗议，而奥斯曼帝国政府一方则必须保证"持久地保护基督教徒及其教堂"，把对自己帝国境内基督东正教徒属民的保护权，实际上让给了俄罗斯人。于是，日后每当俄罗斯干涉奥斯曼帝国的内部事务时，就可以据此大肆张扬自己是以奥斯曼帝国境内希腊东正教大教区合法保护者的身份行事。在领土方面，俄罗斯虽然根据《卡伊纳雅条约》从占领的奥斯曼帝国大部分的土地上撤走了，却把黑海北岸的某些战略要地留在了自己的手里，并且让奥斯曼帝国的附庸国克里米亚汗国宣布独立，强迫奥斯曼帝国政府给予摩尔达维亚和瓦拉几亚特殊的自治待遇。在商业方面，俄罗斯获得了在黑海地区、海峡沿岸以至在奥斯曼帝国境内各地经商并建立领事馆的权利。在外交方面，俄罗斯被允许在奥斯曼帝国首都伊斯坦布尔派设一名全权常驻公使。

俄罗斯根据《卡伊纳雅条约》所获得的各种特权，还引发了其他的一系列后果。以前一直禁止悬挂基督教国家旗帜的船只通行的黑海，现在已不再是奥斯曼帝国的内陆湖了，俄罗斯在那儿设置了海军基地和军事要塞，他们的商人完全可以在奥斯曼帝国境内的任何港口自由经商。特别是从此奥斯曼帝国境内的希腊人获得了悬挂俄国旗帜经商贸易的权利，由于享有这份特权，一些希腊货物托运人开始发财致富，并且不断地扩大他们同欧洲各国的商贸范围，这些因素对于此后希腊民族的复兴，起到了积极的刺激作用。50年后，在奥斯曼帝国境内的希腊人终于举起了民族主义的大旗，反抗奥斯曼帝国的种族压迫和统治。

对于奥斯曼帝国而言，《卡伊纳雅条约》所带来的耻辱和后果，进一步削弱了已经开始衰退的奥斯曼帝国中央政府对于各省的控制权。在17世纪的时候，苏丹和帝国中央政府就已经面临着许多具有独立倾向的、不驯服的地方总督。到了18世纪中叶的时候，尤其是一系列对外战争的失败，使得奥斯曼帝国境内独立和分裂的政治倾向已经到了这样的地步，以致任何具有魄力和野心的地方总督都可以建立他自己不受约束的军事、政治和经济的力量，来公开违抗或不理睬苏丹和帝国中央政府的命令。

具有重大讽刺意义的是，在奥斯曼帝国境内首先闹分裂和独立的地方，正是亚洲和非洲那些传统的伊斯兰地区，它们走得最远，态度最坚决。在奥斯曼帝国境内的这类独立运动，说不上是具有群众性和民族意义的反对奥斯曼帝国统治的社会表现。除了像黎巴嫩、库尔德斯坦、阿拉伯半岛等少数遥远沙漠地带和山区外，所有其他地方闹独立的首脑人物和他们的追随者全都不是当地人，而是来自奥斯曼或者马木留克的军人阶层。无论属于哪种情况，他们都不具有任何地方基础，而且不管怎样，他们也都不可能企图从当地得到任何全心全意的支持。他们之中的大多数人是一些居心叵测、铤而走险的地方总督和政府官员。他们利用苏丹权力的鞭长莫及和帝国中央政府软弱无能的缺点，窃取了本省的大部分税收，组成了庞大的私人军队，同西方签订了贸易协定，并且创造了一个高效率的政府机构，把本省变成了实际上的独立王国。例如，埃及的穆罕默德·阿里、叙利亚的扎查尔、巴格达的马木留克酋长等。他们全都属于这一类典型人物。他们并不比中世纪的封建领主更加关心自己属民的言论和情感，当然更谈不上对属民福利的关怀了。他们的主要目的和所关心的事情，就是如何与帝国中央政府分庭抗礼。

即使在奥斯曼帝国的心脏地区安纳托利亚，在18世纪也同样盛行着独立的倾向。例如，被人们称为山谷贵族的代雷贝伊，在18世纪初期便取得了实际上的自治权。这些人最初都是由政府官员或官方代理人演变为帝国苏丹的藩属的。由于他们已在那些受其统治的民众中扎下了根，同时又来自这些民众，从而逐渐形成了各个具有强烈地方传统与忠诚的真正的地方王朝。虽然他们具有相对独立性，但他们对于帝国中央政府所承担的财政和军事上的义务都有着详细明确的规定，这种关系最终发展成了一种正规的宗主权和藩属制度。奥斯曼帝国中央政府为了得到那些具有独立倾向的地方政府官员们对其宗主权的承认或者在法律、税务和军事支援方面的服从，就不得不满足他们的一些要求和想法。

另外，对于奥斯曼帝国本身来说，则从一系列对外战争的失败中得出了这样一个特殊的结论：奥斯曼帝国已经丧失了世界大国的地位，不再属于欧洲最强大的国家之一了。《卡伊纳雅条约》的签订明确地证实了这一点。自从1683年奥斯曼帝国因兵败第二次从维也纳撤兵之后，欧洲对奥斯曼帝国的恐惧心理日见淡薄。16世纪欧洲的"奥斯曼恐惧症"已荡然无存，代之而起的是一股18世纪的"奥斯曼热"，在欧洲出现了不少奥斯曼凉亭和装饰板面的仿制品。此外，欧洲也能从奥斯曼风味中寻找到乐趣，1782年的维也纳人可以在莫扎特歌剧《后宫诱逃》的首映式上开怀大笑。

此时对于奥斯曼人来说，沉痛的教训使他们逐渐认识到，为了使奥斯曼帝国不至沦落为西方列强相互瓜分争夺的目标，为了恢复他们昔日的地位和风采，他们必须要实施社会改革，至少要实施军事方面的改革。既然西方，后来也包括俄罗斯在内，在武器技术方面占有绝对的优势，那么为了对付西方，奥斯曼人就得借鉴西方的军事技术和战争经验，虚心向西方学习。在18世纪初叶，奥斯曼帝国向西方学习的社会改革历史进程已经在小范围内悄悄展开。到了18世纪的末期，奥斯曼帝国的社会改革更是势在必行、刻不容缓了。

第六章
滞止与变革：帝国命运转机的唯一出路

奥斯曼帝国社会变革的启动，是由于接连败于自己所不齿的敌人手里以后，为了生存起见，以西方冲击所引起的民族危机为契机，揭开了社会变革历史进程的帷幕，并且在改革的旗帜下不得不采用西方的先进武器，不得不聘请欧洲顾问，并且不论怎样不情愿，也不得不允许构成现代国家及军队基础的那一切新思潮和新制度的传入。尤其是作为文明典范的欧洲，为奥斯曼帝国提供了那么多任人挑选的各种世俗反叛理论，如自由主义思想、爱国主义思想、民族主义思想，甚至革命的暴力思想，都深深地感染了那些前去探讨西方文明的奥斯曼帝国的学生和军校学员、外交官和驻外武官。久而久之，这些思想有了通向奥斯曼帝国的道路，给予了奥斯曼帝国军官们新的动力和方向，并且导致了一系列的社会变革。

奥斯曼帝国早期社会变革的政治联盟基础比较薄弱，没有广泛动员全社会各阶层民众积极参加，仅是依靠一些盛世末年的开明人物孤军奋战。此外，奥斯曼帝国的社会经济环境也比较恶劣，表现为资源相对不足，科学技术落后，工业尚不发达，国际商业竞争能力极差。尤其是伊斯兰教传统文化，以其顽强的生命力，发挥着双向功能。它的一部分内容，如崇古主义、文化中心主义、泛道德主义、政教合一的传统等相互推进，形成了抵御奥斯曼帝国社会变革的强韧防线。而另一部分内容，如变易意识、自强意识、民本主义等，则以直接或间接的形式与早期社会变革相结合，成为社会进步的极其重要的动因。

从奥斯曼帝国社会变革的历史进程来看，它是与西方文化交织在一起的，是以向西方社会学习为主要内容的，是奥斯曼帝国近代社会发展过程中的一个不可分割的组成部分。其目的在于通过学习和借鉴西方文明，实现富国强兵的梦想。反映到帝国统治者阶层，则表现为一系列具有西方文化色彩的社会改革的尝试。在奥斯曼帝国早期的社会改革中，奥斯曼帝国的统治者试图通过社会的变革，借鉴西方的先进经验，建立一支训练有素、装备现代化的军队和行政机构，并重视能生产现代武器的科学技术，最终实现基于欧洲知识和技术的军事、经济、政治近代化的计划。他们引进欧洲的教师和学校，并派遣留学生到欧洲去学习语言、科学和政治，他们设立翻译局和印刷厂以翻印大量的西方著作。这样做的最终结果，是在奥斯曼帝国造就了一批受过现代教育和具有亲西方色彩的新阶级、新社会阶层的存在。

应该强调的是，奥斯曼帝国早期的社会改革具有极大的局限性。它主要是为了回应西方列强的示范性挑战，以及对帝国统治集团利益和地位所构成的威胁，而不是为了缓解长期的封建神权统治所积蓄的社会压力以及全面发展资本主义。换句话说，这种改革是功利性的，而不是制度性的，只是学习西方先进的器物，而不是去学习西方文明的社会制度。这种思想的高度，反过来决定了奥斯曼帝国社会改革的高度。因此，奥斯曼帝国早期的社会变革，就有着不可避免的局限性特征。只是到了马赫默德二世和"坦齐马特"时代，特别是青年土耳其党人的统治时期，具有西方化色彩的社会改革的力度之大、范围之广，对奥斯曼帝国社会影响之深，才是史无前例的。

一、社会改革的兴起

1. 反思产生与改革伊始

反思常常是灾难的副产物。18世纪时，每当重大的军事失利之后，奥斯曼帝国的政治家们总是产生许多反思，总是用毫不留情的坦率态度来评论帝国腐朽和军队无能的种种表现。特别是丧权辱国的《卡伊纳雅条约》的签订，与随后克里米亚地区被俄罗斯吞并，都曾经使得帝国的许多仁人志士痛定思痛、议论纷纷，使得帝国统治集团中的一部分人意识到，仅凭奥斯曼帝国的光荣传统和伊斯兰教文明，很难再为奥斯曼帝国重振雄风提供动力，从而发起了以效法西方文明为基础的早期社会改革运动。

一般历史学家往往把苏丹塞利姆三世统治时期（1789—1807年），看作奥斯曼帝国社会改革的开端。但是有些历史学家则把日期往前推，认为奥斯曼帝国的社会改革发端于《巴沙洛威茨条约》签订的第二年（1719年），是从第一次有意识地朝着模仿和采用西方文明中某些既定项目迈出的一步开始的。实际上从某种意义上来说，奥斯曼人从来就没有和西方完全断绝过来往，其联系还不仅仅限于战争、外交和商业等方面的正式接触。奥斯曼人在历史上曾经学习与模仿过西方军事和航海方面的某些先进技术，而且在地理学和医学等自然科学领域也借鉴过西方的经验。但是，他们的学习与吸收能力却随着领土的不断扩张，到 15 世纪以后逐渐地减退下来，特别是在社会价值观和文化方面的转换创新更是微乎其微。事情说起来似乎有些自相矛盾，到了 18 世纪，奥斯曼人同西方的差距比以往任何时期都大。也就是说，一方面，奥斯曼人与西方在科学技术、文化、心理上存在着一条鸿沟，其间的差距具体表现在西方的政治、经济、科学技术在进步，理性观念在发展，而奥斯曼人却相对停滞不前；另一方面，双方在军事上、外交上、商业上却又交往甚密，具体表现在西方国家可以陈兵奥斯曼帝国边境，表现在欧洲人不但借助于海运、财富，而且还可借助于通商条约，在奥斯曼帝国境内施加日益增长的政治与经济影响。

奥斯曼帝国历史上的社会改革，可根据改革的主要内容划分为早期和晚期。奥斯曼帝国早期改革家们所考虑的，主要是随着辉煌时代体制机构的日趋腐朽而暴露出来的帝国内部的弱点，因而他们的改革实践，也只是着眼于过去，竭力想使那些体制机构回归到原来的状态，也就是着眼于恢复过去旧有的统治秩序，重振奥斯曼帝国一度失去的雄风。例如，1623—1646 年统治奥斯曼帝国的苏丹穆拉德四世和 1656—1661 年掌权的大维齐穆罕默德·科普鲁卢，他们社会改革的宗旨是根除腐败之风，而他们的武器就是行刑官手里的大刀和没收非法所得财产。但是，随着奥斯曼帝国在同奥地利与俄罗斯军队相形见绌的交战中一败涂地，尤其是 1699 年签订《卡洛维茨条约》和 1718 年签订《巴沙洛威茨条约》等丧权辱国的不平等条约之后，奥斯曼人从失败和教训中看到了西方的军事优势，逐渐地认识到使军队近代化的紧迫性和重要性，并开始把他们社会改革的目光转向西方。因此可以认为，奥斯曼帝国后期的社会改革是从军队近代化的尝试中启动的。

例如，奥斯曼帝国两度耻辱地败于奥地利和俄罗斯的事实，以及彼得大帝统治下的俄罗斯通过向西方学习的社会改革，从此由弱变强的事例告诉人们，只要认真地学习西方，推行社会改革全面进行的方案，便有可能使奥斯曼帝国摆脱贫弱，再度成为它的敌人的强大威胁。因此，赞成这种社会改革思想的易卜拉欣于1718年上台当上了大维齐之后，同年6月，他呈递给苏丹穆罕默德三世一份有必要进行军事改革、迎头赶上西方军事技术发展的奏本，开始社会改革的尝试。他首先下令于1719年在奥地利的首都维也纳设立了帝国大使馆，并于1721年任命热衷于奥斯曼帝国社会改革事业的著名政治家埃芬迪为帝国驻法国的大使，要求他详细研究西方有关文明与教育的各项措施，并及时汇报其中能够使其应用于奥斯曼帝国社会改革的内容，其中很重要的一项，就是西方的印刷术。

早在1716年，一位名叫罗希福的法国军官曾经向帝国中央政府提出过一项关于在奥斯曼帝国军队中建立外国士兵军官团的计划，但毫无结果。1720年，另一位在皈依了伊斯兰教之后改名为哲切克的法国人，在大维齐易卜拉欣的支持下，在帝国首都伊斯坦布尔组建了一支消防队。这是此后19世纪和20世纪奥斯曼帝国进行的一系列城市服务设施改革中的先例。为了更好地了解和学习西方，进一步推动奥斯曼帝国的社会改革，具有极大改革热情的帝国印刷局局长米特费里卡，在游历考察了西方一些国家之后，向大维齐易卜拉欣递交了一份备忘录。这份长达49页的备忘录，共分为三个部分。第一部分中，作者指出了一个井井有条的社会制度对于所有国家及民众的重要性，并就当前各国的不同政体做了详细的叙述和评论。第二部分中，作者竭力向读者推荐阅读地理学的著作，认为这可以作为了解本国及其他邻

帝国议会讨论的房间——库巴尔提

国国情的一种手段，作为军事艺术中的一个有用的附属部门，以及作为管理好地方行政及军事行政的一种有效的辅助力量。第三部分中，作者就不同基督教国家的皇家部队以及有关这些部队的训练、组织、纪律、作战方式和军事法律等情况进行了全面分析，明确指出，西方军队的优越性在于他们训练有素，军纪严明，并且掌握了先进的武器，所以奥斯曼帝国军队应该向他们学习，这是摆脱困境的唯一办法和重要手段。

这一时期，奥斯曼帝国所获得的一项非军事性重大的改革成果，要算是印刷术的采纳。早在8世纪中叶，穆斯林就将中国的造纸术欣然接受，并通过丝绸之路将其传入西方，促进了伊斯兰文化和西方基督教文化的发展，但对于同人类文明进步紧密相关的印刷术却嗤之以鼻，一直拒之门外。他们认为印刷伊斯兰教书籍有损于其神圣性。因此，长期以来，尽管没有任何可信的宗教铭文作为依据，但禁止印刷术的使用仍然成为伊斯兰国家的一个传统。

18世纪初，西方国家的印刷业已经相当发达，而奥斯曼帝国的一切文件和书籍还要全靠人工来抄写，其速度之慢、效率之低是显而易见的，这与时代发展的要求极不相宜。为了改变这一落后状况，奥斯曼帝国中央政府决定采用广泛流行于西方的印刷术，但鉴于帝国境内宗教保守分子和抄书手们的强烈反对，被迫对印刷术的应用范围做了许多严格的限定。例如，由帝国伊斯兰教教长阿卜杜拉发布的通令规定，使用印刷术的范围是，只准人们印刷伊斯兰教以外的其他各种科目的突厥文书籍。1727年7月，苏丹下令在帝国首都伊斯坦布尔创办了第一家使用突厥文的印刷所，出版突厥文的各种书籍。虽然此时印刷术的采用在奥斯曼帝国是有条件的，但它标志着奥斯曼帝国通过改革在社会文明方面取得了巨大的进步。尤其是印刷术一经采用，就对促进奥斯曼帝国的社会改革显示出了它极大的优越性和顽强的生命力，对促进奥斯曼帝国传统价值观念的转变产生了巨大影响。例如，这一时期奥斯曼帝国最重要的社会改革家、思想启蒙家之一米特费里卡，经伊斯兰教教长的裁决，获准出版非宗教性质的书籍。他一生共出版了317部书籍，主要是有关科学和军事方面的著作。在他所撰写的著作中，强调必须全面了解西方，学习西方，从而获取更有效的军事技术。他在许多文章中还特别详细地介绍了俄罗斯的彼得大帝如何在西方专家们的帮助下建立起自己强大的近代化海军的事例。

这一时期，在向西方学习与交流的过程中，西方对于奥斯曼帝国的文化和社会生活也有着潜移默化的影响。奥斯曼帝国的上流社会人士热衷于种植荷兰的郁金香，热衷于请西方一些享有相当名望的画家们替他们画肖像，尤其对法国生活方式和风格的表层事物十分感兴趣。修建法国风格的公园，使用法国样式的家具，模仿法国的室内装饰等，一时成了帝国宫廷圈子内的一种时尚。连苏丹本人也在他的宫廷门外盖了一座一望就可知是法国卢浮宫式的喷水池。

2. 学习西方途中再遭叛乱

为了了解西方和学习西方，这一时期帝国的许多重要官员都被作为使臣派往巴黎。受命对法国的技术进行考察，看看有什么宝贵的东西可供奥斯曼人借鉴之用。他们回国后，都用近乎赞许而惊讶的口吻，汇报了法国的科学研究、工业生产，甚至歌剧院里的情况。

18世纪初叶，奥斯曼帝国属于相对的和平时期，那些具有现代性的军事和社会改革的尝试，在西方的影响和那些被聘请的西方人的帮助下，对奥斯曼帝国的军事和社会生活带来了一些生气，但不久因东部边疆爆发的同波斯人的战争而被打断了。1730年6月，奥斯曼帝国的军队被在波斯初得天下的纳迪尔沙指挥的军队打败了，从而引发了帝国首都伊斯坦布尔的广大民众对于朝廷的荒淫无度和宫廷圈子的"法兰克生活方式"的愤慨，广大民众在帝国政坛上具有举足轻重作用的近卫兵团的领导下，掀起了一场武装叛乱，公开反对被他们视为标新立异的各种社会改革。支持改革的苏丹穆罕默德三世丢掉了王位，而倡导改革的大维齐易卜拉欣以及其他一些政府官员则断送了性命。

这次武装叛乱固然与开展向西方异教徒学习的改革有关，因为帝国保守的社会势力害怕社会改革会严重损及奥斯曼帝国伊斯兰教的社会结构。但是在某种程度上，这次叛乱也是对帝国社会上流人士所盛行的"法兰克生活方式"的一种抗议。不过帝国的印刷所倒都暂时幸存了下来，而且出身于法国贵族的冒险家邦纳瓦尔伯爵在皈依了伊斯兰教之后，成为奥斯曼帝国的一名政府官员。1731年9月，大维齐托伯尔召见了他，并交给了他一项改组欧洲式炮兵团的任务。1734年6

月,此人在帝国的斯屈达尔建立了一所军事工程学校,次年被提升为帝国炮兵部队司令。不过他所筹建的军事工程学校由于近卫兵团的敌视和压力,并没有存在多久。

到了18世纪中叶,尽管另一名具有改革精神的大维齐拉吉勃,冒着极大的风险进行了一些社会改革。例如,他甚至不顾伊斯兰教法的禁令,允许一位外国医生做尸体解剖试验。但是,前一段奥斯曼帝国开展的温和"启蒙运动"已经近乎销声匿迹。大维齐拉吉勃年轻气盛、思维敏捷,善于接受新事物,对学习西方文明抱有极大的兴趣。他非常崇拜西方科学,据说,伏尔泰撰写的一篇关于牛顿哲学的论文,就是因为他的期望而被译为突厥文的。还传说,他于1759年重建了几所军事工程学校,不过都是在名城小镇卡拉加奇的一所私人住宅中秘密举办的。

18世纪40年代,由于社会保守势力的强大压力,帝国所有的印刷所都被迫关门歇业,军事改革也完全失去了发展的势头。其原因,一方面是由于保守势力竭力抵制的结果;另一方面在于1739—1768年,奥斯曼帝国没有遇到对外战争，长期的太平使得帝国发展军事缺乏动力，整个计划成了泡影，就像早先海上长期休战期间，奥斯曼帝国根本就想不到要发展海军的情况一样。

然而，顽固守旧、不求进取、安于现状的精神状态，使得奥斯曼帝国在1774年的对外战争中再次出丑，败给了强劲的对手俄罗斯。这一惨败的事实，又一次在奥斯曼人面前确凿无疑地证实了西方武器装备的优势。尤其是1783年俄罗斯用武力吞并克里米亚的现实极大地刺激了奥斯曼帝国，变成了帝国对于一项新的改革方案实施的推动力量，而害怕俄罗斯人可能威胁到他们在勒旺岛利益的法国人，也在实施社会改革方面给予奥斯曼帝国物质和精神的支持和鼓励。

3. 18世纪兴邦强兵的改革

此时，18世纪初叶在奥斯曼帝国着手进行的那套兴邦强兵的改革，又一次在帝国境内兴起。就在奥斯曼帝国与俄罗斯之间的战争临近结束的时候，帝国政府又聘用了一名出生在匈牙利的法国顾问托特男爵来训练帝国的炮兵和工兵部队。然而意味深长的是，这次帝国政府倒没有要求他像以前聘请的军事顾问那样皈依伊斯兰教。

这一时期，在社会改革的推动下，奥斯曼帝国境内许多新的军事学校相继建立起来。这些军事学校拥有的教学设备和使用的教材都来自欧洲，明亮整洁的图书馆内都收藏有欧洲书籍，其中有些书籍是突厥文译本。这些军事学校共有四百余名学生，他们大部分人都是帝国军队和社会上层人物的子弟。在以后的年代里，这些军事学校都得到了扩充和发展，它给由苏丹塞利姆三世及其继承人所开办的其他各类学校树立了光辉的榜样。

此外，以前的印刷厂现在又恢复了生产，并承印了许多有关西方军事或科学技术方面的译著。更多的西方人才，尤其是法国人络绎不绝地来到帝国首都伊斯坦布尔，有的属于官方交往，有的出于民间的经济交流。特别是掌权的大维齐哈米德对西方人士和西方化的社会改革均持一种友好的态度。但是，面对源源不断来自异邦的人士和观念，再加上有迹象表明西方国家正在企图控制东地中海，威胁帝国首都伊斯坦布尔的安全，奥斯曼帝国内部的保守势力又陷入恐慌，于是在一片阴谋诡计之中，他们联合起来把支持社会改革的大维齐哈米德赶下了台，并派人秘密结果了他的性命。这些还不够解心头之恨，那些极端的保守派分子还在他的尸体上插了一个标明他身份的牌子："教规和国家的死敌"。

然而，这些得势的保守派分子根本就拿不出更好的振兴帝国的方案。1787年4月，奥斯曼帝国在同老对手奥地利与俄罗斯的重新开战中，又一次遭遇惨败。所以当年轻有为、充满朝气，具有强烈改革精神的苏丹塞利姆三世于1789年即位时所面临的还是帝国以前的两个老问题：西方的优势和国内的保守势力。

奥斯曼帝国18世纪社会改革的尝试主要表现出三个特点：其一是西方思想与文化的灵感源泉主要来自法国，做法上也多以法国为楷模。原因是法兰西既是西方文明的集中体现，也是奥斯曼帝国的传统盟友。18世纪西方思想与文化之所以能够在奥斯曼帝国获得一定的地位，完全归功于西方物质力量的增进，即归功于欧洲的政治、经济，以及最后归功于它的军事优势在奥斯曼帝国得到建立。其二是帝国的改革重点是致力于改进军事训练、技术、组织和武器装备，因为在很长的一段时期内，奥斯曼帝国一副堂皇的军事外表，掩盖了它自己在技术与创造力上日趋衰落的情况。奥斯曼帝国军队中许多好的炮匠和炮手，舰队中好的水手和领航员，全部都是西方亡命徒和雇佣者的这一事实，正好说明了这一点。到了18世纪，奥斯曼帝国的统治者在屡次败于那些曾经为他们所不齿的基督教敌人之手的刺激下，才断断续续地开始注意到应该实行军队装备与训练的现代化，特别是在像工具、炮兵和航海等技术性较高的军事部门，虚心地做基督教国家的学生，全面向他们学习。其三是社会改革引起了奥斯曼帝国内部保守的既得利益集团的强烈反对，他们甚至不惜诉诸暴力。而且在民众的眼里，这种反对社会改革的暴力情有可原，因为倡导的这些社会改革本来就源于西方异端，尤其是它破坏和摧毁了伊斯兰教传统社会的结构和面貌，这种急剧的社会变化造成了广大民众心理上的混乱，使得奥斯曼帝国变成了一个动荡不定、各种矛盾日益突出的复杂社会。

二、帝国的社会政治思潮

1. 奥斯曼主义

自19世纪以来，在如何挽救帝国命运的问题上帝国的政治精英们仁者见仁、智者见智，提出了许多颇有见地的看法。最终在争论的基础上提出了三种不断演进的政治主张，即奥斯曼主义、泛伊斯兰主义和突厥主义。

奥斯曼主义是19世纪奥斯曼帝国进入改革时代以来所提出的一种政治主张，这种政治主张力图通过吸纳与统一臣属于奥斯曼帝国的各民族，创造出一个奥斯曼民族，代表的是对帝国的爱国主义。因此，其政治主张的真实目的，就是要在帝国境内的穆斯林与非穆斯林民族之间实现社会权利与政治责任的平等这一政治主张，即赋予奥斯曼民族一个统归于单一国家的新民族性，通过实现民族间的相互混融，将它们之间的宗教和种族差异搁置一边，号召民众忠于奥斯曼帝国，维系奥斯曼国家的原初外形和古老疆界。此政治主张的要求与做法类似于美利坚民族。

国内外许多专家学者在对奥斯曼主义经过深入研究后认为，传统奥斯曼帝国的中心与边缘地区是相互联系但比较松散的两个世界，两者的对立形式主要表现为安纳托利亚的定居民与游牧民之间的文明冲突、中央与地方实力派之间的利益冲突。这些冲突一直持续到近代，使得帝国一直面临着地方实力派的崛起以及基督教民族分离主义的挑战，从而严重影响到帝国的凝聚力。因此，奥斯曼主义有三个重要的维度：第一，它是一种爱国主义，即号召广大民众忠于帝国，以加强中央集权的统治，强调帝国不可分割的整体性；第二，它力图借用国家的力量造就一个新的近代民族，即努力创造一种基于平等公民权的国族认同，因此也有人将奥斯曼主义称为"国族主义"；第三，它追求社会平等，试图通过改革传统的米勒特制度，彻底改变帝国以往实行的那种宗教隔离和宗教不平等的做法，从而弥合帝国中心地区与边缘地区之间的长期分裂状态。奥斯曼主义的出现深刻表明，在19世纪初期的时候统治精英们就已经认识到，推动西方社会迅速发展的政治力量与其民族国家的组织基础是密切相关的。

因此，奥斯曼帝国要想有效地与西方对抗，就必须在社会政治组织的形式上进行重大的改革。不过，随着时间的推移和形势的变化，特别是为期40年的"坦齐马特"改革运动的失败，使得奥斯曼主义遭受到了极大的挫折，并最终在第一次世界大战中走向失败。

国内外的一些专家学者认为，导致奥斯曼主义失败的原因，主要有以下几个：第一，在帝国当中处于优越社会地位的特权突厥人，本身并不希望这种人为的联合与同化，因为他们认为这样做必将使他们失去维持了数百年相对于帝国境内非穆斯林的优越社会地位；第二，帝国广大的穆斯林也不愿意接受奥斯曼主义的政治理念，因为伊斯兰教的教义本来就不接受穆斯林与非穆斯林之间的完全平等；第三，此时的非穆斯林民族意识已经不断觉醒，从而使得帝国境内的政治分离倾向日益强大且不可挽回，广大非穆斯林根本不愿意接受被融合到一个所谓的奥斯曼民族当中；第四，此时已经成为世界列强的俄罗斯帝国，其试图瓜分世界的野心也绝不会对奥斯曼帝国的统一与强大袖手旁观，其与巴尔干的属国必然要千方百计阻挠和破坏奥斯曼主义；第五，在欧洲的社会舆论当中一直盛行着一种观点，认为基督教与伊斯兰教之间的相互冲突是不可避免的、不可调和的，特别是许多欧洲人抱定一种强烈的政治信仰，认为从伊斯兰教的控制下把那些被压迫的基督教徒解救出来是一种神圣的行为，并且还要把突厥人坚决驱逐出欧洲。因此，在奥斯曼帝国政府当中，一些高层人物试图依赖某些欧洲国家的支持而创造出一个新的奥斯曼民族，实际上是一项根本不可能完成的任务。即使这些高层人物具有伟大的政治抱负和管理国家的才能，他们也无法完全克服如此之多的阻力与障碍。

2. 泛伊斯兰主义

泛伊斯兰主义的产生既与奥斯曼主义的衰败有着直接的关系，又与奥斯曼帝国在本质上是一个伊斯兰国家有关，其政治主张是刻意强化奥斯曼帝国传统的伊斯兰认同。长期以来，在西方基督教的不断扩张和政治压迫下，作为伊斯兰国家的奥斯曼帝国，除了对外不断地发动圣战、对内实行严格的米勒特制度外，帝国的统治者们还刻意地张扬一种伊斯兰意识形态，在对外关系当中不断强化哈里发的地位。其目的就是想通过逐渐地强化自身的宗教认同与哈里发的影响，来抗衡西方基督教巨大的政治压力。因此，从某种意义上讲，泛伊斯兰主义的出现，在很大程度上是奥斯曼帝国对西方殖民主义和帝国主义侵略的一种强烈反映。

特别是在哈米德二世统治时期，生活在俄罗斯与巴尔干地区的大量穆斯林由于受到不公正的社会待遇，并随着俄罗斯在中亚不断扩张势力，以及印度、北非相继成为欧洲的殖民地，整个伊斯兰世界都将面临生存危机，从而引起了奥斯曼帝国广大穆斯林的强烈不满。在这种情况下，奥斯曼帝国的政治精英们把伊斯兰教完全作为一个国家政策的重要选项，试图把爱国主义与伊斯兰教结合起来，从而组成一个强大的伊斯兰统一战线以对抗西方基督教的政治压迫。奥斯曼帝国这种极力倡导伊斯兰世界的团结，希望利用伊斯兰教作为一种政治手段，来对抗西方殖民主义与帝国主义的做法，使得泛伊斯兰主义不断上升，并最终成为奥斯曼帝国最为重要的意识形态。

此外，当整个伊斯兰世界都面临着生存危机时，帝国的苏丹就成了伊斯兰世界当中剩下的唯一强大的政治统治者，而且苏丹还自称伊斯兰教的最高领袖哈里发，正是这些重要的因素促使世界其他各地的穆斯林把目光投向了奥斯曼帝国的统治者。很快地，这种情感就转变成为一场政治运动，它要求在全世界受压迫的穆斯林之中建立一个广泛的联系，既包括英属的印度和埃及，也包括俄罗斯所属的中亚，以及法国统治下的阿尔及利亚与突尼斯，其目的在于组成一个庞大的穆斯林联盟来捍卫伊斯兰世界，并抵抗西方基督教的侵略。此时，泛伊斯兰主义的一个突出表现，就是在1882年以前鼓吹"埃及人的埃及"的那些埃及民族主义者，现在都日益转向认同奥斯曼帝国的苏丹，希望借助彼此之间的宗教纽带再次团结起来，以抵御英国对埃及的占领。正是在这种背景下，奥斯曼帝国的苏丹哈米德二世向世界各地派遣了许多宣传泛伊斯兰主义的使者，让他们宣传泛伊斯兰主义的政治理念，同时在奥斯曼帝国的对外政策中，不断强化哈里发的身份，要求全世界的穆斯林团结在哈里发的周围，共同反对西方殖民主义与帝国主义。

另外，奥斯曼帝国的苏丹哈米德二世之所以积极推行泛伊斯兰主义，并不完全是出于把全世界的穆斯林统一成为一个伊斯兰帝国的政治理念，也有其不可忽视的国内政治需求的考虑，即力图从国内日益增加的穆斯林人口身上汲取力量，利用伊斯兰意识形态牢牢地掌控广大穆斯林臣民对帝国苏丹的忠诚，特别是确保阿拉伯臣民的忠诚。为了落实泛伊斯兰主义这一重要的国策，苏丹哈米德二世在奥斯曼帝国的学校教育中加大了宗教课程的内容与比重，强调人们对阿拉伯语的学习。并且花费大量的资金修筑了通往阿拉伯半岛的铁路，这样既可以方便广大穆斯林去麦加朝圣，又可以加强对阿拉伯半岛的政治控制。

3. 突厥主义

此后，随着奥斯曼帝国的崩溃，泛伊斯兰主义得到了精英政治家们的抛弃，一种文化与种族民族主义政治思潮——突厥主义开始活跃起来。从认同的角度来看，突厥主义的极端表现是泛突厥主义与图兰主义，其主要利用的是欧洲的突厥学的研究成果，对伊斯兰教之前的突厥历史表现出极大的兴趣，并受到来自中亚流亡知识分子的影响。对于那些来自沙皇俄罗斯帝国的逃亡者和移民来说，泛突厥主义确实是一项伟大的政治纲领。按照最高的政治形式来说，泛突厥主义意味着把在奥斯曼帝国、俄罗斯帝国、波斯、阿富汗等说突厥语的各族人民，全都统一成为一个单独的国家。虽然泛突厥主义在最初仅是社会的、文化的和文艺的，但逐渐与政治问题相结合，成为推动奥斯曼民族运动发展的强大动力。

突厥主义作为一种政治思潮，出现的时间是19世纪末到20世纪初。

自19世纪后期以来，随着俄国在中亚以及其他地区的不断殖民与扩张，奥斯曼帝国逐渐成为俄国压迫下的穆斯林鞑靼人的向往之地。许多年轻的学生被派遣到帝国首都伊斯坦布尔学习，还有许多人从伏尔加河流域、阿塞拜疆和克里木等地被迫流亡迁徙到了帝国首都伊斯坦布尔并永久性地定居了下来。这些流亡迁徙者往往是受教育程度较高的人，他们非常熟悉俄国的突厥学研究成果，亲身经历过大斯拉夫主义的政治迫害，并且受到当时俄罗斯知识分子中流行的民粹主义和社会革命倾向的影响。他们这些去国怀乡的"外来土耳其人"对故国乡土不仅割舍不断，还抱有一种深深的突厥民族情怀。所以他们自然把在故乡掌握的一切积极人文因素带到了帝国首都伊斯坦布尔，起到了一种传播突厥历史和语言的巨大作用，而后又在西方近代民族主义政治思潮的影响下，推动了泛突厥主义的全面发展。

　　奥斯曼帝国在历史上无比辉煌、不可一世，然而到了19世纪末20世纪初的时候，奥斯曼帝国已经完全衰落，演变成了一个半殖民地国家，逐渐失去了广大非穆斯林居住的地区，特别是伴随着奥斯曼帝国的政治与经济中心巴尔干半岛的逐渐失去，导致奥斯曼帝国境内原先的基督教臣民掀起了此起彼伏、风起云涌的民族独立运动。正是在这一巨大政治因素的刺激下，伊斯坦布尔变成了帝国的一个非常活跃的思想大舞台。许多知识分子开始日益关注"土耳其民族"的历史、传统、习俗、文化与民族意识等问题，主要探讨土耳其民族出现的历史背景以及对土耳其民族和民族传统的看法，并且把围绕这些问题出现的民族主义政治思潮称为突厥主义。特别是法国著名的历史学家德经所著的与匈奴、突厥和蒙古有关的作品，以及英国著名学者亚瑟·大卫打算献给奥斯曼帝国苏丹塞利姆三世的《土耳其语法》中对突厥语言的概论，不仅受到了奥斯曼帝国这一时期知识分子的高度重视，还对他们的思想产生了很大的影响。

　　例如，在突厥主义的最早期，法国著名历史学家德经的作品就极大地影响了突厥主义的开创者苏莱曼帕夏。苏莱曼帕夏是奥斯曼帝国第一个根据中国的史料来撰写突厥史的人，他在撰写过程中深受德经的影响，因为苏莱曼帕夏在自己的作品中根据德经的资料和一些观点，高度赞扬了突厥人以及他们在遥远的古代通过军事能力所达到的荣耀，并且苏莱曼帕夏还在自己的作品中介绍了一些显赫的历史人物，这些历史人物被后来的突厥主义者宣传为突厥种族的伟大英雄。此外，与苏莱曼帕夏齐名的另外一位对突厥问题深有研究的人物是艾赫迈德·魏菲克。

　　艾赫迈德·魏菲克1823年出生于一个皈依了伊斯兰教的希腊裔

达官贵人世家，曾在法国接受西方教育，精通法文和英文，回国后在伊斯坦布尔大学历史与哲学系担任历史学教授。艾赫迈德·魏菲克坚决反对西方化与宪政，倡导使用朴实的当代土耳其语，是第一本《奥斯曼—突厥语词典》的作者。他强调说，突厥语是一门包括了数种方言的语言，在奥斯曼帝国统治地区之外，还有很多人讲这种语言，而奥斯曼语只是其中一种，并认为所有讲这种语言的人构成了同一个民族。因此，对于奥斯曼帝国晚期的知识分子来说，突厥学所揭示的关于古代突厥人的历史与文化的知识，使得他们对于自己的集体，特别是对于自己和其他团体之间的过去和现在的联系，以及对于在人类境遇当中历史与哲学所处的地位和基本看法全部都发生了极大的改变。

作为突厥民族主义运动的思想导师，苏莱曼帕夏与艾赫迈德·魏菲克对突厥人的历史、语言和文化的热衷研究，反映了当时奥斯曼帝国文化领域中一种正处于萌芽状态的突厥民族意识的崛起，这种民族意识的崛起显然是受到了西方社会的影响。然而，苏莱曼帕夏与艾赫迈德·魏菲克此时尚未提出一种明确的突厥民族主义思想来。不过，因为他们是突厥主义杰出的思想启蒙家，后来的突厥主义者们都把他们追捧为思想上的导师。直到今日，在世界上许多"突厥人之家"以及其他的突厥民族主义组织中，仍然经常悬挂着苏莱曼帕夏与艾赫迈德·魏菲克的全身画像。

总之，奥斯曼帝国的知识分子恰好利用19世纪中后期兴起于欧洲的突厥学研究，并结合近代欧洲出现的种族思想与民族理论，开始关注自身民族的历史和身份，试图发展出一种土耳其民族主义思想，团结起世界上所有的突厥人，共同挽救奥斯曼帝国的衰落。因此，突厥主义实际上是一种追求建立以共同文化、共同起源为基础的民族意识形态运动，其所关注的主要是土耳其种族（或者说是突厥人）的历史，强调的是土耳其语如何实现国语化。

世界上任何一种政治运动的发展，都需要与之相配套的意识形态的支持，而意识形态的发展亦需要与之相适应的思想资源的支撑。最早对突厥主义进行研究的是那些突厥主义者，其中最具有影响力的代表人物是齐亚·格卡尔普、优素福·阿克储拉等人。他们既是突厥主义的直接参与者，又曾经对突厥主义的起源与发展演变过程进行了系统的理论研究，因而他们是推动近代突厥民族主义运动发展的重要理论家，而并非纯粹的专家学者。在他们对突厥主义进行研究的民族理论当中，他们一般把族裔作为形成民族的关键因素，认为奥斯曼帝国与伊斯兰在历史上一直都没有形成共同的族裔核心，因而他们极力在政治上批判奥斯曼主义与泛伊斯兰主义，说它们完全违背了近代民族主义的基本原则，不能被看作是一种纯粹的民族主义，仅是一种爱国主义，其理论与运动完全是逆时代潮流而动，注定要失败。在对奥斯曼主义与泛伊斯兰主义批判的基础上，他们明确地宣称自己站在当代民族主义潮流的浪尖上，是时代的先锋，是真正的民族主义者。

齐亚·格卡尔普是公认的突厥主义的精神与理论导师，有人将他称为泛突厥主义思想的祖师爷。齐亚·格卡尔普对突厥主义的理论研究深受西方有关突厥人的学术研究的影响，即所谓的"突厥学"。这主要指的是来自俄罗斯、法国、德国、丹麦、匈牙利和英国等国家的许多学者所从事的与古代突厥、匈奴和蒙古人有关的语言学、历史学以及考古学的研究。概括而言，西方的专家学者们通过中国历史记录中对匈奴、突厥人有关记载的研究之后提出，突厥是一个非常古老的民族，他们散布于亚洲的广大地域，而且突厥人还在不同的历史时期创建了主导世界的国家和高级文明。

奥斯曼帝国历史悠久、人口众多，然而在帝国境内众多的人种当中，突厥人的民族主义是最晚出现的。在近代的奥斯曼帝国，民族主义的思想和运动首先发轫于帝国境内的非穆斯林群体当中，然后才逐渐出现在阿尔巴尼亚人与阿拉伯人之中，突厥人是最后才接受了近代民族主义的政治理念。齐亚·格卡尔普曾经对此问题做了自己的解释，他认为这主要是因为奥斯曼帝国是由突厥人自身创建的，所以对于突厥人而言，奥斯曼帝国本身就是一个已经建立的民族。而近代民族主义的重要理想与原则则是建立在主观意志基础之上的民族。因此，突厥人开始的时候是不愿意以理想来牺牲现实的，这一理念也使得许多奥斯曼帝国的思想家们最初信仰的不是突厥主义而是奥斯曼主义。

齐亚·格卡尔普除了认真解释突厥人的民族主义为什么会出现的比较晚的原因之外，他著书撰文评述了当时的突厥主义者对民族主义这个概念的一些基本看法。他亦承认，突厥主义者所鼓吹要建立的"民族"其实就是一个基于"主观意志"的民族，也就是说，为了挽救奥斯曼帝国的颓废，需要构建这样的一个民族，首先这个民族要建立某种统一的"主观意志"，即一种民族主义的意识形态。齐亚·格卡尔普认为，在奥斯曼帝国长期的历史发展过程中，帝国境内的突厥人逐渐忽视和遗忘了自己的民族历史和民族身份，特别是对自己原先的世系、语言、民俗等不是很看重与强调，在奥斯曼帝国近代的民族主义者看来，这造成了突厥人民族意识的长期泯灭。

基于此，齐亚·格卡尔普把突厥主义概括为一种文化运动，即通过追溯突厥人的古代文化，从而达到复兴突厥人民族文化的政治目的，最终唤起一种突厥人的民族意识，并以此与奥斯曼认同及伊斯兰认同相对抗。在齐亚·格卡尔普看来，无论是传统的伊斯兰文化，还是改良派通过学习西方所带来的那种文化，都不能够代表突厥人的民族文化。因此，齐亚·格卡尔普在对突厥主义进行研究的过程中，强调在信仰伊斯兰教之前，突厥人就已经拥有了民族生活、民族精神与民族文化。而在皈依了伊斯兰教之后，突厥人的民族文化就日渐处于一种潜意识的状态当中。突厥主义就是要把那种处于突厥人灵魂深处的、无意识的民族文化重新激活，努力寻求一种对突厥民族的新认同。

在齐亚·格卡尔普对突厥主义发展演变的总体历史进行系统性研究当中，《突厥主义的原则》一书最为重要，对突厥民族主义运动所产生的影响极大。该书写于20世纪20年代，于作者去世之前不久成书。在该书中，齐亚·格卡尔普作为突厥主义最具影响力的代表人物，它既清晰界定并认真归纳了突厥主义的基本内涵，又全面梳理了突厥主义发展演变的历史过程，特别是在书中的最后部分，齐亚·格卡尔普还提出了突厥民族主义运动的详细行动方案。严格来讲，齐亚·格卡尔普的这本著作不是一种客观的学术研究，而是作为一个突厥民族主义运动的理论家所提出的某种政治与文化行动方案。

与齐亚·格卡尔普主要是把突厥主义限定在奥斯曼人之中的理论不同，优素福·阿克储拉作为突厥主义另外一位极具有影响力的代表人物，在对突厥主义的研究中，更加注重种族和语言等因素，强调种族和语言在民族性的界定当中所扮演的角色，强调所谓大突厥世界的联系性。因此，他对突厥主义的研究主要来自两大重要线索：地区与人物。特别是优素福·阿克储拉在详细介绍19世纪末至20世纪初，在讲突厥语的世界各地区所出现的民族主义者的政治主张的时候，他把"突厥主义"界定为一种以语言、种族和历史为主要关切的民族主义政治思潮，所以其所谓的突厥主义在许多情况下实际上是一种"泛突厥主义"。

优素福·阿克储拉于1928年在《土耳其年》这本杂志上以《突厥主义》为题发表了一篇颇具影响力的长文，后来又以《突厥主义的历史》为名单独成书。在该书中，优素福·阿克储拉把突厥主义的历史追溯到19世纪后期，但他认为突厥主义并不局限于奥斯曼帝国境内，还发生在俄国境内的阿塞拜疆、吉尔吉斯等地区的突厥人当中。因此，优素福·阿克储拉在书中是分地区来叙述突厥主义历史的发展演变过程的，强调了地域在突厥主义中的积极作用。

优素福·阿克储拉不仅是一位突厥主义的理论家，还是一位积极的行动者。1908年底，优素福·阿克储拉在帝国首都伊斯坦布尔倡导发起了一个"文化、非政治性的、民族主义运动"。他首先联合几位在奥斯曼帝国颇具影响的突厥学家和一些民族主义知识分子，创建了一个名为"突厥之家"的政治组织。在该政治组织的章程中，它宣称自己的目的是要全面、详细地研究被认为是突厥人的所有的种族群体的过去与现在的遗迹、活动和情况，并把这些研究成果传播至全世界。此外，该组织还积极改革土耳其语。通过分析该组织的章程可以看出，这一组织创立的主要政治目的就是为了实现"突厥人的联合"这一伟大的政治理想。

一般来说，泛突厥主义的政治影响主要是通过报纸、杂志而实现的，因而从某种意义上讲，突厥民族主义的思想乃是报纸、杂志的产物。因为对于奥斯曼帝国的突厥人来讲，突厥民族主义的宣传作用主要表现在文化启蒙上。19世纪末20世纪初，随着奥斯曼帝国关于突厥语言改革思潮的广泛兴起，许多突厥知识分子开始利用突厥语在报纸、杂志上写作，从而使得用突厥语印刷出版的各种报纸、杂志进一步推动了突厥民族主义运动的发展。突厥民族主义运动主要是依靠报纸、杂志在奥斯曼帝国的大众当中激起一种荣誉和牺牲的情感，从而唤醒突厥民族传统与宝贵理想的意识。也就是说，奥斯曼帝国的报纸、杂志在突厥民族主义运动中所扮演的积极角色，就是通过把讲同一种语言的人们整合成为社会公众，并让报纸、杂志赋予这些社会公众一种共同的民族意识。因为民族意识一旦在奥斯曼帝国的社会公众中产生，就会很容易地向其周边传播，从而引起突厥民族的道德生活、语言、文学，以及政治与经济生活的复兴，增强突厥民族的团结、牺牲和斗争的情感，最终唤醒社会公众对奥斯曼帝国忠诚与支持，起到凝聚民心的积极作用。

为了更好地实现突厥人的联合这一伟大的政治理想，1911年底，优素福·阿克储拉与他的一些挚友发起创办了一份颇有影响的杂志——《突厥故国》。这份杂志一面世就变成了一种更加系统化和更加具有政治性的突厥主义组织的机关报，并成为1912年创建的突厥民族主义团体"突厥之家"的喉舌。优素福·阿克储拉等人创建"突厥之家"这一突厥民族主义团体的政治目的，不光是为了致力于普及和提高突厥人的语言和文化，还为了可以自由地鼓吹泛突厥主义，从而有针对性地团结起中亚的突厥人，试图把他们从俄国沙皇的压迫下解放出来。"突厥之家"的各种政治活动不仅宣传了突厥人的所谓"民族文化"，而且还把作为一场文化思潮的突厥主义诉诸政治实践，从而为奥斯曼帝国突厥人的民族觉醒做出了积极的贡献。此后，"突厥之家"成为当时奥斯曼帝国最为活跃的民族主义组织，在帝国各地都设有分支机构，其影响一直持续到土耳其共和国时期。

在奥斯曼帝国，突厥主义从文化思潮被诉诸政治实践，即真正演变成为一场轰轰烈烈的民族主义运动，是在土耳其青年党人执政时期。1908年，奥斯曼帝国的青年军官们发动政变，迫使苏丹恢复了1876年的宪法，这在历史上被称为"青年土耳其革命"。1909年，借镇压叛乱之机，青年土耳其党人废黜了苏丹阿卜杜勒·哈米德二世，其秘密组织"团结与进步委员会"也宣布为政党，彻底摆脱了过去地下秘密组织的身份。从此以后，"团结与进步委员会"便成了奥斯曼帝国的真正主人。虽然青年土耳其党人是一个主张突厥民族主义的政治群体，但实际上他们的民族主义特征更主要地表现在其执政后期。青年土耳其党人在成立初期，曾经明确地反对把自身定位为突厥民族主义者。因此，那些信心百倍的青年土耳其党领导人上台以后，并未对当时非常严峻的帝国时局有一个清醒的认识。特别是根本就没有意识到在帝国境内存在着一股强大的分裂主义力量，更没有研究出一个具体的办法来有效解决这些重要问题。在青年土耳其党人的内心深处，他们仍然不自觉地把自身当成奥斯曼人，他们的理想就是为所有奥斯曼帝国的臣民制定一部温和的宪法。他们天真地认为，只要在帝国建立一个代议制政府，那么所有的分裂主义活动就会随之消失。然而，正是这种迷药般的梦幻，使得青年土耳其党人根本就没有意识到自己肩负着反对国家分裂的重大责任，而是昧于当时欧洲与本国的政治情势。

在青年土耳其党人早期的执政过程中，所实行的基本国策是三种政策的杂糅，其政策的侧重点也随着帝国现实情势的发展而不断变化。例如，当青年土耳其党人主张奥斯曼主义政策的时候，是为了维护奥斯曼帝国对欧洲残存领土的吸引力，缓解非穆斯林的离心力；当青年土耳其党人实行伊斯兰主义的策略时，是为了取悦帝国境内广大的穆斯林，并希望赢得顽固保守的乌里玛阶层政治上的支持；而当青年土耳其党人采纳泛突厥主义政策的时候，一方面主要是受到当时日益强烈的世界民族主义思潮的影响，另一方面则是在认识到前两种政策已经不可能再产生什么有利于社会统治效果的前提下，不得不认真地考虑把泛突厥主义政策作为一种替代性的政治方案。

青年土耳其党人曾于1908年颁布过一项法令，在奥斯曼帝国境内禁止按民族或种族组织任何政治团体。青年土耳其党人颁布的这项法令，一般被人们看作是积极实践奥斯曼主义政策的具体行动。然而，随着巴尔干地区民族主义分裂活动的日益高涨，奥斯曼主义逐渐成为一种空想。青年土耳其党人奥斯曼主义失败的标志是1912年至1923年的巴尔干战争。巴尔干战争不仅断送了青年土耳其党人作为实际行动学的奥斯曼主义，更为重要的是唤起了奥斯曼帝国伊斯兰主义的情绪，使得奥斯曼帝国开始更加强调其伊斯兰特征。1911年10月，青年土耳其党人领导的帝国政府通过一项决议，其主要内容是：坚决压制新形成的政党，坚决压制其他的宗教宣传，坚决阻止新的"自由思想"的出现，使得奥斯曼帝国成为一个真正的伊斯兰国家，使得伊斯兰教的影响在奥斯曼帝国占据绝对的优势，否决其他族群的组织权，以维护奥斯曼帝国的伊斯兰体制和传统。1914年第一次世界大战爆发之后，以青年土耳其党领导人恩维尔为首的帝国政府强调泛伊斯兰主义的策略，宣布对协约国进行伟大的"圣战"，希望利用伊斯兰教来煽动英、法、意等国家穆斯林殖民地的反抗。但是这种策略并没有产生实际效果，特别是对协约国进行的"圣战"不仅没有激发起奥斯曼帝国境内泛伊斯兰主义的日益高涨，反而沉重打击了泛伊斯兰主义运动。例如，第一次世界大战期间，奥斯曼帝国主要的穆斯林臣民阿拉伯人对"圣战"不仅没有响应，而且在伊斯兰宗教圣地麦加阿拉伯人的首领沙里夫·胡赛因的领导下，阿拉伯人还与英国政府缔结了秘密协定，以求在战后建立新的阿拉伯民族国家。这样的情形对于青年土耳其党人来说，伊斯兰世界的团结就成了幻想，导致泛伊斯兰主义在维护奥斯曼帝国的实践中遭到彻底失败。

随着泛伊斯兰主义的彻底失败，在第一次世界大战的中后期，以青年土耳其党人为首的奥斯曼帝国政府实行一种日趋明显的突厥主义政策，并针对俄国咄咄逼人的进攻态势，开始在高加索等地区掀起一场轰轰烈烈的泛突厥主义民族解放运动。此后，在奥斯曼帝国政府制定的一系列民族政策当中，可以清晰地看出其内在的突厥主义逻辑。

1916年，青年土耳其党人领导的奥斯曼帝国政府颁布了语言法，规定在帝国境内商号的账册和往来的所有函件必须使用突厥语，并且还企图把突厥语强加给阿拉伯人、阿尔巴尼亚人以及其他非突厥人的穆斯林。例如，第一次世界大战的后期，以青年土耳其党人领导的帝国政府规定，在帝国境内的阿拉伯地区所使用的火车票不能再用阿拉伯语印刷，一律要改用突厥语和德语印刷。在黎巴嫩地区还建立了一个突厥人的军事法庭，用以逮捕与审判大量活跃的阿拉伯民族主义分子，试图把日益觉醒的阿拉伯民族意识扼杀在摇篮中。特别是以青年土耳其党人为首的帝国政府，为了强化突厥人在帝国境内占多数的比例，大量迁徙国外的突厥人定居在帝国的中心地带——安纳托利亚，并且分发给他们土地，让他们参政议政，有意识地提高他们的社会政治地位，从而壮大突厥种族在奥斯曼帝国的比例与影响。总之，突厥主义首要的政治目标以及最为重要的历史使命，就是唤醒突厥人具有一个共同命运的民族意识，并依靠这种民族意识去促成突厥人的团结，希望突厥人不要再沉迷于奥斯曼帝国的梦境和伊斯兰团结的幻想之中。

在青年土耳其党人统治的后期，突厥主义在奥斯曼帝国政治生活中的兴起，是奥斯曼帝国现实政治发展的必然结果。表明奥斯曼帝国为了生存与发展，只能建立在一个由共同语言统一起来的民族基础之上，以此来推动和普及一种突厥民族的意识，从而激发起突厥人的民族自豪感和民族热情，形成一种强大的民族凝聚力。因此，突厥主义对于维护与延长奥斯曼帝国的统治以及日后土耳其共和国的建立都起到过积极的影响作用。然而，对于突厥主义在奥斯曼帝国时期的政治作用应该有一个客观的评价，要历史地理解突厥主义的产生与发展，所以应该看到它在奥斯曼帝国的社会政治生活中的政治作用还是非常有限的，这也是为什么直到奥斯曼帝国瓦解之后，突厥主义也并未完全取代奥斯曼主义和伊斯兰主义的主要原因。

长期以来，奥斯曼帝国境内的突厥知识分子之所以对伊斯兰教以前的突厥历史与文化表现出极大的兴趣，主要是为了寻找奥斯曼帝国的统治民族——突厥人的文化与种族起源，但是这并未削弱他们对奥斯曼主义和伊斯兰教的忠诚，力图调和国家、宗教与种族之间的矛盾。因此，在奥斯曼帝国的晚期社会政治生活中，奥斯曼主义、伊斯兰主义和突厥主义一直是交错并行的，从而也导致三者之间的区别并不清晰。因此，对于奥斯曼主义者来说，不管他们如何自我表白，在他们的政治纲领当中还是可以看出，他们并不准备让广大的非穆斯林人获得真正的社会平等。突厥主义者在其政治纲领当中也明确表示，他们理想中所要组建的突厥大家庭，仅限于那些信奉伊斯兰教的人，而坚决排除其他人。因此，就这点而言，不管是奥斯曼主义者还是突厥主义者，他们同时也是伊斯兰主义者。

三、年轻有为的塞利姆三世

1. 提倡"欧化"改革

苏丹塞利姆三世登基时年仅27岁。他颈长鼻高，满脸胡须，由于从小习武，所以体格魁梧。他秉性刚直，急公好义，多少有些愤世嫉俗，是一位个性较强的人。同长期以来其他许多走出奥斯曼帝国皇宫王子阁笼的人相比，他的能力更强，知识更广，阅历也更丰富，是一位博学多闻、有理想有抱负的年轻苏丹。尤其是他不讨厌西方社会的异端思想和生活方式，对于欧洲各国的事务表现出极大的兴趣。当他还是王储的时候，就已经开始通过私人使臣，同法国的国王路易十六有过书信来往，希望法国人能够帮助奥斯曼帝国抵御俄罗斯人。

塞利姆三世即位之初，被奥地利和俄罗斯的战争束缚住了他的双手，但是此后的法国大革命分散了欧洲列强的注意力，使得奥斯曼帝国从欧洲列强的巨大压力下获得了几年宝贵的喘息时间，从而使得新苏丹塞利姆三世乘机可以计划并部分地执行一项规模巨大的改革奥斯曼帝国军队的方案，其目的是要把落伍的帝国军队在技术装备、军事训练和战略战术等方面，迅速提高到西方国家军队的发展水平，不断提高帝国军队的战斗力。所以这个意想不到的大好时机，为年轻有为的塞利姆三世提供了一个充分显示他治国才能的机会。

塞利姆三世登基不久，即在西方国家的首都设立了第一批大使级常驻机构，试图通过外交方面的改革，打开帝国学习和了解西方的窗口。直到 18 世纪末，奥斯曼帝国在国外一直没有设立常驻外交代表。有时为了一些特殊的事情，帝国政府会向这个或那个外国首都派遣一个临时外交使团，即便这样，在截至 1792 年的整个时期内，有案可查的这类外交使团总共不过二十多个。在同其他国家的正常交往中，奥斯曼帝国政府更喜欢同那些派驻在帝国首都伊斯坦布尔的各国大使们打交道，而不愿意同外国政府直接打交道来处理国家之间的争端。

塞利姆三世在西方国家的首都设立外交机构，此举有三重用意：其一是为了更好地进行外交协商，使得奥斯曼帝国的外交政策同西方国家的外交政策保持一致，为奥斯曼帝国赢得一个和平宽松的国际环境。其二是让那些驻外使馆的官员们不断汇报西方国家发展的状况，及时准确地得到有关欧洲国家军事动态的更直接、可靠的情报，以便更好地学习西方，处理好各种国际关系。其三是在国外训练培养奥斯曼帝国的年轻政府官员。塞利姆三世首批派往西方国家的外交官员，大多数是奥斯曼帝国宫廷或是宫廷秘书处的一些不懂西方语言和思想观念保守的旧式人物。从他们发出的公文信件里便可以看出，多数人对于派往西方国家的情况了解甚少，并且对于所了解到的情况也不十分重视。但是他们不是独自一人去上任的，他们还带有年轻的秘书、译员等人，这些人的任务是研究欧洲国家的社会制度，了解当时在欧洲各个国家中间流行着的某些政治思潮，精通一种欧洲语言，特别是法国的语言，以及学习有关西方社会生活方式的某些东西。他们中间的许多人在回国后便成了帝国中央政府的官员，并且正像陆、海军实行改革后，在奥斯曼帝国军官中出现了一个具有西方价值观点的少数派一样，这些人也都成了帝国中央政府中具有改革精神的一个少数派。

塞利姆三世即位后首先做的事情，就是要求手下的大臣们呈递一些有关奥斯曼帝国亟须改革的奏章。虽然有些改革的奏章也触及帝国的税收、铸币以及采邑制度等社会问题，但大部分奏章主要关心的，还是如何能够尽快地引进西方先进的武器装备，全面加强帝国军队的战斗实力。有些大臣除了建议按原有形式改组已经毫无战斗力的帝国近卫兵团外，也拿不出更好的办法来。有些大臣则认为必须另起炉灶，解散近卫兵团，建立全新的军事组织。尽管对于这些大臣来说，西方模式可以学习接受，然而就他们的改革主张来看，没有一个能够超越外观西化或技术西化的范畴，谁也没有考虑到教育、工业、农业这类最基本的社会改革。因而，这一时期奥斯曼帝国的社会改革主要还是局限于军事领域，只是该世纪初叶奥斯曼帝国温和改革开端的延续，而没有什么实质上的突破。然而，就是这样的改革建议，仍一开始便引起了帝国保守分子最强烈的反对，改革派大臣们提出的奏折，在宫廷中遭受到一些人的唾弃和辱骂。因为近卫军团首先意识到，一支装备精良、具有战斗力的新式兵团的崛起，必将影响和威胁到他们在奥斯曼帝国传统的政治地位。保守的伊斯兰宗教人士认为，效法异教徒的一切改革，都有损于穆斯林的传统信仰和神圣的伊斯兰法典的尊严，容易把人们引入歧途。但是，塞利姆三世已经完全意识到，帝国的社会体制已经过时了，尤其是近卫兵团，它已经成为帝国的一种政治负担，极大地妨碍着帝国社会进步的每一个步骤，所以塞利姆三世决心要不遗余力地进行社会改革。他下令成立了一个以改革派人士组成的小型委员会襄理其事，并且在1792年和1793年相继颁布了一整套的新训令和新条例，后来被总称为新秩序。它们包括各省总督官制、地方税收、谷物交易的管制以及其他有关行政和财政事务的新条例，其中最重要的，是按照欧洲方式训练与装备一支新式正规化步兵军团所规定的各项条例。为了筹措作为进行这项军事改革所需要的经费，塞利姆三世还特别下令成立了一个财政局，对已经被收回和被没收的采邑封地以及烟、酒、咖啡和其他商品等实行征税。因此，耐人寻味并且具有重要意义的是，新秩序这一名称最初所指的是新制度的各项条例，后来却变为几乎是专指在这个制度下新建立的正规军队而言。

苏丹塞利姆三世在振兴帝国军事力量方面的主要尝试，是缔造一支西方式的步兵军团。因为帝国的近卫兵团在对外战争中表现极差，事实证明，如果让他们去使用西方的新式武器，采用新的战术，等于缘木求鱼，所以训练一支新式军队来替代他们，是帝国振兴军事力量的上策。为此，塞利姆三世首先建立了几所为训练有关炮术、防御工事、航海以及其他辅助科学等方面人员的陆军学校和海军学校。在这些学校里，塞利姆三世非常倚重法国人的帮助。许多法国军官被聘为教师和顾问，法文成为所有学生必修的语言。每座学校都有一所藏有四千多册欧洲书籍的图书馆，其中大多数是法文书籍，尤其意味深长的是，其中还有一套法兰西大百科全书。虽然拿破仑的对外战争使得巴黎同伊斯坦布尔时而结盟为友，时而反目为敌，使得法国对奥斯曼帝国的影响也起伏不定，但总的来说，法国比起别的西方国家而言，始终对奥斯曼帝国保持着较大的影响。

为了组建新式军团，塞利姆三世物色到了一位名叫奥马尔的奥斯曼人，此人曾经在俄国沙皇军队中任中尉。塞利姆三世委任他为将军，让他成立了一支600人的军团。这些人全部穿着当时的欧洲军服，使用由法国政府提供的新式武器，并用欧洲的战术和操练的方法来进行训练和演习。此后，为了战事的需要，塞利姆三世下令扩充新式军团，在帝国实行普遍征兵。以代替直到那时还沿用的义务募兵制。新的征兵制度，既适用于一般的民众，也适用于近卫兵团。到了1801年，大维齐尤苏夫遵照塞利姆三世的旨意，组建了一支9000人的新式军团，其兵源全部来自安纳托利亚的穆斯林。新式军团的士兵全部都采用西方最新式的来复枪，并在法国军事教官和已经完全欧化的奥斯曼军事教官的指导下，完全按照欧洲的战术和科目进行严格的训练。根据塞利姆三世的有关命令，新式军团的全体官兵一律实行薪给制，一律穿欧式军服。

在塞利姆三世的眼里，这支新式军团颇有长进。他给新式军团配置了一些炮兵，又在第二个步兵团里增加了一些骑兵。此外，根据塞利姆三世的有关命令，帝国境内的各省都组建了国民军，同样采用新式军团的训练方法，并一律实行征兵制。这样，到1806年的时候，经过西方式严格训练的新式军团和各省国民军的总人数已达2.2万名。新式军团和各省国民军的经费，主要靠没收或挪用采邑岁入的办法来提供。

苏丹塞利姆三世对于改革一直谨慎行事，为了进行这宗新的军事冒险改革，他首先用大量帝国如果不改革就将被欧洲强国打败瓜分的事实，设法争取到了包括帝国伊斯兰教教长在内的一些乌里玛头面人物的同意和支持，并让组建的新式军团在远离帝国首都的郊外进行操练，以免与拒不采用基督教徒所设计的军械的近卫兵团发生摩擦，也避免触犯民众的守旧情绪。尽管偶尔也有些小麻烦，但新式军团似乎搞得有声有色、颇有成效，小股的新式军团部队也在小规模的交火中初露锋芒。然而遗憾的是，这支新式军团从未和帝国其他部队融为一体，也从未经受真正的战争考验，这些遗憾也许得归因于塞利姆三世太年轻，缺乏一定的政治经验。

2. 难于战胜的阻力

苏丹塞利姆三世在改革中所遇到的阻力是巨大的，实际上，早在1805年塞利姆三世就已经同奥斯曼帝国反对改革的保守派分子进行过一次较量。当时由于塞利姆三世急于扩充新式军团，于是下令在帝国境内实行普遍征兵，以代替直到那时还沿用的义务募兵制，并向帝国国务会议提出近卫兵团应采用西式军服，如头戴蓝色贝雷帽，身穿红色马裤，身背来复枪，在法国军事教官的带领下进行欧式操练。这一大胆的举措，便同对改革一直怀恨在心的近卫兵团和某些顽固派政府官员发生了正面冲突。于是，他们在鲁米利亚公然发动了武装叛乱。由安纳托利亚派去对付叛乱分子的新式军团，由于麻痹轻敌遭到惨败，溃不成军。在这种危急的局势下，帝国首都的顽固派分子和对改革不满的暴民乘机发难，上书请愿要求停止改革。为了避免叛乱扩大，塞利姆三世迫于各方压力，最终妥协，免去了支持他的改革派大臣们的职务，并把新式军团的官兵们全部调回安纳托利亚，同时还把大维齐的职位托付给了近卫兵团的将领。

这次塞利姆三世的妥协让步，只是延缓而并未能挽回帝国改革局势的崩溃。1807年5月，由于拒不接受穿欧式军服的命令，反对"法兰克式"的改革，再加上军饷长期拖欠，从而又一次引发了驻扎在博斯普鲁斯海峡的近卫兵团的兵变。他们掀翻了汤锅，这是传统的叛乱信号。近卫兵团的官兵们在其首领巴克奇奥鲁的带领下向帝国首都伊斯坦布尔进军，并在赛马场设立了大本营。不久，他们便从帝国中央政府中的顽固派分子那里获得了强有力的支持，同大维齐的行政长官马萨和帝国总法典官打得火热，狼狈为奸。面对反对改革的顽固派分子们的武装叛乱，塞利姆三世非但没有动用新式军团弹压，反而把新式军团给解散了。此时，气焰嚣张的兵变分子在一群疯狂暴民的帮助下，单凭一份帝国改革派主要参与者的名单，便随意把这些人抓了起来并杀害。有的人被杀害在自己的家里，大部分人则被拖到叛乱分子的大本营赛马场屠杀。

苏丹塞利姆三世的妥协和屈服，也未能使他保全自己的王位，在一片阴谋诡计中，他最终还是被保守派分子废黜了。

1807年5月29日，在叛乱分子的大本营赛马场举行了一次群情激愤的集会后，以近卫兵团军官们组成的代表团会见了帝国总法典官，并向他问道："如果苏丹的行为和他所制定的法令违反了伊斯兰教义的原则的话，他是否可以继续执政？"帝国总法典官装出一副吃惊和为难的样子，随后他宣称为了伊斯兰宗教和奥斯曼王室的利益，批准苏丹塞利姆三世退位，其正式罪状是利用军事改革激起革命以及在他执政七年多的时间里还没有子嗣。

期望扭转帝国时运、一展个人抱负的塞利姆三世便这样轻而易举地被帝国保守派分子们废黜了，他的堂兄弟穆斯塔法四世被立为新的帝国苏丹。穆斯塔法四世是一个性格孤僻、胆小软弱的人，也是那些废黜塞利姆三世的保守派分子的傀儡。近卫兵团的首领巴克奇奥鲁因领导兵变有功，被任命为博斯普鲁斯海峡要塞司令。此时在帝国首都的真正统治者，是那个大维齐的行政长官马萨和帝国总法典官。

1807年夏，改革运动在奥斯曼帝国似乎已经销声匿迹了。实行改革的苏丹塞利姆三世被废黜，新式军团被解散，改革派的大臣们死的死逃的逃，反对社会与军事改革的顽固派势力接替他们掌管了帝国的大权。但是，奥斯曼帝国的这棵改革之树尽管很幼小，却具有极强的生命力，仍在近卫兵团赛马场兵变的暴力下和帝国总法典官阴险的诡计中生存了下来。此时，帝国总法典官因权力的分配问题，与他的政府同僚开始发生龃龉。1807年9月，由于意见分歧越来越大，相互矛盾不断激化，导致他再次通过阴谋诡计的手段，把他以前的同党、现在的政敌、大维齐的行政长官马萨免了职，任用另一位臭名昭著的顽固派分子塔尔亚来替代他。1808年6月，新上任不久的塔尔亚也因同帝国总法典官产生矛盾而被免了职。心怀不满的塔尔亚摒弃前嫌，前往锡利斯特拉，投靠了奥斯曼帝国多瑙河前方司令巴拉克达尔·穆斯塔法·帕夏，此人是当时仍然活着的唯一尚未屈服且拥有军事实力的重要改革派分子。

3. 巴拉克达尔的改革

巴拉克达尔出生于锡利斯特拉，是一位近卫兵团军官的儿子。他在1767年至1774年奥斯曼帝国对俄罗斯的战争中，因作战勇敢立下了显赫的战功，成了一位家喻户晓的英雄人物。此后，他便一直居住在鲁歇克附近的庄园中，并取得了贵族的身份。1805年，他参与了近卫兵团在埃迪尔内发动的反对改革的武装叛乱。后来，经过塞利姆三世派去的人做了大量细致的思想工作，他被改革派争取了过去，成为热衷于帝国改革事业的重要成员之一。他因领有高级军衔，所以被苏丹塞利姆三世派往鲁米利亚担任重要职务。

巴拉克达尔在锡利斯特拉的司令部，如今已经变成了帝国残存的改革派和反对帝国首都顽固派政权的其他各政治派别人士的集会地。到1808年的夏天，巴拉克达尔已经把一切布置就绪，准备向顽固派分子发动进攻。当时大维齐切利比仍在埃迪尔内，同鲁米利亚军队在一起，实际上他本人也已经被在帝国首都的顽固派分子剥夺了权力。巴拉克达尔及其同伙于是从锡利斯特拉移驻埃迪尔内，联合大维齐的力量，共同向帝国首都进军，并且迅速占领控制了该城。苏丹穆斯塔法四世得知这些人想使塞利姆三世复位的企图之后，便先发制人，派人将塞利姆三世秘密处死，并下令将自己的胞弟马赫默德也绞死。听到此消息之后，惶恐不安的马赫默德还算机敏，立即躲藏了起来。勤王之师遂把苏丹穆斯塔法四世禁闭了起来，后也秘密处死，并将隐匿在宫中一只空炉子里面的马赫默德二世拥上王位。

新即位的苏丹马赫默德二世授予巴拉克达尔为大维齐，于是奥斯曼帝国的社会改革运动仍然按照塞利姆三世拟定的方针继续进行。大维齐巴拉克达尔在苏丹马赫默德二世的全力支持下，开始拟定一项无比雄阔的社会改革计划。他首先改用新番号，对新式军团进行整编。其次，全面恢复塞利姆三世时期的各项改革法令，并召集了一次大型的帝国会议，帝国各地的高级政府官员、省总督和地方显贵均被邀请参加，在众多高级政府官员和乌里玛的陪同下，巴拉克达尔亲自主持在帝国皇宫举行的这次重要会议的正式开幕式。在一篇使人情绪激动的演讲中，他向与会代表们提出了一项包括彻底改组帝国近卫兵团的改革方案。这样一方面可以清除一系列沿袭已久的弊端，同时又能使得新兴地方上层社会集团的利益和特权得到肯定。参加会议的代表们很快便和帝国中央政府之间达成了一项协议，并得到苏丹马赫默德二世的批准。但是，等到真的要将此项涉及社会改革的协议付诸实施的时候，除了大维齐巴拉克达尔的几个少数挚友外，所有人又都同他疏远了。尤其是巴拉克达尔在一支欧化的新式军团正式组成，允许他从前部队里的波斯尼亚士兵和阿尔巴尼亚士兵返回家园之后，被他的改革方案惹恼了的帝国近卫兵团，再一次掀翻汤锅发动了武装叛乱。内战在帝国首都伊斯坦布尔的街头持续了一个多星期，带来了严重的纵火、爆炸和混乱。在骚乱中年逾古稀、老态龙钟的巴拉克达尔被暴民们烧死在他的官邸里。苏丹马赫默德二世本人也不免沾上了改革墨渍的污点，仅仅由于他是奥斯曼帝国王室硕果仅存的一位男性，这才保全了他的王位，甚至他的生命。此时，以近卫兵团为首的帝国顽固派再度得势，控制了中央政府，从此全部改革心血毁于一旦。不过，胸怀大志的苏丹马赫默德二世并没有被险恶的形势吓倒，他洞若观火，伺机而动，准备先打垮帝国的保守势力，然后再重新启动奥斯曼帝国的社会改革。

应该指出，苏丹塞利姆三世除了操心改革，苦心经营他的新式军团外，还有其他一些事情够他烦心。1798年拿破仑率军入侵埃及，

马赫默德二世

再次证实了西方的优势，同时也表明奥斯曼帝国的南疆也像北疆区域一样脆弱。这次入侵事件除了使人们怀疑在帝国的法国顾问们是否真正毫无私心之外，还给俄罗斯人提供了一个同奥斯曼帝国结盟的机会。作为盟友，俄罗斯人赢得了在地中海驻扎海军、设置基地、让其舰队自由通过海峡的权利，从而激起了帝国广大穆斯林的极大愤慨。在法国人撤离埃及以后，法国与奥斯曼帝国又重新确立了友好关系，并且拿破仑竭力敦促奥斯曼帝国政府在1806年同俄罗斯人开战。可是，等到法国1807年跟俄国沙皇缔结了和平条约之后，拿破仑又把奥斯曼人给甩了。塞利姆三世可能并未完全意识到，他自己的地位和帝国的命运在很大程度上是听凭法国皇帝和俄国沙皇摆布的。在帝国首都伊斯坦布尔及海峡地区该落入谁的势力范围这个问题上，俄国沙皇同他没有丝毫的商量余地。俄国沙皇经常把帝国首都伊斯坦布尔称为"进入朕之家门的钥匙"。从这里也能说明，奥斯曼帝国社会改革的历史进程在很大程度上，是由外部事件，而并非完全由帝国内部因素所决定的。

此外，苏丹塞利姆三世所倡导的改革未能成功的主要原因，也是由于奥斯曼帝国的改革家们，以及整个帝国的广大民众，仅仅限于对西方一些军事知识的了解，只是接受了法兰克文化的世俗主义和表层事物，而很少有人被法国大革命民主、自由、人权的炽热理想所打动，尤其是塞利姆三世也像帝国历史上的许多苏丹一样，是一位地道的传统改革派苏丹，他希望用一种新手段来维持一个本质上属于旧传统的社会制度，这就是他所倡导的改革具有的历史局限性。不过在奥斯曼帝国社会变革的历史发展过程中，他还是起到了一定的积极作用。塞利姆三世是传统改革家和现代改革家之间的连接环节，他所从事的改革事业，为日后奥斯曼帝国新型改革事业的发展奠定了良好的基础。

四、马赫默德二世的改革

1. 劫难继位

在塞利姆三世亡故，马赫默德二世被迫接受帝国顽固派控制之后的一年半里，奥斯曼帝国的形势似乎变得更加糟糕。此时的奥斯曼帝国正在同俄罗斯进行着一场毫无胜利可言的战争，同法国的友谊也荡然无存。随着帝国改革的停顿和新式军团被彻底地解散以及许多改革家死于非命，奥斯曼帝国的改革热情大为减退，西化的改革成果所剩无几。不过有心人可以从塞利姆三世改革失败的经验中吸取到这样的教训：只有把奥斯曼帝国顽固派势力的后盾近卫兵团剪除掉，帝国的改革，特别是效法西方的社会改革才有可能获得成功。

聪明过人、思维敏锐的马赫默德二世很快便领悟到这一点，可是他不敢在时机尚未成熟的时候贸然下手，因为顽固派分子和近卫兵团还控制着帝国的首都。就算在帝国首都以外，马赫默德二世一开始也行使不了多少权力。此时他统治下的奥斯曼帝国，用西方外交官的话来说，不过是一个"各类无政府状态的大联盟"。所以，马赫默德二世的第一个奋斗目标，是想尽办法制定措施，维护帝国中央政府对地方各省的控制，或是用武力，或是设狡计。不久，他削平了一些具有独立倾向的总督省的权力，任命了一大批比较顺从听令的总督。

　　苏丹马赫默德二世1784年7月出生于萨拉伊。他从小聪慧豁达、勤奋好学，立志要做出一番惊天动地的伟业，被人们称为奥斯曼帝国的彼得大帝。据说他的母亲是一位法国人，但这种说法不足以令人信服，因为他本人根本不懂法语，也不会任何其他西方语言。他的父亲阿卜杜勒一世在位时，曾经创办了一批西式学校，在当时的帝国影响甚大，给他留下了深刻的印象。此外，马赫默德二世似乎受到他的堂兄塞利姆三世的影响极大，特别是在从塞利姆三世被废黜直到被害去世的最后一年里，他们两人一直被幽居在一起。他从塞利姆三世那里学习到了许多宝贵的治国经验，为他以后试图通过社会改革，转变奥斯曼帝国积弱贫瘠的现状奠定了牢固的思想基础。

　　从马赫默德二世以后实行的改革实践来看，他的改革指导思想和治国方针同塞利姆三世是一脉相承的，但他吸取了塞利姆三世改革的一些经验和教训，把改革与强化苏丹的统治权力结合了起来。他认为，要想在奥斯曼帝国推行社会改革，必须首先要加强和巩固苏丹至高无上的权力，废除并非来自苏丹的一切权力，彻底地铲除敌视和反对帝国社会改革的各种顽固势力，否则改革就难以实行。在改革内容上，他将军事改革放在首位，试图建立一支效忠于苏丹的强大的新式军队，认为这是保证苏丹至高无上权力的需要，也是帝国抵御外敌的需要。同时，马赫默德二世也特别关注奥斯曼帝国在政治、经济、教育、法律及社会生活等方面的改革。在实行改革的策略和措施上，他吸取了塞利姆三世失败的经验教训，做了相应的调整和必要的部署，尽量避免伤害广大穆斯林的宗教感情，引导和利用乌里玛的影响为帝国的改革计划服务，在打着恢复帝国传统的旗号下行改革之实。

1808年即位的苏丹马赫默德二世在经过18年卧薪尝胆的准备之后，终于等来了大显身手的机会。1826年，他借在鲁米利亚和安纳托利亚等地平息了诸省总督及地方显贵们的武装叛乱，帝国中央政府及他本人的权力有所加强的有利形势，决定全面恢复前人在改革道路上曾经主张过的改革方案，并且下令组建一支完全按照欧洲方式训练和装备的新式军队。1826年5月28日，马赫默德二世颁布了一项关于成立新式军团的御诏。在御诏中，虽然帝国近卫兵团仍予以保留，但是要求近卫兵团驻守帝国首都的每一个营都必须要抽调150人参加新式军团。尽管这支新式军团实际上就是塞利姆三世的新秩序的复活，马赫默德二世却小心翼翼地在成立新式军团的命令中避免提起改革或是改革派。相反，他竭力设法把新式军团说成是已故苏莱曼大帝军事体系的复活，并特别规定新式军团的军事训练不得由基督教徒或外国人来负责，而只能由熟悉现代军事技术知识的穆斯林军官来负责指挥。这一举措在"对异教徒的圣战需要高于一切"的大旗下得到了具有保守倾向的帝国总法典官、乌里玛以及近卫兵团将领们的认可，他们每个人都在改革的文件上签了名盖了章。

2. 大刀阔斧的军事改革

然而，桀骜不驯的近卫兵团根本不听苏丹马赫默德二世的指令，当他们穿上合身的西式新制服开始训练的时候，驻扎在帝国首都伊斯坦布尔的近卫兵团又发动了兵变。近卫兵团中的五个营首先打翻了汤锅作为举行叛乱的传统性信号，紧跟着便在赛马场集合，并很快又纠集了一伙愤怒的民众，企图重演1807年的大屠杀。不过，这一回他们却遭到了大多数民众的坚决反对，同时，足智多谋的马赫默德二世也早已料到了这一点，他早有防范。此时，忠君的高级军官许塞因一接到马赫默德二世的命令，便迅速率领新式军团、携带着大炮来到了皇宫。在新式军团的大炮对准人群密集的广场和近卫兵团的兵营连续开炮轰击30分钟之后，近卫兵团变成了一群乌合之众，四处溃散。结果，在这次平息叛乱的战斗中，有数千名近卫兵团的成员遭到屠戮，这种一度成为欧洲、后来又成为苏丹及其守法民众所恐惧的具有悠久历史的古老制度从此被彻底地摧毁掉了。6月17日，在马赫默德二世发布的一项通告中正式宣布废除近卫兵团，而代之以一支号称"穆罕默德常胜军"的新式军团，其任务是"捍卫宗教和帝国"。另外，马赫默德二世还乘机消灭了最后一批采邑封建骑兵部队，一些残存的采邑不久也全部被废除，而必须保留的骑兵部队改发饷银，全部由国家来供养。

一个月以后，苏丹马赫默德二世又借口贝克塔希斯派托钵僧曾经煽动反对废除近卫兵团的叛乱，将这个数世纪以来一直与近卫兵团保持密切政治关系的宗教团体予以解散。在设法得到帝国总法典官和正统派宗教人士的支持后，马赫默德二世宣布贝克塔希斯派为非法宗教团体，没收了它的财产，毁掉了它的寺院，并将它的三名主要首领公开处死，而把其余成员全部流放到外地。此后，马赫默德二世又通过将乌里玛划归政府管理，享受国家俸禄，使他们增加了对政府的依赖性，减弱了他们与穆斯林民众的联系和影响，以及对苏丹权力的制约作用。另外，马赫默德二世还宣布结束各省的自治权，削弱和限制来自世袭传统习惯或是由群众和地方所同意授予的各种权力。这些举措极大地强化了苏丹的权力，为马赫默德二世多年期待实行的社会改革彻底扫清了道路。总之，马赫默德二世王朝以后，以苏丹为首的帝国中央政府的权力极大地加强了，这标志着奥斯曼帝国从此完成了由封建军事联合体向中央集权体的转变，这是一个历史性的进步。只有这种转变，才能使得奥斯曼帝国以后的政治体制便于向世俗化、民族化、现代化的政治体制过渡。

由1826年消灭帝国近卫兵团直至1839年马赫默德二世去世，在这段时期内，马赫默德二世进行了一项巨大的社会改革计划。他为这项社会改革计划所规定的主要路线和方向，成为此后的19世纪、甚至在某种程度上也是20世纪奥斯曼帝国改革家们所一直遵循的政治路线。从各方面实行社会改革的实践情况来看，总是先有对旧秩序的破坏，然后才建立起新的秩序来，而所有这些初步破坏之所以能存在，完全是由于帝国近卫兵团这个曾经作为传统制度的军事力量终于被消灭了的缘故。因此，在消灭了近卫兵团这一祸患之后，马赫默德二世加速了进行组建新式军团的计划，这也是过去那些不像他一样幸运的苏丹们所追求的主要目标。

苏丹马赫默德二世首先设置了"塞拉斯克"，以代替帝国近卫兵团的统领"阿加"。塞拉斯克是奥斯曼帝国一个旧的称号，在过去是授予陆军司令官的。按照马赫默德二世所规定的这一官职来看，它相当于总司令兼陆军部长，专门负责新式军团的一切事务。另外，还由塞拉斯克接管过去由近卫兵团阿加在帝国首都所负有的保安、警务、消防以及诸如此类的职责。在不断加强帝国中央集权和强制推行社会改革的历史时期，保安与警务工作变得日益重要，因此，管理和指挥帝国的警务系统已经成了塞拉斯克的主要职责之一。

1845年，帝国中央政府下令成立单独的警务部门，向西方国家学习，把警务与军队区分开来，从此，帝国的警务部门不再属于塞拉斯克管辖了。为了使帝国的新式军团更加正规化和制度化，1826年，马赫默德二世下令制定了一项有关帝国新式军团的组织管理条例。其中规定全军共为1.2万人，分为8个大队，全部驻扎在帝国首都伊斯坦布尔。此外，他还发布了有关帝国各省招募新式军团的命令，规定新式军团的服役期限为12年。

废除近卫兵团，组建新式军团，这是马赫默德二世改革计划的初步胜利。然而，要想按照既定的改革计划，真正成立一支完全欧式的、所向披靡的新式军团并非易事。这不仅有财政上的原因，还有人力资源上的困难，特别是缺乏具有现代军事科学知识的穆斯林军官。寻找兵源和招募士兵相对来说还是一件较容易办的事情，但是在新式军团的各个部门中，能够完全胜任职责的军官普遍奇缺，这使得在新式军团中讲授欧式操练和学习使用新式武器成为难事，影响了新式军团的军事素质和战斗力。在早期马赫默德二世组建的新式军团主要是由来自欧洲一些国家的军事教官帮助训练，用欧洲人编写的军事教材作为教本。19世纪30年代，奥斯曼帝国用重金聘请普鲁士军官团来帮助改进奥斯曼帝国的防御工事，指导新式军团的日常训练，从而开始了同德国军事顾问建立起了一种不断更新的相互关系。此外，帝国海军在这一时期也同样进行了整顿和改革，这方面主要是依靠美国船舶制造专家和英国海军顾问的帮助和指导。为了设法弥补在新式军团中缺乏具有现代军事科学知识的穆斯林军官，同时也为了在帝国各级政府部门中充实具有专业知识的称职官员，马赫默德二世对于帝国的教育事业也日益重视起来。因为他逐渐认识到，如果没有适当数量的政府官员，首先得到西方现代式的学习和训练，再由他们去负责教育和训练别人，从而提高帝国各级政府官员的现代综合素质，那么，他所倡导和推行的整个社会改革体系，不但缺乏勃勃生机，而且注定垮台。

3. 开明教育，造就人才

在马赫默德二世上台执政以前，奥斯曼帝国已经有了两所培养现代人才的学校，即1773年创办的海军工程学校和1793年创办的陆军工程学校。这两所学校都经历过一番风雨，但是经过马赫默德二世的整顿，此时又都生机勃勃了。1827年，马赫默德二世不顾各方的强烈反对，效法俄国的彼得大帝，毅然向欧洲各国派出了大批的留学生，其中主要是帝国陆军和海军青年军官。他们分别被派往欧洲不同国家的首都学习军事和科学技术，学习西方的思想和文化。这些人在回国后都成了奥斯曼帝国社会进步的中坚力量，在改变他们国家的社会面貌方面扮演了无比重要的先驱角色。

1827年，马赫默德二世下令在帝国首都伊斯坦布尔开办一所医学院，其目的是为帝国新式军团培养军医。新成立的医学院还附设了一个预科，进行相当于普通初等与中等学校程度的教育。这在奥斯曼帝国的教育体系中还系首创。医学院中的教师主要来自欧洲各国，讲课的时候有时用突厥语，大部分时间用法语。

1831年至1834年间，帝国中央政府还另外开办了两所学校。它们的目的全部都直接与军事有关。一是帝国音乐学校，主要是为新式军团培养同他们的军装和军裤相配的鼓手、号手。奥斯曼帝国著名作曲家唐尼泽提的弟弟便是这所学校的一位教官。另一所是更为重要的军事科学学校，这所院校经过几年的筹划，于1834年正式开学。马赫默德二世对这所学校格外青睐，准备把它办成奥斯曼帝国的西点军

恩德仑图书馆（穆罕默德三世图书馆）

校，因而它的办学方式都尽可能地模仿西方一些国家中的著名军事学校，希望成为它们的翻版。在这里，西方人士在日常教学中起着主要的作用，而精通一门外国语言，尤其是法语，又是在所有课程中首先和最重要的要求。此外，像帝国的医学院一样，这里也有专门为儿童和少年设立的一个预科学校。

另外，在马赫默德二世统治时期，人们除了进专门培养军官、军医或文职人员的各类军事学校以外，还可以通过其他两个渠道学习到外语和西方的科学知识。其中之一便是帝国的外交机构。塞利姆三世在欧洲设立的常驻大使机构，在他死后纷纷被取消了。马赫默德二世实行社会改革后，又重新在欧洲各国建立了这些使馆机构，这样，有机会一边在国外供职，一边学习进修的奥斯曼青年数量也就不断增多了。另一条渠道是帝国中央政府新设立的翻译局。该局的设立是为了处理日益增多的外交信函，培养奥斯曼帝国的外语人才。随着翻译局的建立，有越来越多的奥斯曼人学会了外语。正如欧洲的军事压力推动了奥斯曼帝国军事学校的创办一样，欧洲的外交压力也推动了奥斯曼帝国翻译局的设立。

外交机构和翻译局日后成了造就奥斯曼帝国人才的基地。19世纪奥斯曼帝国的许多著名政治改革家都是从这里培养出来的。这些人代表了帝国官僚集团内部新形成的一批英才荟萃的"西方通"。他们往往是支持奥斯曼帝国社会变革的改革派，对奥斯曼帝国现代化历史进程的发展起着难以估量的重要作用。在奥斯曼帝国官僚集团内新出现的这种分化，同帝国军队内军官阶层的分化现象遥相呼应，把受过西式教育并略懂得某种欧洲语言的人物，同由行伍出身或靠个人奋斗起家的人物截然区分开了，因而也使奥斯曼帝国的整个社会比以前更为松散，呈现出一种多元化发展的趋势。虽然此时的统治集团与被统治者之间的传统壁垒依然泾渭分明，但如今无知无识的乡民同那些以西方为楷模的洋派上流人士之间的鸿沟，要比他们同旧式官僚之间的鸿沟更深。

在早期，马赫默德二世的教育改革十分关注与军事有关的问题。从1838年以后，他也开始逐渐注意到非军事性的初等和中等教育问题，并且创办了许多传授西方近代知识课程和其他世俗学科的学校，为奥斯曼帝国的社会发展培养了许多专门人才。在非军事性教育领域内实施改革，一般来说特别困难，因为这里是乌里玛传授伊斯兰宗教课程的传统世袭领地，所以改革的阻力特别大。在由乌里玛控制的宗教学校中，普通小学用死记硬背的办法教授阿拉伯文《古兰经》，另外也涉猎一些念书写字之类的文化学习，根本不传授自然科学知识。在高一级的宗教学校，如经学院，给学生教授的几乎全部都是伊斯兰宗教方面的课程。这类宗教学校根本培养不出帝国社会改革亟须的新式政府官员和专业人才。所以要想办西式学校，就会在帝国宗教界人士中引起无休止的争论。为了避免与帝国宗教界人士的全面冲突，马赫默德二世在非军事性教育领域内实施改革的时候，也相应地做了一些妥协。如把此类学校的校址选在一些清真寺内，也选择一些具有博学知识、懂得一些西方现代科学的乌里玛在学校任教。在主要讲授外语和西方现代课程，如数学、物理、化学和机械学知识的同时，学校也为学生讲授一些传统的宗教课程。开办此类学校的目的，主要是为了训练政府官员和外语翻译人员。这些学校的学生也和其他各类军事学校的学生一样，一律领取帝国政府的公费补助或奖学金。在这些学校的毕业生中，有几个人成了奥斯曼帝国未来社会改革的领导人物。

4. 提倡现代文明生活

除了建立一支西方式的新型现代军队，关注帝国的教育改革之外，马赫默德二世在19世纪30年代奥斯曼帝国的社会改革中，还致力于开创一套新的官僚管理体制，在这方面也同样以摧毁旧体制为先导，或破旧与立新同时并举。其目的就是要将奥斯曼帝国的一切权力都集中在他自己的手里，使苏丹的权力成为帝国境内一切权力的唯一源泉。建立一套新的官僚管理体制，马赫默德二世首先从整顿宫廷开始。因为奥斯曼帝国原来的宫廷职务，此时有好多已经成为光拿薪水的挂名差使，办事效率极低，所以现在一概加以废除。此外，帝国政府机构经过整顿改革之后，大小政府官员一律有了新的职衔，他们的职权都由苏丹授予，而不再靠过去传统的惯例获得。另外，马赫默德二世开始将原有的帝国行政机构改换成了西方样式的政府各部，并除了塞拉斯克以外，还设置了外交大臣、内务大臣、财政大臣等官职。大臣国务会议有意仿效欧洲国家内阁的格局，大维齐也不再是旧式苏丹绝对意志的代理人，而是内阁首席大臣，称为首相。马赫默德二世还规定了统一的官服，让帝国政府官员们穿起欧式马裤、黑皮靴、礼服大衣，为他们预备好办公室、写字台和若干新换上西式服装的工作人员。特别是为了提高工作效率，杜绝贪污腐败行为，克服政府官员工作能力不断下降和精神面貌不振的状况，马赫默德二世在政府官员领取薪俸方面也进行了改革，由帝国中央政府统一付给所有政府官员以适当的固定薪俸，并彻底废除了无理没收政府官员私产的传统做法，给予政府各级官员经济上更大的保障。此外，马赫默德二世还下令创办了一份官方报纸，起先用法文发行，后来改用突厥文出版。他要求每位政府官员都必须订阅，因为政府官员的任命和帝国中央政府制定的规章和法令都在这份报纸上发表。这份名叫《大事概览》的报纸也代表了奥斯曼帝国新闻事业的开端。

在诸多的帝国改革项目中，社会和文化方面的变革，不可避免地在这个伊斯兰传统势力根深蒂固的国家，引起激烈而广泛的怨言与反对。但为了在奥斯曼帝国社会日常生活中减少宗教色彩和伊斯兰性质，追求西方式的现代文明生活，踌躇满志的马赫默德二世试图打破旧有的穆斯林习俗和装束上的保守性，下令废除帝国穆斯林的头饰，规定他们一律戴圆筒形无边的毡帽，也就是人们通常所说的费兹帽。长期以来，服装尤其是头饰，是每一位穆斯林用来表示自己所属的宗教与社会地位的一种方式。在一般民众的思想中，认为放弃自己的服饰和改用别人的服饰，就是一种大逆不道和变节的行为。为了预防让穆斯林一律都戴新型头饰可能会在帝国民众中引起强烈的反对，马赫默德二世采取了强有力的措施，并准备在必要时实行镇压。

另外，在马赫默德二世积极的倡导下，欧式家具和生活用品也开始在奥斯曼帝国民众的家庭中出现。在帝国宫廷和上层社会中，欧洲那套彬彬有礼的社交方式也

1839年，马赫默德二世颁布坦齐马特法令，开始将土耳其现代化

被广泛采用。尤其是马赫默德二世此时在公开场合，已经开始不按照奥斯曼帝国的传统仪式，而是完全按照欧洲仪式来接见客人，同他们促膝交谈，甚至对妇女也表示出极大的尊敬。此时，在马赫默德二世的影响下，帝国上下出现了一股学习西方生活方式的时尚。帝国政府规定星期四为不分宗教的休息日的做法，就是从法国那里学习来而行之于政府各机关的，特别令人惊异的是，在帝国政府机关办公室里的墙壁上，还出现了苏丹的肖像和西方的艺术品。

当然，奥斯曼帝国的这些社会变化，也不过是一些事物的表层现象，因为对于伊斯兰教的神圣法典，特别是涉及帝国社会和家庭的问题，仍然是丝毫不可动摇的。所以有关结婚与离婚、财产与继承以及妇女和奴隶的社会地位等极为敏感的问题，实际上都仍然没有根本性的改变，并且在这一时期马赫默德二世所有的改革计划中，似乎也还没有想到过要对帝国的宗教及机构进行任何形式的改革。

5. 改革面临的挑战

马赫默德二世通过一系列社会改革，在实行扩大和加强帝国中央政府对全国各省的直接控制方面取得了很大的成功，但是要想真正建立一个统一完整的帝国，马赫默德二世时常感到心有余而力不足。

马赫默德二世及其帝国的统一面临着四种不同的挑战，其中只有一种一度被成功地平息，这就是来自阿拉伯半岛的瓦哈比运动。瓦哈比运动是提倡严守古兰经教义的伊斯兰宗教改革运动，它在18世纪随着沙特家族政治势力的崛起在阿拉伯半岛境内广泛传播开来，到1806年已经控制了伊斯兰教的圣地麦加和麦地那。令人啼笑皆非的是，瓦哈比派教徒是被埃及总督穆罕默德·阿里的军队所击溃的，而这位总督则代表了对奥斯曼帝国另一类型的、更具威胁性的挑战，这种挑战虽属于伊斯兰世界，却又带着西方化的色彩。

穆罕默德·阿里是一位自打天下的埃及强人。此人出生于阿尔巴尼亚，年轻时随奥斯曼帝国的军队来到了埃及。18世纪初拿破仑征占埃及后的混乱状态，正好给了他大显身手的机会，他一举消灭了因循守旧的竞争对手，建立起了中央集权的统治。他既是一位统治者，又是一位卓有成效的社会改革家。他麾下的那支具有西方风格的军队，经过最初几番周折，迅速发展壮大。他在其他领域的一些社会改革也取得了成功。虽然穆罕默德·阿里反复申明他是一位对奥斯曼帝国无比忠诚的总督，但是他的所作所为既掩饰不了他的野心，也掩盖不住他日益增长的、足以直接威胁苏丹马赫默德二世统治的实力。

日后，最终导致奥斯曼帝国毁灭的另外两种挑战，并非来自东方，而是来自西方，那就是巴尔干半岛上的民族主义与欧洲列强的进攻。在奥斯曼帝国，来自西方的民族主义病毒首先传染给了希腊人，然后又传染给了塞尔维亚人和罗马尼亚人。1827年，英、俄、法三国的海军舰队驰援纳瓦里诺的希腊反叛者。1828年至1829年，俄罗斯人长驱直入，几乎打到了奥斯曼帝国的都城伊斯坦布尔，这时希腊人获得了自治权，不久，欧洲列强又让希腊脱离奥斯曼帝国而独立。1829年签订的埃德尔纳不平等条约，除了把奥斯曼帝国东部以及多瑙河口具有战略意义的疆土割让给俄国之外，还确认了塞尔维亚由其大公治理的自治地位。特别是这种影响不久又进一步刺激了罗马尼亚各邦国的民族意识和独立愿望。此外，奥斯曼帝国在北非的阿尔及尔也在1830年遭受到法国的入侵，并被它掠夺了过去。

就在马赫默德二世的帝国遭到如此沉重打击之时，穆罕默德·阿里于1831年乘机直接发动进攻，从叙利亚横越安纳托利亚高原，一路攻城夺隘推进到屈塔亚，直接威胁着奥斯曼帝国的首都伊斯坦布尔。马赫默德二世在四方告急、八方求援的情况下，最终接受了欧洲列强俄国的援助提议。1833年初，一支俄国舰队停泊在博斯普鲁斯海峡，同时还有1.4万名俄国士兵在海峡的亚洲一侧登陆上岸，以保护奥斯曼帝国免遭它的藩属的侵犯，并保障俄国人自1774年以来从奥斯曼帝国方面所获得的特权和条约。后来穆罕默德·阿里在法国的建议下，接受了一份折中议和的方案，由他控制整个叙利亚以及阿达纳地区。但是，当穆罕默德·阿里的军队从安纳托利亚撤走后，俄国的舰队和士兵却依然留在博斯普鲁斯海峡迟迟赖着不走。直到1833年，马赫默德二世同意签订了一项震撼欧洲列强，并满足了俄国渴望已久与奥斯曼帝国正式结成防御同盟，保证在所有影响"安宁与安全"的事务上，奥斯曼帝国都得征询俄国意见的《斯凯莱什条约》之后，俄罗斯人才最终撤走。现在奥斯曼帝国已经完全被纳入俄国的势力范围，万一这个当年俄国沙皇尼古拉一世称呼的"欧洲病夫"死了，俄国将是它的主要继承人。《斯凯莱什条约》所拟定的方针，始终很符合俄国人的利益，即使到了苏俄时代亦复如此。然而此项条约的签订，却引起了英国人的强烈干预。英国外交大臣帕默斯顿说，《斯凯莱什条约》的签订，将使俄国驻伊斯坦布尔的大使成了"苏丹内阁中的首席大臣"。而在19世纪以后的年代里，往往也正是由于英国人的抗衡，才使得奥斯曼帝国免于投入俄国人的怀抱。英国人不仅着手反击俄国人的外交攻势，还积极鼓励奥斯曼帝国通过改革振兴自强。

此时的马赫默德二世与其说需要鼓励，还不如说需要更多的机会和社会资源。因为巴尔干半岛民族主义者的反叛、欧洲列强的进攻以及穆罕默德·阿里的争雄，都着重突出了奥斯曼帝国社会改革的必要性，并带来了新的契机。这也就是马赫默德二世为什么冒着丢掉王冠和性命的极大风险，毅然决定在奥斯曼帝国实行一系列社会改革的根本原因。

尽管马赫默德二世的许多改革措施只取得了部分成功，尽管这种改革多在表面上做文章，而没有把奥斯曼帝国的所有力量集中在民众教育和发展社会经济这些根本性的领域，但他所实施的一系列社会改革，就其结果而言，影响还是非常深远的。在马赫默德二世倡导的社会变革之后，奥斯曼帝国要想再走恢复旧制度的老路，已经是完全不可能的了。一种向前看的社会改革的发展趋势，在奥斯曼帝国内部占了上风。况且改革已经基本上摧毁了各种旧势力，建立起了一支新的社会力量。例如，近卫兵团这股保守势力终结了，地方封建割据的势力也大大削弱了，托钵僧的势力至少已经被遏制住了。马赫默德二世还压缩了乌里玛的权限，设置了一个政府监督机构，专门管理以前一直由乌里玛控制的慈善基金机构的大宗岁入，这样也就极大地削弱了乌里玛的宗教势力。以上所有势力过去都极大地限制了苏丹的权力，竭力抵制被它们视为标新立异的各种社会改革。总之，马赫默德二世王朝以后，以苏丹为首的帝国中央政府的权力极大地加强了，奥斯曼帝国的社会变革不仅成了一股不可逆转的历史潮流，也成了一个人心所向的社会进步过程，并为"坦齐马特"时期的社会改革起到了一个起锚开航的巨大作用。

五、坦齐马特时代

1.《花厅御诏》的颁布

1839年7月1日，踌躇满志的马赫默德二世不幸因病去世，他的继承人是刚满16岁的儿子阿卜杜勒-迈吉德。此人性格温和而宽容，为人厚道而公正。虽然他只受过一点非正式的宫廷教育，对世界、帝国和社会的观察理解为宫墙所限，对国内问题的认识和解决这些问题的看法也是非常幼稚的，但对他的臣民却是和善而温厚的，并且希望他们的生活美满幸

阿卜杜勒-迈吉德一世

福。新登基的苏丹决心继承他父亲的遗志，重振帝国雄风，在这方面他得到了母亲阿莱姆太后的支持。阿莱姆太后是一位善解人意、个性坚强、非常了不起的妇女，她曾经积极地支持丈夫马赫默德二世从事帝国的改革事业，并为其出谋划策。由于她对儿子的帮助和影响很大，所以她的一言一行对于奥斯曼帝国未来政局的发展都有着重大的影响。

此时的奥斯曼帝国正处于紧急关头，难以驾驭的埃及统治者穆罕默德·阿里重新向帝国挑起战争，并在尼济普战役中，把奥斯曼帝国的军队打得溃不成军，从而再次威胁到奥斯曼帝国的一统江山。奥斯曼人急需欧洲列强的支持，所以，一份改革公告说不定能够帮助获得这种支持，因为它可以表明奥斯曼帝国是进步的，苏丹政府组成的开明而现代的政体也是值得挽救的。正是在这种形势下，新受命的奥斯曼帝国的大臣们才制定了那个历史上著名的《花厅御诏》，并于1839年11月3日正式予以公布。

《花厅御诏》的内容新旧参半，它把奥斯曼帝国的衰微归咎于没有遵守《古兰经》戒律和帝国的法令，但是它又指出补救的办法在于制定"新法令"，彻底改变原有的习俗。御诏中的基本原则是：保障臣民的生命、名誉及财产；废除租税仓收制以及由此而产生的一切弊端；实行正规的、按照规章执行的征兵制度；对刑事被告人给予公平的和公开的审判，一切人不拘任何宗教信仰，在法律面前一律平等。其中最后一项更能说明是同古老的伊斯兰传统做了最根本的决裂。所以按照穆斯林的原则和价值观来看，是最使人震惊的，有悖于《古兰经》的精神。长期以来，奥斯曼帝国的穆斯林对于异教者的偏见，无论从传统上或是道义上来说都是根深蒂固的。如果把他们同异教者互相等同起来，并把他们混淆在一起，他们认为这不仅违反了伊斯兰宗教，而且也违反了奥斯曼帝国的传统常识。但在当时，新登基的苏丹和他的那些具有改革精神的大臣们已经认识到，如果不尽快满足奥斯曼帝国各族人民的平等要求，就将会为欧洲列强寻找保护帝国境内基督教徒、干涉帝国内政找到借口。即使没有外部列强的干涉，在兴起的民族主义影响下，也将最终导致奥斯曼帝国的崩溃。新苏丹和他的大臣们想通过这一巨大的社会变革，来增进帝国境内所有臣民的友好关系，加强穆斯林以及基督教徒臣民对帝国的忠诚，削弱分离主义，巩固奥斯曼帝国的统一。

《花厅御诏》还进一步指出，这些具有浓厚西方色彩的改革措施对于奥斯曼帝国的所有臣民，不论他们有什么样的宗教信仰，一律适用。虽说《花厅御诏》提出的各项原则和承诺，在马赫默德二世改革时期就已经有了初步的设想。例如，马赫默德二世生前曾经任命过一个负责立法的帝国最高政务会，责成其拟定各项改革措施的具体细节，并制定西方式的议会议事程序。但是这份形式极其庄严的公告，标志着为期40年的、在奥斯曼帝国历史进程中被称为"坦齐马特"改革运动的开始和"坦齐马特"时代的到来。"坦齐马特"在突厥语中为改革整顿之意，因为该时期具有按照奥斯曼帝国新的法令和条例，在行政、财政、司法、教育等主要领域进行全面改革的特点，体现了19世纪30年代欧洲的一些法理精神，具有一定的社会进步意义，故称为"坦齐马特"时代。

在"坦齐马特"时期，左右奥斯曼帝国政局的是一大批精通外语，熟悉欧洲政治，立志于社会改革的官僚们，特别是那些出身于外交官的"法国通"。在1871年以前，他们的权势如日中天，比帝国苏丹的权力还大，政敌甚至称他们为独裁者。这一指控未免失之偏颇，不过他们也确实组成了一个寡头政治集团，也像从前的任何统治集团那样醉心于权力和高官厚禄。不过他们中的杰出之士，倒不失为具有真才实学的政治家。这些政治家虽然也颇为英国的政治与经济社会体制所吸引，但由于本能和历史背景等原因，他们一般总倾向于采取法国的发展模式。例如雷什德帕夏，此人称得上是19世纪奥斯曼帝国"坦齐马特"改革运动的真正创始人。他出生于帝国首都伊斯坦布尔，是一个政府官员的儿子。在刚刚10岁的时候，父亲便因病去世。他最初跟随父亲念书，后来进了寺院学校，但他并没有按照常规读完当时作为正式高等教育的神学院。当时帝国的大维齐伊斯帕塔勒与他的父亲是世交，在此人的照顾和帮助下，雷什德帕夏在年纪很轻时便在帝国政府部门中开始工作了。他凭着自己的才能和勤奋，不久便青云直上，于1832年被任命为帝国外交大臣的主任秘书一职。1834年，雷什德帕夏被派往巴黎当大使，从此开始了他的外交生涯。到达巴黎后不久，他便努力学习法语和广泛地了解欧洲各个国家的发展现状。等到1839年再度访问法国，在法国国王路易·菲利普接见他时，他已经能够不通过译员，直接流利地同法国国王进行交谈了。在留住巴黎期间，他一直与法国著名东方学家德萨西友好交往。德萨西一方面帮助他学习法语，一方面介绍他认识了许多著名的思想启蒙家，对他以后政治志向的发展起到了很大的影响。1839年，雷什德帕夏作为特使前往伦敦，在那里他接到消息，得知马赫默德二世因病逝世，由他儿子登基继位。新苏丹继位之后，任命由伦敦兼程返回国内的雷什德帕夏为外交大臣。此后，正是在他的积极推动下，奥斯曼帝国政府才拟定和公布了《花厅御诏》这份在奥斯曼帝国历史上通称为"坦齐马特"的那些伟大文告中的第一条法令。雷什德帕夏不仅赞成西方化的社会改革，而且还倾向在帝国实现宪政体制，约束苏丹的权力，是这一时期奥斯曼帝国改革派的主要领导人之一。

2. 法制改革

"坦齐马特"时期的社会改革，首先从法律的改革开始。1840年5月，奥斯曼帝国颁布了一项新刑法，这在最初还看不出是一项革命性的措施。它的各项条款尽管受到法国法律的影响，但主要方面仍然没有超出伊斯兰宗教法中刑法本身的范畴。但是，这里面却有着一两点重要的改变，其中之一是确定了奥斯曼帝国所有臣民在法律面前一律平等。另一个是责成一个负有专责的法人团体起草并颁布了一项包含前言和十四项条款的法规。这项法规尽管措辞不清，实行后又不见效果，然而它却标志着一项立法原则和一个立法机构在奥斯曼帝国首次出现了，为随后实行的更加激进的法律改革开辟了道路。

这项改革的重要性在当时似乎没有被保守的乌里玛发现，因此他们也没有表示不满和反对。反倒是同年在新成立的商业部中，为处理商业纠纷案件所设立的临时法庭，在雷什德帕夏等改革派人士的授意下，按照法国范例制定的新商业法，使他们感到格外不安。他们认为新法规中有关合伙人、破产、汇票以及其他类似事项的部分，几乎完全抄自法兰西的商业法，有损于伊斯兰教的神圣法典。

此外，为了改变帝国政府机构运转不灵、效率不高，各级政府官员只顾自己行贿受贿、贪污腐败的现状，改革派们在帝国的财政管理方面也相应做了一些改革。例如，在《花厅御诏》中有这样一条规定："应即采取步骤开设银行以及相似的机构，以实现货币和财政制度的改革，并应设立基金，用以增强我帝国的各种物质富源。"其目的就是希望在帝国建立一个正式的国库和一种健全的货币制度，以实现帝国社会经济的稳步发展。不过在帝国财政的管理过程中，因经验不足和其他一些原因，改革派从他们前任的手里继承了一套为补救亏空而实行货币贬值的不幸做法，使帝国的货币对外币的兑换率，由1831年的23：1，下跌到1839年的104：1，这样的通货膨胀给奥斯曼帝国的贸易和实行薪俸制政府官员的生活水平带来了灾难性的影响。

1840年4月，帝国发布了一道敕令，允许成立一个欧洲式的银行。次年，帝国政府首次发行纸币，这种纸币与其说是钞票，还不如说是国库债券更为恰当。纸币的利息高达12%，每年分两次发放。1844年，帝国政府会同新银行采取了一系列保障币制的新措施，其中包括收回旧纸币，发行欧洲式的新货币。从当时的情况来看，暂时还都不错，不过在银行和财政方面，改革派滥发货币的那一套带有破坏性的办法，却不是他们的力量所能够掌握的。及至克里米亚战争时，帝国流通中的国库债券，既没有编号，又容易伪造，按金价计算贴现极重，因而便成了一种危险物。1858年，为了设法收回国库债券，帝国政府曾经商定了一笔国外借款，但终究没有达到全部收回的目的。而直接导致1875年奥斯曼帝国社会经济破产与崩溃的一系列对外借款，就是从这里开始的。

阿卜杜勒-迈吉德一世亲自颁授给参与过克里米亚战争的英军、
法军及萨丁尼亚的克里米亚战争勋章

1841年初，"坦齐马特"改革运动遭受到了一次挫折。在以乌里玛为首的保守宗教人士的一片抗议声中，年轻的苏丹把雷什德帕夏这位开明改革派大臣免了职。次年，帝国政府宣布放弃执行新的地方行政及地方税收制度，同时恢复了省督与租税包收人之间旧的合作关系。然而，就在顽固派的统治下，此时帝国的社会改革进程也并没有完全停止。1842年，奥斯曼帝国又重新组成了最高会议，出现了一个较为开明温和的政府。次年，帝国政府对军队的编制又做了重大改变，全军被改编为五个军团，正规军的服役年限为5年，服役期满后转为预备役，年限为7年。军队兵员的补充采取了一种由抽签来决定的征兵办法，所有关于军队的训练、装备、武器、编制等一切事项，一律按照西方的办法来处理。

1845年，"坦齐马特"改革运动走上了一个新的发展阶段，雷什德帕夏又重新回到了帝国外交部。次年，他被任命为大维齐，全面负责帝国的改革工作。1845年1月，年轻的苏丹颁布了一道帝国诏书，除对帝国军事改革一项表示完全满意之外，认为所有其他原来有利于臣民的建议，均被大臣们错误地理解了，并错误地执行了。造成这一令人遗憾情况的主要原因，乃是一般民众的愚昧无知。为了补救这一情况，必须在帝国各地开办更多的世俗学校，以便传播有用的现代知识，从而使得在帝国军队中试行的各项改革，有可能向帝国政府其他各个部门推广。不久，年轻的苏丹又采取了与人民协商这样一种在奥斯曼帝国历史上史无前例的改革步骤，要求帝国各省都在本省对于发展民生及对民情俱皆熟悉且深孚众望的贤明人士中，选派二人前往帝国首都伊斯坦布尔，同最高会议进行商谈，他们被要求就当前帝国的现状和有关进一步改革的各项需要发表意见。他们在帝国首都伊斯坦布尔被视为上宾，住在为帝国政府大员设立的宅第里。他们的全部费用都在地方财政中支付。年轻苏丹的这种所作所为，无非是为了想要更多的人都能够积极参与帝国的社会改革。

3. 社会改革

在奥斯曼帝国各项社会改革中比较行之有效的，是1845年帝国诏书发表后实行的教育改革措施。同年3月，帝国政府发出通令，任命了一个由精通司法、宗教、军事等各类学科的人士组成的七人委员会，就帝国现有的各类学校进行了调查，并为设立新学校做好准备。该委员会成员包括在以后"坦齐马特"改革运动中，成了新领导人的副外交大臣兼国务会议档案局局长阿利，以及国务会议总翻译富阿德。委员会于1846年8月起草了有关从小学到大学的现代教育体制全面发展的规划，建议设立国立奥斯曼大学，建立初等及中等学校教育制度，以及成立一个永久性的公共教育会议。

设立大学和建立中小学校是一项非常艰巨的任务，只是在经过许多年和克服了许多障碍以后才最终得以实现。公共教育会议当时就成立了起来，1847年被改建为教育部，试图把帝国的教育从乌里玛的独占权中分离出来，从而为以后帝国全面建立世俗教育体制开辟道路。

在教育改革的规划中，虽然有些设想与现实脱节，例如，在中等教育尚未得到充分发展的前提下，却试图创办国立的奥斯曼大学等，但不管怎么说，这一时期奥斯曼帝国还是开办了几所质量较高的中等学校。另外还开设了女子学校、贫民学校和师范学校。1859年帝国政府又新建立了一所文职官员进修学校，入学的官员要求在那里学习公共事务和国际政治。这所文官学校实际上就是今日土耳其共和国安卡拉政治学院的前身。到1867年，奥斯曼帝国建立的初等学校已达11088所，世俗初小1108所，在校男生24万人，女生10万人。1869年，帝国政府又颁布新的教育法，规定每500人以上的村、镇都必须建立一所初等学校。超过1000人以上的市镇必须建立一所中等学校。每个省必须建立一所高等学校。并且整个教育经费都纳入国家财政预算，由教育部统筹管理。教育改革极大地促进了奥斯曼帝国各地区教育的全面发展。到1875年，帝国各类学校的在校学生达135万人，其中军事院校的学生为2.7万人，职业学校的学生为8.2万人。

"坦齐马特"时期，奥斯曼帝国在教育改革方面的主要成果，不仅是建立了许多学校，更重要的是造就了一批受过良好的现代教育，具有新思想、新观念的青年。尤其是开创了世俗教育的体制，使帝国教育中的世俗化倾向日渐明显。尽管这一时期神学院依然存在，但由帝国政府所创办的世俗学校，已经正式脱离了乌里玛的控制，完全由帝国的教育部门管辖。

"坦齐马特"时期，奥斯曼帝国在法律方面的发展与教育的发展情况相似，也取得了很大的成就。例如，由民事法官主持的传统法庭，虽然继续采用宗教法典，但各类新设置的国家法院，则主要采用以西方特别是法国的法典为蓝本，将一些有关的法律条文修订成新的法典。首先制定了刑法，随后又制定了商业法。有关义务和契约的宗教戒律虽然仍旧保留，但是由一个专门委员会按照西方的原则将它们编纂成法典。尤其是约束个人世俗身份的宗教戒条，被完整地保留下来，未予触动。例如，有关结婚、离婚和继承权等世俗事务，因为这是宗教界最为敏感的领域，结果是两种法典同时并存。同时帝国也存在受伊斯兰教教长监督的宗教法庭和国家法庭。这种双重体制虽然在奥斯曼帝国法制建设方面引起了某种程度的混乱，但总的来说，西方化和世俗化的倾向，成为奥斯曼帝国社会法制发展的潮流。

"坦齐马特"时期，不仅帝国的上层官僚集团，而且行政管理的具体做法也在进一步西方化。标志之一是帝国政府的权力逐渐分散，在各级政府部门中，司法职能与行政职能分离开来。同时，部分立法职能也由苏丹委派给了各种钦定的立法班子。另一标志是省级政府体制的改变。经过几度变化，最后于19世纪60年代推出了一套以法国行政结构为模式的行政新体制。"坦齐马特"时期引进的代议制原则，也为奥斯曼帝国政府行政体制的进一步发展奠定了基础。体现在省参政会、省议会以及各级法院等机构中的代议制原则，是建筑在穆斯林及非穆斯林共享权利的非直接选举制度上的。甚至以法国为模式的帝国政务会也进一步扩大，容纳了各种宗教信仰的代表，以及来自帝国首都和外省的代表。虽然他们都是指派而非选举产生的，但是多年的省级政府和中央政府推行这种形式的代议制试验，就为后人倡导宪法、实行议会制提供了可供借鉴的宝贵依据。

"坦齐马特"时期改革派的首要政治目标是要拯救危险中的奥斯曼帝国，为此，他们就得了解欧洲，学习西方，掌握同欧洲列强周旋的本领，因为奥斯曼帝国现在是依靠欧洲列强的宽容才得以生存的。例如，1839年至1840年，当埃及的穆罕默德·阿里在法国的支持下威胁帝国中央政府时，是欧洲其他列强的联合行动把他赶回埃及。1853年至1856年，奥斯曼帝国由于卷入了法俄两国为了提高威望而进行的一场政治与宗教的较量，身不由己地同俄国打了一场克里米亚战争。最后靠英国与法国军队的支持，奥斯曼帝国总算打赢了这一仗。这是自1739年以来，奥斯曼帝国同俄国战争中获得的第一次胜利，从而在1856年的巴黎和会上奥斯曼帝国恢复了它的大国地位，被欧洲列强重新接纳进了欧洲大家庭。欧洲列强们还进一步保证，维护奥斯曼帝国的独立和领土完整。

尽管欧洲列强在巴黎和会上做出了不再干涉奥斯曼帝国内政的许诺，但是在"坦齐马特"时期，他们比以往任何历史时期都更为频繁地干预奥斯曼帝国的内政事务。他们强行要求帝国进行各种社会改革，特别是在维护基督教徒等少数民族权力这个问题上。在他们看来，检验奥斯曼帝国是真改革还是假改革的唯一标准，便是看帝国政府在社会改革中如何对待非穆斯林的人。此外，他们也坚持通商条约中所给予的各种特权。他们驻帝国首都的大使，以及省城中的领事们，千方百计地给奥斯曼帝国政府施加各种影响。他们在帝国政府的政治家中拉一派打一派，寻求他们的利益代理人。而帝国的政治家们也不得不想方设法，去博得他们的欢心，获得他们的支持。这也是为什么在奥斯曼帝国的老百姓中间，会长期产生一种强烈的反对任何外国干涉的抵触情绪的根本原因之一。

　　这一时期奥斯曼帝国改革的主要特点，虽然在马赫默德二世改革时期已明显可见，但到了"坦齐马特"时期却越发鲜明，这些改革特点无不反映出西方的影响和启示作用。最有意义的是第一个特点，也就是国家职能范围的扩大。国家不再是一台只管执法、收税和组织军队的行政机器，现在它还得过问教育、公共设施、发展经济等方面的事务，而发展经济在过去向来不在帝国政府的职权范围之内。此外，尽管军事方面的改革仍然给予了一定的关注，但在马赫默德二世王朝以后，已不再是压倒一切的当务之急。第二个特点是，改革似乎已经渗透到了帝国的法律、行政、外交以及教育等各个方面。第三个特点是，随着来自西方的各种新生活方式不断附加到伊斯兰社区和非伊斯兰社区，社会改革的世俗化性质变得日益明显。于是，伊斯兰教机构与世俗化的机构同时并存，特别是在教育和法律领域尤其如此。虽然这种双重体制是奥斯曼帝国社会发展中足以致命的二元论，但也应该把这看作是奥斯曼帝国近代历史逐渐演变这一困难进程中一个不可避免的组成部分。第四个特点是，此时的奥斯曼帝国政府已经倾向于把臣民当作单个人，而不再当作某一地位经过传统认可的团体成员看待，并郑重宣布奥斯曼帝国全体臣民，不分教派，在法律面前一律平等，从而反映出奥斯曼帝国在争取实现世俗平等方面所做出的努力。这样做的根本目的，是奥斯曼帝国的政治家们希望能够创立一种奥斯曼主义，以抵消在帝国少数民族中主张独立的民族主义倾向，同时又能促使全体臣民进一步效忠帝国和苏丹，尽力维护奥斯曼帝国江山的完整性。但是，这项奥斯曼主义的官方政策在执行过程中却困难重重。首先是遭受到穆斯林的坚决反对，他们认为这项政策所倡导的乃是真正信徒与非信徒臣民之间的违反常情的平等。此外，还有另一层更大的障碍，就是基督教区仍然作为独立的法律实体存在着，而他们的权利往往受到欧洲列强的支持，而其成员最终更倾心于主张独立的民族主义。

1852年，"坦齐马特"改革运动遭受了一次最为严重的挫折。因雷什德帕夏不断采取更加激进的改革措施，希望赢得西方国家的友好和支持，但遭到帝国顽固派的强烈反对。在巨大的压力下，苏丹被迫免去了雷什德帕夏大维齐的职务，由他制定的新地方行政制度也遭到废除，甚至使得整个"坦齐马特"改革运动都陷于停顿。不过当时的一些西方观察家已经看到，自18世纪以来，奥斯曼帝国一直在为社会改革铺平道路的那一长串的事态发展中，改革所包含的原则与信念，经过长久岁月的磨难，已经制定了出来。改革已经完全成为雷什德帕夏和他同时代人的那种更深的信念和更高的热忱。

1854年，"坦齐马特"改革运动开始进入一个新的发展阶段。因帝国军队同俄国人作战很不利，这恰好暴露了帝国政府的腐朽和无能。于是，苏丹又一次向欧洲列强提出，在他们的帮助下将接受社会的进步和改良，全面推行一项更加符合本国国情的改革运动。这样，帝国的改革派又重新上了台。大司法会议经过改组，分成两个机构，其中一个严格来说，更多的是和法律事务有关，另一个就是最高改革会议，统筹办理一切有关改革的事务。1855年5月，帝国政府宣布，愿意废除有关歧视非穆斯林的两项重要措施。一项是人头税，这是自有伊斯兰教政权以来，便要求在伊斯兰国家内，所有受保护的非穆斯林属民都要缴纳的一种税，如今庄严地以法律的形式被废除了。另一项是携带武器的特权，也就是服兵役的特权，过去几乎同样长时期地仅限于穆斯林才能享有，如今也对所有的人开放了。但是非穆斯林属民经过多少世纪的免役，已经变得不愿意或是不适合在军队里服兵役了。总之，参军入伍，把军人作为终身职业，这对于帝国境内的非穆斯林来说，实在兴趣不大，甚至为了免服兵役，他们宁愿付一种叫作"贝代尔"的免役税。这种税是完全按照已废除的人头税的同样办法而征收的。

在"坦齐马特"时期，随着社会改革的不断深化，帝国政府在1856年2月18日又颁布了另一份庄严的改革法令——《哈蒂·胡马云诏书》。这份改革法令不同于1839年的御诏，它只字未提《古兰经》，而是较多地谈到了人间的平等，强调了世俗的进步和繁荣。帝国政府表示要建立银行、改善公共建筑和交通设施，改进商业和农业，将充分发挥西方的知识、技术和欧洲都城的作用。

实际上，克里米亚战争之后，已经大大地增强了欧洲在奥斯曼帝国境内的影响。士兵、特许权持有人和大商人纷纷从西方涌来。欧洲的生活方式，如服饰、食品、家具等都在帝国的沿海城市广泛传播开来。更主要的是，电报技术在1855年传到了帝国首都，并及时拍发了第一份电文，向巴黎和伦敦报告了俄国要塞陷落的消息。不久，电报网遍及全国各地，这不仅促进了帝国与欧洲各国的联系，而且也便于帝国中央政府及时检查省区官员的所作所为，并根据汇报的情况及时处理地方上的各种问题。另外，随着外国大商人承建了几条铁路短线，奥斯曼帝国的铁路时代也开始了。虽然由于地势崎岖不平，建筑成本较高，但是在帝国政府优惠政策的刺激下，铁路发展的速度并不比电报缓慢。此时，克里米亚战争也向奥斯曼帝国政府传授了西方化的又一神秘花招，这就是通过发行债券取得外国借款。但是在以后的20年里，由于帝国政府无度借债，使得外债的数额呈直线上升，达数十亿之多，从而最终造成奥斯曼帝国社会动荡、财政破产，严重影响了帝国改革的顺利进行。

关于改革的新法令——《哈蒂·胡马云诏书》的制定与颁布，作为改革派领袖的雷什德帕夏却并未参与，此时他已年迈多病，这次改革的领导权已经落到了他的信徒、阿利和富阿德两人的手里。这两个人领导了此后"坦齐马特"15年的改革工作。阿利出生于帝国首都伊斯坦布尔，是一个商店老板的儿子。像雷什德帕夏一样，他在少年时期便进入帝国政府机关，并沿着晋级的阶梯步步高升。1833年，他学得一些法语后，被调到帝国政府翻译室工作。在这里，由于得到法国教师的耐心指导，他的法语大有进步。1836年，他作为帝国专使的幕僚随同前往奥地利首都维也纳。从此以后，他先后担任过一系列外交职务，最后于1840年任奥斯曼帝国驻英国大使。1844年，他回到奥斯曼帝国，担任帝国司法会议委员，在以后的大部分时间里，他一直和雷什德帕夏共事，深受其影响，升任各种要职。1852年，大维齐雷什德帕夏被免职，由他继任。虽然这一次他担任大维齐的时间仅两个月，但他一直处于左右全局的地位。1854年，阿利出任新成立的奥斯曼帝国最高改革会议主席，稍后，即在帝国改革法令——《哈蒂·胡马云诏书》颁布之前，又重任大维齐，成为"坦齐马特"时期改革运动中的主导人物，直到1871年去世为止。

在这段时期内，阿利最亲近的同僚和合作者是富阿德。富阿德同样也出生于帝国首都伊斯坦布尔，然而他却有着与阿利极不相同的背景和教育。富阿德的父亲埃芬迪一度是马赫默德二世手下的要员和宠臣，是一位在奥斯曼帝国语言文学改革运动中，起过一些积极作用的著名诗人、学者兼政治家。富阿德少年时期进入马赫默德二世于1827年在加拉塔萨雷开办的医学院，毕业后转入新成立的军医团。然而当时他的法语知识比他的医务训练更显得有用。1837年，他参加了帝国政府的翻译室工作，1840年前往伦敦担任大使馆的翻译，随后任一等秘书。此后他曾多次担任外交职务，于1852年任帝国政府的外交大臣。他也是奥斯曼帝国最高改革会议的委员，后又任主席，曾经积极参与制订新的改革计划和起草新法律的工作。除了作为政治家和外交家外，他还是一位相当不错的学者，曾经同他人合作编写过一部关于突厥语法的书，成为奥斯曼帝国文学改革中的一块里程碑。

4."第二代改革人物"

阿利和富阿德像雷什德帕夏一样，都是"坦齐马特"时期社会改革的主要设计人和执行人。也都像雷什德帕夏一样，是靠外交知识才开始飞黄腾达的。因为对于商店老板的儿子来说，也正像对于其他人一样，外语可以说是护身符，使得他们由小职员变成了文学翻译员，由文学翻译员进而成为外交官，再由外交官而最终成为叱咤风云的帝国政治家，真可谓时势造英雄。

正当整个世界被咄咄逼人和不断扩张的欧洲列强所控制，以致奥斯曼帝国终日为自己的生存问题感到惶惶不安的时候，帝国政府中一些带有机要性和实权性的位置，便难免让给了那些了解欧洲事务、懂得欧洲语言和情况的人们。从此，奥斯曼帝国新兴的权贵不是来自军队，更不是来自乌里玛，而是来自帝国政府的翻译室以及大使馆的秘书室，这些地方成了奥斯曼帝国训练治世经国之才的重要场所。

阿利和富阿德都属于"坦齐马特"时期改革运动的第二代人物。许多在他们前辈时期还是陌生和新奇的东西，此时都已成了社会日常生活中的一部分了。不论从他们所抱有的改革信念或是他们的个人地位来说，两个人都比雷什德帕夏更加稳固。因此，即使他们在帝国的社会改革实践中做得更加谨慎和更加现实一些，都没有什么根本性的关系。

阿利和富阿德领导的改革，继续沿着他们前任所制定的路线前进，在法律方面某些部分的改革，又有进一步的发展。如1858年开始实行的土地法和新刑法，1860年就各商业法庭进行的改组，并把它们合并于混合法庭，还有1861年和1863年以法兰西法律为蓝本而另行订立的商业法和海上法。财政方面的改革，一向是帝国政府改革过程中的弱点所在。在英、法等国的帮助下，使得奥斯曼帝国政府能够兑换它的地方贷款，并在1861年建立起一个新的金融机构——奥斯曼帝国银行，一笔由该银行议定的贷款被用来收回国库公债。这些措施连同一些次要的财政和管理上的改革，使得奥斯曼帝国的财政状况有所改善。

1861年6月25日，苏丹阿卜杜勒-迈吉德去世，他的兄弟阿卜杜勒-阿齐兹继任苏丹。新苏丹阿卜杜勒-阿齐兹为人粗鲁暴戾，反复无常。他继任苏丹后不久，便同以阿利与富阿德为首的改革派发生了芥蒂，以致帝国的整个改革工作，由于他的粗暴干涉而受到阻挠，甚至往往被取消。但是阿利和富阿德还是能够利用在奥斯曼帝国已经建立起来的一整套新的西方式的对王权监督制约的机制，来推行各个方面的社会改革。

1876年奥斯曼帝国召开第一次帝国议会

　　1867年2月，法国政府在英国和奥地利的支持下，向奥斯曼帝国政府递交了一份照会，敦促它采取更加积极的改革政策，并列出详细的建议。保守的新苏丹对于要求进一步改革的主张是极端反对的，只是迫于当时的形势才不得不表示同意。在这以后的三年中，阿利和富阿德执掌了国家大权，一连串的新法律和新制度也都随之而来。此后两年的改革，再度使法律与教育成为"坦齐马特"时期社会改革的两项主要内容。1868年4月，帝国最高会议经过改组，分别成立了两个新的机构，即法制会议和国务会议。前者是过去司法会议的改版，具有司法的职能；后者是法兰西国务会议的仿制品，实际上等于一个处理行政案件的高级上诉法庭，具有某些顾问性和准立法性的职责。

　　同一年，阿利和富阿德等人在加拉塔萨雷开设了帝国奥斯曼高级中学。这所学校完全采用法语讲课，并且认真地试用现代西方中等学校所应设有的课程。类似这样的学校过去虽然有过几所，但都是由外国教会所办的，美国基督教会在1863年办的罗伯特专科学校便是其中较著名的一个。加拉塔萨雷学校是第一所由穆斯林政府认真采用西方语言来开展现代中等教育的学校。这所学校的另一个特点，是从此使信奉伊斯兰教的学生同信奉基督教的学生，都能够在一起接受教育，这也是奥斯曼帝国朝着取消宗教歧视迈进了一大步。加拉塔萨雷学校对于此后土耳其共和国的兴起有着十分巨大的影响。由于对行政、经济、外交以及其他必须具有西方式教育和能够处理西方式行政机构的人员的需要越来越迫切，加拉塔萨雷学校的毕业生在奥斯曼帝国的政治和经济中，后来又在土耳其共和国的政治和经济中，发挥了他们极其重要的作用。

“坦齐马特”时期社会改革的另外一项重要成果，是使抨击政府的人此时有了可供发表意见的新渠道——报纸。由私人独立经营报纸，是在19世纪60年代初开始在奥斯曼帝国出现的，此后在各个地区一直发展比较迅速。这实际上是克里米亚战后年代蓬勃兴起的奥斯曼文学复兴的一个组成部分，也是帝国西方化牢固生根的一个领域。诗歌、戏剧、小说乃至报纸文章的西方化形式，开始引起奥斯曼帝国知识阶层人士的广泛兴趣。西方文学作品的译本问世之后，很快就出现了一批受这种西方化形式影响的、颇有见地的奥斯曼文学作品。有些作家深信，较之帝国官方崇尚的和谐却失之浮华的典雅之风，简洁更为可取。他们搞文学创作过程中尽量采用奥斯曼语替代阿拉伯语和波斯语，并缩短文句，简化拼写，使自己的文章更容易为读者所了解和读懂。有些大胆的作家甚至建议抛弃阿拉伯字母，认为它们根本就不适用于来表达奥斯曼语言。因此，他们积极主张改用拉丁字母来替代阿拉伯字母。在题材方面，特别是在一些介绍所谓"实用知识"的文章中，西方化的影响也明显可见。例如出现了一些论述儿童教育、医学保健、政治经济学以及交通运输等方面的文章。此外，西方化的影响也见之于探究民族、政府与社会进步等问题的思维模式上。例如，欧洲的一般人都认为，奥斯曼帝国的古老制度和社会结构是极不文明而又糟糕透顶的，只有尽可能迅速地采用欧洲的政府形式和生活方式，才能使得奥斯曼帝国取得一个文明国家的地位和资格。这种看法，是欧洲各国政府以及他们的使馆曾经多次向奥斯曼帝国的政治家们强调提出的，现在终于被奥斯曼帝国统治集团中越来越多的人逐渐接受，或者至少是得到了他们的默认。他们这些人深深地体会到欧洲的强大、富有和进步以及相形之下自己国家的落后、贫穷和虚弱。他们的这种态度，曾经由作为19世纪奥斯曼帝国知识界杰出的人物之一齐亚，在他的一首诗里很好地表达了出来：

> 我走遍了异教者的各个地方，
> 我看到了城市和大厦；
> 我徘徊于伊斯兰的境内，
> 我看见的只是一片废墟。

奥斯曼帝国曾经是那样自负为天下无敌和永世优越，以致因此而变得如此麻木不仁和一味踌躇满志，然而，军事上的失利和政治上的屈辱，确实给他们带来了震动，不得不面对现实去进行反思。

在"坦齐马特"时代，书籍出版量虽然有所增加，但在帝国境内表达意见的主要工具则是如雨后春笋般诞生的报纸、杂志。在这些领域，尤其是在新闻领域中一马当先的，是一批自称为"奥斯曼青年党人"的知识分子。他们差不多都在40岁以下，大多数出身于奥斯曼帝国上流家庭，从小受过良好的教育，懂得点外语，了解西方的情况，都曾经受雇于帝国政府，有些人还在翻译局干过差使。他们的共同点除了爱好文学艺术之外，就是都不喜欢奥斯曼帝国腐败无能的官僚集团的上层人物，称他们为贪得无厌的暴君。他们鼓吹在帝国实行"立宪政府"，但由于奥斯曼青年党人在报纸上经常发表对帝国政府的攻击性文章，并密谋起事，他们遭到了官方的无情镇压。于是许多人逃到西方国家，并继续出版报纸，通过外国人办的邮局把报纸偷偷运回奥斯曼帝国境内，广泛地宣传他们的政治主张。他们出版的最有影响的报纸《自由报》猛烈地抨击了帝国政府的腐败无能，指责他们没有能够制止西方列强对帝国内部事务的干预；给予了帝国某些省区越来越多的自治权；给予了帝国境内基督教徒太多的特权；无视帝国传统的伊斯兰教法规和社会文化。

5. 奥斯曼青年党人崛起

在"坦齐马特"时期成长起来的奥斯曼青年党人绝不是一些墨守成规的守旧派人物，他们反复强调社会经济发展的重要性以及掌握科学知识、发展现代教育的必要性。不过，他们往往喜欢回头看，从所谓的"伊斯兰民主传统"中去寻找论据，认为这是奥斯曼帝国立宪的根本依据。在他们看来，立宪制度就是某种能对政府权力起到限制作用的代表大会。在奥斯曼青年党人中间，最有影响、最受人尊重的代表人物是纳米克，他是一位对理想充满激情的新闻工作者兼剧作家。他一生中多次被迫害流放，但他的政治信仰始终如一。他的政治主张被人们称为奥斯曼青年党人的灵魂。他主张成立代表全体奥斯曼帝国臣民的、由自由选举产生的议会，主张立法与行政两权分立。他说："主权属于人民，而所有这些都只能在伊斯兰教的大框架内付诸实现。"他在流放回国后写道："我们唯一真正的宪法，是伊斯兰法典。"并且再次重申："奥斯曼帝国是建立在宗教原则之上的，如果违背了这些原则，国家的政治生存将处于危险之中。"由于经常猛烈地抨击帝国政府，纳米克在1878年帝国宪法失败之后，以及随之而来的肮脏的专制迫害下，被作为重犯囚禁在帝国首都伊斯坦布尔将近6个月，随后被放逐到荒凉的希俄斯，在那里又被拘禁了两年。后来，随着帝国政治形势的好转，他被任命了一个爱琴海群岛上的极不重要的政府职务，在那里度过了余生。1888年12月2日，纳米克在一种忧惧绝望的心情中病逝。在临终的那个晚上，他收到了一份帝国政府的命令，禁止出版和继续写作他当时正在撰写的奥斯曼帝国通史。

奥斯曼青年党人是在19世纪60年代奥斯曼帝国的社会改革困难重重、举步维艰的历史时期登上帝国政治舞台的。他们阐述的许多重要思想，在后来的伊斯兰现代主义运动、民族主义运动和泛伊斯兰主义运动中起到过关键性的作用，其影响一直持续到现代土耳其共和国时期，现代土耳其共和国视他们为精神上的先驱。他们最大的思想影响是促进了人们的爱国主义情绪。虽说他们中间有些人对奥斯曼帝国的过去、对中亚突厥族的祖先有着浓厚的兴趣，热切地希望维护奥斯曼帝国领土的完整，但他们并不是，也不可能是现代民族主义者。他们反复向人们思想灌输的，是对先辈创建的伊斯兰奥斯曼帝国的忠诚不渝，以及捍卫国家主权、平息分裂叛乱的热切愿望。这种具有深厚情感的奥斯曼爱国主义，包含了未来奥斯曼帝国民族主义的种子。它也表明了奥斯曼人正开始经历西方早已完成的历史变迁，这就是人们对统治王朝象征物的赤胆忠心，正在被对神圣国土以及人民主权的忠诚不渝所代替。然而，这种思想境界的历史变迁，直到现代土耳其共和国稳固建立以后才得以最后完成。

奥斯曼青年党人的思想很明显是派生出来的，而且很容易看出他们获得这种思想的根源是什么。孟德斯鸠的法学、卢梭的政治学、亚当·斯密和李嘉图的经济学为他们提供了行动的理论基础，甚至他们对于"坦齐马特"各项改革政策的许多具体性批评，也都受到了欧洲观察家评论的影响。因此，他们的思想在许多方面往往也显得混乱、幼稚和不成熟。例如，他们把奥斯曼帝国社会经济的落后，简单地归咎于帝国政府大臣们的办事无能和欧洲商人们的贪得无厌，或者当他们从另外的克里木战区示意图尺度来讨论法律、权力和民主等问题的时候，所表现的情况也都是如此。然而，尽管他们在社会观察力方面有着这样或者那样的缺陷和不正确之处，但还是比同时代的其他奥斯曼人看得更深远。他们对于奥斯曼帝国社会变迁问题的理解，甚至比"坦齐马特"的缔造者还要更加深刻。他们的许多新的、富有意义的思想，对于随后各个历史时期奥斯曼人的思想和行动确实有着非常巨大的影响。

奥斯曼帝国在1839年至1871年间的"坦齐马特"改革运动，所取得的成就是很不平衡的，其主要原因是社会经济发展极其缓慢。虽然帝国的农业生产有所增长，但那也是微乎其微的。奥斯曼帝国开展的吸引欧洲有技术的农民开拓殖民地的种种努力也均告失败。农民身上的捐税负担未见有丝毫的减轻。虽然帝国政府两次宣布废除纳税农庄制，但事实上却是废而不除，因为直接征税制既没有增加岁入，也没有减少横征暴敛的弊端。1858年的一项帝国政府法令，试图调整土地使用权，效果却适得其反，因为所有权的合法凭证往往落到了大地主的手里，实际的农田耕种者则依然两手空空。此外，公路、铁路、桥梁以及公共建筑等现代设施的发展程度，各省之间的差异也很大。由于没有出现大规模的工业发展，所以，这一时期奥斯曼帝国只是建立了一些小型的制造加工业工厂。特别是因为欧洲列强签署的通商条约，把奥斯曼帝国的保护关税限制在了8%之内，使得欧洲货物的进口量不断增加，从而严重影响了奥斯曼帝国民族资本的发展。

在"坦齐马特"时期，奥斯曼帝国未丧失一寸疆土，反倒由于克里米亚战争的胜利获得了一些领土。但是这一时期的改革运动，却始终没能够把奥斯曼帝国的各个社会断层凝聚成一个牢固的整体。相反，奥斯曼帝国在某些环节上因欧洲列强的干涉和民族主义病毒的侵蚀而越发变得松散了。例如，埃及在穆罕默德·阿里家族的世袭统治下，取得了特殊的独立地位。1860年，黎巴嫩地区一连发生了几起屠杀事件，招致了法国的干预，结果只得允许黎巴嫩建立自治政府。对于也门地区的控制，帝国中央政府也日见困难。突尼斯虽然表示矢志效忠苏丹，但也只是为了更好地摆脱法国的控制和威胁。巴尔干地区的塞尔维亚和罗马尼亚在欧洲列强的支持下取得了完全的自治权。而在希腊人、保加利亚人甚至被奥斯曼帝国称之为"忠诚教区"的亚美尼亚人中间，民族主义分离倾向也日益明显，而且来势更加凶猛。尽管"坦齐马特"时期产生的奥斯曼主义这一概念，在平等对待全体臣民方面取得了一些进展，但它从来都未被人们普遍接受过。在近代民族主义日益高涨的时代，奥斯曼主义这一目标也许是完全不可能实现的，然而，奥斯曼帝国的改革家们为了挽救日渐衰落、分崩离析的帝国，却不得不勉为其难。一些历史学家们曾经认为，如果在那个时代没有欧洲列强对奥斯曼帝国境内少数民族的支持，并强烈地干涉帝国的内部事务，奥斯曼主义说不定会取得成功，但是奥斯曼帝国并非生存在国际关系的真空之中。

1869年，"坦齐马特"时期改革运动的两位重要领导人之一的富阿德逝世。1871年9月，另一位重要的领导人阿利也在卧病三个月后死去。奥斯曼帝国重要的改革派人士的相继去世，尤其是他们改革的主要支持者和模仿学习者的法兰西，在1871年的普法战争中败北，造成法国在奥斯曼帝国朝野中的威信下降，帝国改革派的威望也随之降低。因此，在一片对奥斯曼帝国的前途悲观失望的情绪中，"坦齐马特"的改革家们完成了他们的历史使命。综观奥斯曼帝国的全部历史，再没有任何别的历史时期比"坦齐马特"时期更招人评论的了。对于这一时期所进行的社会改革，既受到当时奥斯曼帝国青年知识分子的严厉批评，也受到近代奥斯曼帝国历史学家们的不满和指责。或被认为改革是浅薄而过于仓促的西化，或认为还不够雷厉风行。也有的政治家则把"坦齐马特"时期誉为"播种时节"，是新的观念和制度得以生根发芽的季节。也就是说，如果没有"坦齐马特"这一历史时期，此后的奥斯曼帝国宪政时期以及共和国时期的改革家们，根本不可能取得任何社会进步。所有这些看法都是正确的，非常有哲理的。因为基本的事实是：奥斯曼帝国如果要想继续立足于现代世界的民族之林，除了实行具有西方色彩的社会改革之外别无选择。

处在19世纪，一个铁路和电报时代的世界里，奥斯曼帝国古老的封建结构和传统的价值观念是根本无法保存的，事实上，历史进程的发展也很少容它有选择的自由。奥斯曼帝国要么使自己现代化，要么自行灭亡。

此外，19世纪期间，奥斯曼帝国的改革派们所面临的困难是十分巨大的，各种反对改革的力量尽管最终未能得逞，却表现得极其凶恶和异常猖獗，充满了暴力和血腥。尽管如此，帝国的改革家们还是做了不少事情。他们凭着对奥斯曼帝国社会进步和改革忠诚不渝的信念和理想，确实使奥斯曼帝国社会的各个层面发生了许多深刻的变化。旧的社会制度已经遭到了彻底破坏，以致要想使奥斯曼帝国采取一种简单地返回老路上去的政策，全面恢复旧有的制度和传统，都已经成为完全不可能的事情了，从而为日后奥斯曼帝国更加彻底的社会改革和现代化的发展打下了不可缺少的基础。

第七章
最终解体：从专制君主帝国到现代民主共和

从"坦齐马特"时期到第一次世界大战结束，是奥斯曼帝国社会转型的重要历史时期。奥斯曼帝国通过改革和革命，首先完成了由封建军事联合体向资产阶级君主立宪政体的社会转变。尤其是在青年土耳其党人的领导下，推翻了君主专制统治，使资产阶级牢固地掌握了国家的政权，并通过一系列以西方化为宗旨的社会变革，彻底地摧毁了奥斯曼帝国古老的社会契约及义务制度，推动了奥斯曼帝国社会各个层面的不断发展和进步。第一次世界大战虽然使古老的奥斯曼帝国以战败而告终，却为一个新兴的现代土耳其共和国的诞生创造了有利条件。尤其是在具有"现代土耳其共和国之父"美名的资产阶级革命家凯末尔的领导下，奥斯曼帝国的人民取得了民族解放战争的伟大胜利，并通过一系列深层的世俗化社会改革，使奥斯曼帝国最终完成了从开明君主立宪制向民主共和制的历史转变，建立了一个欣欣向荣的资产阶级现代民族主权国家。

一、青年土耳其党人与宪政运动

民族主义和自由主义是在19世纪试图摧毁奥斯曼帝国的两股力

量。奥斯曼帝国的专制统治者们对于这些危险的新思想不断进行驳斥，把西方的自由和民主说成是一种淫荡之风和无政府主义。认为这种妄图虚拟的信仰和荒诞无稽的说法，其目的是诱使一群疯狂的平民图谋不轨，在各派宗教之间进行煽动，在各个国王和各个国家之间造成不和，因此要做出这样或那样的努力，以便把它们消灭在萌芽状态。可是从自由之树折下来的这根幼枝，已经在奥斯曼帝国的土地上扎下了根。欧洲的繁荣和强大以及欧洲成功的秘密，使奥斯曼帝国那些具有新精神和更加清晰的新现实思想的人们，对于自由、平等和法治有了越来越大的兴趣。

到了19世纪上半期，在奥斯曼帝国民众中已经有越来越多的人，特别是其中有机会到西方去旅行的那些人，以及在西方式现代教育中慢慢培养出来的一批有教养的新知识阶层，已经意识到自己国家的贫困和落后，而相形之下，一个富强的欧洲，凭着它那无限的自信和进取心，似乎正在把整个世界都置于自己的掌握之中。像"为什么奥斯曼帝国在走向衰落"这样的老话题，当时已经变了一个新的说法，那就是："为什么奥斯曼帝国在衰落，而欧洲在前进和发展，欧洲成功的秘密又是什么？"

从塞利姆三世时期，在奥斯曼帝国兴起的以学习西方为宗旨的社会改革，经过马赫默德二世时期和"坦齐马特"时期，已经在把伊斯兰教和基督教隔离开来的墙上打开了一道门，从此，便不再可能对通过这道门的思想交流加以控制和选择了。对于一些抱着满腔热忱到欧洲去留学的奥斯曼青年来说，要想探索欧洲难以捉摸的力量和源泉，似乎很自然地要向欧洲生活方式以及政府职能中那些与自己国家最不相同的特点方面去寻找，这也就不可避免地使得他们的阅读和学习兴趣，多少要超出最初帝国政府为他们规定的学习专业技术的范围了。

1. 面对西方的态度

19世纪30年代至40年代的欧洲自由主义，是开明和进步的由来，它结合了理想主义者最高贵的希望和企业家与技术人员的最现实的希望，这样对于那些来到西方学习的奥斯曼青年来说，还有什么是比立宪和议会政府更加鲜明地表现为西方特色的呢？欧洲的进步和繁荣不正是同某些政治条件紧密地联系在一起的吗？这些使他们逐渐认识到，欧洲各国繁荣的基础是人口的稳步增长，农村技术的改进和保证人们安居乐业。但是这些又要求国家和人民的生命、财产、名誉以及声望都能够得到完全的保障，也就是说，需要依靠正当应用各项必要的自由的权利以及慎重地和关心备至地来维护这类保障和这些自由的权利。

到了19世纪60年代，在奥斯曼帝国当时争论的问题已不再是关于接受或者拒绝实行西方化的社会改革，而是要不要以及如何对于国家的专制制度加以限制的问题。在这种形势下，一个新型的、受过西方现代教育训练的知识分子，在一些宗教势力的帮助下，掀起了反对顽固到底的上层官僚和乌里玛的寡头独裁统治的运动高潮。这个新的宪政改革阶段不是以颁布帝国政府的法令，而是以发表文艺性宣言作为开始的。青年土耳其党的领导人不是政客，而是一些著名的诗人和作家。大约从19世纪中叶开始，由于从形式到内容都同古典奥斯曼作品迥然不同的新奥斯曼文学的兴起，大大加速了西方各种政治思潮的传播，使得奥斯曼人开始在态度上有了同西方的社会与政治态度相适应的转变，成为奥斯曼人社会变革的灵感源泉和模仿的对象。

奥斯曼新文学的创始人，一般认为应数三个人，即邢纳西、齐亚和纳米克。邢纳西是诗人、戏剧家和新闻记者。他的父亲是帝国的一名炮兵军官，他小的时候从他父亲的一位同事，一个在奥斯曼帝国军队里服役的法国逃亡者那里受到法语的启蒙教育。长大后，他本人也在帝国军队的炮兵部队供职。由于受到雷什德帕夏的欣赏，因而他随同一批奥斯曼青年人前往巴黎学习，在那里大约学习和生活了四五年。由于耳闻目睹，并受到西方进步思想的影响，他参加了震撼人心的1848年反对专制统治的欧洲革命，并把一面法兰西共和国的国旗悬挂在了巴黎的伟大的先贤祠上。在那些英勇的日子以及紧接着的随后一段时期内，作为一名巴黎青年学生的邢纳西，当然不可能不打上时代的烙印。

1850年邢纳西回到奥斯曼帝国后，又重新入了仕途，任新成立的帝国教育会议的委员。由于他处处表现出一种洋派作风，以致遭人歧视和引起人们的不满，不久被上级下令免去了他的教育会议委员的职务。从那时起，邢纳西开始越来越注意文学和新闻事业，后者对于奥斯曼帝国来说还是一种新的职业，也是一种新的表达思想的方式。从1862年起，他开始主编他自己主办的《舆论解说时报》，该报对于国内知识界有着极其重要的影响。1865年，因触怒了官方遭受到迫害，他再度前往巴黎，直到1869年才又回到国内，于1871年在帝国首都伊斯坦布尔去世。

在奥斯曼新文学三个创始人中居第二位的是齐亚。此人是奥斯曼帝国加拉塔地方海关的一个办事员的儿子。他在苏丹马赫默德二世在苏莱曼清真寺附近开办的现代世俗学校完成了学业，17岁时进入帝国政府机关。1854年，也是由于得到了帝国改革派代表人物雷什德帕夏的赏识，他被任命为苏丹的秘书，从而走上了在皇宫内府的一段新经历。正是在这个时期，他开始学习法语，不久便达到了非常精通的程度，能够把法文书籍翻译成突厥文。由于他同其他帝国改革派人物阿利和富阿德等人长期政见不和，被调离皇室内府，历任各项帝国政府中的次要职位。此后，他联合纳米克以及其他志同道合的青年人，组织了青年奥斯曼人运动。1867年，齐亚被任命为有名无实的塞浦路斯总督，实际上等于被贬。面对这种形势，他和一大帮青年奥斯曼同党一起逃往欧洲。1867年至1872年期间，齐亚一直过着政治逃亡的生活，起初在巴黎，后去伦敦，最终到了瑞士的日内瓦。在这些年里，他写了许多针对奥斯曼帝国专制统治的批判性文章。1872年，当他的主要政敌阿利和富阿德等人相继去世后，他重新获准回到奥斯曼帝国。1876年，苏丹阿卜杜勒·哈米德任命他为叙利亚总督，并授予大臣的官衔。1880年5月，齐亚在阿达纳去世。

齐亚并不是一位始终主张西方化的人。他一方面强调学习语言的重要性，另一方面又不赞成模仿西方文艺的典型，原因是他认为每一种文明都有自己的天才人物。此外，他也并不热衷于给非穆斯林的人以平等的社会地位。不管齐亚在文化和宗教方面表现得多么保守，他本人并没有因此而认为不屑于信从西方的各种思想，只不过他做了恰当的掩饰而已。其中最使他信服的是立宪政府。他多次提醒苏丹注意国家处境的艰险，建议帝国成立国民大会，认为成立这样一个大会将使奥斯曼帝国在做法上和各个文明国家取得一致，同时又不至于侵犯君主的合法权利。

奥斯曼新文学中的第三个人，是其中最富天资的纳米克。纳米克1840年出生于泰基尔达地方的一个贵族家庭，他的父亲是朝廷管星象的官员，是祖上一直都做奥斯曼帝国官的一个多少有点没落的家庭的后裔。他的母亲原是阿尔巴尼亚人，是一位地方显贵的女儿。纳米克从小在家里读书，学习法文、波斯文和阿拉伯文。他遵循与他同阶级同时代青年人所走的路，在17岁时入了仕途，在帝国海关的翻译室里找到了一个适当的职位，后来又迁升到帝国政府翻译室工作。

不久，纳米克受到邢纳西的影响，和他一同创办了《舆论解说报》，1865年邢纳西逃往法国之后，由他继任该报的主笔。最初，他的文章完全限于翻译作品，随后，由于需要应付像1863年至1864年第二次波兰革命和美国内战等一类的事件，使得他作为一名政治记者和政治评论家的观察能力更加敏锐，技巧也更加成熟。然而，他所写的有关评论奥斯曼帝国事务的文章，使他同政府当局发生了纠葛，1867年，他同齐亚以及其他奥斯曼青年党人一同逃往欧洲。

此后的三年里，纳米克一直都是在流亡中度过的，他到过伦敦、巴黎和维也纳。那时他每天忙于出版反对派的刊物，忙于学习法律和经济，忙于将西方的作品翻译成突厥文。1871年，他回到了奥斯曼帝国，又恢复了从事新闻事业的活动，并于1873年写成爱国剧本《祖国》。这个剧本激发了十分危险的民族热情，以致帝国政府不得不将他监禁在塞浦路斯，使他又在那里待了三年。1876年，专制的苏丹阿卜杜勒-阿齐兹退位后，他获准再度回到帝国首都伊斯坦布尔，并参与了关于制定帝国宪法的一些筹备工作，不过，他也像齐亚一样，被禁止作为候选人。不久，他那强烈的反专制、积极倡导自由的行动，又冒犯了新苏丹阿卜杜勒·哈米德。在此后的日子里，他的多半时间是在拘禁和流亡中度过的。1888年，他在希俄斯病逝。

2. 纳米克的政治理论

纳米克在奥斯曼帝国之所以最负盛名，是因为他是自由和祖国这两种思想的倡导人。通过连续不断地发表大量评论、文章、小说、戏剧和诗歌，他把这两种作为法国大革命特征的思想带给了奥斯曼帝国的广大民众，但都采取了适合伊斯兰传统和观点的形式。因为不管纳米克具有多么强烈的爱国主义和自由主义思想，他仍然是一位虔诚的穆斯林，他所说的祖国，尽管在用这个名称时指的是地方而不是社会，但其中带有的伊斯兰含义却并不少于奥斯曼的含义。在纳米克的一生中，他始终坚持伊斯兰的真谛和信念，并时常严厉地批评"坦齐马特"时期的改革家们，认为他们没有能够做到对古典伊斯兰传统中的精华加以保护，以致不能使得古典的伊斯兰传统对于必须由欧洲输入的各种新社会制度，发挥其鼓舞及指导的作用。他坚决维护伊斯兰教的真谛，并在欧洲人以轻侮的态度对待伊斯兰的成就时，起来进行捍卫。他甚至还竭力地宣扬和鼓吹形成一个在奥斯曼人领导下的大伊斯兰统一体的思想，这个统一体将接受和适应现代文明，并把它传播到亚非各地，从而建立起一种东方的均势，以对付欧洲的均势。

不过，纳米克本人对于欧洲文明的成就还是有着极其深刻的印象。在他看来，伊斯兰的落后只是相对的，而不是绝对的。这种落后不是由于任何伊斯兰本身内在缺陷的缘故，而只是由于西方力量的控制，剥夺了伊斯兰世界本身发展的机会所引起的。他认为伊斯兰国家必须使自身现代化，但要做到这一点，它决不应只是奴隶式地模仿欧洲而放弃自己的法律、信仰和传统。他甚至认为，情况恰恰相反，所有一切欧洲文明中最好的东西，都是出自古典的伊斯兰文明，或者是在古典伊斯兰文明中同样可以找到的，穆斯林在采纳欧洲文明这些东西的时候，便又回到了自身传统的最深刻和最真实的本质中去。在这方面纳米克所采用的论证方法，也正是历来在伊斯兰社会中出现的一种具有浪漫主义倾向和辩解式倾向的写作所常用的典型方法。其目的是要赢得西方人或者实行西方化的人对于传统伊斯兰真谛的尊重，也是要使奥斯曼帝国改革派的各种思想更加合乎正宗穆斯林的口味。

纳米克的政治理论大多来自欧洲启蒙学家孟德斯鸠和卢梭。他的有关政治实施的各种想法，则皆来自英国和法国议会。孟德斯鸠的《论法的精神》一书，是对纳米克的政治思想具有最深刻和最持久影响的著作之一。1863年，他开始发表该书的译文。后来他不断发表文章，设法把孟德斯鸠的思想解释成为是与伊斯兰法典的原则相符合的。在纳米克看来，伊斯兰法典的各项贤明而公正的法则，与孟德斯鸠所说的自然法毫无二致，同时，作为法律产生根据的"万物之本质"，也可以说指的就是那个多少带有泛神论概念的真主本身。虽然纳米克并不是第一个在奥斯曼帝国谈论人权和议会政府的人，不过他是第一个把它们相互联系起来，并且对于法律上的自由和自治有着清楚看法的人。对于纳米克来说，国家的首要责任是要持之以公正。不过他同时对于公民根据公正的原则，而要求国家必须予以尊重的政治权利，以及对于能使这类权利有所保障的各种方法也有着他清晰的看法。他曾经把这些来源于西方的思想，看成是与伊斯兰法律中的各项原则相等同的东西。

19世纪下半叶，当苏丹以及大臣们日趋严厉的血腥专制，开始使奥斯曼青年党人感到厌恶，顽固不化的老一辈开始阻挡他们前进的时候，不论在意识形态还是在反抗与革命的技术方面，他们已不再感到缺乏指导了。他们提出了计划，要求及时制订现代化的方案和社会与政治改革的方案，不打算等待两个世纪再赶上一个假定说是停滞不变的欧洲，但是他们完全低估了实行这些方案将会遇到的困难。奥斯曼青年党人认为社会进步需要靠自由的制度来促进，自由的制度要靠公共舆论来维持。因此，他们开始着手在奥斯曼帝国建立和培养一种像在西方那样起作用的公共舆论。

作为实现他们这种希望的主要媒介之一便是报纸，而报纸在西方世界所具有的重要性，很快便被他们意识到了。第一种突厥文的非官方定期刊物是每周出版的《新闻报》。1840年由威廉创办。1846年威廉去世后由他的儿子接办。该报虽然采取了官方报纸的形式和体裁，但其中国际形势所占篇幅较多。该报初创期间，曾经遇到过一些困难，一度被迫停刊。后来才又恢复发行，而且似乎还领有一笔政府补助。靠着这笔补助加上日益增长的广告收入，才使得该报能够维持下去。但也像官方报纸一样，它并没有做到定期出版。克里米亚战争的爆发，给该报的发展带来了新的机会。采访战争进行的情况由《新闻报》用副刊的形式予以发表，从而使渴望得到新闻的奥斯曼帝国的读者，对于现代国家所办报纸的作用和价值，获得了一个新的深入的认识。为了不脱离日益扩大的读者圈子，《新闻报》的编辑们开始简化报纸文字，逐渐放弃了过去和官方报纸共同采用的那种累赘的、公文程式的文体，采取了更加简单朴素的文字。除新闻外，该报还发表文章和特写，往往连续登载，这样就使得许多奥斯曼帝国的文人们初次得到了新闻文艺锻炼的机会，其中也包括邢纳西等人。

1879年奥斯曼帝国的法庭聆询

　　除平淡乏味的官方报纸以外，由私人创办的《新闻报》实际上垄断了突厥文报纸达20年之久。在这段时期内，它起到了创始者的重要作用，帮助广大读者熟悉新闻和特写，训练了这一代的报人，包括印刷者、发行者以及作为报纸业必不可少的其他附带行业的人们。1860年，《新闻报》终于不可避免地碰上了西方新闻界的另一特点：竞争。在这一年，一个帝国贵族家庭的子弟、中央政府翻译室的高级官员埃芬迪，开始创办一种新周刊《解说报》。与他合作的是青年奥斯曼党重要人物、该报的编辑和撰稿人、诗人兼现代作家邢纳西。为了应付竞争和挑战，《新闻报》改为日报，每周出版5天。在一段时期内，这两种报纸展开了激烈的竞争。然而不久，新出版的《解说报》便遇到了困难。在19世纪60年代，奥斯曼帝国日益趋向专制的气氛下，官方政府认为邢纳西及其同伙们的言论和行为，已经超出了他们被允许的自由范围。不久，《解说报》被勒令停刊，从此开创了奥斯曼帝国政府封闭报馆的先例。

　　邢纳西的言论自由受到了限制，因而在《解说报》被勒令停刊之后，便脱离了该报，而于1862年6月开始另外出版发行他自己办的《舆论解说报》。这份报纸所采取的政治立场又略微前进了一步，尽管它的进步性主要表现在文化方面，而不是政治方面。不过，邢纳西对于政治也是非常关注的，而且还不时地提到财政和法律改革的必要性。在办报方面步其后尘的，是比他更加出名的信徒纳米克。纳米克在新闻界初次露面，是1863年3月在《镜报》上发表文章，该报因发表生动有力、耸人听闻的文章而触怒了帝国政府，所以一共只出版了三期就被勒令停刊。此后，纳米克便开始为《舆论解说报》撰稿，并于1865年邢纳西去巴黎之后，接任该报主编。从他开始，该报也就变得比较直言不讳地谈起政治来了。不久他的有关国内外问题的犀利评论，便引起了帝国政府的高度关注。

相比之下，在论调和内容上更为激进的是《通告者》，该报创刊于1867年1月1日，同年3月8日出了最后一期，此后办报人集体逃往欧洲。有一段时间，该报继续在伦敦出版。同时，帝国首都伊斯坦布尔又出现了几家其他报纸，其中值得一提的是《祖国镜报》。该报创刊于1867年1月14日，它是第一个带有插图和采用祖国名称的突厥文报纸。报纸数目激增，言论日趋激烈，引起了帝国政府的注意。自从1861年苏丹阿卜杜勒-阿齐兹即位以后，帝国政府变得日益专制。1865年1月，一项新闻法令开始生效，这在奥斯曼帝国还是首创。法令就有关报纸经营事项订立了严格的条例，还规定在帝国政府内设立新闻委员会，以协助警察法庭执行法律。

由这些措施起，奥斯曼帝国便开始了一个严厉镇压的历史时期，以致后来有好几家报馆遭到查封，许多比较著名的报刊撰稿人也都纷纷逃往欧洲。在此后的数年中，一些非常重要且有影响的突厥文报纸全部都是在伦敦、巴黎和日内瓦等流亡地出版的。用其中一家报纸伦敦版创刊号上的介绍语来说："《通告者》找到了一个不禁止人说实话的国家，并且重新问世了。"奥斯曼帝国的官员们面对这类新问题，也不得不去研究关于如何影响报纸和如何控制报纸的技巧。但是，奥斯曼帝国的新闻界也在一段十分短促的时期内完成了他们由报道到评述、由评述到批判、由批判到反对、由反对到挑战的演变过程。

3. 帝国内专制与自由的斗争

关于奥斯曼帝国自由主义者反抗极权统治的历史，按一般的习惯是以1859年的被称作库勒利的事件开始。在那一年，一小撮同谋者策划推翻或在必要时刺杀苏丹阿卜杜勒-迈吉德。不幸的是，预谋被发现，主谋人作为要犯被流放到了叙利亚。欧洲的一些政治观察家把这次未获成功的预谋事件说成是奥斯曼帝国历史上第一次企图实行立宪及议会政府的尝试。实际上，自由主义和立宪思想在若干年以前便已经为奥斯曼帝国的人们知道。尽管这类思想是很不明显的，但仍曾对苏丹阿卜杜勒-迈吉德和雷什德帕夏倡导的改革有过一些影响。1845年，苏丹阿卜杜勒-迈吉德曾经试行召开过一次全国地方乡绅大会，希望批准他所提出的改革方案，但会议开得并不成功。

在奥斯曼帝国，可以完全按照自由主义方式对政府的行为提出批评以及提出一些宪政改革方案，是19世纪60年代的事情。1865年6月，一些反对帝国专制统治的自由主义者，试图组织一个确定的秘密团体。关于它的最初方案很少有人知道，只是据说作为发起人之一的阿耶图拉带着两本重要的书籍参加了第一次会议。一本书是关于意大利烧炭党的，一本书是关于波兰的一个秘密团体的。后来他们决定采取的行动方案，似乎便是根据意大利烧炭党而来的。这个团体很快得到发展，不久便号称拥有245名成员了。奥斯曼帝国王室的两位亲王，穆拉德和阿卜杜勒·哈米德对这个团体都表示有兴趣，但到后来才弄明白，阿卜杜勒·哈米德对这个团体从一开始便抱有敌意。

尽管帝国政府通过谍报人员的报告，也了解这一团体成立的有关情况，不过一直都没有对它采取任何措施。1867年，这个团体大量印发致苏丹的公开信，在信中提及关系到奥斯曼帝国情况的一些冷酷的实情，并且建议立即实行宪法及其他方面的改革。这封信使奥斯曼帝国自由主义者极大振奋，但也引起帝国政府的恐慌。帝国政府迅速而又不声不响地采取了行动。这个团体的一些主要领导人，如齐亚、纳米克等人都被流放到了安纳托利亚。

但正是在这个时候，这个秘密政治团体得到了正式命名。1867年2月初，比利时报纸《北方报》登载了一则关于费萨尔亲王在奥斯曼帝国开办银行的消息。费萨尔亲王在为更正这项错误报道而写的信中提到在奥斯曼帝国支持他的人，并称他们为"青年奥斯曼人"，这一名称无疑是从几十年前便已经在欧洲出现过的青年意大利、青年英格兰、青年法兰西、青年德意志等得到启发而采用的。这个名称被齐亚、纳米克等奥斯曼帝国自由主义者看中了，他们最后决定用"青年奥斯曼人"作为他们的政治组织和出版物的名称。1871年奥斯曼帝国宣布大赦，随后，许多奥斯曼青年党人由流亡地返回国内，通过新闻活动，继续从事他们反对专制统治，要求自由和宪政改革的活动。

19世纪70年代中期，奥斯曼帝国的社会情况急剧恶化。庞大的军费开支，苏丹的荒淫无度，再加上大臣们漫无止境的借款，使得帝国的财政陷入一片混乱。尤其是农作物的连年歉收所带来的苦难，使广大民众对社会的不满情绪变得普遍而强烈。1875年10月，大维齐尼迪姆宣布奥斯曼帝国所负的债务一律折半付息，这使得奥斯曼帝国政府在欧洲的地位和信贷受到灾难性的打击，全国各地处于一片混乱之中。1875年7月，在波斯尼亚和黑塞哥维那发生了不满帝国专制统治的群众起义。不久，这一事态迅速蔓延到了保加利亚，在那里，奥斯曼帝国的军队采取了血腥的镇压，以致引起了全欧洲各地一致发出的愤怒抗议。特别是1876年5月6日，在萨洛尼卡发生了杀害法、德等国领事的事件，使得奥斯曼帝国政府同欧洲各国之间的关系变得水火不容。从此，欧洲各国听任奥斯曼帝国走向破产，丧失信誉，并让它独自去应付北部地平线上正在酝酿着的战争。

1876年5月10日，奥斯曼帝国内部不满情绪终于达到了顶点。帝国首都里几所著名神学院的学生们，在帝国中央政府的外面举行抗议示威，要求撤换一些腐败无能的政府官员。神学院的学生举行抗议示威，这在奥斯曼帝国并不是一件新奇的事情。自从16世纪以来，他们就已在奥斯曼帝国的国家政治事务中扮演着一个极其重要、有时又危险的角色，并且也是这个国家社会发展史中有重要意义的一种现象。然而，神学院的学生想通过示威游行，来达到改换帝国政府要员的目的，这倒还是一件新鲜事。这种久已成为欧洲一些地方的传统，如今传到了奥斯曼帝国，并且为以后，特别是在那些作为奥斯曼帝国的继承国里一再发生的多次此类事件，树立了先例。

苏丹阿卜杜勒-阿齐兹在神学院学生们的巨大压力下被迫让步，两天后，他免去了腐化和保守的大维齐尼迪姆以及野心勃勃、胸怀狭窄的总法典官埃芬迪等人的职务，任命了以米德哈特为首的一批致力于社会改革的政府高级官员。然而，由于立场和观点相左，在苏丹和他的新大臣之间，完全无信任可言，一切政治摊牌已迫在眉睫。1876年5月30日，以具有改革精神而著称的米德哈特为首的大臣们，凭着由帝国总法典官署名同意废黜苏丹的判决书作为武器，并以适当的政治和军事准备为后盾，正式宣布年迈保守的苏丹阿卜杜勒-阿齐兹不再执掌朝政，而另立他的侄子、思想比较开明的穆拉德五世为苏丹。老苏丹在泪流满面地写了一封让位给他的继承人的信后，一声不响地离去了。新即位的苏丹立即下诏，要所有的大臣一律留任，并准备进行奥斯曼帝国新的社会改革。

穆拉德五世的登基，似乎是奥斯曼帝国自由主义者的一次胜利。穆拉德五世在过去一直与奥斯曼青年党人保持着联系，并且一直对他们所从事的事业表示同情。现在，青年奥斯曼党之中有许多人接受了宫廷的任命。纳米克做了穆拉德五世的私人秘书，另一位奥斯曼青年党人的重要成员萨杜拉担任了宫廷秘书大臣这样一个重要的职位。然而，自由主义者为他们的新苏丹所感到的高兴，只是昙花一现。穆拉德五世曾是一位极有才智的王子，他博览群书，特别是对于欧洲的文学、科学技术以及欧洲政治事务均颇感兴趣，也颇为了解。由于他思想开放，并一直和奥斯曼青年党人保持着联系，苏丹因而对他越来越不放心，从此，他在监视之下过着一种几乎完全与世隔绝的孤独生活。这种生活给予他的心理压力以及经常借酒浇愁的不良习惯，对于他那已经变得不正常的性格来说，都是致命的。所以等到他登基的时候，穆拉德五世已经在朝着神经错乱的方向发展了。

登基之后，穆拉德五世由于受到两次不幸事件的打击，弄得他果真神经错乱了。第一件事是老苏丹阿卜杜勒-阿齐兹的暴卒事件，他在逊位几天之后，被发现两腕割破惨死在奇拉安宫里。第二件事是他的一些亲信大臣在内阁会议上惨遭杀害，凶手是曾经任苏丹阿卜杜勒-阿齐兹之子伊泽丁亲王的副官哈桑。新苏丹因这些事件受到过度打击，竟变得无法在公共场合露面，更完全不能料理国家大事。经过帝国医生和外国医生的仔细会诊，人们似乎已经弄明白，新苏丹的病症已经无可救药了。

在对外战争和帝国内部危机两面夹击的情况下，这样一种形势不久便使人感到无法容忍了。具有改革精神的大臣们，不管他们心里怎样的不愿意，也不得不开始考虑苏丹退位的可能性。下一个苏丹继承人是穆拉德五世的弟弟阿卜杜勒·哈米德。1876年8月27日，精力充沛、具有耿直贤官美名的米德哈特前往阿卜杜勒·哈米德母亲所住的王宫去会见他，以便事先得到他对于帝国自由主义事业表示同情的诺言。这位未来的苏丹在看了由大臣们准备提出的一份帝国宪法草案之后，表示同意，并且答应予以支持。初步工作完成以后，米德哈特又从帝国的总法典官那里得到了一份根据精神失常不堪任事为理由，而准许苏丹穆拉德五世退位的判决书。8月31日，苦命的穆拉德五世被废黜，阿卜杜勒·哈米德正式宣告继任苏丹。据说，纳米克等人曾经含着眼泪苦苦哀求米德哈特暂缓让穆拉德五世退位，但最终没有结果。退位后的苏丹被带到奇拉安宫，在被囚禁了28年之后，于1904年病逝。

短短四个月内，苏丹根据自己手下大臣们的决定，两次被废，两次易人。在这一事件中，米德哈特起到了主要的组织和操纵作用。米德哈特1822年生于帝国首都伊斯坦布尔，是鲁歇克地区一个法官的儿子。当他还只有十几岁的时候，便在大维齐的办公室谋得了一个职位，从此在帝国政府里步步高升。1858年，他被准假6个月前往欧洲进修，访问过伦敦、巴黎、维也纳、布鲁塞尔等城市。回国后，他做过不同地方的总督，因勤政廉洁博得了一个能干耿直的贤官美名。1864年，他被召进帝国首都，商议关于该年草拟新地方行政法的事情。同年晚些时候，他被任命为新多瑙河省总督。在这次以及后来担任巴格达总督的任内，他都表现出杰出的治国才能，给这些省份带来了多少年来都未曾有过的安全和繁荣。1872 年 8 月，米德哈特被苏丹阿卜杜勒 - 阿齐兹任命为大维齐。然而，他却不是那种心甘情愿为反复无常和绝对专制的阿卜杜勒 - 阿齐兹充当工具的人，所以在仅仅就任两个半月后便被免了职。在此后的几年里，由于不同敌对派系在帝国政府内的操纵，他曾经担任过各个不同部门的大臣，但为期都不长，并且每次都没有什么很大的建树。米德哈特的主要政治目的就是要使奥斯曼帝国获得一个宪法。

4. 独裁味浓的新宪法

1876 年秋季，面对泛斯拉夫主义和欧洲列强的干预，奥斯曼帝国上下群情激昂，出现了一股爱国主义热潮和伊斯兰教的狂热情绪，这种气氛进一步催化了有关帝国宪法的讨论。11 月末，在米德哈特主持下的一个由乌里玛成员和文官组成的专门委员会，提出了一部宪法草案。可是等草案的最后文本呈递给苏丹阿卜杜勒·哈米德之后，他又压着迟迟不表态，最后虽然总算批准了，但宪法又加上了这么一句："凡属危及国家安全的人物，苏丹皆有权将其放逐。"1876 年 12 月 9 日，米德哈特被任命为帝国大维齐，四天以后，奥斯曼帝国历史上第一部正式成文的宪法公之于众，庆典是在刚被大雨冲刷过的帝国广场上举行的。

这部 1876 年的帝国宪法，从头至尾显露出西方的影响。它对内阁，对由苏丹任命的帝国上议院，对由选举产生的帝国众议院，对独立的司法机构以及人权法案等，都做了明文规定。但帝国的内阁并非像米德哈特最初提议的那样对议会负责，而完全是对苏丹负责，所以帝国的立宪主义者都把希望寄托于由选举产生的众议院。另外，帝国宪法还规定苏丹拥有批准立法，任命各部大臣，召集和解散议会等各项大权。这种状况的政府，一些西方评论家把它称为"有限制的独裁政府"，并认为开明的比利时宪法以及更带君主主义色彩的普鲁士宪法，为它提供了某些重要的启示作用。

奥斯曼帝国的新宪法还宣布苏丹为哈里发，宣布他本人神圣不可侵犯。虽说历史上奥斯曼帝国的统治者一直都在使用哈里发的头衔，甚至还正式载入18世纪以来所签订的一些条约中，但是没有谁像阿卜杜勒·哈米德在他当政的最后几年里那样大量地使用这个头衔，并试图给它增添新的光泽。这与当时奥斯曼帝国特别强调伊斯兰性和在伊斯兰教旗帜下团结的泛伊斯兰主义理论有关。正当亚非两大洲的大多数伊斯兰国家相继沦落为欧洲列强的殖民地时，这种理论很快便得到了相当多的人们支持，而积极倡导这一理论的奥斯曼帝国，也就很快成了反对西方化和反对西方世界的各种力量的汇合点，从而使得奥斯曼帝国现代化的历史进程更加曲折复杂。

1876年的帝国宪法再次强调了奥斯曼帝国全体臣民的平等地位。在公民的自由方面，在所有的法律权利方面，在担任政府的公职以及在当选议会议员方面，均一视同仁。宪法规定伊斯兰教为帝国的国教，但除了这一点以及苏丹的哈里发称号之外，宪法没有再提关于区分教区的事情。这一时期帝国的政治家们正全力以赴，免得帝国在危机时期出现分裂局面，而这部宪法显然是其中的一项重要措施。这在宪法的第一项条款中明确反映了出来。这项条款规定：奥斯曼帝国，包括像罗马尼亚这样的特许区在内，是一个没有任何理由可以分割的整体。其实此时的奥斯曼帝国政治家们也像"坦齐马特"时期的改革家们那样，有意要向欧洲列强表明，帝国完全有能力自行改革，有能力处理自身的问题，希望用这部宪法作为对付欧洲列强的有力武器。

1877年4月，俄国从巴尔干地区和高加索两翼向奥斯曼帝国发动了一场进攻。俄国人在19世纪前三次对奥斯曼帝国的战争中，始终打着保护他们的东正教兄弟的有宗教色彩的旗号。1877年俄国人发动的战争，则具有种族的泛斯拉夫主义色彩。在战争初期，奥斯曼帝国的军队出色地阻挡住了俄国人的进攻。可是在1878年初，俄国人越过了埃德尔纳，一路推进至帝国首都伊斯坦布尔郊区，迫使奥斯曼帝国接受了一份具有泛斯拉夫性质的条约，使奥斯曼帝国正式承认罗马尼亚和塞尔维亚完全独立。条约还划定了一个拥有大片疆土的自治保加利亚。至于俄国人自己，则拿到了比萨拉比亚以及奥斯曼帝国东部的卡尔斯和阿尔达汉等战略要地。此时奥斯曼帝国的两翼，特别是巴尔干半岛这一翼，遭到了重创。

奥斯曼帝国的巨大损失，也影响到了英国及奥地利的利益。英、奥两国生怕俄国的影响会迅速向地中海地区渗透，因此希望通过支持奥斯曼人，以阻止俄国的不断扩张。尽管对俄战争最终失败了，但是这一仗的英雄气概还是赢得了英国人对奥斯曼人的钦佩，认为奥斯曼人不愧为俄国的强劲对手。英国在其他欧洲列强的支持下，以强硬的立场诱劝俄国沙皇同意参加1878年6月在柏林召开的国际性会议，核定俄国与奥斯曼帝国已签订的和约。经过激烈的讨价还价，和约的大部分条款都被确定了下来，只是大保加利亚被砍削掉了一部分领土，塞尔维亚的版图也有所收缩，而奥地利则被允许占领并管辖波斯尼亚和黑塞哥维那。另外，根据一项强加于奥斯曼帝国的单独协议，英国

帝国议会旁的正义之塔

也获得管辖塞浦路斯并利用它作为军事基地的权力。而作为回报，英国许诺帮助奥斯曼帝国抵御俄国。因此，以上发生的种种事件再次证明，在近代历史中，奥斯曼帝国的前途命运在很大程度上，也是由一半外部因素决定的，这已属屡见不鲜的现象了。

在此期间，奥斯曼帝国宪法的事宜并未被置诸脑后。根据一项临时选举法，并利用省政府议会作为选举机构，由此推选出了奥斯曼帝国的第一批众议院议员。众议院在帝国首都伊斯坦布尔先后召开了两次会议，一次是从1877年3月至6月，另一次是从1877年12月至1878年2月。由于苏丹阿卜杜勒·哈米德和大臣们在法案提出或批准时，一味地拖延扯皮，所以众议院没有取得什么立法结果。但是众议院本身总的来说表现不错，许多议员对奥斯曼帝国的事务不仅抓住了问题的要害，而且发言切中时弊，显示出独立的见解和远大的目光。此外，穆斯林议员和基督教徒议员们之间虽然有分歧，但都能够以大局为重，在谋求奥斯曼帝国的福祉方面取得一致的意见。众议院的第二次会议适逢俄国军队突破了帝国军队的防线，正向埃德尔纳和帝国首都伊斯坦布尔步步紧逼。议员们在会上慷慨陈词，直言不讳地指责帝国政府的无能、腐败和指挥战事的不当，这一下可惊醒了苏丹。

尽管苏丹阿卜杜勒·哈米德为了登上苏丹王位，当时答应制定一部帝国宪法，但从许多史料来看，他对立宪一事从来都没有给予过任何积极的支持，也许他真正中意的是宪法草案的最后文本，因为它赋予了苏丹各种大权。

1877年2月，阿卜杜勒·哈米德意识到议会不愿受任何约束，爱怎么做就怎么做，将会给自己的统治带来许多麻烦，而且议会还有可能成为公众不满情绪的聚焦点，因此他赶在议会召开之前，抢先放逐了具有改革创新精神的大维齐米德哈特，而后者一直希望利用立宪政体来实现他关于政权机构的原始设想，即帝国的内阁对议院而不是对苏丹负责。

1883年，米德哈特和他的几位自由主义者同胞，被苏丹阿卜杜勒·哈米德下密令绞死在阿拉伯半岛麦加附近的塔伊夫地牢中。

1878年2月14日，苏丹阿卜杜勒·哈米德以俄国与奥斯曼帝国战争结束时的危急形势为借口，宣布帝国议会休会。这一休会整整持续了30年。苏丹阿卜杜勒·哈米德强行解散议会，恰恰充分说明帝国议会具有反对专制统治的潜在战斗力。奥斯曼帝国的宪法虽然被搁置了，但它始终是日后帝国政治家们回顾瞩目的一盏明灯。

二、专制君主阿卜杜勒·哈米德

1. 个人独裁者

在历史上，国内外对苏丹阿卜杜勒·哈米德的评价大都不太好。青年奥斯曼党人和青年土耳其党人，以及他们在现代共和国的思想继承人都把他看成是冷酷无情、令人厌恶的专制君三。认为他在1876年至1878年的第一次宪政和1908年革命开始的第二次宪政期间践踏了自由。西方人则因19世纪90年代奥斯曼帝国大肆屠杀亚美尼亚人而大为震惊，他们不仅把阿卜杜勒·哈米德视为暴君，还称他为"血腥的苏丹"和"该死的哈米德"。但是这些看法都未能够全面地把握住这位人物或他的时代。因为与前三任苏丹相比，阿卜杜勒·哈米德留给他那个时代的印记更加难以抹掉。在这方面，他堪与19世纪初马赫默德二世苏丹相媲美。他在历史上的所作所为，实际上使他成了这样一位人物：既是独裁者、暴君，又是改革者、奥斯曼帝国的爱国主义者，还是国际政治环境的牺牲品。他尽管极端仇视自由或是立宪的思想，但绝不完全反对帝国的改革和西方化。他认为，只要

阿卜杜勒·哈米德一世

经过审慎的选择和应用，改革和西方化便都可以成为加强奥斯曼帝国以及他个人地位的一种工具。因此，他是那个专制主义时代积极推行奥斯曼帝国现代化的真正继承者。

从阿卜杜勒·哈米德头几年统治期间奥斯曼帝国所发生的内外事件，可以解释他的一些态度和行为。从继位时发生的有关事件中，他深深地懂得，对于哪怕有一点阴谋味道的事情都应该加以猜疑。因为他毕竟是在1876年由一小撮官吏两次图谋废黜苏丹后才掌权的。所以，他自然不愿意受到那些自封为王位拥立者的庇护，也不愿意再重蹈前任苏丹的覆辙。前任苏丹阿卜杜勒-阿齐兹在放逐后的自杀，使他坚信这是王位拥立者所犯下的一件谋杀案。此外，他那位被放逐的哥哥穆拉德五世，当时还活着被监禁在王宫，但在1878年，帝国曾经不止一次发生过奥斯曼青年党人的未遂政变，企图把穆拉德五世释放出来重新登上王位。

在阿卜杜勒·哈米德统治头几年发生的外部事件同样糟糕。1878年的柏林会议宣布罗马尼亚和塞尔维亚独立并永远脱离奥斯曼帝国；保加利亚则获得自治；奥地利占领了波斯尼亚和黑塞哥维那；英国占领了塞浦路斯。此外，俄国还取得了奥斯曼帝国在欧亚具有战略意义的边疆地区。1881年，欧洲列强为了贯彻柏林会议的诺言，要奥斯曼帝国给予希腊一块相当大的北方领土。同年，法国占领了突尼斯。翌年，英国占领了埃及。由于对外关系的种种失败，阿卜杜勒·哈米德对欧洲列强的干涉格外小心，担心欧洲大国将会继续支持帝国境内少数民族的骚动，从而会给新的叛乱分子以可乘之机，所以他一心一意地想通过血腥的铁腕统治，来保全奥斯曼帝国剩下的领土。

在诸如此类事件的影响下，使得阿卜杜勒·哈米德既不愿意受帝国官僚的摆布，也不愿意听命于议会，他巧妙地利用了时局来达到他的目的，把国家大权牢牢地抓在他的手里，实行了一种君主专制统治。在他登基的六个月内，他首先利用帝国宪法赋予他的权力，撤销了帝国宪政改革运动的领导人米德哈特，并流放了他，使得帝国奥斯曼青年党人试图限制君主权力的宪政运动受挫。在此后的六年内，阿卜杜勒·哈米德不准在位的大臣们享有不受侵害权，并频繁地更换大臣，使他们的官职任期一般很少达到一年，使他们根本没有办法达到西方国家大臣们通常所拥有的广泛权力。直到1882年底，温厚老实、比较保守的赛义德出任帝国的大维齐，才使得阿卜杜勒·哈米德总算找到了一位多少可以信赖的人，奥斯曼帝国的国内外局势这时才趋向平静。

自从阿卜杜勒·哈米德流放了大维齐米德哈特，并以国家局势危急为借口解散了帝国议会之后，早在"坦齐马特"时期就已经能够看出的朝着毫不受约束的君主专制主义发展的各种趋势，这时得到了实现并达到了顶点。从1878年到1908年的30年中，阿卜杜勒·哈米德根本没有召集过一次帝国议会而统治全国，尽管他从来没有公开废除帝国宪法，而且继续把它刊列在帝国的年鉴上，但是这30年的专制统治仍然是非法的。因为奥斯曼帝国的宪法特别规定，倘若苏丹解散帝国议会，新的议会必须在六个月之内开会；帝国宪法条款不得以任何借口予以中止，而阿卜杜勒·哈米德本人是接受并亲手颁布这个宪法的。帝国宪法中并没有颁布强制苏丹行为的条文，相反，它宣布苏丹是非责任者。此外，就帝国穆斯林臣民总体而言，阿卜杜勒·哈米德的这些行为不一定不得人心。因为在奥斯曼帝国的传统影响下，议会政府对广大穆斯林根本没有意义，他们所尊敬和拥护的，还是奥斯曼帝国王室的天子后裔。他们大多数人普遍认为专制君主会慈父般地关心和帮助他的臣民。

在阿卜杜勒·哈米德统治的头十年，也正像奥斯曼帝国从18世纪开始以来任何其他时期一样，是一个积极从事变革的历史时期，并且完成了许多在过去改革年代还只是刚刚开始或是初步拟订的计划。他与前两任苏丹相比，俭朴而不奢华，饮酒有度，体力充沛，思维敏捷，虔诚笃实。这些优秀的品性使他当时在奥斯曼帝国颇有盛名，所以在掌权的早期年代，他给人们留下的印象是一位聪明能干、积极上进的君主，以个人专制和独裁来拯救和改善帝国的统治者。

阿卜杜勒·哈米德很注意博得大众的好感，这特别表现在他强调自己作为哈里发的地位，以及重视增进在伊斯兰教旗帜下面的团结。过去帝国政府在意识形态方面主要强调奥斯曼主义，而现在他则逐步强调泛伊斯兰主义，即苏丹不仅是奥斯曼帝国的君主，也是全体穆斯林的哈里发，同时又是各代哈里发的继承者。随着阿卜杜勒·哈米德专制统治的加强，奥斯曼帝国的泛伊斯兰主义也日益壮大。阿卜杜勒·哈米德泛伊斯兰主义的大部分目标，是专门为了确保阿拉伯臣民对他的忠诚。他选拔了一大批具有才干的阿拉伯人充当他的近侍，在阿拉伯地区新建或重建了几所著名的大清真寺，并鼓励广大穆斯林到麦加去朝圣。阿卜杜勒·哈米德的泛伊斯兰主义思潮最令人难忘的物质成果，是奥斯曼帝国从1901年到1908年修筑的一条从大马士革到麦地那全长800英里的铁路，而且是完全由帝国资本投入修筑的唯一铁路。此外，为了拉拢和监视阿拉伯民族的宗教领袖，他强令候任麦加沙里夫的侯赛因，住在远离圣城的帝国首都伊斯坦布尔。阿卜杜勒·哈米德强调泛伊斯兰主义，在当时确实在某些方面起到了把奥斯曼帝国的各个部门紧密联系起来的积极作用。

在阿卜杜勒·哈米德的专制统治时期，强调泛伊斯兰主义还有两个原因，但不久就合二为一。首先，它鼓励外表的虔诚而不让伊斯兰教获得新生的内在活力。因为，使伊斯兰教的教义现代化的重要思潮，主要发源于印度和埃及以及奥斯曼帝国统治地区的边缘地带。而笃信宗教、蒙昧主义和迷信无知，则是帝国首都和主要地区的基本特征。其次，它是反西方的一面旗帜。在欧洲列强向亚洲和非洲不断进行帝国主义的殖民扩张，越来越多的穆斯林屈服于西方统治的年代里，阿卜杜勒·哈米德利用人们反抗西方侵略的心理，高举泛伊斯兰主义的旗帜，至少赢得了人们在情感上团结在他这位哈里发的周围，提高了他在广大穆斯林臣民心目中的威望和奥斯曼帝国的国际地位。阿卜杜勒·哈米德当时首先得到了德国皇帝威廉二世的尊敬和支持，威廉二世在1889年和1898年两次访问奥斯曼帝国，尤其是在第二次访问时曾发表演说，宣称他是全世界3亿穆斯林的忠实朋友。

除了以宫廷为中心的君主专制和宣传泛伊斯兰主义之外，阿卜杜勒·哈米德的专制统治还包括使用新闻检查、警察、告密者和流放等手段。19世纪80年代以后，奥斯曼帝国内外局势的不断恶化，使得阿卜杜勒·哈米德更是杯弓蛇影，听不进半点来自民众不满的呼声。为此，他颁布了严厉的新闻检查法。这一时期帝国检查新闻的机构主要有两个，一个设在政府，一个设在宫廷，二者互相监督，共同对付持不同政见的报纸。因此，报纸被禁止出版或暂停发行乃家常便饭，尤其是来自国外的报纸和书刊，更是受到重点怀疑和检查。

当然，在奥斯曼帝国境内不让传播新思想是办不到的，即使在阿卜杜勒·哈米德专制统治的时代，那些被阉割了的报纸，也对于促进奥斯曼帝国的社会进步起到了一些积极的作用。至少是报纸和读者的数目在不断地增加，因而使更多的奥斯曼人养成了像欧洲人那样每天阅读报纸、关心国家大事的习惯。西方的知识，尤其是科学与文学方面的现代思想正在广泛传播。而一旦向西方打开了门户，要想重新关上就不那么容易了。即使那些被迫回避政治问题的书刊，仍在按照它们在"坦齐马特"时代的方针办事，翻译外国文学，刊登小说、诗歌和其他一些文学作品，传播有用的科学的新思想和新观念。

2. 教育与法律改革的推进

在帝国的宪政改革方面，阿卜杜勒·哈米德是一位专制的独裁者，但在教育领域，他却是一位继承了"坦齐马特"传统的改革家。在他统治时期，奥斯曼帝国的教育有了极大的发展，在他看来，教育改革是推进帝国各方面事业进一步发展的先决条件，所以他对教育改革做出了最大努力。

这一时期帝国教育改革最显著的成就，是高等教育的极大发展，无论是高等学院或是高等学院的学生，在数量上都有了很大的增加。例如，在1857年成立作为文官训练中心的米尔基耶学院，在1877年经过改组和扩充，特别是在经过修改的课程中增加了现代的科目。此外，该学院毕业的人数也由1861年第一届的33人，增加到了1885年的395人。这个作为奥斯曼帝国新成立的现代高等教育单位中的第一所纯文科学校，甚至在阿卜杜勒·哈米德统治后期的高压专制下，也始终保持为知识界的一个重要学术活动中心，同时也是培养新思潮的一块沃土。在这所学校的教师中，有像后来成为青年土耳其党人主要领导人之一的穆拉德，有著名诗人兼文艺评论家埃克雷姆，有帝国伟大的历史学家谢雷夫等人。所有这些人都是才华卓越的，并对当时帝国社会的发展具有十分重大的影响。

像米尔基耶学院一样，奥斯曼帝国的哈尔比耶陆军大学也得到了维持和扩充。另外，军医学院和普通医学院，以及少数其他学校，如炮兵、海军工程、陆军工程等这样一些从过去"坦齐马特"改革派手里遗留下来的学校，此时也都得到了很大的发展。除此之外，阿卜杜勒·哈米德还另外新建了不下18所高等及专科学校。在建立学校方面，阿卜杜勒·哈米德最大的功绩是创办了奥斯曼帝国大学。这项计划实际上早在1845年就经人提出，但由于经费短缺以及筹办人员工作不认真，以致半途而废。最后在阿卜杜勒·哈米德的大力支持下，经过长期筹备，后来被称为伊斯坦布尔大学，并于1900年8月正式开学。

奥斯曼帝国一系列教育改革的根本意义，在于它造就了一大批有文化、有理想和雄心勃勃的新型知识分子，他们具有更加清晰的现实感和历史责任感。因此，在19世纪末期，当阿卜杜勒·哈米德以及大臣们日趋严厉的专制使他们开始感到厌恶时，顽固不化的老一辈开始阻碍他们要前进的步伐时，不论是在意识形态方面还是在反抗与革命的技术方面，他们都已经不再感到缺乏指导了，他们成了奥斯曼帝国未来社会的改造与发展的强大动力。

在阿卜杜勒·哈米德统治时期，另外一项重要的社会改革是法律方面的改革，这实际上又是自"坦齐马特"时代便已经开始的那一过程的最后终结。1879年5月6日，奥斯曼帝国颁布的四项法律改革，其中的两项关系到司法及法庭组织，另外两项关系到法律的程序。阿卜杜勒·哈米德曾经下诏设立司法部，同时授权该部接管各

1876年的奥斯曼帝国骑兵

商业法庭。如今又就司法部的职能进行了改组，将所有非宗教性法庭统统拨归它管理。另一项法律就世俗法庭的条例做了规定，这是几年前为审理穆斯林及非穆斯林之间的诉讼案件而设立的一种混合法庭。

奥斯曼帝国实行这些法律变革的一个主要目的是对付其他西方国家对于帝国司法的指责，同时也是为了取消或限制根据治外法权条款给予外国人的司法特权做准备。但是在这方面，奥斯曼帝国的立法者做得并不成功。原因是对于判决执行条例和民事诉讼法，各外国使团都是不承认的，因此，这些法律也就从来没有实际应用于混合性的诉讼案件，外国人的治外法权仍然像过去一样固若磐石。当然，在一个日益走向专制及血腥镇压的年代里，奥斯曼帝国的法律改革肯定不会有多大的成效，只会使广大民众感觉到最惨痛的失望。

在其他物质生活方面，阿卜杜勒·哈米德统治下的奥斯曼帝国也朝着西方化的方向不断发展。奥斯曼帝国在欧洲资本的资助下，修建铁路，兴办矿山和公用事业。因此，绝大部分的利润以货币的形式从帝国流向海外，但奥斯曼帝国所得到的好处却是物质生活日益方便，以及随着西方资本的渗透而带来的科学技术和文化知识方面的社会进步。在克里米亚战争时期开始修建的帝国电报网，到阿卜杜勒·哈米德统治时期已经四通八达，并有着重要的双重意义。新建的电报线路，以及简化了的电码和受过专业训练的接线员，使得苏丹对各个行省进行严密的监视。另一方面，电报局里受过现代教育的技术人员，后来在许多场合同反对帝国政府的青年土耳其党人和凯末尔主义分子合作。此外，电报也成了奥斯曼帝国持不同政见者从事反专制活动的一种工具，他们可以通过电报在千里之外向奥斯曼帝国政府发出威胁，并提出社会改革的强烈要求。

与电报相比，奥斯曼帝国铁路的发展自然在长度上要短得多，但它的兴建也是件了不起的事情，是帝国朝着西方化不断前进的佐证。在阿卜杜勒·哈米德统治的那个时代，虽然租给欧洲人修建的铁路都比较短，但它已经打通了富饶的内地与附近港口城市之间的联系。例如，伊斯坦布尔和埃迪尔内经过维也纳与欧洲的铁路网在1888年联结了起来，它极大地促进了奥斯曼帝国社会经济的发展。但是，阿卜杜勒·哈米德这一时期积极倡导修建铁路，更多是从政治和军事战略利益出发，而不是注重经济上的好处。因为对于他来说，铁路是他联结遥远行省的钢铁纽带，是运输帝国军队的交通工具。1883年，他与德国签订了合同，在安纳托利亚修建铁路，先铺设到安卡拉，然后又修建科尼亚一段，这两条铁路都在19世纪90年代通车。

1903年，由德意志银行控制的巴格达铁路公司获得特许，将修建的铁路延伸到科尼亚之外，经阿马纳斯和陶鲁斯山脉沿幼发拉底河直达巴格达。这条铁路的走向完全是从欧洲列强的战略利益出发，它要求铁路远离帝国保护的地中海沿岸，并不得在安纳托利亚东北部铺设铁路。这条铁路也使得德国从原先获得的经济好处，变成了政治上的利益，它是德国与奥斯曼帝国紧密联系的象征。因此，这条铁路后来终于成了欧洲列强争议的焦点。

奥斯曼帝国铁路建设和其他经济事业能够得到迅速发展的部分原因，在于当时出现了一个机构，它起源于1875年到1876年奥斯曼帝国的财政危机。由于帝国财政信誉受到影响，加之无力偿付巨额外债，帝国便在1891年同意和持有奥斯曼公债的欧洲国家做出安排。据此奥斯曼帝国成立了债务管理局，由外国贷款人代表组成的理事会进行领导。债务管理局授权管理以各项税收为基础的帝国岁入，并垄断了处理债务的一切事宜。该局征收和分配帝国的岁入，同时成了征收其他税收的机构。此机构由于管理得当，效率很高，从而提高了奥斯曼帝国的物质福利，培养了大批优秀雇员，恢复了帝国的信誉，还为帝国的财政创造了盈余。但是，一个完全由外国人经营的半官方机构，毕竟侵犯了奥斯曼帝国的主权，后来的奥斯曼民族主义者是永远不会忘记这一点的。

在阿卜杜勒·哈米德的统治下，虽然帝国在教育、法律和社会经济发展等方面还是有所进步的，取得的成绩也是有目共睹的，但是在奥斯曼帝国的危机年代里，反抗与不满的浪潮还是从两个不同的方面兴起。一个反对派起源于非奥斯曼民族日益增长的独立主义和民族主义思想。尤其是在那些受过现代教育的阿拉伯人中间，通过阿拉伯文化复兴培植了阿拉伯民族主义的意识，因此，在许多地区都产生了要求自治的政治主张。甚至连阿尔巴尼亚此时也开始发展了类似的地方主义倾向。马其顿和克里特的希腊人则希望和他们已经独立的希腊同胞结盟，希腊自然非常怂恿这类政治活动。亚美尼亚人受到本民族文化复兴的鼓舞，也萌发了民族独立的新意识，革命组织如雨后春笋纷纷成立。由于希腊人、保加利亚人和亚美尼亚人的民族意识要高于阿拉伯人和阿尔巴尼亚人，因此，他们打算用武力取得他们在柏林会议上未能获得的自治。由于他们所居住的地区更靠近奥斯曼帝国的中心，这便引起了阿卜杜勒·哈米德的极大关注。19世纪90年代初，他组织了所谓的哈米德兵团，由非正规的库尔德边境部队组成，来全力对付希腊人、保加利亚人和亚美尼亚人。由于这些分裂主义运动的存在，奥斯曼帝国在1894年到1897年期间一直面临着一个国内国际的头号危机。

3. 附属民族的反专制斗争

从1894年至1897年，尽管城市上层分子和普通农民都不同意，亚美尼亚革命组织还是发动了连续不断的抗议示威和武装起义，但接踵而来的便是大屠杀，使得许多无辜的亚美尼亚人丧生。与此同时，克里特岛上的希腊人也揭竿而起，要求与希腊合并，其结果是奥斯曼帝国军队大肆屠杀基督教徒，以致希腊民众怒火中烧，雅典当局派兵声援起义，并在1897年向奥斯曼帝国宣战。虽然奥斯曼帝国军队取得了打败希腊人的辉煌战果，但在欧洲列强协调行动的压力下，奥斯曼帝国军队不得再向前挺进或实行领土的吞并，迫使帝国政府承认克里特岛在希腊王子乔治管辖下的自治，而赢得战争胜利的奥斯曼帝国仅得到了一笔赔款。

反对派的另一起源，是那些受过西方现代教育的奥斯曼青年人对阿卜杜勒·哈米德血腥专制统治的不满。黑暗的君主专制统治，并不能阻挡民主与自由等反对专制的观点在帝国军校学员和高等学校学生中传播。这些作为未来奥斯曼帝国的军人和行政官员的青年们，虽然接受的是帝国所能给予他们的最先进和最现代化的教育，但他们以及他们的教师，在关于怎样对他们所服务的那个国家进行管理的问题上，迟早会得出一些较为激进的结论来，那都是不可避免的事情。

第一个有组织反抗阿卜杜勒·哈米德专制统治的团体成立于1889年，正如一位奥斯曼帝国的历史学家所指出的，在法国大革命100周年的时候，发起人是四名医科学校的学生。同年5月，他们在坐落于旧皇宫和火车站之间的军医学院的花园中开会，开始密谋反对阿卜杜勒·哈米德的专制统治，实行帝国的社会改革。新革命组织很快成长起来，并从政治学校、陆军学校、海军学校、医学院以及伊斯坦布尔的其他高等院校赢得了信徒。这些新谋反者也像他们的前辈——1865

年的奥斯曼青年党人那样，效仿意大利烧炭党的办法，把人员编排为若干编号的小组，同时每个人都有一个号码。

这时，流亡国外的人士在巴黎也成立了一个有组织的革命团体。当阿卜杜勒·哈米德解散议会以后，一小部分奥斯曼自由主义者便一直居住在那里。其中一名是前奥斯曼帝国议会的议员加尼姆，他在巴黎主持出版了一种叫作《青年土耳其人报》的报纸，公开批评苏丹以及专制政权。采用这个名称，无疑是要有意识地唤起人们对19世纪60年代青年奥斯曼流亡者的回忆。国内的谋反者通过加拉塔地方的法国邮政局，一直和巴黎的革命团体保持联系。

1889年，奥斯曼帝国布尔萨教育局局长艾哈迈德·里扎获准前往巴黎参观博览会，他一到那里便加入了反抗的流亡者一伙，并成为此后青年土耳其党人中始终如一和无所畏惧的中心人物。艾哈迈德·里扎的父亲曾经任第一届帝国国会议员，后因反对阿卜杜勒·哈米德的专制统治，被流放到伊尔京，不久死于该地。他的母亲是一位皈依伊斯兰教的奥地利（或匈牙利）贵妇。他早年进入帝国加拉塔萨雷学校学习，后又被送到法国去学习农业，学完归国后被任命为布尔萨教育局局长。在法国，他深受欧洲启蒙思想家的影响，西方实证主义变成了他的主导思想。1895年，他伙同其他流亡者一道在巴黎开始出版《梅什韦雷特》半月刊。这个名字原系阿拉伯文，取自《古兰经》，意思是协商。在这里体现为早期关于协商式政府的争论所引起的一种共鸣。大概是由于受到西方实证主义所主张的秩序和进步的影响，当时在帝国首都伊斯坦布尔的革命组织，把原来奥斯曼同盟的名称改为团结与进步委员会，欧洲人称之为青年土耳其党。不久，它的领导人之一穆拉德向阿卜杜勒·哈米德呈递了一份奏折，其中列举必须予以推行的各项社会改革，并公开批评苏丹及其政权的专制统治，然后便逃往英国统治下的埃及。阿卜杜勒·哈米德马上采取了报复性措施，逮捕了穆拉德在帝国都城的许多朋友，并流放了各反对党派的知名领导人。但是奥斯曼帝国的革命者远不是能轻易被消灭掉的。相反，他们开始由理论转入实践，准备在1898年8月举行旨在废黜苏丹的武力政变。但是由于事情不慎泄露，阿卜杜勒·哈米德立即采取了行动，将所有的谋反者几乎一网打尽。

尽管第一次企图推翻苏丹专制统治的尝试失败了，但青年土耳其党人在帝国首都的宣传与组织工作，特别是在广大学生中间，还在继续加紧进行着。居住在国外的流亡者也积极支持配合，他们出版的革命刊物通过外国邮局在奥斯曼帝国广泛地流行。尤其是逃往法国的前帝国陆军大学教师艾哈迈德，秘密地同他过去的一些学生通信，并在陆军大学成立了两个革命小组。有意义的是，这两个革命小组的领导人分别是过去参加废黜苏丹阿卜杜勒-阿齐兹政变中的陆军大臣和陆军大学校长。尽管阿卜杜勒·哈米德采取了逮捕、拘禁、流放等一系列镇压手段，但青年土耳其党人领导的革命运动还是以惊人的速度在发展。当阿卜杜勒·哈米德发现反对他专制统治的革命运动的策动力主要来自国外流亡者时，于是他采取了一种和解的新手段，试图分化瓦解这些革命组织。

在国外的流亡者中，由于他们的家庭背景与社会地位以及其他方面的差异，使他们在反对苏丹专制统治的革命运动中出现了不同的政治主张和意识形态方面的分歧。到1896年底，因穆拉德由埃及迁往欧洲，同艾哈迈德·里扎互争青年土耳其党的领导权而使这些分歧更加严重。也正是在这个时候，阿卜杜勒·哈米德开始向流亡国外的青年土耳其党领导人进行拉拢。1897年8月，阿卜杜勒·哈米德派出的钦差使团，终于在日内瓦说服了穆拉德，使他放弃了反对苏丹专制统治的斗争，并回到帝国首都伊斯坦布尔当上了帝国国务会议的委员。穆拉德被阿卜杜勒·哈米德利用，以及他的一些同人更加明目张胆的背叛，使革命运动、特别是在国内，带来了一股有损士气的浪潮。尤其糟糕的是，穆拉德作为革命运动中的英雄和偶像人物，给后来的人们树立了妥协和屈服的不良榜样。

在革命的低潮时期，艾哈迈德·里扎及其追随者们，在巴黎坚决不受阿卜杜勒·哈米德及其派出的钦差大臣们的威胁利诱，继续坚持出版和发行几乎已经成为当时唯一维护青年土耳其党人革命事业的机关刊物《协商》①。1899年12月，正当青年土耳其党人无论是在帝国境内，还是在欧洲似乎都处在前途最黯淡的时刻，有一小批意想不到的主力军，戏剧性地由帝国首都伊斯坦布尔逃到了法国，从而使反对苏丹专制统治的革命运动突然之间又变得活跃起来。

4. 青年土耳其党人的活动

杰拉莱丁是一位大臣的儿子，苏丹马赫默德二世的外孙。他的妻子是阿卜杜勒·哈米德的妹妹，因此，他和阿卜杜勒·哈米德有着双重亲戚关系。他和他的两个儿子萨巴赫丁与卢特富拉出走法国，是对阿卜杜勒·哈米德的沉重打击。这些皇室成员叛逃的到来，自然给青年土耳其党人增强了很大的实力和声誉。然而在另一方面，也因他们向革命运动的领导权提出挑战，促使青年土耳其党人之间更加分裂，

---

① 即前文所提到的《梅什韦雷特》。

出现了两种截然对立的观点和立场，并且使得在奥斯曼帝国灭亡以前，执政的青年土耳其党人之间也始终是分裂的。

青年土耳其党人之间的政治分歧，具体表现为奥斯曼民族主义和奥斯曼自由主义之间的分歧。当以艾哈迈德·里扎为首的一派奥斯曼民族化越发激进的时候，以萨巴赫丁为首的比较国际化、自由化的另一派却越来越觉得必须学习西方的社会科学，吸取欧洲国家政治上非中央集权和个人创造性的优点，并努力去发展联邦化、地方分权式的奥斯曼国家观念。认为所有奥斯曼帝国中各个不同的民族和团体，都可以从各个地区的当地政府那里，从摆脱集体或政府管制的公共生活中来满足他们的愿望，保障他们的权利。

以萨巴赫丁为首的一派的政治主张，尽管在革命的最初阶段获得了一定成功，事实上却注定要失败。因为众叛亲离的民族主义和欧洲列强给奥斯曼帝国的完整性带来了日益严重的威胁，所以，地方分权如果不是一种自杀性做法的话，也是一种危险的游戏。在反对苏丹专制统治的革命运动中，奥斯曼帝国的军队具有日益显著的作用，这就使得革命运动越来越倾向于注意组织性和专业性，以致不可避免地给革命运动灌输一种权威性的中央集权主义精神。不管个人主动也好，地方分权也罢，对于这些受到过普鲁士精神训练的奥斯曼军官来说，都是没有多大号召力的。

在1902年至1906年，青年土耳其党人的革命运动不断有着新的发展，在欧洲各地出现了更多的新革命团体，甚至在帝国首都的军校和政治学院中，也再度出现了许多革命组织。随后，革命开始有了真正重大的发展，表现在带领帝国军队的军官中也成立了革命小组。这类第一个组织，似乎是由在大马士革的、后来被称为土耳其共和国之父的穆斯塔法·凯末尔在内的一小批军官，于1906年成立的"祖国与自由协会"。他们还在驻扎在雅法和耶路撒冷两地的帝国第五军团军官中间成立了支部。大约在同一时期，由在萨洛尼卡的帝国第三军团军官们所组成的革命委员会，是更加具有永久性的革命组织，穆斯塔法·凯末尔和大马士革的革命小组，对于它的最初发起起过一些积极的推动作用。

1907年，反对苏丹专制统治的革命运动又有了新的迅速发展。帝国军校的学员们如今都已经当上了尉官和校官，掌握着军队和武器。由于帝国军队装备的现代化处境比较困难，加上地方割据和外敌入侵的危险与日俱增，以致任何一位具有爱国之心和胸怀大志的青年军官都会认为，当前国家最迫切的任务便是要设法改换政体。这些人都属于占统治地位的上层社会成员，他们所受的教育就是要把自己培养成为帝国军队的指挥人员和国家的管理人员，而在苏丹的专制统治下，他们却时常抱怨英雄无用武之地。他们的政治主张是比较简单而原始的，那就是：自由与祖国，宪法与民族。

1907年12月，青年土耳其党人采取了行动，试图促成反对阿卜杜勒·哈米德专制统治的各派政治力量之间的团结。他们在巴黎举行了大会，萨巴赫丁和艾哈迈德·里扎等主要领导人都出席了会议，萨巴赫丁被推选为大会主席。这次大会所关心的是如何立即做出具有实际意义的决定，而把理论性和意识形态方面的问题搁置一边，并就当前行动的一项计划达成了广泛协议。在有关意识形态问题上，对立的两派只有一件事情达成了一致，那就是在艾哈迈德·里扎的倡议下，帝国的自由主义派和民族主义派一致肯定了哈里发和苏丹的权利。

然而，此时革命形势发展的真正中心已不再是这些国外的流亡

者，而是那些在奥斯曼帝国境内的军官们，他们在马其顿和安纳托利亚
又新成立了许多革命组织。1907年9月，以青年军官为首的萨洛尼卡革
命组织，同在巴黎的团结与进步委员会实行合并，从而给后者增添了新
的活力和声望。然而，萨洛尼卡的军官们在处理他们的政治事务中仍然
是非常独立的，他们同巴黎团结与进步委员会的合并，只是为了便于开
展革命活动，而对于意识形态方面的各种问题，他们是不太关心的。

　　1908年，全世界出现了许多令青年土耳其党人受到极大鼓舞的事
件。在远东，一个东方的立宪的日本，曾经在几年前击败了一个欧洲
的专制的俄罗斯，同时，俄罗斯和波斯也都承认这是民主制度优越性
的一种表现，并且开始实行立宪及议会政治，只不过一个采取了小心
谨慎的步骤，另一个则采取了革命的方式。此外，在欧洲，英国与俄
国的两国君主，于1908年6月9日至10日，在雷维尔的会晤，似乎预
示着奥斯曼帝国这个"欧洲病夫"的丧礼，所以帝国急需采取立宪的
治疗方法，来结束腐败无能的专制统治。尤其是在帝国境内，军队领
不到薪饷，吃不饱穿不暖，他们不顾死活地起来要求满足一些最起码
的人类需求，因而从安纳托利亚到鲁米利亚，兵变的浪潮此起彼伏。
这类兵变，在1908年的头几个月里，似乎也传播到了驻扎在马其顿的
第三军团。这时，青年土耳其党人的军官们，深感帝国内忧外患日趋
严重，他们已经做好了准备，要把这个没有能力去巩固其国防的政权
推翻。

　　此时的阿卜杜勒·哈米德也采取了严厉的镇压行动，下令相继成
立了调查委员会和惩戒委员会。有一位青年军官引起了他们的怀疑，
按照惯例，他被邀请前往帝国首都"述职并接受晋级"，这位青年军
官也很机警，他料到这项邀请来意不善，于是便潜逃到了列斯尼山

区，这个人便是青年土耳其党人执政时期的重要领导人之一恩维尔。

1908年7月4日，当时青年土耳其党人中另外一位更加重要的青年军官尼亚齐少校，也继恩维尔之后逃往山区。不过，尼亚齐不是独自秘密前往的，他还带走了相当一部分士兵、武器军火以及从连队贮藏室窃取的现款。他同时向帝国宫廷秘书处发出通电，谴责苏丹的专制统治。启程前夕，他还给他的舅爷、马纳新蒂尔行政区的长官哈基写了一封信，托他代为照顾家眷。尼亚齐后来也成了青年土耳其党人执政时期的重要领导人之一。

这时的兵变，很快蔓延到了马其顿第三军团的各个单位，不久，开始影响到了埃迪尔内的第二军团，甚至有人在光天化日之下枪杀了阿卜杜勒·哈米德派来的镇压兵变及反叛者的军队统帅。此时，青年土耳其党人的政治组织团结与进步委员会开始公开露面，收容了大量的叛兵和反叛者，并提出明确的政治要求：恢复帝国宪法。阿卜杜勒·哈米德最初还企图拒绝这项要求，并拿出已经不起作用的监视、收买和镇压兼而施之的老办法来对付革命运动领导人，但是这次所有的办法都失败了。特别是他派往马其顿负责监视汇报该地军官们是否忠诚的谍报人员被人发觉，这就更加深了军队对于加诸他们的这种无礼和侮辱的愤怒。此时，黔驴技穷的阿卜杜勒·哈米德又采取了一系列颁发勋章、晋级和保证补发欠饷的紧急措施，试图拉拢帝国军队的军官们，但还是打动不了反对他专制统治的军官们的决心。

这时萨洛尼卡和马纳斯特尔的驻军，受到青年土耳其党人组织和宣传的影响，已经公开站出来反对苏丹，并且还得到了驻埃迪尔内第二军团给予坚决支持的保证。甚至连由伊兹密尔派往萨洛尼卡去的、阿卜杜勒·哈米德认为忠诚可靠的安纳托利亚军队，也倒向了革命的一边。1908年7月20日，马纳斯特尔的穆斯林居民举行了起义，并占领了军械库。接着在其他地方也发生了革命暴动，特别在科索沃省的愤怒群众向苏丹发出了最后通牒，立誓要恢复宪法，如果苏丹拒绝的话，便在鲁米利亚另立皇太子为苏丹，同时有一支10万人的武装队伍将向帝国首都进发。经过两天的踌躇和讨论，阿卜杜勒·哈米德屈服了，决定恢复帝国的立宪政府，以确保他的王位。7月23日，他宣布帝国宪法再度生效。7月24日，帝国首都伊斯坦布尔各大报纸都刊登了将举行议会选举的官方通知，全文总共三行，没有标题。

因对报纸刊物一律实行严格的新闻检查制度，帝国首都的市民们大都对马其顿的兵变事件一无所知，所以当人们看到了这项通知以后还不知道发生了什么事情，直到第二天报纸刊登发表欢庆帝国宪法恢复的文章之后，人们才明白了帝国发生了什么事。洪水冲决了大堤，造反变成了革命，欣喜若狂的民众走上街头互相拥抱，欢庆胜利，大街小巷到处贴满了团结与进步委员会的标语口号：自由、正义、平等、博爱。苏丹阿卜杜勒·哈米德血腥专制统治的漫长黑夜已经过去了，自由的黎明已经到来，这一时期帝国作品所反映的，几乎是一种疯狂的欢乐，甚至连抱有怀疑态度的欧洲报纸，也在报道中做出了这样的反映。

三、青年土耳其党人领导下的社会改革

1. 1908年宪政革命所带来的影响

对于青年土耳其党人领导下的1908年宪政革命，许多西方观察家曾由于他们的偏见、误解或失望，把它说成是一种仅仅作为点缀橱窗的样品，是又一次为了迷惑西方而做出的一种改革姿态，骨子里却是奥斯曼传统的实际生活永远保持不变。另外还有一些持有政治阴谋历史概念的人，甚至更进一步，把青年土耳其党人说成是同奥斯曼传统毫无关系的东西，是由外国人导演的一出插曲。

事实上，青年土耳其党人领导下的革命完全不是那么一回事。这次革命是帝国历史上奥斯曼人的一次爱国运动，他们的主要目的是要把一个样样事情都搞不成的无能专制政府撤换掉，而代之以一个能够更好地维护和保卫帝国的政府，以免帝国再度遭受各种危险的威胁。在这次革命运动中起主力军作用的青年军官们，虽然对于像意识形态和救世良方这类事情不感兴趣，但他们所关心的基本问题，是他们和他们的先辈世代为之服务的那个奥斯曼帝国的存亡，所以他们的行动和立论也都围绕着这样一个中心问题来进行，问题就是如何拯救这个国家。为了这个问题，曾经草拟过不同的解决办法，并且予以试行，也许正是通过这些解决办法，才使得青年土耳其党人领导下的屡遭挫折与失败，但最终胜利的革命，对于奥斯曼现代化的发展，具有如此深远的重要意义。

在紧接着阿卜杜勒·哈米德黑暗专制统治被推翻后，而出现的享有自由的第二个帝国宪政年代里，这个古老国家的现代化发展得到了前所未有的讨论和试验的机会。代表言论自由的书籍报刊大量地涌现出来，它们对于一个现代化国家中政治与经济、宗教与民族、自由与忠诚等基础问题，展开了热烈的讨论，进行了深入的分析。革命后的新议会和行政机构，也都积极地试行筹划，并采用新型的西方式的现代管理方法。尽管随着奥斯曼帝国内外政局的不断变化，对于国家发展前途的自由讨论终于变成了缄默，政体机制的试验也终于导致了一种军事寡头政治，然而新的希望和新的要求已经形成，要想无限期地使广大民众得不到这些东西，已是永远不可能的了。

奥斯曼帝国第二个立宪政体一开始，执政的青年土耳其党人便像过去作为反对党和在国外流亡时期已经出现的那种发展趋势，又分裂成为不同的两派。一派是自由派，他们主张某种程度的地方分权，并且给予按宗教或种族划分的少数民族一些自治的权利。另一派是民族派，他们变得越来越公开地主张中央集权和由奥斯曼人来控制一切。后者的工具是青年土耳其党人的政治组织"团结与进步委员会"。最初，"团结与进步委员会"还只是不声不响地躲在幕后不肯抛头露面，后来则不顾一切地公开出来争夺国家的最高权力。而自由派则分裂成许多不同的政治组织，形成了一系列临时的党派。最初，在青年土耳其党人中间，自由温和的政治主张确实占据了优势。宪政时期最初的两位大维齐塞伊德和卡米尔都是国家元老，他们得到青年土耳其党人自由主义者的支持和其他多数人的尊敬。但是不久，不管青年土耳其党人民族派的意图如何，赛义德和卡米尔这两位国家元老几乎立刻遭到来自帝国内部和外部的一系列攻击，致使他们深感愤怒、痛心和沮丧。

青年土耳其党人在1908年革命时期，在承诺和宣布给予人们自由平等时，是诚心诚意的。当奥斯曼帝国的基督教属民及其邻邦正用具体行动证明一个多民族的奥斯曼国家是行不通的时候，奥斯曼人自己也清楚地显示出由于中央控制权的削弱所引起的一些危险迹象。1909年2月13日，"团结与进步委员会"由于种种理由而对比较自由开明的卡米尔大维齐政府产生了不满，并设法把他赶下了台，由得到青年土耳其党人民族派支持的希尔米出任大维齐，完全操纵了帝国政府的各项任命。他们还对政敌进行威吓和谋杀，他们的所作所为日益引起各方的愤怒，许多自由主义者都变成了他们的反对派。因此，在大维齐卡米尔倒台后仅仅一个月，帝国首都便发生了武装叛乱。叛乱虽然打着伊斯兰教的旗帜，实际上却采取了兵变的形式，参加者多数是驻防在帝国首都伊斯坦布尔的第一军团里面的阿尔巴尼亚士兵。他们的叛乱几乎没有遇到任何抵抗，并且同来自其他军团的叛兵以及一些神学院的学生会师。叛乱者的要求很简单，那就是："伊斯兰教法典在危险中，我们要伊斯兰教法典。"

青年土耳其党民族派领导的帝国政府在危机中变得手足无措，苏丹不得不采取过去对付社会不满情绪所一再使用的老办法，撤换大维齐和大臣，并赦免所有参加这次保卫神圣法典的叛乱士兵。4月15日，帝国政府通令各省总督，着令他们保卫伊斯兰教法典。在帝国议会中，自从革命以来一直担任议会议长职位的青年土耳其党的领导人艾哈尔德·里扎被免了职，另选宗教人士伊斯梅尔接替了他的位置。但是不久，便发生了青年土耳其党民族派对叛乱分子的还击。萨洛尼卡驻军很快接到了关于反对派武装叛乱的电报，一支由青年土耳其党人谢夫凯特将军率领的"救国军"立即乘火车开往帝国首都，他们的参谋长是穆斯塔法·凯末尔。其他随同一路前往的还有尼亚齐和恩维尔，后者在接到消息后，日夜兼程由驻柏林大使馆赶回国。救国军于4月23日抵达帝国首都伊斯坦布尔，在同叛乱者略作交锋后，次日占领了该城。武装叛乱使青年土耳其党人受到了极大的震动，于是他们便开始设法来巩固他们的统治地位，首先做的第一件事情，便是废黜苏丹阿卜杜勒·哈米德。这位逃过1908年革命的苏丹，如今却落得了一个不体面的流亡下场，最终被送到萨洛尼卡去了。

新苏丹穆罕默德·雷夏德平庸软弱，完全听命于青年土耳其党人，后者把宫廷原有官吏全部撤换，把他们指派的人员安插在重要位置上。从此以后，青年土耳其党人便成了奥斯曼帝国的真正主人。他们所谓"不分种族和信仰"的含义，几个月之后，由于8月1日的新"集会法"，以及9月27日"禁止抢劫及妨害治安法"的颁布，变得更加清楚了。其中第一项法律禁止按照种族或民族或以他们的名义来组织政治集会。第二项法律授权陆军组织"追击营"，并为解散和镇压巴尔干地区分裂分子的组织制定了强有力的措施。青年土耳其党人还采取积极步骤，第一次招募了非穆斯林的士兵入伍。

不管奥斯曼帝国宪法上的保证实际上具有多么大的诚意，时局的发展不久便使这些保证成为不可能实现的了。由于民族主义在帝国各个附属民族中的蔓延，甚至连奥斯曼人也不免受到影响，从此彻底打破了奥斯曼主义者的梦想，即由各族人民自由平等且和平地组成一个共同体，对于一个多民族、多宗教成分帝国的统治君主共同表示忠诚。

在奥斯曼帝国第二个宪政历史时期，执政的青年土耳其党人实行的专制和中央集权政策，绝非仅限于帝国的基督教属民。无论是在巴尔干地区或亚洲诸省，以及统治的其他地区，他们都执行着一种使一切奥斯曼化的政策，并企图把突厥语强加于阿拉伯人、阿尔巴尼亚人以及其他非奥斯曼的穆斯林。甚至在帝国都城，他们对待反对派的严厉和无情，也是前所未有的。不管过去苏丹阿卜杜勒·哈米德的专制统治是多么黑暗，他却总是不肯对奥斯曼人和穆斯林判处死刑，甚至在处理反对他本人的武装暴乱案件中，他也极力表示宽大，不愿意让那些统治阶级中的上层分子流血。然而，年轻、爱国、英勇和讲求效率的青年土耳其党人是不讲究这些的。在紧急平息了1909年9月的反对派暴乱之后，经过军事审判，许多暴乱者和反对派的领导人都被当众绞死。由平息叛乱国军总司令谢夫凯特将军宣布的伊斯坦布尔全城戒严，长达两年之久。当他担任了三个军团总监这样一个有强大实力的职位之后，许多自由主义者把他说成是一个独裁者，乃至一个"类似克伦威尔式的人物"。

2. 青年土耳其党人的内部危机

不过，作为一名军人，谢夫凯特将军主要关心的还是奥斯曼帝国的国防，而不是政治。但由于他的军事干预平息了武装叛乱产生的政治影响，足以使青年土耳其党人先是同帝国老一辈的政府官员与政治家们结成联盟，继而又依靠它在帝国政府里以及幕后的人员，逐渐变成了没有人敢向它挑战的帝国主导政治势力。在数年内，青年土耳其党人的统治势力始终没有发生过严重的动摇，直到1911年它才第一次遇到了来自内部的严重威胁。

1911年初，奥斯曼帝国各个社会阶层对于时局的日益不满，也在青年土耳其党人中间有了表现，从而造成了第一次重大分裂。一部分人在萨迪克上校和梅吉迪的领导下，成立了一个叫"新党"的政治组织，对青年土耳其党人遵循的各项方针与社会政策，进行了严厉的抨击。这个新成立的政治组织，很快便赢得了青年土耳其党内相当一部分人的支持。4月23日，这个组织公布了一份包括十点内容的备忘录，并列出各项要求。多数涉及更好地遵守民主和宪法的程序以及与此有关的种种改善措施，不过其中有些是属于另一类性质的事项。例如，第六点要求"在继续保持一般的宗教道德及民族修养的同时，还应利用西方文明的先进经验和产品，来发展奥斯曼帝国"；第七点要求"就宪法规定的范围内，维持及保持奥斯曼的历史传统"；同时，第九点要求还更进一步，即要求修改宪法中某些条款，以便使得哈里发和苏丹的神圣权利能够得到加强。

青年土耳其党内的分歧和矛盾，严重地削弱了这个一度具有无限政治力量的权威，降低了它的声誉。1911年11月2日，在国际形势咄咄逼人的情况下，所有反对青年土耳其党人的团体、组织和人士，共同组成了一个新的政党，即所谓的自由同盟。自由同盟的发起人，多数原来就已经是国会议员，因而他们能够在议会中立刻形成反对派。他们和青年土耳其党人的第一次真正较量，发生在自由同盟成立还只有20天的时候。外交大臣里法特被任命为驻伦敦大使，他的位置因而空缺，在为此举行的补缺选举中，参加竞选的有两位候选人，一位是代表青年土耳其党人的内务大臣梅姆杜，另一位是代表自由同盟一方的新闻记者海雷丁，最后自由派候选人以一票的优势而当选。

1911年12月11日举行的这次补缺选举，是第一次由两个代表不同政党和不同纲领的候选人参加的真正竞选。反对派候选人的胜利造成了一个前所未有的新形势，在当时的许多人看来，这一胜利像1908年革命本身那次胜利一样重要。在宪法盛世到来之后，重新享有民主自由的日子也就到来了。帝国首都的舆论已经非常突出地站在自由同盟党的一边，许多持自由派观点的著名帝国政治元老纷纷写信给苏丹，把帝国遭受的不幸都归罪于青年土耳其党人。同时，还建议和英国结成国际联盟，认为这是奥斯曼帝国防止发生进一步民族主义灾难的最好办法。

青年土耳其党人在面临自由派和苏丹联合起来反对它的危险情况下，迅速对二者采取了果断行动。首先利用报纸猛烈地抨击自由派；其次在1912年1月设法强行解散了议会，并且在4月间另外举行了一次完全由他们进行筹备和一手包办的大选。结果，在全部275名议会席位中，仅有6名态度比较温和的反对派议员当选。最后，他们把在萨洛尼卡的总部迁到帝国首都，以便更好地操纵一个肯听话的议会和一个顺从的苏丹，从而完全地掌握国家的大权。

但是，青年土耳其党人这种以非法手段搞掉合法反对派的做法，终于不可避免地招来了一个非民主非议会，而是军事性和阴谋性的新反对派的产生。在青年土耳其党人的专制统治下，一些具有自由主义信仰的青年军官，再度逃往鲁米利亚山区，掀起了新的武装叛乱。

此外，1912年5月，在帝国首都成立了一个叫作"救亡军官"的秘密政治组织，这个组织显然又是和鲁米利亚叛乱的军官们有关系。这个组织的政治要求是：撤换非法的政府及议会，取消青年土耳其党人的权力，举行新的自由选举以及恢复帝国宪法的合法性。这个以军人组成的谋反集团，也像青年土耳其党人执政时代所有其他反对党派一样，要求军队退出国家政治舞台，以便回到原来保卫帝国的任务上去，而把管理国家的事务留给那些政治家和政府官员们去做。这个组织为了表示忠于这项原则，没有接受任何文职的任命，并且也不准许自己的成员接受任何政府的任命。

1912年6月，鲁米利亚青年军官们的武装叛乱引起了人们的极大震惊。同时对青年土耳其党人政府的指责，也很快地增多了起来。这时，"救亡军官"政治组织也开始积极地行动起来。他们首先在报刊上公布了自己的政治宣言，同时通过陆军会议递交了一份致苏丹的声明。特别是他们还做了一些暗示性的军事活动和准备，并且很快收到了效果。7月17日，以青年土耳其党人组成的内阁集体辞职。7月21日新内阁组成，大维齐是学者兼军人的著名政治家穆哈塔尔。担任陆军大臣和国务会议主席的，分别是具有自由主义倾向的帝国政治元老纳泽姆和卡米尔。由于新内阁的组成，满足了反对派把青年土耳其党人赶下台的基本要求，所以其他的步骤也接踵而来。长达数年的戒严令于7月23日被解除，青年土耳其党人控制下的议会于8月5日解散。同时，所有现役军官一律宣誓并做出书面保证：不参加任何秘密的或公开的政治团体，也决不干预国家的内外事务。

然而，1912年10月爆发的巴尔干战争，对于奥斯曼帝国和上台不久的自由派政府，都是一场极大的灾难。1912年底，帝国军队又一次战败，使得帝国在巴尔干地区的领土丧尽。尤其是在1913年1月23日，当自由派内阁被人们误认为正在就一项把埃迪尔内割让给保加利亚人的建议进行审议的时候，青年土耳其党人发动了对自由派内阁的突然袭击。一小群青年军官在恩维尔的率领下，突然闯入内阁会议室，开枪打死了陆军大臣纳泽姆。年迈的政治元老卡米尔在枪口对准他的情况下，写了一封辞职书。随后恩维尔拿着这封辞职书到皇宫去见苏丹，并当面把辞职书交给了他。

3. 政变后的军事独裁者

青年土耳其党人同时在军队、警察和政府各部门都已做好准备。通过发动政变，他们又重新稳固地掌握了帝国的政权，并且设法使青年土耳其党人的铁腕人物谢夫凯特将军出任大维齐。1913年6月11

日，谢夫凯特将军在家中被人谋杀，此事被青年土耳其党人用来作为借口，逮捕并流放了一大批反对派的人士，从而把帝国的最后一点自由和民主也一概清除干净了。从那时起直到1918年，整个奥斯曼帝国实际上处于国防大臣恩维尔、内政大臣塔拉特、海军大臣杰马尔三人控制的军事独裁政府之下。

恩维尔，1881年出生于帝国首都伊斯坦布尔，父亲是一名帝国的铁路官员。他早年毕业于帝国陆军大学，不久便加入青年土耳其党，由于他在1908年的革命中扮演了重要的角色，所以在帝国博得了"自由英雄"的美名。他曾经任帝国驻柏林的武官，后来又成了一名深得人心的陆军校官。因他领导1913年1月23日的政变有功，被晋升为将军，并出任国防大臣。1914年由于他同一位奥斯曼王室的公主结婚，因而取得了大马德（驸马）的尊称。

杰马尔，1892年出生于帝国的一个军人家庭，是与锋芒毕露、放纵任性的恩维尔非常不同的另一种人。他也是帝国陆军大学的毕业生，很早就加入了青年土耳其党。1913年1月13日，青年土耳其党人武力政变后，他出任帝国首都的卫戍司令，在组织保安部队和指导他们进行保卫政府的工作方面，表现出卓越的才能。他后来出任海军大臣和叙利亚陆军司令。很多人都认为他是一位非常精通军事、富有个人威望又敢于负责的人，并且一旦断定是出于他所从事的事业所需，他就可以变得十分冷酷、狂热和无情。

塔拉特是三巨头中最能干的一个人。他1874年出生于一个贫苦家庭。在地方学校毕业后，便在埃迪尔内电报局供职。他曾经利用职业便利为青年土耳其党人做了许多事情。1908年革命后，他在青年土耳其党中得到很快的提升，担任过各种不同的政府职务，包括一段时间的内务大臣，并于1917年出任大维齐。他是一位头脑敏捷、眼光锐利的人，必要时可以表现得很有力量，但从来不狂热，也没有报复心，难怪一位同时代的西方观察家称他是"奥斯曼帝国革命时期的丹东"。

奥斯曼帝国在这三人军事寡头政治控制下，国家权力机器被拧得越来越紧。反对派政党已被完全解散，他们的领导人不是被流放，便是变得无足轻重。这一时期实行的无情镇压，一时间竟达到了近乎恐怖的统治程度。他们的统治由于1918年奥斯曼帝国在第一次世界大战中的战败才告结束，最终导致青年土耳其党人的政治组织"团结与进步委员会"自动解散，他们的主要领导人逃往国外，而帝国自由派的代言人又从流亡、隐匿和默默无闻中开始抛头露面，彼此为争取得到主持奥斯曼帝国解体的特权而争吵不休。

在由1908年到1918年奥斯曼帝国最后解体的时期内，除了短暂的空隙时间外，国家的大权始终掌握在青年土耳其党人的手中。乍一看，1908年至1918年的10年政绩确实是非常糟糕的，应该在许多问题上受到责备。他们通过暴力、镇压及恐怖的手段，把国家公共生活变成了一种野蛮行为；他们多次使军队干预政治，导致了政府军事化和将领政客化的双重恶果；尤其是他们使资产阶级立宪政府循序渐进的社会发展，完全变成了阴谋与反阴谋、镇压与暴乱、专制、丧权辱国以及战败等的恶性社会循环，最终使帝国的广大民众对革命寄予的崇高希望，很快变为失望。因此，青年土耳其党人在某些方面受到历史的谴责和审判，这也是不无道理的。

4. 改革成就

然而，在奥斯曼帝国历史发展进程中的另外一个主题，永远不该被忽略，那就是所有的青年土耳其党人最终关心的事情：奥斯曼帝国的存亡问题。像奥斯曼帝国历史上改革派的前辈那样，他们相信，要使帝国从内部腐朽和外部侵略中得到拯救，便必须对帝国及社会的各个层面进行某种根本性的变革。所以，在为巩固执政地位而激烈斗争的那些年代，青年土耳其党人都曾抽出大量时间来处理一部分此类问题，并设法通过立法和行政措施，使其得到解决。尽管他们的工作往往是计划不周的，也时常碍于当时国内外局势的变化，以致受到挫折，但不管怎样，他们还是在许多方面就就业业。尤其是从奥斯曼帝国历史发展进程的长远意义而言，青年土耳其党人不仅为奥斯曼帝国的将来传下了前几百年所取得的社会进步和成就，并且在制度、意识形态和社会发展等方面做出了巨大贡献，从而为现代土耳其民族和土耳其共和国的诞生奠定了基础。青年土耳其党人统治时期的社会成就主要表现在以下几个方面。

第一，建立了一整套行之有效的现代行政管理机构。青年土耳其党人上台执政以后，第一件迫切关注的事情，便是外省和地方上僵化教条、效率极低的行政机构。所以不久便参照西方国家的模式，拟定了一个新的省市政府行政制度，付诸实施后提高了地方官员的办事效率，加强了中央对地方的控制。所以这些行政制度在仅仅略加修改之后，便又成了土耳其共和国地方及省市政府执行司法和行政的体制。

古典的伊斯兰法律和政府制度很少涉及城市，因为伊斯兰法律不承认集体的人，在伊斯兰历史上也看不出曾经有过哪个得到承认的特权城市是具有法人地位和权力的。就好像国家是不存在的，而只有一个统治者和它的代理人，城市也是不存在的，而只有一个混杂体，它是由各自有其首领和领导人的许多家庭、许多居民区和许多行会所组成的。因此，为了改变这一传统，在帝国的首都，青年土耳其党人也做出了一些重要的和长远性的变革。通过在帝国首都建立一个更加有效的新市政组织，从而不遗余力地推行多项公用事业计划，使城市环境得到了极大的改善，逐步使帝国首都伊斯坦布尔演变成了一个现代意义上的商业城市。青年土耳其党人虽然没有能够给奥斯曼帝国带来一个民主的立宪政府，但是他们却使帝国的首都有了现代下水道，有了现代的警察和消防队，使得城市交通和公用事业的面貌焕然一新。尤其是几个世纪以来，一直在帝国首都街头游荡的有名的伊斯坦布尔狗群，经市政会议决定后予以一网打尽，运往一个无水的孤岛，令其自生自灭。从此在帝国首都的街头上，出现了一班接一班的垃圾工人和清道夫。

第二，促进了社会经济的发展。奥斯曼帝国工业的总衰退，可以一直回溯到19世纪初期，当时的奥斯曼帝国也像其他许多国家一样，正经受着不断扩张的欧洲工业资本主义的冲击，势如潮涌的大量贱价工业产品不断流入帝国的市场。在进口的货物当中，最主要的是纺织品，它使老式的帝国棉业和线业织造者受到了沉重的打击。对于其他进口货物包括铁器、刀、时钟、纸张和食用糖等，帝国的地方工业照样无法同人家竞争。到了19世纪下半叶，帝国除少数像鞋匠、成衣匠之类必不可少的当地手工艺者外，制造工业几乎消失殆尽。这时，奥斯曼帝国已经完全变成了一个原料出口国和工业制造品的进口国。造成上述情况的原因，一方面与帝国实行西方化而在服装和家庭生活用品方面引进的新需求有关，另一方面也与西方列强治外法权条款加诸帝国财政政策上的种种限制有关，但其中最主要的，是由于像奥斯曼帝国那种脆弱的旧时代经济体制，根本无法抵抗现代西方资本主义工业的竞争。

工业作为致富和取得权力源泉的价值，虽然在帝国"坦齐马特"时期的改革家们得到了实现，但他们推行的那种相当粗糙的重商主义，不论对于气象万千的19世纪，还是厄运当前的奥斯曼帝国来说，都是毫无作用的。这种重商主义掌握在一个弱得无法执行政策、穷得无法使这些政策得以实现的政府手里，只能以失败、瓦解和贫困而告终。

虽然在阿卜杜勒·哈米德这位满怀善意和具有进取倾向的君主在位时，帝国曾经建了一百多个工厂，但是这些由政府管理的工厂全部因设计不周密、缺乏效率，往往又脱离本国的需要，而只能经常依靠政府的津贴来维持一种寄生生活。其中大多数有时只经过几个月便倒闭了，到土耳其共和国时期仅剩下三个这样的工厂。至于帝国的私营工业大部分都由外国人控制或是经营的。因此，帝国民族工业的发展不可避免地受到了限制。

青年土耳其党人执政的政府，虽然也和他们同时代的多数其他政府一样，对于经济问题不像政治和行政问题那般关注，然而他们还是试图解决一些主要的社会经济问题，尤其是帝国长期遗留的土地问题。关于土地改革，帝国时期的改革家们一直没有什么重大的举措。青年土耳其党人上台执政后，1910年2月通过了一组"临时性"法律，给土地特别是其中有关集体所有权、抵押和继承权等问题，带来了重要的改革。1911年3月和1913年2月，还分别通过立法，做了进一步的修改。尤其是1913年的修改，为不动产的划定和登记以及地价和租税的估定，规定了一套正规的制度，对于从"坦齐马特"改革以来遗留下来的那种复杂而不规则的状况，确实起到了简化的作用。

另外，在奥斯曼帝国最后的几年中，由于民族主义在青年土耳其党人中间的日益高涨，使得执政的青年土耳其党人逐渐意识到，西方列强对帝国经济的渗透是对帝国主权的侵犯。他们曾经特别积极地号召民众从事更大规模的国民经济活动，来作为奥斯曼帝国获得经济解放的先决条件。此外，他们还采取了鼓励地方企业发展的许多措施，并为废除经济治外法权条款进行了坚决的斗争。1913年7月，青年土耳其党人政府成立了一个"国民消费社"，并且发动了一次鼓励民众进行国货消费以替代舶来品的运动。同年，通过了一项积极鼓励发展工业的法律。1915年，完成了帝国有史以来的第一次工业普查。

对于任何一种国民经济的发展来说，先决条件是要有一个真正的国家银行，因为当时所有的银行，包括帝国奥斯曼银行在内，全部都处在外国控制之下。1916年，青年土耳其党人政府成立了一所国家信贷银行。该银行于1917年1月正式开业，资本为400万奥斯曼镑，其中半数已预先交付，并发行了每股价值10镑的股票40万份，并明确规定只限于奥斯曼帝国的属民拥有。

在国家银行的扶植之下，其他金融企业也都开始兴办起来，特别是开办了两家保险公司。关于私人企业利用地方资本开设公司一类的事情，在报纸上得到了广泛的宣传，工厂的开业也都举行了隆重的仪式。在这一时期，各家外国公司根据帝国有关法律的规定，董事会中必须有一定人数的奥斯曼董事。1916年帝国颁布的一项法律规定各特许企业应设立突厥文的账目，经营中也要使用突厥语。

在奥斯曼帝国的衰落时期，尽管青年土耳其党人为发展奥斯曼帝国商业和工业所做出的这些努力取得的成就很少，并且随着帝国的失败和青年土耳其党领导人的逃亡而一同告终。但是，他们确实制定了许多发展国家经济的有效方针政策，只不过必须要等到以后较为有利的时机，才由土耳其共和国执行罢了。

第三，法律方面的改革成就。1908年的革命和帝国宪法的恢复，再度引起了关于引用涉及地方分权与地方政府职能分立的宪法第108条的问题，议会中关于这项法律的审议是旷日持久而又艰难的。1913年3月26日，该法在青年土耳其党人的努力下终于获得通过，这是立法者抛开伊斯兰法律原则，走向西方世俗法律原则方面的具体表现。从此，帝国便把西方关于法人团体的概念带进了该国的法律及行政机构，并一直成为土耳其共和国时期地方行政制度的基础。

此外，1917年在青年土耳其党的倡导下通过的新婚姻法，标志着在妇女权益上取得的一项重大成就。作为处理家庭婚姻以及个人事务的宗教法庭，也已拨归司法部管辖，也就是说，把一个现代的、世俗的权力机关置于诸教权阶级之上了。

第四，社会生活方面的改革成就。由前一个世纪开始的西方化运动，到青年土耳其党人统治时期，已经形成了一股社会势力。老的计时方法让位给了24小时为一天的欧式计时法。服装和生活方式的西方化程度，已经到了引起宗教当局的关注并加以申斥的地步。1914年4月，伊斯兰教教长告诫穆斯林妇女，不得穿欧式服装，否则给予惩罚。同年9月，帝国政府果真通过了一项决议，对公开违反斋月规定的穆斯林予以逮捕和罚款。

然而，这些措施丝毫不能阻挡奥斯曼帝国社会日益走向世俗化和现代化。其中一个主要原因便是青年土耳其党人在教育方面取得了很大的成就。他们在前辈改革者做出的事业基础上，又建立了一个包括由世俗初等及中等学校，到师范和专科学校，并以经过改组的伊斯坦布尔大学为顶峰的新型现代教育体系。这种新型的现代教育体系，扩大了妇女受教育的机会。首先是小学和中学，后来又是大学，一概招收女生，从而为女子进入专门行业和参加公共生活打开了道路。在帝国都城伊斯坦布尔等大中城市，许多大胆的女性居然剪短了头发，戴上了帽子，摘掉了面纱，出现在公共社交场合。特别是在战争年代，由于许多男子被军队吸收入伍参战，因而迫切需要妇女出来为社会服务。在过去，女性仅有的可能从事的职业是护士、助产士和教师，这时她们已是医生、公务人员、律师和企业家了，她们当中的许多人在1919年奥斯曼帝国战败后，为土耳其民族的复兴做出了巨大的贡献。

第五，思想及文化运动方面的成就。青年土耳其党人统治的时代最有趣和最主要的一面，也许是思想和文化生活。1908年革命胜利后，帝国宪法的恢复，使得长期以来被封闭在苏丹专制统治下的各种思想和自由意识，如一股洪流一泻千里。一系列新文艺、新政治及其他性质的刊物不断涌现出来。长期保持缄默或是遭到压抑的声音，现在又都大声地清晰地回响了起来。多年积郁在民众心中的思想，纷纷上了书报。尽管1909年4月兵变以后青年土耳其党人又重新恢复了镇压和新闻控制，但也始终没有能够真正制止住源源不断的各种新思想、新表现和新议论。随着现实生活不断发生变化，人们对于现实生活中的价值观念也发生了巨大的变化，这些变化表现得既迅猛广泛，又意义深长。

在这一时期的文学中，西方的思想再度为政治性和社会性的批评提供了理论基础。法国仍然是这些外国思想影响的主要来源，不过，曾经左右奥斯曼帝国改革派意识的18世纪启蒙思想，这时已经完全让位于19世纪的社会科学。其中第一个出现的实证主义社会学，曾经启发了青年土耳其党人就团结与进步的含义做了阐述，并对于现世的激进主义随后在奥斯曼帝国的发展，具有极大的作用。另外，西方自由主义的影响，也成为青年土耳其党人中自由派个人主动和地方分权学说的基础。最后，正是在西方的社会学中，青年土耳其党人的民族派为创立关于土耳其民族主义的详尽理论体系，找到了概念上的结构。所有这些政治学派都有一个共同的特点，那就是他们都趋向于把社会学看成是一种哲学，甚至是一种宗教，而且还把它看成是在有关道德、社会、政治甚至宗教等问题上的准神权权威的一个来源。

总之，在青年土耳其党人统治的年代里，奥斯曼帝国历史发展的进程加速了。它既出于自觉，也是形势使然。如果青年土耳其党人能够按照这一发展趋势努力下去，奥斯曼人在东方的新历史命运就将会充满极大的希望。但因为青年土耳其党人在外交决策上的失误，使得奥斯曼帝国不久卷入了第一次世界大战，并在现代战争的冲击下归于覆灭，终于耗尽了奥斯曼人的士气和忠诚。

1914年8月第一次世界大战爆发时，奥斯曼帝国能否在德、奥轴心国和英、法、俄协约国之间严守中立，此事虽不能肯定但有可能。当时奥斯曼帝国的许多臣民是支持英、法两国的，绝大部分青年土耳其党人和他们的政府内阁多数成员在1914年也是赞成中立的，可事实是，战争爆发以后，奥斯曼帝国却站在了德国一边作战。这种抉择主要是由青年土耳其党人的主要领导人恩维尔等少数人做出的。恩维尔是一位亲德派分子，他总是认为同强大的德国站在一起反对俄国，最能够实现奥斯曼帝国的利益。他老是梦想有朝一日泛突厥主义能扩展到俄国的高加索。这一抉择后来证明对于奥斯曼帝国的前途是致命的，但其结果对于现代土耳其共和国的兴起则起到了至关重要的影响。

四、凯末尔与民族解放战争

1. 反分裂斗争

1918年初，随着第一次世界大战即将结束，奥斯曼帝国这个摇摇欲坠的多民族、多语言、多宗教的庞大帝国，因军事失利、经济崩溃和政治腐败无能，终于变得奄奄一息了。长期以来在帝国民众中间产生的对于青年土耳其党领导人专制独裁的愤恨，正在不断地加深。尤其是随着以英、法等国为首的协约国军队的节节前进，使得奥斯曼帝国的整个形势变得越来越严峻。1918年7月，继任苏丹王位的穆罕默德六世登上了帝国的宝座。10月，青年土耳其党人的大臣们宣告辞职，新苏丹任命帝国自由派人士伊泽特为新的大维齐，并交给他一项谋求休战的艰巨任务。经过三天的初步协商，10月29日，一个由海军大臣劳夫率领的帝国政府代表团，登上了停泊在利姆诺斯岛的英国军舰，并于次日同协约国签订了停战协定。青年土耳其党人的三位党魁恩维尔、塔拉特、杰马尔，此时同乘一艘德国炮艇越过黑海逃跑了。一支拥有60艘军舰的协约国海军部队，于11月13日在奥斯曼帝国首都伊斯坦布尔的港口停泊了下来。12月8日，协约国在帝国首都成立了军事管理委员会，对港口、防御工事、宪兵，警察以及电车等交通工具实行了严格的管制。1919年2月8日，法国军队的统帅德斯佩雷将军，像几个世纪以前的奥斯曼帝国苏丹穆罕默德二世一样，骑着一匹由希腊人赠献的白马进入了奥斯曼帝国的首都。1919年，英国与法国的军队相继占领了靠近叙利亚和伊拉克边界的安纳托利亚中南部的几个地方，意大利军队则在安纳托利亚西南部登陆，希腊人也相继占领了伊兹密尔等城市。

与此同时，协约国正在巴黎以及此后从1919年到1920年春的一系列会议上讨论制定奥斯曼帝国必须严格履行的和平条款。此外，协约国之间达成的秘密协议还决定瓜分奥斯曼帝国的阿拉伯地区以及安纳托利亚。

1920年5月，奥斯曼帝国政府收到了巴黎和约条款。根据此项条款，奥斯曼帝国的所有欧洲领土，除首都伊斯坦布尔周围的一小块

奥斯曼帝国向协约国宣战

外，都得被割让掉。帝国的海峡一律实行非军事化管理，向一切船只开放，并置于一个国际委员会的控制之下。帝国的重要城镇伊兹密尔交付希腊管理。独立的亚美尼亚和获得自治的库尔德斯坦出现在安纳托利亚的东部，仅留给奥斯曼帝国的安纳托利亚的其余部分，也要根据另外一份协议被指定作为法国和意大利的经济势力范围。巴黎和约条款还规定全面恢复治外法权，并且奥斯曼帝国的一切财政均由协约国来控制。1920年8月10日，摇摇欲坠的奥斯曼帝国的代表不得不在塞夫勒签署这份判处奥斯曼帝国死刑的条约。因此，以后成立的现代土耳其共和国把签订条约的这一天，规定为国耻日。

在《摩德洛司停战协定》和《塞夫勒条约》签订的阴沉和沮丧的两年左右的时间里，奥斯曼帝国出现了一个广泛的民族主义运动。许多满腔热血、忧国忧民的仁人志士在色雷斯和安纳托利亚发起反抗，成立了"护权协会"。他们成功地开展了反对西方列强瓜分和控制奥斯曼帝国的斗争，在奥斯曼帝国的历史上波澜壮阔的民族主义运动由此开始了。到了1919年至1920年，这个运动的组织更为严密，协调更加有方，后成为领导奥斯曼帝国历史上伟大的民族解放运动，还找到了自己的政治领袖，他就是被世人称为"现代土耳其共和国之父"的穆斯塔法·凯末尔。

2. 土耳其国父凯末尔

在历史上，每当一个国家、一个民族处于生死存亡的危难时刻，总会涌现出许许多多治世奇才和英雄豪杰。凯末尔就是这样一位奥斯曼帝国近现代历史上充满传奇色彩的英雄人物。他不但在最后的历史关头把奥斯曼帝国从被西方列强瓜分的命运中拯救出来，而且通过在奥斯曼帝国境内实行一系列以政教分离为宗旨的世俗化社会改革，最终把一个多民族军事联合体的帝国，演变成为一个民族性的现代国家，把一个具有伊斯兰性质的君主神权国家，演变成为一个立宪民主共和国，把一种官僚封建主义演变成为一种现代资本主义，被人们称誉为现代土耳其共和国之父。

1881年的春天，凯末尔诞生于巴尔干半岛南端美丽的爱琴海城市萨洛尼卡的一个中等木材商家庭，凯末尔的祖父是萨洛尼卡地方的一名小学教员。父亲阿里·李查曾经是一名帝国政府海关的低级职员，在凯末尔童年时代，奥斯曼帝国已沦为半殖民地、半封建国家。以苏丹为首的专制统治集团的无能和卖国，奥斯曼民族的屈辱，外国人的跋扈，这时期在整个奥斯曼帝国表露得尤为明显。特别是巴尔干地区的政治动乱冲垮了他的家庭赖以为生的木材生意，父亲经受不住这个打击，在凯末尔7岁那年不幸身染重病，虽多方求医，耗尽家中钱财，但终因病情太重，不久离开了人世。社会的动荡，家庭环境的险恶，都给凯末尔幼小的心灵留下了深刻的影响。

凯末尔从小酷爱军事，似乎对军事有着天生的悟性。12岁那年，他违背母亲的意愿，偷偷考入萨洛尼卡的一所军事中等学校。在军校学习期

凯末尔

间，除军事课程外，他对数学、化学、历史、文学也都有着浓厚的兴趣。他立下宏愿，要读尽天下的好书，以历史上的英雄人物为自己学习的楷模，长大后成为国家民族的栋梁之材。随着眼界的开阔，阅历的增长，新思想的冲击，他变得更加成熟、干练，从而为日后的政治军事生涯打下了良好的基础。1895 年，凯末尔在萨洛尼卡军事中等学校以优异的成绩毕业，其后，升入玛纳斯提尔军事预备学校。他在这所学校不仅数学课程成绩优异，而且外语与化学等课程都获得优良的成绩。凯末尔的远大抱负与刻苦勤奋的学习精神，得到了校长与教师们的一致好评。从玛纳斯提尔军事预备学校毕业后，1899 年，凯末尔进入伊斯坦布尔陆军大学学习步兵。不久，他的军事才能得以崭露头角，深得有关部门的赏识，所以又让他改学军事参谋专业。1905 年 1 月毕业，被授予陆军上尉军衔。

凯末尔在伊斯坦布尔大学学习期间，正巧也是奥斯曼帝国苏丹阿卜杜勒·哈米德黑暗专制统治最严厉的年代，而陆军大学又是当时奥斯曼帝国境内秘密反抗苏丹专制统治的主要中心之一。学员们不顾学校当局采取的一切纪律性措施，偷偷地在宿舍里阅读青年土耳其党流亡分子的著作，并且相互就国家的弊病及其挽救之术交换意见。起初，凯末尔对社会政治问题不予过问，在学校里只是埋头读书，很少关心与军事无关的一些事情。但是不久，奥斯曼帝国的现状终于对他产生了影响。奥斯曼帝国的软弱，社会的不公正以及西方列强外交官的飞扬跋扈、傲慢无礼，都在凯末尔的脑海里留下了极为深刻的印象。凯末尔一面刻苦学习，一面思虑着国家的前途、民族的命运，社会的黑暗与人民的痛苦，时常使他不能合眼。他逐渐抛弃了政治上的天真，越来越深地参与青年军官中的政治活动，最终加入了青年土耳其党人的政治组织——统一进步协会，成了一名反对苏丹血腥专制统治的坚定革命者。

1905年，当凯末尔即将得到毕业证书时，由于他积极参与反对苏丹专制统治的政治活动，最终被人告发，他和几个同学一起被捕，关在皇宫里面拘押犯人的地方。经过长时间毫无结果的审讯，帝国政府把凯末尔和他的几位密友一起放逐到大马士革的第五军团去服兵役。大马士革是当时奥斯曼帝国国内外各种社会矛盾的集合点之一，奥斯曼帝国内部的阶级矛盾和民族矛盾在这里表露得最为激烈。帝国政府在那里派驻重兵，残酷镇压人民群众的反抗斗争。

凯末尔到达第五军团以后，曾经在叙利亚各地到处游览，亲眼所见苏丹专制统治下无能腐败的社会现状以及人民大众受苦受难的悲惨情景。为了把帝国从苏丹专制残暴的统治下拯救出来，在这里，凯末尔又把在军校学习期间开展的革命活动恢复了起来。他和四位可靠的战友，在大马士革成立起"祖国与自由协会"的秘密政治组织，并通过这一革命组织同许多朋友们建立起联系，团结更多的人参加革命活动。

1907年，年轻有为、充满朝气、敢想敢干、性格刚强，对军事具有一种天生悟性的凯末尔被晋升为少校，调往马其顿的第三军团任职，开始了他战功卓著、戎马倥偬的军旅生涯。随后，他同青年土耳其党的秘密政治组织同盟进步委员会取得了联系，并积极参加他们的革命活动。然而，这一时期的青年土耳其党领导人恩维尔等，刚愎自用，排斥异己，他们并没有重用像凯末尔这样一些革命品质坚强、非常有才干的青年军官。因此，在奥斯曼帝国著名的1908年革命中，凯末尔并未崭露头角。

1908年的奥斯曼帝国资产阶级革命胜利以后，因青年土耳其党人的政治纲领只满足于帝国宪法的恢复和暴君的下台，国家并未获得真正的解放和进步，革命的发展趋势与凯末尔的想法和政治信仰相冲突，为此，凯末尔十分不满。他很快脱离了青年土耳其党，一度放弃政治而专心致力于军事。他曾经先后翻译并发表了德国著名将军李兹曼的步兵排战斗操典和步兵连战斗操典，使受训的官兵颇有收益，他的军事才能得以崭露头角。

1910年，凯末尔第一次访问欧洲，参加了当年在皮卡尔迪举行的法国军事大演习，亲眼看到了欧洲经济上的繁荣和军事上的强大，接触和学习到了许多欧洲的新思想以及先进的军事科学，并通过对比，对奥斯曼帝国国势衰微、政治腐败、民众疾苦有了进一步的认识。这段经历对凯末尔日后树立治国平天下的雄心有着很大的影响。

此后，在奥斯曼帝国对意大利和巴尔干地区的战争中，凯末尔亲率部队奔赴前线，他总是身先士卒，屡建奇功。他的所作所为与军事才能，深得上级的赏识。不久，他就被任命担任大大超过他军衔的军事指挥职务。他当时只是一名少校军衔的副官，可是上级却命令他统率一个团的军队。由于凯末尔任人唯贤，不拘一格，善待士兵，深受广大官兵的衷心爱戴。

第一次世界大战前夕，对国际形势洞察敏锐的凯末尔预见到，不管奥斯曼帝国的同盟者德国是否获胜，等待奥斯曼帝国的都将是一场可怕的灾难。凯末尔曾经多次给最高军事当局建议，竭力反对把奥斯曼帝国的命运同德国拴在一起，反对听任德国摆布奥斯曼帝国的命运。但是，对德国人言听计从、希望依靠德国的武力建立以奥斯曼王室为首的突厥民族大帝国的最高政府当局，充耳不闻，无论如何都不愿意接受凯末尔的劝告和批评。1911年，凯末尔被调离帝国首都伊斯坦布尔。在此后令人惴惴不安的和平年代里，他任驻保加利亚大使馆的武官。

1914年第一次世界大战爆发，奥斯曼帝国成为以德国为首的同盟集团成员之一。1915年初，由于凯末尔本人的恳切请求和大声疾呼，不久，他被帝国政府召回国内参加战争，奉命统率当时在马尔马拉海欧洲沿岸泰基尔达地区正着手建立的"几乎属于空想"的第19师。随后，踌躇满志的凯末尔率领他的军队由泰基尔达奔赴加利波利半岛前线。一时间，战云密布、一触即发，奥斯曼帝国境内社会动荡，人心不安。凯末尔感到救国家与民族于水火之中，是一名军人责无旁贷的崇高天职。他到达前线后，亲临阵地视察，关心士兵的疾苦，人们对他充满了尊敬。

凯末尔经过周密、细致的研究部署之后，率领军队顽强地抵挡住了英国军队强大的攻势，成功保住了达达尼尔海峡，为扭转整个不利战局发挥了巨大的作用。但是，达达尼尔海峡保卫战的辉煌胜利，虽然一方面给凯末尔带来了晋升和荣誉，使他赢得了"伊斯坦布尔大救星"的美称，但另一方面也遭到了帝国政府最高军事长官恩维尔的嫉妒和猜疑。不久，凯末尔被调往距帝国首都伊斯坦布尔数百公里外的东部前线执行一项任务。因为恩维尔认为，如果把凯末尔这样一位家喻户晓、光彩夺目的民族英雄留在帝国首都，总不免过于引人注目。

1916年2月27日，凯末尔受命正式接任迪亚尔巴克尔地方的一项军职，并被授予将军军衔。在同俄国人进行了一场速战速决的战斗之后，他为奥斯曼帝国夺回了比特利斯和穆什等地，同时也为他自己赢得了新的荣誉。1917年7月，凯末尔被任命为新成立的帝国第七军军长。他曾经竭力反对青年土耳其党人军政府的轻率进攻战略，相反，他多次强调守卫国土和帝国人力与物力的必要性。他同时反对泛突厥主义和泛伊斯兰主义，认为那是幻想。他相信西方化，私下认为伊斯兰教在许多方面阻碍着社会的进步，他的思想比他的同事们更加世俗化。因此，可以公正地说，如果他早先还不是一个民族主义者，他的现实主义和独立意识也足以使他成为这样的历史人物。

1918年初，长年卧床不起的奥斯曼帝国苏丹病故，由皇太子瓦希代丁继位。瓦希代丁对具有非凡体力、超人精神和具有独创军事才能的凯末尔颇有好感，所以委任他为驻战略重地叙利亚的第七军团总司令。此时，第一次世界大战已经接近尾声，整个战局不断恶化。装备精良的英国与法国军队已马不停蹄地向奥斯曼帝国与德国军队发动强大的进攻，在很短的时间内，就把帝国与德国联军赶出了巴勒斯坦和叙利亚的广大地区，奥斯曼帝国军队兵败如山倒的噩耗纷纷传来，帝国的许多重要城镇纷纷沦陷于以英、法为首的协约国军队的铁蹄之下。

凯末尔指挥军团，在撤退下来的其他各军团的协助下，经过周密筹划，组织了多次卓有成效的反攻，并在哈来卜北部地区集中优势兵力打垮了法国军队，后又腾出手来有效地阻止住了英国军队的进攻，获得了局部战役的胜利。特别是凯末尔根据战场形势的变化，果断地命令手下虎将伊斯麦特上校率其部强渡沙姆特斯河，将英军退路切断，准备在阿勒颇以北地区同英军进行最后一场殊死之战，以雪洗民族之耻。然而，此时的奥斯曼帝国气数已尽，在军事上彻底被英、法为首的协约国军队击垮，再也无力进行抵抗了。

1918年10月3日，奥斯曼帝国正式在《摩德洛司停战协定》上签了字。停战协定规定，德国元帅应从奥斯曼帝国军队中离开，而任命凯末尔担任奥斯曼帝国最精锐的部队、闪电集团军总司令。但是，两个星期之后，精锐的闪电集团军被帝国政府勒令解散，凯末尔本人也被召返回伊斯坦布尔。1918年11月30日，当凯末尔抵达首都伊斯坦布尔的这一天，也正是以英、法为首的协约国庞大舰队开到伊斯坦布尔的同一天。奥斯曼帝国在第一次世界大战中遭受的惨败，使得凯末尔的民族自尊心受到沉重的打击，他暗中发誓一定要洗雪民族之耻。

返回首都后的凯末尔很少抛头露面，曾经引起许多人的猜疑。凯末尔时常一个人默默无语，感觉到这眼前的世界变得很茫然。在等候、期盼和焦虑之中，阴郁地度过了一段归隐生活。但是，就在凯末尔归隐期间，西方列强对奥斯曼帝国贪得无厌的疯狂瓜分以及苏丹王朝的摇摇欲坠，为凯末尔日后在政治上、军事上的东山再起，创造了良好的社会氛围。

3. 凯末尔的领导策略

早在《摩德洛司停战协定》签字之前，凯末尔就给帝国政府发去电报，陈述奥斯曼帝国对敌人无条件的投降是极其危险的。然而，软弱无能的帝国政府仍然在丧权辱国的协定上签了字，宣布奥斯曼帝国无条件投降。面对以英、法为首的协约国试图在众目睽睽之下瓜分奥斯曼帝国的狼子野心，凯末尔给帝国大维齐伊泽特将军发去一封电报，再次指出，如果帝国政府未对停战协定条款的错误之处加以争辩修改之前，就解散本国军队，敌人必然要长驱直入侵占许多地方，奥斯曼民族必将遭受灭顶之灾。但此时的奥斯曼帝国已摇摇欲坠，满朝的皇戚贵族都吓得魂飞魄散，一心只想妥协求存，根本听不进凯末尔的建议和忠告。因此，凯末尔私下将其部属的军队尽可能地悄悄转移到托罗斯山脉以北的广大地区，并采取把余存的武器和阵地设施发给奥斯曼帝国南部各省民众收藏等必要措施。这些必要措施，在后来伟大的民族独立解放战争中发挥了巨大的作用，尤其是为取得安太普、乌尔法、马拉斯等保卫战的全面胜利，提供了决定性的物质条件。

尽管凯末尔作为奥斯曼帝国硕果仅存的胜利将军而声誉昭著，但他要想在首都伊斯坦布尔组织领导民族抵抗运动，挽救危难的国家民族，却很难有所作为。苏丹及其帮凶拼命地反对一切民族主义的意识形态，认为奥斯曼帝国的不幸遭遇，都是民族主义所带来的。他们对外国侵略者提出的任何无理要求都唯命是从，根本没有一点骨气和反抗精神。苏丹政府绞尽脑汁，想方设法阻止任何群众性的反对外国侵略者的运动，害怕这类运动不仅会威胁外国侵略者的利益，而且会影响到自身的统治地位。因此，他们一方面继续遣散奥斯曼帝国军队，另一方面却听任以英、法为首的协约国军队一再违犯休战条款。苏丹政府命令在伊兹密尔的奥斯曼帝国军队不得对希腊侵略军进行抵抗，并对首都内任何反对外国侵略者的抗议活动一律采取严厉的镇压。此时的凯末尔已经敏锐地察觉到卖国求荣的奥斯曼帝国苏丹政府已经完全堕落到了不可救药的地步，成了声名狼藉的外国侵略者的代理人和人民公敌。面对越来越险峻的形势，凯末尔决心离开帝国首都伊斯坦布尔，到奥斯曼帝国当时民族主义运动非常活跃的安纳托利亚去。那里成立了全国第一批民族主义抵抗运动团体，即"保卫权利协会"。这个团体后来又相继出现于奥斯曼帝国各地，并且为各个受到外国侵略者威胁或被外国侵略者占领地区的民族主义抵抗运动树立了光辉的榜样。

凯末尔虽然早就有离开伊斯坦布尔的想法，但最终到达安纳托利亚参加组织领导奥斯曼帝国的民族独立解放运动，却完全是出于一个非常偶然的机会。

1919年初，行将崩溃的多民族军事联合体的奥斯曼帝国，到处都是各族人民的反抗，尤其是在黑海地区由希腊人组织的武装游击队的活动非常活跃，对苏丹政府在那一地区的统治威胁极大。苏丹政府为了彻底消灭这些由希腊人操纵指挥的游击队，起用了具有卓越军事才能的凯末尔，任命他为驻防在安纳托利亚黑海沿岸的萨姆松地区的奥斯曼帝国第九军团军民联合检阅使，全权负责这一地区的军政大事，他便成了一名掌握如此重要职权的领导人。虽然当时以英、法为首的协约国政府领导人，对具有爱国热情与军事才能的凯末尔的任命持怀疑态度，但苏丹政府为了维护摇摇欲坠的统治，只能起用像凯末尔这样的人才，所以仍然坚持这项任命。最后，1919年5月16日，凯末尔登上了"邦德玛号"轮船，离开了使人窒息的首都伊斯坦布尔，前往奥斯曼帝国当时的民族抵抗运动中心安纳托利亚，并在那里干出一番惊天动地的伟业，最终成为奥斯曼历史上一位叱咤风云的英雄人物。1919年5月19日，凯末尔顺利到达了安纳托利亚的东部，开始组织军事抵抗，加强奥斯曼人之间的政治团结，并为奥斯曼民族主义运动取得了外交上的承认。在今天的土耳其共和国，5月19日作为青年和平运动日，全国各地都纷纷举行庆祝，以纪念长达四年的民族解放拯救斗争的开始。

促使奥斯曼帝国民族解放运动高潮发展起来的主要原因，是凯末尔到达安纳托利亚东部前四天发生的希腊军队在伊兹密尔强行登陆的事件。根据停战条款，伊兹密尔应由协约国共同占领，但这只是表面文章。1919年5月15日，一支希腊军队在协约国军舰的掩护下，在伊兹密尔登陆。希腊军队在按照计划占领该城及其周围地带之后，继续向东推进，进入了奥斯曼帝国的心脏地区。希腊从一开始就让人明白，他们此次来到这里不是为了临时占领，而是为了永久性地吞并，是为了把安纳托利亚的西部并入一个拥有爱琴海两岸的大希腊，重新恢复君士坦丁堡希腊东正教帝国过去的辉煌。希腊人的这种伟大理想对于奥斯曼帝国具有的最终威胁，是所有有识之士都能看到的。

把其他各民族居住的遥远省份割让出去，倒还可以忍受，甚至帝国的都城被人占领也还可以容忍，因为占领者是作为胜利者一方的不可战胜的西方大国，同时这些军队迟早会退回到他们的国家去。但是一个帝国的邻邦，一个过去的附庸民族，突然冲进了帝国的心脏地带，这实在是一种忍无可忍的危险和耻辱。这时，压在奥斯曼帝国民众心灵上的愤怒，终于燃烧了起来，变成了无法扑灭的烈火。在帝国首都伊斯坦布尔，他们不顾占领军机枪大炮的威胁，纷纷举行大型的抗议集会，并且第一次着手进行秘密的抵抗运动。在安纳托利亚的厄代米什地区，少数帝国军队甚至与希腊军队发生了遭遇战，虽然未能阻止希腊军队的前进，但在希腊军队行进的沿线，广大民众都展开了游击战。

苏丹政府在给凯末尔的指令中，要求他全面恢复地方秩序，平定游击队的骚乱，解除活动于这一地区的一些穆斯林与基督教徒军事性质的团伙武装和他们的政治组织，并监督其余的奥斯曼帝国军队解除武装和进行复员的工作。然而恰恰相反，从凯末尔在萨姆松登陆的那一天起，就巧妙地利用这一机会着手与安纳托利亚地区现有的民族抵抗团体之间建立起了联系，并另外成立了许多新的抵抗团体。同时，为了武装保卫奥斯曼帝国的腹地、共同御敌，他又多方筹集经费，辛勤操劳，为成立一支抵抗外国侵略军的武装队伍四处寻找干部，进行了大量的政治、经济、军事以及舆论准备工作，为以后奥斯曼帝国民族解放战争的胜利奠定了基础。

凯末尔在安纳托利亚各地四处奔走，宣传鼓动，揭露以英、法为首的协约国扼杀奥斯曼帝国民族独立的阴谋。当时在革命队伍中，还有不少人对帝国主义国家存有幻想，企图依靠英国的保护或者美国的托管，来逃避被西方列强瓜分的厄运。凯末尔则积极主张利用民族解放战争，来保卫奥斯曼帝国的民族独立。他大声疾呼："一个民族与其作为别人的奴隶活着，还不如死了更好。不独立，毋宁死。"并严肃地指出："奥斯曼帝国唯一的出路，就是建立一个以民族主权为基础的、不受任何限制的、无条件的独立国家。"

为了组织民族抵抗武装力量，迎接即将到来的民族解放战争，凯末尔与志同道合的富阿德将军、劳夫及雷费特上校等人多次举行秘密军事会议，商讨进行民族解放战争的办法，并积极与驻防在埃尔祖鲁姆地区的帝国第十五兵团司令、著名的爱国将领卡拉贝基尔将军取得了联系，得到了他的全力支持。不久，凯末尔又向国内的一些军政当局发出一封用密码拍发的通电，借以表明他的政治观点，通电的开头语是："1.国家完整，民族独立，正处于危险之中。2.中央政府已无力履行所承担的责任。因此，应该认为国家已不复存在。3.唯有民族的意志及决心，有能力挽救民族的独立。"这些慷慨陈词，为此后数年间的奥斯曼帝国国民政治纲领定下了基调。

凯末尔在发出通电后不久，又提出了立即召开将不受任何方面影响与干涉并在全世界面前坚持本民族权利的国民议会要求，同时，通电呼吁全国各地区秘密派遣代表前来安纳托利亚这个当时奥斯曼帝国最安全、革命形势最高涨的地方。此时，著名的爱国将领卡拉贝基尔将军，也向奥斯曼帝国东部各省发出将在埃尔祖鲁姆举行商讨挽救民族危亡的代表会议的邀请。

凯末尔等人进行活动的消息传到帝国首都伊斯坦布尔之后，爱国人士感到欢欣鼓舞，而卖国求荣的苏丹政府却感到万分惊恐、坐立不安。陆军大臣要求凯末尔立即返回首都伊斯坦布尔，得知他拒不遵命后，便以苏丹的名义发出了一道终止凯末尔军职任命的敕令。为了竭力避免过早地发生任何公开背叛合法的奥斯曼帝国苏丹政府的行为，凯末尔毅然辞去了所有的军职，换上了便装，转而参加了1919年3月3日成立于埃尔祖鲁姆的东安纳托利亚保卫权利协会。这个政治组织，后来在埃尔祖鲁姆地区按照合法手续正式登记，从而为凯末尔领导的民族独立解放运动提供了合法性，成为以后同苏丹政府以及英、法为首的协约国进行斗争的重要政治工具。

1919年7月23日，由东安纳托利亚保卫权利协会发起召开的东部各省代表大会，在埃尔祖鲁姆开幕。凯末尔在第一天就被定为大会主席。会议开了二十多天。这次会议最重要的成就，是起草了一项后来被称为国民公约宣言的初稿。会议宣布，在必要时它有成为奥斯曼帝国临时政府的权力。

会议期间，卡拉贝基尔将军接到了来自首都伊斯坦布尔苏丹政府的命令，要求他立即逮捕凯末尔等爱国人士，并且由他接替凯末尔的第九军团军民联合检阅使的职务，但卡拉贝基尔将军断然拒绝。

9月4日，由来自全国各地的代表参加的更为重要的第二次代表大会在瑟瓦斯正式开幕，凯末尔再度当选为大会主席，并亲自指导大会的讨论。这次大会的主要任务，是要把埃尔祖鲁姆会议的政治成果扩大到全国范围，并通过决议，成立了奥斯曼帝国全国统一的政治组织——"安纳托利亚和隆美利亚保卫权利协会"，下面设立一个以凯末尔为首的常任代表委员会，直接领导奥斯曼帝国的民族解放运动。

此时的奥斯曼帝国首都伊斯坦布尔社会动荡，政治上一片混乱。一些伊斯兰教上层僧侣，一些著名的青年土耳其党人，以苏丹政府海军大臣饶夫贝伊为首的一群将军以及一些大资本家，非常同情并附和全国护权协会，但他们又坚决表示要保留苏丹制度和哈里发制度。此时的民族主义运动具有强烈的伊斯兰主义色彩，苏丹和哈里发仍然被承认为合法的统治者。凯末尔虽然早就怀有建立世俗共和国之志，此刻却非常谨慎，以免伤害帝国民众忠于苏丹和哈里发的感情。

凯末尔为了团结更多具有广泛政治影响的人参加民族统一战线，审时度势地决定暂不攻击苏丹和哈里发，而只攻击反动的大维齐费里特，强烈谴责他向苏丹政府隐瞒真情，无视民族权利，冒犯苏丹的威严与荣誉，影响了君主与人民之间的团结。凯末尔宣布苏丹目前因为置于协约国控制之下，所以在伊斯坦布尔的帝国政府未能真正代表国家之前，他所领导的代表委员会应起到国民意志代言人的作用。

不久，顽固反动的费里特被撤销了大维齐职务，改由对全国护权协会态度比较温和的里扎将军接任大维齐职位。他一上台就同凯末尔举行了多次谈判，并达成了某种程度的协议，其中涉及苏丹政府实际上对以凯末尔为首的全国护权协会的承认以及对全国护权协会纲领中主要政治原则的接受。

在爱国革命者的游说和压力下，奥斯曼帝国举行了成立新帝国议会的选举。1920年1月20日，新议会正式在帝国首都伊斯坦布尔开幕，民族主义分子及其同情者取得了新议会中的大多数席位，在新选出的议员中，有些便是来自安纳托利亚全国护权协会的重要成员。凯末尔由于感到去首都伊斯坦布尔有危险，便留在了安卡拉。两周以后，新议会表决通过了以埃尔祖鲁姆和瑟瓦斯宣言为基础的国民公约，从而确立了关于领土完整和民族独立的基本政治要求。这时凯末尔和民族主义运动的政治组织代表委员会已经在安卡拉站稳了脚跟，加上在帝国的首都还有一个对他们表示同情的新议会以及苏丹政府对他们在某种程度上的承认，似乎凯末尔领导的民族主义运动正处于一种坚强有力的地位。

4. 正式更名"土耳其"

随着奥斯曼帝国民族革命形势的高涨，在首都伊斯坦布尔的爱国者们这时变得更加活跃起来，他们不仅在舆论上广泛支持凯末尔与全国护权协会，还袭击了协约国军队的军械库，把夺得的战利品送往安纳托利亚全国保护权利协会所在地。这一切都震惊了协约国占领军，他们采取了一系列严厉的应付措施。首先迫使大维齐里扎将军辞职，由敌视民族革命运动的海军大臣萨利赫接任他的职位，并派协约国军队开入首都伊斯坦布尔奥斯曼人居住区，逮捕全国保护权利协会成员及其同情分子。当时被捕的知名人士共计有150人左右，其中还有不少议会议员，都一律被关押在马耳他岛。他们这些人，直到1921年下半年同在安纳托利亚被民族革命派捉住并作为人质扣留下来的英国军官实行交换时，才获得释放。

1920年3月18日，在首都伊斯坦布尔奥斯曼帝国新议会举行的最后一次会议上，一致通过一项抗议逮捕国会议员的决议后，宣布无限期的休会。从此，再没有举行过会议，最后在同年的4月11日，经苏丹同意予以解散。此时的形势急转直下，因此，在议会宣布休会的第二天，忧心如焚的凯末尔立即发表声明，要求举行选举，以便成立一个新的紧急大会。在凯末尔的亲自主持下，紧急大会自1920年4月18日起，在已经成为"代表委员会"所在地的安卡拉举行。一时间，这个风景如画的安纳托利亚小山城，变成了奥斯曼帝国民族抵抗运动的大本营，变成了奥斯曼帝国民族独立解放运动的实际首都。

协约国军队的这次镇压行动与上次希腊军队在伊兹密尔登陆一样，对于奥斯曼帝国的民族主义者来说，是一次新的推动和促进，使凯末尔领导的民族解放运动转化成了一个有效的独立政府。1920年4月23日，一批被称为大国民议会的代表，在安卡拉举行了正式会议，选举了大国民议会政府，这一天就成了以后土耳其共和国的国庆日，也叫作儿童和国家主权日。大国民议会政府并没有宣布废黜苏丹，只是声明由于苏丹是协约国的俘虏，所以只有大国民议会政府才代表国家。第二天凯末尔当选为大国民议会主席，并主持了部长会议。1921年1月大国民议会颁布的法律把这一组织具体化了，法律宣布主权无条件属于国家。这个国家现在第一次被正式称为"土耳其"。

甚至到了此时，大国民议会的代表们仍然非常不愿意采取任何可能被认为是叛逆行为的行动，而是想尽一切办法来保持政治运动的合法性。以凯末尔为首的民族革命派，尽可能地在各种公开场合表示他们对奥斯曼帝国苏丹兼伊斯兰教哈里发瓦希代丁的忠诚，并且重申要把他从外国侵略者手中抢救出来的愿望。但是不久，随着双方斗争的白热化，这种妥协的可能性也就不复存在了。

1920年4月28日，苏丹再度召回反动透顶的外国侵略者的鹰犬费里德为大维齐，并且成立了讨伐民族革命派的讨逆军，任命长期以来一直同民族革命派为敌的安扎费尔为总司令，开始向民族革命派发动新的猛烈攻击。此外，伊斯兰教教长埃芬迪也发布了一道通令，宣称遵照哈里发的命令和宗教义务，要杀死所有的叛逆者。5月11日，经帝国首都伊斯坦布尔军事法庭缺席审判，郑重其事地宣判凯末尔等其他民族革命派领导人死刑。此时的苏丹和他的政府正准备利用宗教、政治、军事等一切手段，向安纳托利亚的民族抵抗运动大本营，发动最为猛烈的进攻。这些行动使得安卡拉政府与苏丹政府之间几乎不可能再有任何和解。

面对以苏丹为首的反动政府的倒行逆施，民族革命派给予了坚决有力的还击。以凯末尔为首的大国民议会首先任命了一个大臣会议，其次让安卡拉的法典官伯雷克奇扎代替原伊斯兰教教长埃芬迪的职务，并在安纳托利亚其他152名法典官的一致赞同下，发布了一道通令，宣布大维齐费里德为叛徒、卖国贼；宣布在外国侵略者强迫下苏丹政府发布的任何命令无效，呼吁所有的穆斯林行动起来，把他们的哈里发从囚禁中解放出来。

不过，民族革命派当时的这些措施，在用来抵制像苏丹、大维齐、伊斯兰教教长等历史悠久的拥有极高声势的至尊人物方面，只起到了极其有限的作用。同时，在安纳托利亚的许多地方，因首都伊斯坦布尔苏丹当局的鼓励和支持，发生了反对民族革命派的骚乱与暴动，弄得民族革命派甚至在安卡拉附近也得不到安宁，时局日趋紧张。

此时，形势的发展对以凯末尔为首的民族革命派越来越不利，使他们确实感到有些为难，陷入了被反动武装四面包围的困境。他们既要抵挡装备精良、来势汹汹的苏丹军队，又要时刻提防以英、法为首的协约国军队的武装干涉。当时在奥斯曼帝国民族独立解放运动的心脏地区安纳托利亚，西部是英国支持下的希腊侵略军，法国军队则在叙利亚边境不断向奥斯曼帝国进攻，而意大利军队也相继占领了安塔利亚等地区，并且还不断进行挑衅。从民族革命派本身来说，关键性的问题主要是缺乏一支训练有素、统一指挥的正规军。虽然在镇压反叛和粉碎苏丹军队进攻的战斗中，游击队起到了很大的作用，在抗击外国侵略军的战斗中，游击队也表现得英勇善战、不怕牺牲，但是，分散、不统一的游击队在装备精良、训练有素和组织指挥系统完备的西方列强侵略军面前，却处处表现出了劣势和被动。

不过，到了1920年下半年，整个形势的发展开始变得对民族革命派越来越有利。在西方，以英、法为首的协约国终于为处理奥斯曼帝国这个博斯普鲁斯海峡的"欧洲病夫"留在人世间的财产做出了最后的安排。经过在伦敦和圣雷莫一系列幕后的肮脏交易与喋喋不休的争吵之后，他们起草了一份条约。1920年8月10日，在色佛尔由协约国家与奥斯曼帝国苏丹政府的代表在上面签了字。对于奥斯曼帝国来说，《色佛尔条约》是一个内容非常苛刻、丧权辱国的不平等条约。根据这个条约，奥斯曼帝国将支离破碎，陷入绝境，变成了一个有名无实的国家，仅能依靠吞并了它最富庶地区的那些西方列强的怜悯和宽容来生存。这比强加于当时在第一次世界大战中战败的德国的条约还要严厉得多。因此，《色佛尔条约》的签订，在奥斯曼帝国境内引起了广大民众对于接受这项条约的苏丹政府的极大反感，并把签订条约的那一天定为国耻日。凯末尔代表安卡拉革命大本营发表声明，坚决拒绝接受该项条约。

此时的苏丹政府内部也发生了分化，一些对所签订条约不满的大臣和重要官员，纷纷投奔加入了民族革命派的安卡拉政权，把自己同奥斯曼帝国的民族独立解放事业紧密地联系在一起。因而在奥斯曼帝国人民的眼里，似乎所谓不忠不敬的正是那些反对安卡拉民族政权的人，而不是坚决支持这个政权的人，凯末尔成了他们心目中的民族大救星。

5. 民族解放战争三大步

奥斯曼帝国的民族解放战争共分为三个阶段。在第一个阶段中，凯末尔率领游击队在阿达纳、腊代加和济安普特等地，曾经有效地阻止过法国侵略军，使他们没有能够越过雷池半步。然而，在著名的安特鲁战斗中，由于游击队在人数上与武器装备上都远远不及敌方，虽然经过了十个多月的浴血奋战，终因敌我力量悬殊，遭到惨败，几乎丧失了全部人马和武器装备。凯末尔肩部负伤后，仅带着剩下不到500人的队伍，西渡萨卡里亚河撤往山区。而此时的10万希腊侵略军，则凭借着协约国雄厚的财政和大量武装的支持，更是气势汹汹，不可一世，占据了奥斯曼帝国的许多重要城市和大片土地，奥斯曼民族到了生死存亡的历史时刻。

军事上的失败并没有使凯末尔沮丧、绝望，他以一个军事战略家的眼光，很快找出了失败的主要原因，并做出了正确的决定，这就是政治纲领确定之后，急需建立一支纪律严明、指挥统一、英勇善战、能够担负起民族革命战争主力军的正规部队。凯末尔为了建立这支正规部队，与他的助手们到处招募参加过第一次世界大战的退伍军人。他过去的许多老部下、老战友也纷纷脱离苏丹政府，率领数百人、数千人甚至数万人参加了新组建的国民军。

1921年初，奥斯曼帝国的民族解放战争进入了第二个阶段。在战斗的初期，同样还是外国侵略军占据了上风。新组建的国民军仓促应战，处处被动挨打，形势十分严峻。军事上的接连失败和人员所遭受的重大伤亡，时常使凯末尔彻夜难眠，变得很茫然，甚至心存退意。有些重要的领导人也建议凯末尔与苏丹政府妥协，接受协约国的条约。经过数日痛苦的反思，再三考虑，他觉得妥协与退让，只能最终导致奥斯曼帝国被瓜分，摆脱不了灭亡的命运。在一次重要的军事会议上，凯末尔慷慨激昂地对他的部下说道："为了国家民族的利益，只能殊死一战，决不能仅顾虑个人的荣辱安危。"一句豪言壮语，反映出凯末尔大义凛然、报效国家民族、平定天下的大志向，他不愧为挽救奥斯曼民族的中枢人物。

凯末尔决定重整旗鼓，发动民众。一方面利用协约国之间的矛盾，同部分国家签订友好条约，让他们停止对奥斯曼帝国的军事干涉，承认安卡拉民族革命派政权的合法性。另一方面争取苏俄政府在经济、军事上的支持，使奥斯曼帝国有一个安定可靠的后方。此外，由农民为主体组建的国民军，受到广大民众的广泛支持。青年人纷纷参军入伍，老人和妇女们帮助士兵们挖战壕、修工事、护伤员、运枪弹，把水和粮食运到了前沿阵地。广大民众这种忘我的精神和全力以赴的支援，使凯末尔深受感动，更坚定了他与外国侵略者血战到底的信念。

1921年夏天，骄阳烤灼着安纳托利亚的大地，希腊侵略军在英国军事顾问的指挥和英国军队大炮、坦克的火力支援下，由国王君士坦丁亲自统率，气势汹汹地向国民军发动了强大的攻势。8月，希腊侵略军兵临安卡拉城下。但是，凯末尔坚信他所领导的民族独立解放战争是正义的，最终是一定会胜利的。

在希腊侵略军得意忘形之际，凯末尔经过周密、细致的研究，针对希腊侵略军速战速决、急于攻占安卡拉的战略计划，决定采取稳定后方、迂回作战和突破重点的作战方针，抓住有利战机，志在必得，同希腊侵略军展开了一场事关奥斯曼帝国民族前途命运的大决战。为了给大决战做好充分准备，凯末尔以迅雷不及掩耳之势，首先平定了苏丹军队的武装围剿，消除了肘腋之患，并重新调兵遣将，使一支支由工人、农民新组建的国民军的生力军，如离弦之箭冲入敌阵，锐不可当，迅速分割包围了希腊侵略军。

1921年8月23日至9月13日，在广大民众的大力支援下，在凯末尔卓越的指挥下，国民军发动了为时20天的"萨卡里亚战役"。这是一场充满英雄主义色彩、可歌可泣、非常感人的战斗。在战斗中，国民军前仆后继，英勇冲杀，数度攻占敌军阵地。而希腊侵略军凶悍善战，又几次反攻击退了国民军的进攻，战场被一片冲天的火海吞噬，双方都付出了沉重的代价。

在一次夜间作战中，亲临前线阵地指挥的凯末尔不幸被流弹打断了一条肋骨，用绷带包扎好以后，他又继续指挥战斗。在凯末尔大无畏精神的鼓舞下，国民军士气大振，越战越勇，所向披靡。而此时的敌军已成惊弓之鸟，不堪一击，落荒败逃。在国民军的追杀下，希腊侵略军大部分被歼灭，少数溃逃到萨卡里亚河西岸。这是一场关系到奥斯曼帝国历史命运的大决战，决战的结果改变了奥斯曼帝国的历史，奠定了凯末尔以后的辉煌业绩。为了纪念这次伟大的胜利，表彰凯末尔的功勋，奥斯曼帝国大国民议会授予凯末尔"加兹"称号，意思是"圣战的胜利者"，并晋升他为国民军元帅。

"萨卡里亚战役"的胜利，不但改变了战场上国民军长期处于劣势的状态，还促使协约国集团内部出现了分化。在这次战役结束后的一个多月，法国首先同奥斯曼帝国民族革命派政府签订了和约，并撤出了自己的军队。意大利也停止了对奥斯曼帝国的军事干涉，同以凯末尔为首的民族革命派政府建立了友好关系。此时的英国，对奥斯曼帝国的武装干涉完全陷入了一种孤立的状态，只有它的小伙伴希腊侵略军在奥斯曼帝国维持着被动的军事局面。面对协约国土崩瓦解的局面，凯末尔唯恐因自己的失误和犹豫不决而失去一个有利的战机。他多次到战火纷飞的前线视察，亲自主持军事会议，详细讨论军事反攻计划，并把那些缺乏进取精神、徘徊观望、停滞不前的军官撤职查办。在极其周密的安排下，凯末尔完成了军事上总反攻的准备工作。

此时国民军的人数和武器装备，与希腊侵略军几乎相等。虽然在飞机、大炮、坦克等重型武器方面的数量，希腊侵略军略占优势，但国民军却有强大的骑兵，并且通过苏俄的大力援助，获得了许多重型的远射程大炮，从而为大部队的全面反攻和轰城拔寨，创造了有利的条件。特别是国民军斗志昂扬，充满必胜的信心，而希腊侵略军却由于内部意见不合，加上国内政权和决策的不断变化，导致军心涣散，士气低落，战斗力下降。

文韬武略的凯末尔制订的反攻军事计划是：针对外国侵略军各怀异志、军心不齐、兵力分散、一触即溃的特点，决定集中主力部队，首先攻击希腊侵略军一翼，击溃并消灭其主力，然后分路包抄歼灭其他侵略军。

在大反攻的前夕，前线一片寂静，看不出一场决定历史命运的大决战即将爆发的任何迹象。这是凯末尔为麻痹敌人，掩护反攻，采取的一系列有效措施的结果。凯末尔在安卡拉向新闻界宣布：他将在1922年8月25日举行茶话会，招待国民议会的议员和外国使节。而实际上，凯末尔早在8月6日已经向全军秘密下达了准备总攻的命令，并于8月20日在前线召开了各路军司令长官的联席会议。8月25日，大国民议会的议员和外国使节们都在安卡拉等待凯末尔为他们举行茶话会，而此时的凯末尔根本就不在安卡拉，他正在前沿总指挥部下达立即出击的紧急命令。

发起总攻的国民军，如同离弦之箭冲入希腊侵略军的阵地，所向披靡。在国民军的猛烈攻击下，敌军无法抵挡，纷纷弃城而逃或投降。因此，第二天傍晚，国民军便占领了不堪一击的希腊侵略军的大量阵地，俘虏敌军数万人，缴获武器弹药不计其数。胜利大大激发了国民军将士们的斗志，军官们冲锋陷阵，身先士卒；士兵们也不甘示弱，前赴后继，越战越勇，一路势如破竹。

与凯末尔麻痹敌人、发兵神速的战略相反，希腊侵略军却心存侥幸，行动迟缓。认为有英国这个世界头号强国的支持，凯末尔的国民军不敢轻举妄动，所以在客观上和主观上都未认真做好打大仗、打恶仗的准备。比如，在国民军摧枯拉朽之势的打击下，希腊侵略军的总司令哈詹尼蒂斯将军这时竟不在前线，而是在风景如画、歌舞升平的伊兹密尔度假。当得悉前线溃败的消息后，希腊政府才慌忙撤销了失职的总司令，任命特里席皮斯将军为总司令，并下达反攻的作战命令，但此时特里席皮斯所在的军团，已经完全被凯末尔指挥的国民军切断了与周围希腊军的联系。所以在佩纳忠地区进行的最后战役中，希腊侵略军新任总司令特里席皮斯将军被俘，人们风趣地把这次战役戏称为"总司令战役"。

1922年9月9日，威武雄壮的国民军迈着矫健的步伐，在民众的欢呼声中，进入了长期被协约国军队占领的军事战略重镇伊兹密尔。同日，协约国要求与以凯末尔为首的民族革命派政府谈判。然而，当凯末尔到达谈判地点时，并无诚意的协约国无一名代表在场。凯末尔随即发表了《军队从地中海向全国致敬》的宣言，并发出命令："全军将士们，你们的目标是爱琴海，前进！"此时的外国侵略军，在国民军的乘胜追击下，风声鹤唳，草木皆兵，已成惊弓之鸟，不堪一击。不久，安纳托利亚境内的侵略军全部被歼灭，奥斯曼帝国在安纳托利亚的所有失地，至此全部得到了收复。在以后的时间里，英国政府为了避免一切已经迫在眉睫的英国与奥斯曼帝国民族革命派政权的武装冲突，于1922年10月11日同安卡拉民族革命政府签订了新的停战协定。根据这项协定，各协约国政府同意把伊斯坦布尔、海峡地区以及东色雷斯的主权交还给奥斯曼人，并同意召开一次和会，废除《色佛尔条约》，缔结一项新的和约。至此，奥斯曼帝国的民族独立解放战争取得了最终的胜利。

奥斯曼帝国民族独立解放战争的胜利，标志着西方列强试图瓜分奥斯曼帝国的阴谋彻底破产。从1920年国难当头时起铺在奥斯曼帝国大国民议会主席团桌子上作为哀悼标志的黑色桌布，这时被撤了下来，而象征着胜利与和平的绿色桌布，被平整地铺在了主席团的桌面上。

和平会议于1922年11月20日在瑞士的洛桑召开。经过随后许多个月的艰苦谈判和外交争执，终于在1923年7月24日签订了正式和约。对于奥斯曼帝国来说，这项条约最主要的意义，是重新确定了奥斯曼人对于几乎包括今天整个土耳其共和国在内的全部领土所拥有的完全和不可分割的主权。在这同时，还废除了长期以来象征着卑劣和屈从而引起人们深恶痛绝的治外法权条约。正因为如此，在1918年第一次世界大战的五个战败国中，奥斯曼帝国是后来唯一不愿意修正和约的国家。

6. 凯末尔的远见卓识

军事上胜利了，以凯末尔为首的奥斯曼帝国民族主义者的政治纲领也已经达到了目的，并且还在一次国际和约中得到了全世界的承认。下一步应该怎样做呢？正是在回答这个问题上，凯末尔表现出了他的真正伟大。

奥斯曼帝国的民族独立解放战争胜利以后，摆在凯末尔及其拥护者面前有几种选择：他们可以乘胜利之机长驱直入叙利亚和伊拉克，占领奥斯曼帝国失去的亚洲领土，恢复昔日奥斯曼帝国的辉煌；凯末尔还可以登上苏丹和哈里发的宝座，维持封建神权专制的国家形式。但是，凯末尔是一位头脑清醒的资产阶级民主革命家和政治家，他认为没有必要为大奥斯曼主义效劳，他认为这种扩张主义违背了民族愿望，增加了敌人的力量，不如回到自然合理的限度中去，坚持和平共处的睦邻友好关系。

战事一停，为了使奥斯曼帝国和希腊摆脱令人头痛的少数民族问题，凯末尔首先同希腊达成了交换人口的协定，不惜采用残忍但十分有效的交换人口的办法，解决了奥斯曼帝国与希腊之间从古至今的民族纠纷，在此后几年中确实使两国易于建立良好的外交关系。此外，凯末尔宣布放弃一切对外野心和一切形式的大奥斯曼主义、泛伊斯兰主义的意识形态，有意把自己的行动和意愿限制在洛桑条约所规定的奥斯曼民族领土的范围之内，并把他的后半生贡献给了艰苦、费力而不引人注目的国家经济建设和社会改革。1923年，凯末尔在一次精彩的演说中提醒奥斯曼人民："至今我们的军队已经取得的胜利，不能被认为已经能够使我们的国家真正得救了。这些胜利，仅仅只是为我们将来的胜利奠定了基础。我们不应该为我们在军事上的胜利而感到自豪，我们还应该更多地为取得科学与经济方面的新胜利而做好准备。"

一旦挣脱了奥斯曼帝国的桎梏，卸下额外领土这副重担，去实施凯末尔他那世俗主义的理想，使奥斯曼帝国完全接受西方文明，从而推动奥斯曼帝国的现代化发展和社会改革便不难进行。改革之所以比较容易进行，还因为奥斯曼帝国经过几代改革家们承前启后的不断努力，此时已经培植出了一种改革的传统和社会发展方向，这种方向便是全面学习西方的制度、思想和习俗。虽然奥斯曼帝国的传统和伊斯兰教古老的信仰、仪式和习惯并没有完全消失，但有的已经被改造，更多的则是面临能否存在下去的挑战。这种新老体制的共存，时常造成人们的精神痛苦。

凯末尔不仅是奥斯曼帝国历史上一位具有杰出才能的军事家，而且也是一位胸怀大志、具有敏锐政治眼光的社会改革家。从奥斯曼帝国几百年来社会改革的历史进程中，凯末尔判断，要想巩固他对国家政权的控制，掌握奥斯曼帝国未来的发展命运，首先需要解决的问题是迫在眉睫的政治体制问题，即奥斯曼帝国的形式与结构问题。

以凯末尔为首的民族革命派，从一开始便坚持他们是忠于苏丹的，君主之所以反对他们的正义事业，那是由于听信了谗言和受到外国人的控制。但是这些原则，从奥斯曼帝国资产阶级民主革命长远的目标来看，又是同保留苏丹君主制相矛盾的。早在1920年7月，凯末尔在经久不息的掌声中，向安卡拉民族革命派大国民议会宣布："我想，使我们今天能够存在的这个基本现实，已经显示出我们民族总的发展趋势，那就是民族主义和人民政府。这意味着政府正在转到人民的手里。"此后，在许多重要的场合，凯末尔一直宣扬这种观点。

奥斯曼帝国是一个伊斯兰教国家，据官方统计，奥斯曼帝国人口中，有90%信奉伊斯兰教，奥斯曼帝国封建专制制度的特点是封建神权的专制制度，即王权（苏丹）和政权（哈里发）是紧密结合在一起的，苏丹既是奥斯曼帝国的君主，又是宗教的最高领袖。奥斯曼帝国的苏丹于1517年征服阿拉伯的哈里发末代王朝统治的埃及以后，又给自己加上了哈里发的尊号，因而苏丹又成为整个伊斯兰世界的最高领

奥斯曼帝国最后一任苏丹穆罕默德六世离开土耳其

袖。这两个融为一体，形成了奥斯曼帝国封建神权君主专制制度，成为奥斯曼帝国社会向前发展的主要障碍。

促使凯末尔下决心结束奥斯曼帝国君主的政治权力、把它同哈里发制分离开来的原因，是因为在召开瑞士的洛桑和会之前，以英法为首的协约国同时向安卡拉的民族主义政府和伊斯坦布尔的苏丹政府发出正式邀请。而这种双重邀请，对在这紧要关头由于这一邀请而展示出来的奥斯曼帝国国家权力行将分裂的前景，不得不使凯末尔下决心要彻底废除苏丹制。

凯末尔在进行重大政治改革时，充分表现出他的政治魄力和灵活的策略。他分两步来进行重大的政治改革：先废除苏丹制，后废除哈里发制，以解决奥斯曼帝国国家政治改革中的老大难问题。然而，当时凯末尔将要进行的这项政治改革所面临的困难是很大的，不仅封建神权专制的维护者们坚决反对这项政治改革，同时也遭受到了凯末尔的许多忠于传统制度思想极深的亲密同事和一些大国民议会议员们的反对。

当凯末尔决心一劳永逸地结束奥斯曼帝国封建君主政治权力的时候，他曾经向一些最亲近的同僚征求意见，结果却发现他们仍然对苏丹表示忠诚。例如，凯末尔在问起民族独立解放战争时期他的最亲密战友劳夫关于这个问题的看法时，后者回答说："在良心和感情上，我是离不开苏丹和哈里发的，我有责任继续对君主保持忠诚。我对哈里发的爱戴，是我所受教育的结果。"劳夫用严肃的口吻继续说道，"废除苏丹和哈里发，而另设其他性质的官职来代表，将会造成失败和灾难，这是千万做不得的。"当时坐在凯末尔身边的许多亲密战友也都表示同意，还说："事实上，根本就不存在除苏丹制和哈里发制以外还有其他形式的政府。"

然而，凯末尔估计了当时的形势后，得出了与他的那些亲密战友不同的结论。在他看来，苏丹和哈里发由于在奥斯曼帝国民族独立解放战争中同外国势力相勾结，已经声名狼藉、威信扫地，成为过时的东西了，而民族革命派在战争中建立了崇高的威望，手中又有强大的军队做后盾，所以逐步废除苏丹和哈里发的时机已经成熟。特别是当协约国一方面同以凯末尔为首的民族革命派政府签订和约，另一方面又顽固地继续坚持承认苏丹政府，这种别有用心的双重承认，企图使奥斯曼帝国的国家政权陷入一种分裂的状态，促使凯末尔更加坚定了废除苏丹和哈里发的决心。

经过长时间的深思熟虑之后，凯末尔决定把苏丹和哈里发这两个职位分开，并先废除前者，从此将不再有苏丹，而只有一位奥斯曼王子来担任哈里发的职位，他仅拥有宗教权力，而没有政治权力。凯末尔希望通过这项折中办法来瓦解宗教分子对于政治变革的反对，来保持一个超越政治之上的合法宗教权威所具有的优点，同时又结束了苏丹的个人专制。1922年11月1日，安卡拉的大国民议会通过了包含两项条款的决议。第一项条款宣布："奥斯曼帝国的人民认为，在伊斯坦布尔的那种依靠个人统治形式的政府，已不复存在，至此，已经永远成为历史。"第二项条款承认哈里发职位应属于奥斯曼王室，但规定哈里发只能依靠奥斯曼国家而存在，并应由大国民议会遴选奥斯曼王室中最品学兼优的人充任。同年11月16日，大国民议会又决定，以勾结英国的叛国罪，将把苏丹及主要大臣交付国家最高法庭审判。苏丹穆罕默德四世于11月17日得到消息之后，见大事不妙，还没有等候大国民议会来评定他是否品学兼优，便在一个伸手不见五指的漆黑夜晚，带着他那不满10岁的幼子，仓皇从王宫侧门逃出，登上英国军舰逃离了奥斯曼帝国。流传了六百多年的奥斯曼帝国苏丹制，随着这位最后一代苏丹的逃亡而一去不复存在。不久，苏丹穆罕默德四世的堂弟迈吉德被选为新的哈里发。然而，此时的哈里发制，也随着苏丹制的灭亡而形影相吊、摇摇欲坠了。

凯末尔在终于办完了奥斯曼帝国苏丹制的丧礼之后，又开始为下一阶段的政治改革做好了准备。他首先需要一个政治工具。虽然保卫权利协会曾经在奥斯曼帝国的民族解放斗争时期做了许多工作，但它却满足不了一个享有和平与独立国家的需要。凯末尔这时着手把它改变成一个在现代政治体制运作中的真正政党。凯末尔经过走访全国各地，同国内各社会阶层的代表交换了意见，并在他的领导下，1923年8月9日，一个叫作人民共和党的新政党宣布成立，凯末尔担任该党主席，它是这一时期奥斯曼帝国唯一的政党。

7. 彻底废除哈里发制

与此同时，凯末尔另外又准备进行一项甚至更加彻底的政治改革。首先是在1923年10月13日正式宣布定都安卡拉，其次是宣布共和。1923年10月29日，大国民议会经过许多小时的激烈辩论之后，当天晚上8时30分，成立共和国的决议案以158票获得了通过。投票时，虽然有许多人投了弃权票，但没有一个人投反对票。15分钟之后，也就是在8时45分，大国民议会一致选出凯末尔为土耳其共和国的第一任总统。他任命他的亲密战友伊斯麦特·伊诺努将军为他的第一任内阁总理。同一天晚上，在全国各地发布了这则消息，午夜后，全国各地都鸣炮一百零一响以示庆祝。定都安卡拉和宣布共和，凯末尔的每个行动都象征着进一步割断与奥斯曼帝国历史的联系以及迎接一个新时期的到来。

　　并不是所有过去奥斯曼帝国的臣民们都能以同样的历史现实主义眼光看待时事的发展。在许多地方，宣布共和受到了热烈的欢迎，认为这是一个新时代的开始，但在一些地方，它给人们带来了震惊和悲伤以及对于未来的无限忧虑。对于国内的保守派分子来说，他们之所以反对共和，主要是认为它危及民众同自己的伊斯兰过去以及与自己帝国过去的联系，同时也危及他们同长期以来一直以他们为首的那个更大的伊斯兰世界之间的联系。因此，传统的保守势力也就不可避免地全部聚集到作为两重感情的象征者哈里发本人的周围来了。哈里发迈吉德虽然也不失为一个温和的、具有学者风度的人，却不惜亲自出来承担了一个很可能是反对土耳其共和国世俗化变革和凯末尔本人的精神领袖，并且他本人也试图把他在宗教上所起的作用扩大到国家政治上，因为他一度谈到"哈里发宝藏"，所以遭到凯末尔在1924年1月的一次大国民议会上对他发出的尖锐申斥："哈里发在他的府内，特别是在他公开露面的时候，似乎还是按照他的先辈苏丹们的那套办法在行事。我们不能为了保持礼貌和表明道理而牺牲土耳其共和国。哈里发必须确实弄清他是什么人，他的职务是什么，并且应该要知足。"

　　具有敏锐政治眼光的凯末尔，从奥斯曼帝国社会改革的历史进程中判断出，政治改革仅废除苏丹制是完全不够的。他认为，废除苏丹制而单独保留哈里发制，使得国家元首问题不明确，这是非常危险的。因为不论是在大国民议会里，还是其他的地方，许多人都认为哈里发便是合法的君主和国家元首，即一种立宪君主，特别是那些狂热的宗教维护者，更是如此看法。

通过一段时间对局势的耐心观察以及深思熟虑之后，凯末尔决心彻底解决作为封建神权精神支柱的哈里发制问题，从根本上消除国家政治制度中所存在着的各种模糊观念和混乱局面。不过，废除哈里发制要比废除苏丹制困难得多，甚至要冒极大的政治风险。压力是来自各方面的，首先是宗教界的代表在大国民议会中公开声称："议会应属于宗教，伊斯兰教就是一切。"1923年11月11日，国内著名的报纸《塔宁报》的一篇社论反映了一般人的心理状态，它写道："如果我们没有哈里发，奥斯曼连同它的500万或1000万人口，将失去他们在伊斯兰世界的重要性，并且在欧洲政界人士的心目中，我们将会下降到微不足道的小国之列。"

此外，哈里发制问题所引起的关注，远远超出土耳其共和国的国界，并且从各方面特别是从印度接到了对土耳其共和国政府的不安的询问。1923年底左右，两位著名的印度穆斯林写信给凯末尔，提出哈里发制应当建立在得到全世界敬重的基础上。当伊斯坦布尔这座城市里的各报都发表了该信之后，凯末尔决定抓住这个机会，彻底解决哈里发问题。他首先同人民共和党和中央政府内几位职位显赫的主要支持者达成协议，然后说服国内几家具有影响的大报社的编辑们，发动了一场反对哈里发制的舆论宣传运动，把它说成是影响奥斯曼民族社会进步的最大障碍，呼吁把伊斯兰教信仰从数世纪以来惯于充任政治工具的地位中拯救出来，使其得到纯洁与提高。

凯末尔从来都是行动的巨人。他下决心要排除一切干扰，彻底废除哈里发制，对国内的伊斯兰教教权组织进行一次毁灭性打击，不再让他们妨碍他的以政教分离为宗旨的世俗化社会改革，以便完成一项惊天动地的历史伟业。1924年3月3日，土耳其共和国大国民议会据此投票通过废除哈里发制，并将所有奥斯曼王室成员驱逐出土耳其共和国国境。第二天一早，天刚刚亮，神色慌张沮丧的迈吉德被装进一辆小汽车，前往火车站赶乘东方列车。至此，最后一位哈里发也随着最后一任苏丹走上了流亡的道路。一个多民族、多语言、多宗教，具有悠久历史和辉煌成就的王朝帝国，在现代社会不断进步的冲击下终于归于灭亡。

数世纪以来，奥斯曼人民曾经不惜自己的忠诚和鲜血，为征服和防御异邦土地和人民而进行了艰苦卓绝的斗争。如今这个帝国已经一去不复返了，而对于奥斯曼人民来说，它的逝去以及现代土耳其共和国的诞生，是一个漫长历史发展过程的最终结果，而正是通过这一漫长的历史发展过程，奥斯曼人民改造了他们本身，改造了他们的政体，最后也改变了他们的国家，从而使得他们彻底从一种传统的精神负担中解放出来，踏上了世界现代化迅速发展的历史征途。

图书在版编目（CIP）数据

奥斯曼帝国：土耳其人的辉煌往事 / 黄维民著. —北京：中国国际广播
出版社，2021.12
（世界帝国史话）
ISBN 978-7-5078-4995-0

Ⅰ.①奥…　　Ⅱ.①黄…　　Ⅲ.①奥斯曼帝国—历史　　Ⅳ.①K374.3

中国版本图书馆CIP数据核字（2021）第185596号

奥斯曼帝国：土耳其人的辉煌往事

著　　者	黄维民	
责任编辑	张博文　张娟平	
校　　对	张　娜	
设　　计	国广设计室	

出版发行	中国国际广播出版社有限公司［010-89508207（传真）］
社　　址	北京市丰台区榴乡路88号石榴中心2号楼1701
	邮编：100079
印　　刷	北京九天鸿程印刷有限责任公司

开　　本	710×1000　1/16
字　　数	330千字
印　　张	27.75
版　　次	2021 年 12 月 北京第一版
印　　次	2021 年 12 月 第一次印刷
定　　价	69.00 元